DICIONÁRIO *de* HISTÓRIA *da* ÁFRICA

SÉCULOS VII A XVI

Nei Lopes • José Rivair Macedo

Dicionário *de* História *da* África

Séculos VII a XVI

autêntica

EDITORA RESPONSÁVEL
Rejane Dias

EDITORA ASSISTENTE
Cecília Martins

REVISÃO
Lívia Martins
Mariana Faria

CAPA
Diogo Droschi

DIAGRAMAÇÃO
Waldênia Alvarenga

Dados Internacionais de Catalogação na Publicação (CIP)
(Câmara Brasileira do Livro, SP, Brasil)

Lopes, Nei
Dicionário de história da África : Séculos VII a XVI / Nei Lopes, José Rivair Macedo. -- 1. ed. -- Belo Horizonte : Autêntica Editora, 2017.

ISBN 978-85-513-0219-4

1. África 2. África - História 3. África - História - Estudo e ensino 4. Dicionários I. Macedo, José Rivair. II. Título.

17-03533 CDD-960

Índices para catálogo sistemático:
1. África : História 960

GRUPO **AUTÊNTICA**

Belo Horizonte
Rua Carlos Turner, 420
Silveira . 31140-520
Belo Horizonte . MG
Tel.: (55 31) 3465 4500

Rio de Janeiro
Rua Debret, 23, sala 401
Centro . 20030-080
Rio de Janeiro . RJ
Tel.: (55 21) 3179 1975

São Paulo
Av. Paulista, 2.073,
Conjunto Nacional, Horsa I
23º andar . Conj. 2301 .
Cerqueira César . 01311-940
São Paulo . SP
Tel.: (55 11) 3034 4468

www.grupoautentica.com.br

Sumário

Introdução

A história deste dicionário começa em 1988, com a primeira edição do livro *Bantos, malês e identidade negra*, de Nei Lopes, mais tarde reeditado pela Autêntica Editora e agora sensivelmente afetado pela revisão de alguns conceitos. Continua com a publicação, em 2011, do *Dicionário da Antiguidade Africana*, do mesmo autor, ao qual, também com revisão e reinterpretação de alguns conteúdos, a presente obra dá sequência. Repertoriando, agora, momentos fundamentais da história africana ocorridos entre os séculos VII e XVI, este dicionário cobre o período que vai da conquista árabo-islâmica do norte do continente, iniciada em 639 d.C., até a chegada dos primeiros exploradores europeus, no século XV, e a queda do Império Songai ante o Marrocos, no século seguinte. Tarefa a que veio somar-se a competência e a experiência do professor José Rivair Macedo.

O *corpus* selecionado procura mostrar, estabelecendo relações de causa e efeito, fenômenos e eventos como: as formas de organização social herdadas de tradições imemoriais; o surgimento de unidades políticas criadas e expandidas por lideranças locais; o expansionismo dessas unidades fazendo surgir Estados e impérios; o embate entre as ideias e interesses do islã, do cristianismo e da religião tradicional; as disputas pelo controle das fontes de riquezas e as rotas de comércio, principalmente as que ligavam o continente ao Mar Mediterrâneo e ao Oceano Índico. Nesse tempo histórico, busca-se estabelecer com os verbetes relações de causa e efeito entre, por exemplo, os movimentos de motivação religiosa, como a resistência dos berberes à islamização, e a posterior organização, entre eles, de confrarias muçulmanas responsáveis pela conversão ao islã de boa parte das populações subsaarianas da África Ocidental. Procura-se também demonstrar como a transmigração de riquezas africanas tanto pelo Saara e o Mediterrâneo quanto pelo Oceano Índico, inclusive de força de trabalho, proporcionaram crescimento econômico e político a muitas cidades e Estados, tanto na Europa quanto no Oriente.

Por outro lado, este dicionário procura desvendar também a formação de Estados, confederações e até mesmo impérios no continente africano, comprovando o papel dos africanos como sujeitos ativos de sua história, atuando a partir do domínio dos saberes e técnicas de sua tradição, inclusive do ponto de vista filosófico e religioso.

Acreditamos, com este trabalho, estar dando mais um passo no sentido de colocar a história dos africanos, negros ou não, em sua dimensão real e verdadeira – como preconizou Théophile Obenga; bem como reafirmando a importância de se registrar a história de africanos e afro-americanos a partir de pontos de vista de estudiosos afrodescendentes e para além da perspectiva reducionista do escravismo.

Abreviaturas

a.C. antes de Cristo

c. cerca de

cf. conferir

c.p. comparar com

d.C. depois de Cristo

ex. exemplo

HGA *História Geral da África*. Brasília: UNESCO/MEC/UFSCar, 2010, 8 v. As referências extraídas desta coleção estão identificadas pela sigla HGA, seguida da indicação do volume em algarismos romanos, do ano de publicação e da(s) página(s).

n.r. nota de rodapé

p. página(s)

p. ext. por extensão

q.v. queira ver

tb. também

var. variante

Síntese cronológica
(Datação aproximada)

SÉCULOS VII-VIII: Na Etiópia, companheiros do profeta Maomé, perseguidos na Arábia, são acolhidos em Axum **(622)**. A Núbia é invadida por tropas árabes de Ibn Saad **(641)**. Invasão do Egito pelas tropas árabes muçulmanas de Amir ibn al-As **(642)**. Início da expansão árabe através do Magrebe **(643)**. Chegada dos árabes a Old Dongola, na Núbia, e imposição do Baqt, um tratado com obrigações leoninas aos cristãos locais; na atual Tunísia. Fundação da cidade de Cairuão, pelos árabes; os reinos de Nobácia e Macúria unificam-se formando o reino de Dongola, para resistir aos árabes **(652)**. Ocupação árabe do território da atual Argélia **(670-681)**. Na costa oriental, árabes instalam-se entre os zanjes **(691)**. Fim da resistência berbere, liderada pela guerreira Kahina, ao expansionismo árabe **(695)**. No centro-leste do continente, erguimento das primeiras construções em pedra no antigo Zimbábue **(c. 700)**. Na Etiópia, ataque e pilhagem de cristãos de Axum aos portos árabes **(702)**. Expansão de contingentes árabo-berberes até o sul da Espanha, com a consequente fundação de Al-Andalus **(711-713)**. No oeste da África, fracasso de expedição militar árabe contra o Antigo Gana ou Gana-Uagadu **(734)**. Surgimento da cidade de Mogadixo, na atual Somália **(734-740)**. Fundação de Sijilmassa **(757)**. Fundação do emirado de Marrocos **(789)**. Advento da dinastia de Cissé Tunkará ou Kaya Magan Cissé, no Gana **(790)**. Na região do Lago Chade, nasce o reino do Kanem, criado pelos tedas do Tibesti; no oeste, berberes organizam a Confederação Sanhaja **(800)**.

SÉCULOS IX-X: Fundação da cidade de Fez, no Marrocos, por Idris II **(808)**. No Mar Vermelho, etíopes reconquistam o domínio de portos então sob controle árabe. Na bacia do Rio Senegal, fundação do reino de Takrur pelo povo tuculer **(850)**. O geógrafo árabe Al-Yakubi menciona o reino do Mallal (Mali) e de Kawkaw (Gao) **(891)**. Advento da dinastia fatímida, na atual Tunísia; na Etiópia, governantes cristãos impõem tributos aos muçulmanos de Massaua e Dahlak **(910)**. No país dos hauçás, surgem as cidades de Kano, Katsina, Zaria, Gobir, e depois as de Kebbi e Kororofa **(918)**. Ocupação árabe em Sofala, no atual Moçambique **(930)**. No Oceano Índico, malaios se estabelecem em Madagascar **(945)**. Persas de Xiraz chegam à costa oriental; fundação da cidade de Quíloa, na atual Tanzânia. **(950)**. Ataque núbio a Assuã e ocupação do Alto Egito **(956)**. Ascensão da dinastia fatímida no Egito e fundação do Cairo **(969)**. O Gana conquista Audagoste e submete tribos berberes **(990)**. Mercadores do litoral do Oceano Índico comercializam o ouro do Grande Zimbábue **(990-1000)**.

SÉCULOS XI-XIII: Em Kukya, capital do Songai, Dia Kossoi (governante) converte-se ao islã **(1010)**. Instalação dos iorubás em Ifé **(1035)**. Início da expansão do islã, liderada pelos almorávidas no Magrebe **(1040)**. Invasão dos árabes hilálios (Banu Hilal) no Magrebe **(1049)**. Fundação de Marraquexe pelos almorávidas **(1062)**. Conquista dos almorávidas sobre territórios do Gana **(1076-1087)**. Na região do Lago Chade, conversão de governantes do Kanem ao islã **(1097)**. Fundação de Tombuctu **(1100)**. Fundação de Zanzibar **(1107)**. Embaixada da Etiópia cristã enviada a Roma **(1123)**. Ascensão dos almôadas no Marrocos; fundação da cidade de Rabat **(1147)**. Governo de Oraniã entre os edos, no Antigo Benim **(1170-1200)**. A dinastia dos aiúbidas toma o poder no Egito **(1171)**. Governo de Lalibela na Etiópia; construção do complexo de igrejas rupestres **(1185-1225)**. Ndiadiane Ndiaye no Senegal; a Confederação Uolofe **(1186-1202)**. No Antigo Gana, tomada de Cumbi-Salé por Sumaoro Kantê, rei dos sossos **(1203)**. Ascensão da dinastia dos haféssidas em Túnis **(1229)**. Batalha de Kirina: Sundiata Keita derrota Sumaoro Kantê **(1235)**. O Mali de Sundiata destrói a capital do Gana **(1240)**. Fundação da madraça do Kanem **(1242)**. Ascensão da dinastia dos marínidas no Marrocos **(1244)**. No Egito, tomada do poder pelos mamelucos **(1250)**. Morte de Sundiata Keita **(1255)**. Dunama II do Kanem envia embaixada a Túnis **(1257)**. Na Etiópia, Iekuno-Amlak funda a dinastia salomônica **(1270)**. No Mar Vermelho, núbios atacam o porto árabe de Adal **(1272)**. No litoral do Oceano Índico, início do sultanato de Quíloa **(1285)**. Na Etiópia, é concluída a redação original do Kebra Negast **(1300)**.

SÉCULOS XIV-XV: Na Etiópia, Ámeda-Sion conquista os sultanatos do leste **(1314-1344)**. Mansa Kanku Mussá realiza sua legendária peregrinação a Meca, passando pelo Cairo **(1324-1325)**. Gao, capital do Songai, é conquistada pelo império do Mali **(1325)**. O Mali é invadido pelos mossis de Iatenga, que pilham Tombuctu. Ali Kolen rebela-se contra o Mali, liberta o Songai e funda a dinastia dos sonis em Gao **(1337)**. O marroquino Ibn Battuta no Mali, em viagem de exploração e pesquisa **(1352-1353)**. O Kanem, sob Daúde, é invadido e tomado pelos bulalas **(1353-1388)**. O Grande Zimbábue vive seu apogeu **(1380)**. No Mali, a capital Niani é invadida pelo exército songai de Gao **(1400)**. No Egito, morre o sábio Ibn Khaldun **(1406)**. No Atlântico Norte, a cidade de Ceuta é ocupada pelos portugueses **(1415)**. No Oceano Índico, navegadores chineses chegam a Malinde, Mogadixo e a outras cidades **(1417-1433)**. Tombuctu é ocupada pelos tuaregues **(1435)**. No Antigo Benim, as forças militares do obá Ewuare expandem os limites do reino **(1440-1473)**. No Atlântico, início do tráfico de escravos para a Europa (**1442**). Na África Oriental, expansão e afirmação do Monomotapa, sob Matope e Niambita (**1450-1480**). Na margem direita do Rio Senegal, os berberes lamtunas criam principados. Em Gao, Soni Ali promove a expansão do Songai (**1464-1492**). No território dos hauçás, o Bornu avança sobre várias comunidades (**1476-1503**). Início da expansão fula; conquista do Futa Jalom por Tenguelá e Koli Tenguelá; a cidade de Ualata sofre incursão de forças mossis (**1480**). Na Costa do Ouro, fundação do forte português de São Jorge da Mina (**1482**). Na bacia do Rio Congo, chegada das primeiras expedições portuguesas (**1482-1485**). No reino edo de Benim, a corte recebe o navegador português João Afonso de Aveiro (**1484**). Em Lisboa, Bemoi Gilen, pretendente ao governo da Confederação Uolofe, em território do atual Senegal, recebe o batismo cristão (**1488**). No Congo, o rei Nzinga-a-Nkuwu é batizado, recebendo o nome cristão de Dom João I (**1490**). Na região da curva do Rio Níger, ascensão da dinastia dos ásquias e afirmação do Império Songai. Na Etiópia, o português Pero da Covilhã faz contato com governantes (**1493**). Guerra santa do Ásquia Muhamad I pilha o país mossi (**1498**). Na costa oriental, Quíloa cai na anarquia (**1450**); e o Monomotapa expande suas fronteiras (**1450-1480**).

SÉCULO XVI: No Oceano Índico, Vasco da Gama impõe tributo a Quíloa (**1502**). Tomada de Sofala pelos portugueses (**1505**). No Congo, afirmação do cristianismo sob o reinado de Mvemba-a-Nzinga ou Dom Afonso I (**1509-1540**). No Congo, repressão à religião tradicional motiva a Revolta da Casa dos Ídolos (**1514**). Tomada do Cairo pelos turcos otomanos (**1517**). Início do tráfico de escravos para as Américas (**1517**). Na Etiópia, os portugueses chegam em embaixada à Abissínia (**1520**). Na atual Angola, o reino do Dongo, insuflado pelos portugueses, deixa de pagar tributo ao Congo (**1526**). Os turcos ocupam Argel; a Etiópia é invadida por forças muçulmanas (**1529**). Na Senegâmbia, Koli Tenguelá funda o reino de Kingi (**1532**). Batalha de Danki e o fim da Confederação Uolofe (**1549**). Invasão do povo mané ao litoral dos atuais países de Serra Leoa e Libéria (**1550**). Invasão dos jagas no reino do Congo. Invasão portuguesa e destruição do reino do Monomotapa (**1567**). Ascensão de Idris Aluma e afirmação político-militar do Kanem-Bornu (**1569**). Fundação da cidade de Luanda pelos portugueses em Angola (**1575**). Invasão dos galas à Etiópia (**1577**). Batalha de Alcácer-Quibir, no Marrocos, com a morte do rei português Dom Sebastião (**1578**). Ataque dos zimbas em Quíloa e Mombaça (**1587**). Derrota das tropas do Império Songai pelos marroquinos na Batalha de Tondibi (**1591**).

A

ABÁ SABRA. Líder religioso na ETIÓPIA do século XV. Cristão de Xoa, converteu-se ao judaísmo, e, assim, pregou a rigorosa separação entre Beta Israel, a comunidade dos "falachas", e os COPTAS de seu entorno (Silva, 1996, p. 650).

ABÁCIDAS. Dinastia de califas sucessores de Maomé, fundada por Abu al-Abbas al-Saffah e cuja denominação evoca Abas, tio do profeta Maomé. Governou a partir de 750, depois de tomar o poder dos omíadas. Em 762, suas lideranças fundaram Bagdá, à margem do Rio Tigre, na antiga Pérsia, tornada a capital de seu califado, que perdurou até 1258. Com os abácidas, a civilização islâmica atingiu alto grau de desenvolvimento, principalmente durante o califado de Harun al-Rashid (786-809), chegando, na África, até a Ifríquia, no Magrebe. Var. Abássidas. Ver CALIFADOS; MAGREBE; MAOMÉ; OMÍADAS.

ABÁSSIDAS. Ver ABÁCIDAS.

ABD AL-DJALIL. Nome árabe adotado por Umé (*Umme*), rei do Kanem no fim do século XI d.C. Ver KANEM; KANEM-BORNU; UMÉ.

ABD AL-MUMIN. Chefe berbere (c. 1094-1163) nascido na região da atual Argélia. Primeiro líder político-militar do movimento almoâda, entre 1130-1161, responsável pela criação das primeiras instituições administrativas e das sucessivas vitórias militares que levaram à constituição de um poderoso Estado unificado em todo o Magrebe e em Al-Andalus. Conquistou o Marrocos aos almorávidas em 1146, estabelecendo a capital de governo em Marraquexe. Ver ALMÔADAS; AL-ANDALUS; MAGREBE.

ABD. Elemento que compõe antropônimos da língua árabe, indicando relação de servidão. Ex.: Abdala (*Abdallah*), "servo de Alá".

ABDALA IBN YASIN. Ver IBN YASIN, Abdala.

ABDALWÁDIDAS. Dinastia berbere. O mesmo que ZIÂNIDAS.

ABERMUS. Ver ABREM.

ABEXIM. Ver ABISSÍNIO.

ABISSÍNIA. Antigo nome da região planaltina do Maciço da Etiópia, dominada pela coalizão dos povos amhara e tigré, e que constituiu, segundo Tafla (1981, p. 176) a espinha dorsal do Estado etíope. A região abrigava os territórios sob o poder do negus ou *negáchi*, soberano dos cristãos etíopes, tanto da dinastia dos zagués quanto da dos salomônidas (Silva, 1996, p. 572). O nome "Abissínia" deriva provavelmente do árabe *Habash* ou *Habbashat*, de uma das tribos iemenitas, consideradas, pela tradição, como fundadoras do país. Ver AMHARA; ETIÓPIA, República Federal Democrática da; TIGRÉ; ZAGUÉS.

ABISSÍNIO. Habitante da Abissínia ou Etiópia; o mesmo que abexim ou etíope. Em Silva (1996, p. 571-600), a denominação

A

é mais especificamente usada para designar cada um dos etíopes cristãos, em oposição aos muçulmanos. Em antigas fontes, o termo "abexim" aparece também para designar o antigo "país dos abexins: o Abexim".

ABOMÉ. Ver DAOMÉ.

ABRAMBOE. Ver ABREM.

ABREM (Abrom). Antigo Estado *akan* situado no interior da Costa do Ouro, também identificado nas fontes europeias como Abermus, Beremus, Abramboe. Ao final do século XV, era um dos mais importantes fornecedores de ouro aos portugueses sediados no Castelo de Elmina (São Jorge da Mina). De acordo com tradições orais, sua origem remontaria ao reino de Bono-Tequiman, o primeiro dos reinos *akan*, de onde retirou as bases de sua organização política e social de caráter militar - que viriam a ser identificadas nos séculos seguintes pelo termo geral *asafo* (Ballong-Wen-Mewuda, 1993, p. 105). Ver *AKAN*; COSTA DO OURO; BONO; ELMINA; OURO.

ABU BAKAR IBN-OMAR. Líder guerreiro almorávida (c. 1050-1087). Foi o responsável pela tomada da parte do Antigo GANA onde se localizavam as minas auríferas de Bambuque. Sua morte acelerou o fim do domínio de sua confraria sobre o Gana, o qual, naquele momento, segundo Ibn Khaldun, já não passava de um conjunto de pequenas comunidades que a invasão almorávida tornara independentes (Cornevin, 1972, p. 196).

ABU AL-HASSAN. Sultão do Marrocos, da dinastia marínida, governante entre 1331-1351. Filho de mãe negra, destacou-se pela construção de mesquitas e da faustosa necrópole de Chellah. Teve o trono usurpado pelo filho e morreu pobre. É mencionado em Cornevin (1972, p. 191) como "o grande sultão negro". Ver MARÍNIDAS; SULTANATO.

ABU BAKAR II. Soberano (*mansa*) do Mali (1310-1312), antecessor do *mansa* Kanku Mussá. Também mencionado como Bata Mandem Bori, teria sido personagem de um evento tão importante quanto trágico, narrado pelo célebre soberano que o sucedeu (Niane, 2010b, HGA, IV, p. 169) e que se conta como seguinte. No segundo ano de seu reinado, organizou uma expedição de exploração do Grande Oceano, que, segundo alguns pesquisadores, seria muito provavelmente o Oceano Atlântico. Consoante ao relato de Kanku Mussá ao cronista muçulmano Al-Umari, a frota era composta por 2 mil canoas, metade com tripulantes, metade com víveres (Cuoq, 1985, p. 274-275). Ver NAVEGAÇÕES AFRICANAS.

ABU SAID UTHMAN. Sultão marroquino da dinastia marínida que, em aliança com os sultões da dinastia dos násridas, de Granada, venceu os castelhanos no combate de Algeciras no ano de 1329. Sob seu governo foi construída a madraça de Al-Attarine, belo conjunto arquitetônico na cidade de Fez. Ver MADRAÇA.

ABU YAZID (c. 885-947). Líder berbere dos nômades zenagas. É lembrado como o "homem montado em uma mula" ou "homem da mula", que no século X. abalou o poder fatímida na Ifríquia. No momento em que os governantes fatímidas buscavam desenvolver as cidades impondo pesada carga de trabalho e de tributos aos camponeses, Abu Yazid sublevou os trabalhadores do campo, reunindo-os sob a bandeira dos caridjitas. Assim, conquistou parte da Ifríquia em 943, mas em 947, ao tentar tomar a capital Mádia (Mahdiya), foi morto (Howat, 1973, p. 9). Antes dessa campanha, teria, provavelmente, liderado a fundação dos primeiros Estados hauçás. Segundo Adamu (2010, HGA, IV, p. 303), era filho de uma escrava de Tadmekka. Algumas tradições ligam seu nome ao do herói fundador Baiajida, tido como ancestral dos HAUÇÁS. Ver BERBERES; CARIDJITA; FATÍMIDAS; HAUÇÁS; IFRÍQUIA; TADMEKKA; ZENAGAS.

ABUL MISK KAFUR. Sultão do Egito, à época iquíxida, na segunda metade do século X. Negro, era alcunhado "Al-Labi" por sua origem, ou seja, "o núbio", sendo também referido em algumas fontes como eunuco. Destacou-se nos campos de batalha e nos negócios civis, desempenhando papel diplomático decisivo nas relações do Egito com os califas de Bagdá, sendo depois encarregado da educação dos jovens príncipes da corte egípcia. Proclamado sultão em 966, faleceu dois anos mais tarde (M'Bokolo, 2009, p. 227). Ver ÁSIA, Africanos na; EGITO, República Árabe do; IQUÍXIDA.

ABUNÁ. Título do chefe da Igreja Copta (o primaz metropolitano) na Etiópia cristã. Era designado pelo patriarca de Alexandria e representava o poder da igreja junto ao negus, o imperador. O nome teria origem na expressão árabe correspondente ao português "meu pai": *abb*, pai + *wna*, meu. Destacados nesta posição foram, principalmente, os sacerdotes Takla Haymanot e Beselote Mikael, antecessor do Abuná Jacó. Sob o primado deste sacerdote, a dinastia dos zagués teve seu poder contestado, pelo que seus membros buscaram expandir sua influência de Roa para Xoa, no sul, e para Godjam, no oeste (M'Bokolo, 2009, p. 118). Ver ALEXANDRIA; COPTA; ETIÓPIA, República Federal Democrática da; JACÓ, Abuná; TAKLA HAYMANOT.

ABUTUA (*Butwa*). Reino a sudeste do Monomotapa (q.v.) conhecido pelos portugueses no século XVI.

ACRA (*Accra*). Cidade da África Ocidental, celebrizada como a capital histórica da atual República de Gana. Floresceu no século XV, quando o povo Ga deslocou-se para a região da Lagoa Korle, fundando uma pequena aldeia para comerciar com as naus portuguesas que por lá começavam a passar (Briggs, 2008, p. 107). Mais tarde, a cidade tornou-se um dos principais estabelecimentos comerciais do Golfo da Guiné. Ver GADANGME; GUINÉ.

ADAL, Sultanato de. Estado islâmico existente entre os séculos X e XVI d.C. em terras dos atuais Djibuti e Somália. Tendo como capital Harar, sediou importantes cidades portuárias como Zeila, no Mar Vermelho. Seus interesses muitas vezes estiveram em choque com os dos cristãos da vizinha Etiópia. Seu nome foi mudado para Ifat em 1415, e para Harar em 1520 (M'Bokolo, 2009, p. 116). Ver ETIÓPIA, República Federal Democrática da; HAQUEDIM; HARAR; IFAT, Sultanato de.

ADAMAUÁ (*Adamawa, Adamaoua*). Região no território da atual República dos Camarões e em parte da atual Nigéria, abrigando as montanhas e o planalto de mesmo nome. A área montanhosa, compreendendo a seção planaltina, forma uma barreira entre a floresta, ao sul, e a savana, ao norte. Entre os séculos VIII e IX d.C., as populações mais antigas da região foram deslocadas por levas de migrantes provenientes, talvez, da região do Lago Chade, e relacionadas ao Império Kanem-Bornu. Esse império foi o responsável pela introdução do islã na região, em um processo de conversão que, entretanto, abrangeu apenas alguns governantes, nobres e mercadores. Entre os séculos XIV e XVII, grupos efetivamente provenientes da região do Chade penetraram no território, como foi o caso de indivíduos dos povos bamileque, bamum, e outros grupos que compõem a população da atual República dos Camarões. Ver BANTOS; BENUÊ; CAMARÕES, República dos; FULAS; KANEM-BORNU.

ADRAR DOS IFORAS (*Ifoghas*). Região montanhosa situada entre o sul da atual Argélia e o nordeste do atual Mali. Integra-se às grandes formações montanhosas do Saara, como o Air, o Hoggar e o Tibesti, *habitat* ou vias de trânsito de grupos tuaregues. Em uma das línguas locais, a expressão, certamente cunhada no idioma francês, significa "Montanha dos Iforas", em referência a um dos clãs importantes na região há muitas gerações.

ADÚLIS. Antiga e importante cidade portuária no Mar Vermelho, localizada no território da atual Eritreia. Principal porto dos axumitas, foi a chave do comércio etíope de AXUM, pois dava acesso tanto à Arábia quanto ao Oriente Médio. Ver ETIÓPIA, República Federal Democrática da; JUDITE, Rainha.

AFARES (*Afars*). Povo do Chifre da África. Na década de 1470, suas lideranças aliaram-se aos muçulmanos na luta contra os cristãos da Etiópia (ou Abissínia), na região entre Xoa e Harar, saindo vitoriosos. São também mencionados como *danakil*, em referência à sua localização regional. Ver ABISSÍNIA; CHIFRE DA ÁFRICA; DANAKIL; ETIÓPIA, República Federal Democrática da; HARAR; XOA.

AFONSO I, Dom. Nome cristão de MVEMBA-A-NZINGA, filho de NZINGA-A-NKUWU, rei do CONGO.

AFONSO II. Governante do Congo (1561-1562). O segundo de nome Mvemba-a-Nzinga, era filho bastardo de Nkumbi-a-Mpudi (Diogo I). Governou por curto período, pois foi morto e substituído no trono pelo irmão, Dom Bernardo I, filho legítimo de seu pai (SETAS, 2011, p. 154).

ÁFRICA. Continente ligado à Ásia pelo Istmo de Suez e pelo Estreito de Bab-el-Mandeb e à Europa pelo Estreito de Gibraltar, a África manteve com essas duas massas continentais relações constantes, potencializadas ao longo dos anos. Entre os séculos VII e XI d.C., tanto o norte africano quanto o leste estreitaram antigas ligações, num contexto em que todas as relações comerciais entre a Ásia e o continente africano estavam principalmente nas mãos de mercadores árabes e persas. As conquistas árabes, islamizando e arabizando a porção setentrional do continente, fizeram nascer um império, tendo como centro o Egito. A partir do Egito, populações de beduínos penetraram na Núbia e no Sudão nilótico; e a Etiópia perdeu seu acesso ao Mar Vermelho, entrando em decadência. No Magrebe, os conquistadores árabes enfrentaram a resistência dos berberes, mas fizeram valer sua força impondo-lhes o islã. Então, mercadores berberes convertidos, por suas caravanas comerciais, acabaram sendo os maiores responsáveis pela introdução do islã na África subsaariana. Na sequência desses eventos, a expansão das rotas de comércio não só levou o ouro do Sudão ocidental, notadamente do Gana, ao Mediterrâneo, como fez chegar ao Sudão o sal do SAARA. Assim, as trocas com a África subsaariana foram fundamentais na vida de todo o mundo muçulmano de então. Entre os séculos XII e XV, desenvolveram-se, em toda a África, cidades, Estados e impérios. A religião tradicional, baseada no culto aos ancestrais, permaneceu a mesma em seus fundamentos, inclusive entre os povos governados por soberanos islamizados (Niane, 2010c, HGA, IV, p. 764). Enquanto o Magrebe e o Egito se distinguiam do restante do mundo muçulmano (Niane, 2010, p. 765), reinos e impérios desenvolvidos antes, na extremidade meridional do continente, começavam a demonstrar pujança, principalmente por conta do florescimento do comércio em direção ao Atlântico, através do Congo e da região dos Grandes Lagos; e na direção do Índico, através do Zimbábue. Além disso, no oeste, destacam-se as civilizações de Mali e Songai; do eixo Ifé-Benim; dos *akan*; além das civilizações do Chade, dos Estados Hauçás, da costa suaíli, etc., como examinaremos nas seções seguintes. **África Setentrional.** Porção do continente africano que abriga predominantemente populações árabo-berberes e, compreendendo os atuais territórios de Egito, Líbia, Tunísia, Argélia, Marrocos, Saara ocidental e partes de Mauritânia, Mali, Níger, Chade e Sudão. Foi a partir do século VII d.C. a principal via de entrada do islã na África e da consequente islamização do continente. **África Ocidental.** Porção oeste do continente africano, entre o Oceano Atlântico, o Saara, os maciços centrais e a região do Lago Chade. Outrora mencionada como Sudão Ocidental, reúne no seu conjunto de países os atuais Senegal, Cabo Verde, Guiné-Bissau, Guiné Conacri, Serra Leoa, Libéria, Costa do Marfim, Burkina Faso, Gana, Benim, Nigéria e partes de Mauritânia, Mali, Níger e Chade. O desenvolvimento dessa parte do continente africano, antes de 1500, deve ser estudado a partir de quatro polos econômicos. O mais setentrional deles é o litoral do Mediterrâneo, área que manteve ligações diretas com outras civilizações desde os tempos antigos, e que já assimilara a influência dos invasores muçulmanos apenas um século após a criação do islã. Ao sul, cumpre estudar o deserto do SAARA, que, embora privado de estabelecimentos humanos, foi entrecortado por rotas de caravanas, ligando o interior do continente à costa mediterrânea. Ao sul do Saara, localiza-se o Sahel, um cinturão de savana seca sempre em expansão, fracamente povoado, exceto nos lugares em que é cortado por grandes rios como Níger, Senegal e Volta, e que não obstante tem também importância econômica. Finalmente, mais para o sul ainda, outro polo de interesse econômico é a faixa de savana úmida que termina na costa atlântica, e que é a área em que normalmente pensamos quando nos referimos ao oeste em oposição à África do Norte. Antes da chegada dos portugueses, no início do século XV, já existiam relações comerciais entre essas quatro regiões. Caravanas de mercadores cruzaram o Saara, de norte a sul, transportando sal, tecidos finos e outros itens de luxo, bem como cativos, para serem trocados por riquezas como ouro, marfim, noze-de-cola, etc. É difícil afirmar com exatidão o início desse comércio, mas há evidências de que antes de 500 a.C. já existia, no Saara, pelo menos uma rota semelhante às que persistem até os dias atuais. O primeiro registro escrito sobre a região é de 773 d.C., e nele o geógrafo árabe Al-Fazari a refere como *al-Dhahab*, isto é, "a terra do ouro" (Cuoq, 1985, p. 42). Esse ouro, como se soube mais tarde, era o sustentáculo de um centralizado e poderoso império que efetivamente atuava como "intermediário" entre as áreas de produção, ao sul do Sahel, e as de consumo, ao norte do Saara. Esse império era o Antigo Gana ou Gana-Uagadu, desestruturado pelos almorávidas e que, numa sucessão de eventos, perdeu sua hegemonia em favor do Antigo Mali, o qual, por sua vez, foi sucedido pelo Império Songai. Importante notar que esses "Impérios do Sahel", como são muitas vezes referidos, foram, cada um em seu tempo, os efetivos senhores das rotas de caravanas do Saara. Entretanto, era através de um sistema de comércio mais localizado, envolvendo os povos da savana úmida e da região da floresta tropical, que eles obtinham muito das riquezas e mercadorias de seu comércio. Um outro efeito do comércio transaariano foi a expansão do islã, atestada principalmente pela existência, já em 1067, conforme o geógrafo hispano-muçulmano Al-Bakri, de uma comunidade muçulmana permanente, estabelecida a cerca de 10 km de Cumbi-Salé. Embora seja certo que os soberanos do Gana não eram muçulmanos, a existência dessa comunidade, distribuída por doze mesquitas, era sem dúvida importante (Briggs, 2008, p. 5-7). Em resumo, a história dessa porção do continente africano, no período aqui focalizado, demonstra a evolução de grupos humanos que souberam tirar proveito dos recursos oferecidos por um meio natural inóspito, mas que lhes oferecia condições de sobrevivência e que lhes imprimiu características peculiares. Ocupando, desde a faixa litorânea do Mar Mediterrâneo até os limites da floresta tropical, esses povos tiveram, de um modo geral, como pontos em comum, o trânsito através do Saara e a influência islâmica (Macedo, 2013, p. 45-46). **África Oriental.** Parte do continente africano onde se verificou notadamente o entrecruzamento de povos bantos e de cultura arabizada, e que engloba, na atualidade, os territórios de Quênia, Uganda, Eritreia, Djibuti, Etiópia, Somália, Ruanda, Burundi, Tanzânia, Comores, Moçambique e Madagascar. Em algumas referências, Sudão e Egito são também considerados parte da África Oriental, sob o argumento de que a divisão da África em regiões não se basearia apenas em critérios geográficos, mas também em históricos e políticos. Entretanto, a visão geral acolhe os países do leste do continente banhados pelo Oceano Índico, os quais têm um extenso passado de contatos entre si e com povos de outros continentes, principalmente asiáticos, contatos esses que se estendiam até o interior, onde se encontrava a maior parte das fontes de riquezas que alimentavam o comércio marítimo, como o ouro, o marfim, e a mão de obra escrava. Observe-se, como ressaltado em Macedo (2013, p. 42), que os povos da África Oriental construíram identidades e desenvolveram tradições autônomas, dinâmicas e originais, além de interagirem com culturas cristãs e muçulmanas. Assim, formaram reinos e cidades com poderes firmemente estruturados e desenvolveram estilos de vida vinculados ao comércio, ao artesanato, à agricultura e à pecuária, construindo sua própria história. **África Central e Centro-Ocidental.** Denominação da porção do continente africano historicamente habitada, principalmente, por povos do grupo etnolinguístico banto e não alcançadas pelo ISLÃ de forma massiva, até o século XVI. Compreende as atuais áreas políticas de Angola, Congo (Brazzaville), Congo (ex-Zaire), Gabão, Camarões, República Centro-Africana e Zâmbia. **África Austral.** Denominação da porção mais meridional do continente africano. Compreendendo, na atualidade, os territórios de Angola e Zâmbia (partes), Namíbia, Botsuana, Zimbábue, Maláui, Suazilândia, Lesoto, África do Sul, Madagascar e Ilhas Maurício, suas civilizações só passaram a ser efetivamente conhecidas com as navegações portuguesas, a partir do século XVI. Entretanto, em diferentes épocas, como atesta a moderna arqueologia, essas vastas extensões territoriais foram palco de intensos movimentos populacionais, originados em outras áreas do continente. No início do século VIII, a África Austral já era habitada por diversos povos bantófonos, a maioria deles proveniente do centro, tendo eles transposto o Rio Zambeze, em direção ao sul desde o início da Idade do Ferro. No século X, povos das bacias dos rios Limpopo e de seu afluente Cháchi (*Shashi*, *Shashe*), já se inseriam na rede comercial do Oceano Índico, adquirindo contas de vidro, tecidos e até artefatos de cerâmica envernizada, em contrapartida ao fornecimento de ouro e do marfim (Huffman, 2010, HGA, III, p. 791). Ver *AKAN*; ALMORÁVIDAS; BANTOS; BENIM; CHADE, República do; EGITO, República Árabe do; ETIÓPIA, República Federal Democrática da; GANA; HAUÇÁS; IDADE DO FERRO; IFÉ; ISLÃ; ISLAMIZAÇÃO; LIMPOPO; MAGREBE; MALI, Antigo; MEDITERRÂNEAS, Regiões; NÍGER, República do; NÚBIA; SAARA; SAHEL; SAVANA; SENEGAL, República do; SONGAI; SUDÃO; UAGADUGU; VERMELHO, Mar; VOLTA, Rio; ZAMBEZE; ZIMBÁBUE.

ÁFRICA DO SUL, República da. País da África Austral, limitado por Botsuana, ao norte; Namíbia, a noroeste; Zimbábue e Moçambique, a nordeste; e pelo Oceano Atlântico, ao sul. Suas fronteiras circundam o enclave que constitui o Reino do Lesoto. Os primeiros povoadores foram indivíduos dos coissãs e bantos, entre os quais ovambos, sotos, zulus, xonas, os quais expulsaram, no século XV, os antecessores; além destes, citem-se os primeiros europeus, estabelecidos já no século XVII. **As sociedades bantas.** No século X, povos das bacias dos rios Limpopo e de seu afluente Cháchi (*Shashi*, *Shashe*) já se inseriam na rede comercial do Oceano Índico, adquirindo contas de vidro, tecidos e até artefatos de cerâmica envernizada, em contrapartida ao fornecimento de ouro e marfim (Huffman, 2010, HGA, III, p. 791). Essa atividade, comprovada pela arqueologia, levou à constatação da possível existência, em partes do território da atual África do Sul, de sociedades nas quais a pastorícia, a agricultura e a extração mineral teriam sido exercidas em paralelo, e às vezes de forma combinada. Nos centros mais avançados, teria dominado a mineração e fundição de metais, sendo a autoridade política prerrogativa hereditária de uma classe dirigente, proprietária dos rebanhos e das minas (Jaspan, 1958, p. 164-165). Consoante Davidson (1981, p. 55), a metalurgia do ferro já existia, no centro do território da atual república, no ano 1.000 d.C. Ver ÁFRICA; BANTOS; BOTSUANA, República de; COISSÃ; DRAKENSBERG, Montes; *KHOIKHOI*; LESOTO, Reino de; LIMPOPO; MAPUNGÚBUE; NAMAQUALÂNDIA; NAMIBE, Deserto do; NAMÍBIA, República da; SUAZILÂNDIA, Reino da.

ÁFRICA NEGRA. Antiga denominação aplicada ao conjunto dos países africanos localizados ao sul do Saara, pelo fato de sua população ser total ou majoritariamente constituída de povos de pele mais escura. A expressão tem sido por vezes criticada pela historiografia atual, uma vez que, entre outros eventos históricos, as migrações através das rotas de comércio, bem como os processos de miscigenação delas decorrentes, contribuíram para amalgamar práticas e conteúdos culturais em quase todas as direções do continente africano. Como exemplo, vejam-se as práticas da religião tradicional desenvolvidas no ambiente islâmico e em outros ambientes. Ver STAMBALI.

ÁFRICA TROPICAL. Denominação, de base climática, aplicada à vasta porção do território africano localizada entre os trópicos de Câncer e de Capricórnio. Exclui apenas os extremos setentrional (região saariana) e meridional (África do Sul) do continente.

AFRO-ASIÁTICO. Relativo, cumulativamente, à África e à Ásia; que constitui um amálgama das duas culturas (Houaiss *et al.*, 2001, p. 108). **Línguas afro-asiáticas.** Moderna classificação das línguas africanas antes denominadas "hamito-semíticas", tais como: berberes, chádicas, egípcias, semíticas e cuchíticas (Bernal, 2002, p. 635).

AGADEZ (*Agadés*). Cidade fundada em 1430, ao norte da atual República do Níger, entre o Saara e o Sahel, na região do Maciço do Air. Conhecido ponto de passagem dos tuaregues, que dela fizeram sua capital, seu nome alude aos contínuos deslocamentos de caravanas das populações do deserto: no idioma tamaxeque (*tamasheq*), o vocábulo "*egdez*" significa visitar; e "*tadakest*" significa "lugar de encontro dos visitantes". Ver TAMAXEQUE; TUAREGUES.

AGADIR. Ver TLEMCEN.

AGANJU. Nome de um dos governantes (alafins) dos iorubás de Oyó, antes do século XV. Segundo a tradição, era filho de Ajacá e foi sucedido por Cori (Silva, 1996, p. 557). Ver IORUBÁS; OYÓ.

AGAUS (*Agaw*). Povo da Etiópia, cujos membros são tidos como os mais antigos habitantes das terras altas, planalto e montanhas, do país (African Encyclopedia, 1974, p. 201). Ver AMHARAS.

AGBACEON. Ver IAGBA-SION.

AGNIS. Povo do grupo *AKAN*, localizado nas atuais repúblicas de Costa do Marfim e Gana.

AGUAXUMO. O mesmo que AXUM. Tb. Acaxumo; Aquaxumo.

AHAGGAR, Montanhas. Ver HOGGAR, Maciço de.

AHMAD AL-BADAWI. Homem santo (em árabe, *wali*) muito popular no Egito no período inicial do sultanato dos MAMELUCOS. Segundo as antigas tradições, quando tinha 30 anos experimentou uma transformação mística, retirando-se da vida ordinária, adotando a ascese e o silêncio absoluto. Depois de morto (1200-1276), uma mesquita foi construída acima do seu túmulo e logo se tornou lugar de grande veneração e milagres.

AHMAD BALAI. Governante muçulmano do sultanato de ADAL. Subiu ao trono em 1432.

AHMAD GRAN. Nome com que passou à História, Ahmad ibn Ibrahim, sultão de Harar. Liderando uma confederação muçulmana, em 1527 proclamou uma *jihad* contra os cristãos da Etiópia. Entretanto, após sua morte, seus seguidores retirando-se em direção as planícies do leste, foram batidos por tropas guerreiras do povo oromo em 1542. Ver JIHAD.

AHMAD IBN TULUN. Fundador das dinastias dos tulúnidas (q.v.).

AIR, Maciço do. Conjunto de montanhas no noroeste da atual República no Níger, na ecorregião do SAARA.

AÏT. Designativo berbere significando origem: "povo de". Equivalente ao patronímico "*bani*" (ou "*banu*") em árabe, e ao termo "*kel*" das línguas tuaregues.

AIÚBIDAS (*Ayyubid*). Dinastia fundada por Saladino, reinante no Egito de 1171 a 1250, e apeada do poder pelos mamelucos. Seu nome deriva de Aiub (Ayyub) governador da região de Damasco. Ver MAMELUCO, Sultanato; SALADINO.

AJA (*Ajà*). Grupo étnico da África Ocidental, localizado a partir da região de Tadô. Compreende subgrupos como o fon, ao qual se deve a fundação do Reino de Daomé, e Marrim, no Brasil conhecidos genericamente como "jejes" ou "mina-jejes". Foram responsáveis pela fundação do reino de Tadô, também referido como Reino Aja-Tadô, localizado em terras do sul do moderno Togo (República Togolesa). Ver DAOMÉ; FON; MARRIM; TADÔ; TOGO.

AJAMI. Designação da ortografia arábica usada para escrever línguas estrangeiras, expressa num alfabeto próprio, também assim designado. Surgiu da necessidade experimentada pelos antigos cronistas árabes e afro-muçulmanos de transcrever formas e sistemas fonéticos africanos, não existentes em sua língua. O termo é correlato a "aljamia", língua estrangeira; língua estrangeira escrita em caracteres árabes (LAROUSSE, 1998, p. 202).

AJA-TADÔ. O mesmo que Tadô (SEGUROLA; RASSINOUX, 2000, p. 36).

AJUDÁ. Uma das transliterações do nome *Huedá* ou *Xwedá*, do idioma fongbé, transcrito em francês como *Ouidah* e em inglês como *Whydah*. Designa a antiga cidade, na costa atlântica da atual República do Benim, que foi capital do reino de mesmo nome, destacado no contexto do tráfico atlântico de escravos, bem como seu povo. De acordo com Segurola e Rassinoux (2000, p. 519), o topônimo advém da denominação do grupo étnico local, também *xwedá*, mais tarde expulso do território. Segundo Verger (1987, p. 17), além das transliterações mencionadas, o nome foi também mencionado, através da História, como *Gléhoué*, *Gregoy*, *Judá*, *Fidá* e *Igélefé*. Ressalte-se que *Gléhoué* corresponde ao fongbé *Glexwé*, "casa de campo", que denominava originalmente a cidade à época da chegada dos primeiros portugueses, convidados por certo Kpatè, seu provável fundador (SEGUROLA;

Rassinoux, 2000, p. 189). Ver BENIM, República do; HUEDÁ; UIDÁ.

AKAN. Conjunto de povos da África Ocidental, falantes da língua twi e suas variantes, como akuapem twi, fânti e axânti twi (Kotey, 1996, p. 7). Compreende, na atualidade, principalmente os seguintes povos: agnis, axântis, baúles, fântis e assas. Unidos pela cultura e pela língua, os povos *akan* ocuparam, notadamente, as regiões florestais do centro e as regiões mais temperadas do território da antiga colônia da Costa do Ouro. **Origens.** A tradição oral mais aceita sugere que os ancestrais dos povos que hoje vivem na República de Gana, entre eles os *akan*, teriam migrado de várias partes do oeste africano para seus atuais territórios. Outras versões contam que eles teriam vindo de terras que se situam entre as atuais fronteiras de Gana e Costa do Marfim, na bacia do Rio Volta Negro. Segundo outras tradições locais, entretanto, eles teriam migrado originalmente da Etiópia, chegando à confluência dos rios Pra e Ofin por volta do início da Era Cristã. Nessa região, teriam conquistado povos nativos e se miscigenado a eles, nascendo dessa mistura a língua twi e instituições sociais que perduram até nossos dias. **História.** Mais concretamente, sabe-se que, de início, instalados a norte de seu *habitat* atual, os *akan* constituíam um grande conjunto de povos nômades que vagavam pelas bordas do Saara, sendo incorporados às primeiras unidades políticas formadas no Sudão Ocidental. A partir do século XII d.C., eles começaram a se infiltrar na zona das florestas, ocupando progressivamente toda a metade sul do que é hoje o território da República de Gana. Formava-se aí o mais antigo Estado *akan*, o Bono Mansu, por volta de 1295. Na sequência, constituíram-se os principados mais tarde formadores do Império Axânti, no norte, e do Estado fânti, ao sul. Por volta de 1400 d.C., época do apogeu do MALI, a noroeste, e do Kanem-Bornu, a nordeste, alguns Estados *akan* ostentavam grande poder. Isso se deu, principalmente, pela condição que desfrutavam de fornecedores de ouro para o norte do continente, pois exploravam o minério, fundindo-o, trabalhando-o e comerciando, numa atividade em que mais tarde ganharam a hegemonia africana (Davidson, 1981, p. 133). Ver ABREM; AKUAPEM; AGNIS; ANKOBRA; ASSA; AXÂNTIS; BONO; COSTA DO MARFIM, República da; COSTA DO OURO; DENQUIRA; EFUTU; EGUAFO, Reino de; ESCRAVIDÃO; EWE; FÂNTIS; GA; GANA, República de; ODOMANKAMA; *OMANHENE*; OURO; TWI; *TWIFO*.

AKUAPEM. Denominação de uma das línguas do grupo *AKAN*, bem como do grupo étnico que a utiliza (Kotey, 1996, p. 32).

AKUMFI AMEYAW. Rei do Bono-Tequiman (1328-1363). Segundo Briggs (2008, p. 9), consolidou a posição de seu reino como grande centro minerador de OURO e importante império comercial. Ver BONO-TEQUIMAN.

AL-ANDALUS. Emirado omíada de Córdoba, no sul da Espanha; reino estabelecido no século VIII por muçulmanos do Marrocos. No dizer de Davidson (1981, p. 66), Al-Andalus foi "um rico Estado africano que se formou na Espanha". Seu fundador e primeiro soberano foi Abd-al-Rahman, um príncipe filho de um árabe com uma berbere e pertencente à dinastia dos omíadas. Com a derrota desses para os ABÁCIDAS em 750, esse príncipe refugia-se na Berbéria de sua mãe, no Marrocos atual, e lá reúne um grupo de seguidores. Com esse grupo, procura um local para se estabelecer. E resolve ir para o sul da Espanha, onde já havia uma colônia berbere, e lá funda, em 756, o Emirado de Córdoba, origem de Al-Andalus. O destino desse Estado esteve sempre ligado ao norte da África, com que manteve, durante toda a sua história, as mais estreitas relações. Segundo alguns relatos, a cada rei que assumia o poder em Gao, o califa de Córdoba enviava um exemplar do Alcorão (Silva, 1996, p. 298). Com a grande arrancada dos almorávidas, Al-Andalus – como o *Bilad al-Sudan*, o "país dos negros" – é conquistado por estes no século XI e pelos almôadas no século seguinte. E até 1492 é parceiro constante dos reinos do norte da África e fonte para eles de prestígio, riqueza e poder. Com a reconquista da Espanha pelos católicos, então, a África do norte se enfraquece. Aí, os marroquinos resolvem partir para a conquista do *Bilad al-Sudan*, à época sob controle do Império SONGAI. Ver ABÁCIDAS; BILAD AL-SUDAN, MARROCOS, Reino do; OMÍADAS; SONGAI.

AL-AZHAR. Ver AL-KAIRAOUINE.

AL-HASSANI, Mashish Ibn Abd-Salam. Personagem da história do Marrocos. Descendente hipotético da família de Maomé, era referido como "xerife", ou seja, nobre. Em 1228, acusado de "falso profeta", foi assassinado por seguidores da dinastia marínida, então em luta pela ascensão ao poder. Venerado como santo após a morte, seu túmulo, rodeado de lendas e milagres, tornou-se um dos mais importantes pontos de peregrinação desde o século XVI.

AL-IDRISI, Ash-Sharif (c. 1100 - c. 1165). Geógrafo e cientista nascido e falecido em Sabtah, mais tarde CEUTA. Autor de uma das maiores obras da Geografia descritiva em seu tempo, levou boa parte de sua vida viajando entre a África do Norte e a Espanha. Sua trajetória de criador de mapas e geógrafo iniciou-se em 1145, a serviço de Rogerio II, rei normando da Sicília. Em 1154 publicou sua obra mais importante, chamada *Nuzhat al-Mushtak fi Khtirak al-Afak* (Divertimento daquele que deseja percorrer o mundo), designado muitas vezes simplesmente como *Kitab Rudjar* (O livro de Rogério). Em 1866, um texto que é provavelmente parte do anteriormente mencionado foi traduzido para o francês e publicado com o título *Description de l'Afrique et d'Espagne* (Coquery-Vidrovitch, 1981, p. 34). Ver HISTORIADORES ÁRABES.

AL-KAIRAOUINE (*Al-Qayrawin*). Madraça islâmica fundada em Fez, Marrocos, no ano de 859, considerada como a mais antiga universidade do mundo (Furé, 1997, p. 32). Segundo a mesma fonte, outras pioneiras universidades islâmicas fundadas na África no período estudado neste livro são a Az-Zaytuna (Túnis, 732) e Al-Azhar (Cairo, 970). Ver MADRAÇA; MARROCOS, Reino do; SANKORE.

AL-LAMTUNA, Muhamad Tarashna. Líder da Confederação Sanhaja. Assumiu o poder depois de cento e vinte anos de discórdias entre os clãs judala e lamtuna, após a morte de Ibn Yasin em 1059. Foi sucedido pelo judala Yaya ibn Ibrahim

(Page, 2005, p. 195). Ver IBN YASIN; JUDALAS; LAMTUNAS; SANHAJAS.

AL-MAGHILI, Muhamad ibn al-Karim. Teólogo muçulmano nascido em TLEMCEN na atual Argélia e falecido c. 1505. Um dos mais ilustres em atuação nos territórios situados no *Bilad al Sudan* ao fim do século XV, ganhou renome por seu conhecimento de jurisprudência nas madraças de sua cidade natal e também em outras de Touat, Túnis e Fez, da região do MAGREBE, onde se mostrou adversário implacável dos judeus. De Touat, Al Maghili partiu rumo aos estados islamizados da parte de baixo do Saara, atuando em Takadda e Katsina, e depois por longos anos na cidade de Kano, na atual Nigéria. Em seu retorno da área hauçá, permaneceu entre 1493 e 1496 em Gao, onde foi recebido pelo ÁSQUIA Muhamad, que acabava de tomar o poder no que viria a ser o Império Songai. A pedido deste, compôs um verdadeiro tratado político na forma de uma longa missiva em que enumerou as qualidades morais do bom governante segundo os preceitos da Sunna - o livro com as tradições político-religiosas e normas disciplinares do islã - e de acordo com a interpretação malequita mais ortodoxa. No texto, escrito em árabe provavelmente em 1498, e cujo título pode ser traduzido por "*As sete respostas às sete questões de Askiya Muhhamad de Gao*", o tratadista desenvolve argumentos de fundo teológico para a legitimação da autoridade dos governantes muçulmanos (Cuoq, 1985, p. 401). Ver MADRAÇA; MAGREBE; MALEQUITA; MUHAMAD I, Ásquia; SONGAI; TLEMCEN.

AL-MARRAKUSHI, Abdelwahid. Cronista marroquino nascido em 1185 em Marraquexe e depois radicado em Fez. Vivendo durante o período de domínio dos almôadas, passou à História como autor do livro *Kitab al-mujib fi talkhis akhbar ahl al-Maghrib* (O agradável livro que resume a História do MAGREBE), terminado em 1224. Ver ALMÔADAS.

AL-MARRAKUSHI, Ibn Idari. Cronista marroquino. Recorrendo a diversos relatos escritos e orais, no início do século XIV redigiu uma das mais importantes fontes narrativas para a reconstituição da História do MAGREBE no período dos almorávidas, o *Al-Bayan al-Mughrib fi akhbar muluk Al-Andalus* (Livro de informação extraordinária sobre os feitos e gestos dos reis do Magrebe e de Al-Andalus). Ver ALMORÁVIDAS.

AL-MASUDI. Ver FONTES HISTORIOGRÁFICAS.

AL-MATGHARI, Maysara. Líder de uma revolta contra a dominação árabe em Tânger, Marrocos, ocorrida entre 738-740. Ver BARGHWATA; MARROCOS, Reino do.

AL-NASIR, Muhamed ben Calaun. Sultão mameluco do Egito à época do abissínio Ámeda-Sion. Moveu forte perseguição aos coptas, motivando um protesto formal do negus e a ameaça de mudar o curso do Rio Nilo (Silva, 1996, p. 573). Ver ÁMEDA-SION; COPTAS; MAMELUCO, Sultanato; NILO, Rio.

AL-SADI, Abderraman. Sábio que ensinou nas madraças de Tombuctu, autor do *Tarikh al-Sudan* (Crônica do país dos negros), publicado c. 1655 e fonte fundamental para a História da África. Ver ESCRITAS AFRICANAS; FONTES

HISTORIOGRÁFICAS; MADRAÇA; TOMBUCTU.

ALÁ (Allah). Designação árabo-muçulmana do Deus supremo.

ALADÁ (*Aladà*). Cidade histórica do antigo Daomé, capital do reino de Ardra (*Ardres*). Em Aladá, na localidade de Tagudô, localiza-se, segundo a tradição, o túmulo de Ajarrutó (*Ajáhutó*), ancestral das dinastias reais de Aladá, Abomé e Porto Novo (*Hogbonu*). Era de Aladá que os reis recebiam sua investidura; e quando um rei morria dizia-se que ele "tinha ido para Aladá" (SEGUROLA; RASSINOUX, 2000, p. 48).

ALAFIM. Título do soberano do Estado iorubano de Oyó. A denominação provém do iorubá *alàfin*, "dono do palácio", rei. Ver OYÓ.

ALAUÍTAS. Denominação da dinastia reinante no MARROCOS a partir de 1672, quando Mulay Rachid ascendeu ao poder como sultão. O nome remete a Ali, o quarto califa árabe (656-661 d.C.), genro do profeta Maomé, de quem os dinastas se dizem descendentes. Ver *MULAY*; SULTÃO.

ALCÁCER-QUIBIR (*Alkazarquivir*). Localidade do Marrocos, no caminho da cidade de Fez, onde, em 1578, travou-se a famosa batalha que ganhou seu nome. O combate travou-se entre magrebinos e portugueses, com os respectivos aliados, e nela morreram o legendário rei lusitano Dom Sebastião, além dos dois sultões que disputavam o trono marroquino: Abu Abdala Moamed Saadi II, o "*mulay* Moamed"; e Abd al-Malik, seu tio, conhecido como "*mulay* Moluco", subordinado ao Império Otomano. O primeiro solicitara a ajuda de Portugal na retomada do trono ao segundo, pelo que Dom Sebastião, imbuído de sentimentos místico-religiosos, planejou uma cruzada. Entretanto, a derrota custou caro a Portugal, ditando o fim da dinastia de Avis, bem como a perda da independência, em favor da Espanha, por sessenta anos. Observe-se que, pelo uso comum do título *mulay*, depreende-se que os sultões litigantes pertenciam à mesma dinastia. Ver MARROCOS, Reino do; *MULAY*; OTOMANO.

ALEXANDRIA. Cidade egípcia, no delta do Rio Nilo. Fundada por Alexandre Magno, em 331 a.C., foi a capital mundial do pensamento helenístico. O declínio do Império Bizantino, que sucedeu Roma no Egito, deixou Alexandria vulnerável aos árabes que, sem encontrar qualquer oposição, saquearam a cidade na década de 640 d.C. Os muçulmanos árabes estabeleceram sua capital em Al-Fustat, no atual Cairo, pelo que Alexandria conservou sua importância, agora também como base naval e praça comercial próspera, além de manter-se como importante centro religioso, sediando tanto a Igreja Copta do Egito, de rito monofisista, quanto a Igreja Ortodoxa, de rito melquita. Nessa vertente, o Patriarcado de Alexandria, expressão de uma cultura específica (nilótica), constituía, com Antioquia, Roma, Jerusalém e Constantino pla, um dos cinco grandes patriarcados do mundo cristão ortodoxo. Do ponto de vista político, pelo fato de os ortodoxos serem aliados de Bizâncio (sede oriental do Império Romano), os muçulmanos árabes conquistaram a adesão dos coptas, no Egito e na NÚBIA, os quais então abraçaram o monofisismo, para demonstrar sua oposição à ortodoxia bizantina. Ver BIZÂNCIO; COPTAS (item "Igreja Copta"; MONOFISISMO.

ALI KOLEN. Soberano do Songai. Também mencionado como Ali Kolon, ascendeu ao poder em GAO em 1337, dando início à dinastia dos sonis, que no século XV viria formar o Império Songai. Ver GAO; SONGAI; SONI.

ALI-BER. O mesmo que SONI ALI (q.v.).

ALI IBN DUNAMA. Soberano do Kanem-Bornu, também mencionado como Ali Ghadjideni ou pelo epíteto Al-Ghazi, o conquistador. Entre c. 1465 e 1497, fundou uma nova dinastia, organizando o império e estendendo eu poder aos Estados Hauçás (Ki-Zerbo, 1972, I, p. 201; 1972, II, p. 444). Ver BORNU; HAUÇÁS.

ALI YAJI. Soberano dos hauçás de Kano entre c. 1349 e 1385. Em seu reinado, marabus do Mali introduziram o islã e a arte da escrita entre seu povo (Ki-Zerbo, 1972, I, p. 193). Ver HAUÇÁS; KANO; MALI, Antigo; MARABUTO.

ALLADA. O mesmo que Aladá e Ardra. Outras das formas pelas quais foi outrora referido este topônimo são: Arada; Arda; Arder; Ardres e Hardre (Verger, 1987, p. 17). Ver AJÁ, ALADÁ, ARDRA, DAOMÉ, TADÔ.

ALMADIA. Espécie de embarcação fluvial utilizada por diversos povos costeiros da África Ocidental. Eram canoas movidas a remo, em geral feitas de um só tronco de madeira, com capacidade média para 3 ou 4 remadores. Na antiga Senegâmbia, eram muito utilizadas por certos grupos, como os uolofes ou jalofos (wolof), os bijagós e os krus da Guiné. Em 1456, o navegador veneziano Alvise Cadamosto e sua tripulação avistaram, no rio que batizaram com o nome de São Domingos, uma dessas embarcações muito grande, com 16 pessoas, e outra com 30, "quase tão comprida como uma das nossas caravelas, mas não tão alta" (Cadamosto; Sintra, 1988, p. 172). Ver SENEGÂMBIA; UOLOFES.

ALMÔADAS. Dinastia berbere originária da região montanhosa dos Atlas Centrais. Formada pela união dos clãs zenatas e masmudas, reinou no MAGREBE de 1121 a 1268 e, também em Al-Andalus, entre 1145 e 1213 (López-Davalillo, 2003, p. 222) em oposição à dinastia dos almorávidas. Pregando contra a interpretação pessoal dos princípios religiosos e invocando a tradição sunita (a ensinada por Maomé), seu fundador, Ibn Tumart, promoveu campanha contra a venda de bebidas alcoólicas e outros desvios da prática islâmica ortodoxa. Seu radicalismo custou-lhe o encarceramento e a expulsão de várias cidades. Daí ter buscado refúgio junto ao seu povo, masmuda, nas Montanhas Atlas, onde se autoproclamando *Mahdi* (homem guiado por Deus, profeta, redentor), fundou o movimento dos almôadas, nome originário do árabe *muwáhhid*, unitário (Corominas, 1983), em alusão ao unitarismo, corrente teológica que afirma a unidade absoluta do Ser Supremo. Ver ALMORÁVIDAS; BERBERES; CONFEDERAÇÕES; MAGREBE; MASMUDAS; ZENATAS.

ALMORÁVIDAS. Movimento político-religioso criado pelo berbere zenaga Abdallah IBN YASIN, do subgrupo jazula (Silva, 1996, p. 268). Seus líderes reinaram, em sucessivas dinastias, no MAGREBE e em Al-Andalus nos séculos XI e XII. A denominação originou-se no vocábulo árabe *al-murabitun*, plural de *al-Murabit*, que significa, literalmente, "o que se liga ao RIBAT", e se aplicava aos seguidores organizados na referida comunidade fortificada designada pelo termo em causa. O qualificativo foi atribuído ao grupo pelo fundador, em atenção ao fato de que sua formação se deu no exílio, em uma ilha fortificada no Rio Senegal (N'Goma, 1950, p. 335). **Origens.** Na primeira década do século XI, Yaya ibn Ibrahim, chefe zenaga do clã judala, retornando de peregrinação a Meca, leva para sua terra um mestre, para ensinar o que seria o verdadeiro islã. Esse mestre é o mencionado Ibn Yasin, criador e difusor de uma doutrina que preconizava o retorno a uma forma mais ascética da prática islâmica (Cornevin, 1972, p. 154). Ensinado a partir do retiro fortificado na ilha, esse islã ascético e guerreiro fez nascer primeiro uma organização militar. **Conquistas.** A partir de 1040, os almorávidas, sob o comando de Yaya ibn Ibrahim e a liderança espiritual de Ibn Yasin, empreendem uma campanha de grandes proporções. Por volta de 1060, com a morte de Ibn Yasin, a liderança do movimento se biparte: no sul, o comando é de Abu Bakar Ibn-Omar; no norte, é de Iusuf ibn Tachufin. Este, conquista o Marrocos e funda Marraquexe, de onde os almorávidas, um pouco mais tarde, vão reinar sobre todo o MAGREBE. Já, no sul, a guerra contra os soninqués de GANA, na qual os berberes contam com o apoio de guerreiros do Takrur, chega ao auge com a tomada de Audagost e Sijilmassa, c. 1055, e culmina com a tomada de Cumbi, a capital, em 1076. **Conquista do Gana.** Além de motivos religiosos e políticos, o ataque ao grande império dos soninqués teve também razões econômicas: a prosperidade do Gana-Uagadu incomodava os almorávidas: eles já detinham o controle das minas de sal-gema da região, e cobiçavam as minas de ouro também. E, além disso, Gana, ao conquistar Audagost privara os almorávidas dos lucros que lhe advinham do comércio caravaneiro que passava pela cidade (Boakye, 1982, p. 5). Após a morte dos dois líderes almorávidas, à qual se seguem outros episódios, em 1147 a dinastia dos almôadas toma Marraquexe, domina o MAGREBE e Al-Andalus, estendendo sua influência a todo o oeste do continente africano, pondo fim ao Império Almorávida. **Poder militar.** Em seu programa de conquistas, os almorávidas utilizaram uma poderosa máquina militar, potencializada durante o reinado de IUSUF IBN TACHUFIN. Ver ABU BAKAR IBN-OMAR; ALMÔADAS; AUDAGOST; BERBERE; CONFEDERAÇÕES; DINASTIA; GANA, Antigo; IBN YASIN; IUSUF IBN TACHUFIN; TAKRUR; KÚMBI; MAGREBE; RIBAT; SIJILMASSA; ZENAGA.

ALÓDIA. O mesmo que Aloa (*Alwah*). Reino cristão da Núbia, localizado ao sul da sexta catarata do Rio Nilo, a cerca de 5 km da atual cidade de Cartum, na República do Sudão, tendo por capital a cidade de Soba. Convertido ao cristianismo no século VI, foi ativo e influente por dez séculos. No fim do século X, o árabe Ibn Salim escreveu: "Os habitantes são cristãos jacobitas; seus bispos são nomeados pelo patriarca de Alexandria, como os de Noba. Seus livros são escritos em grego, que eles traduzem para sua própria língua" (Cornevin, 1972, p. 160). Ver NÚBIA.

ÁLVARO I, Dom. Rei do Congo. Ver MPANZU.

ÁLVARO II, Dom. Rei do Congo. Ver MPANZU-A-NIMI.

A

AMANO. Governador de Hádia, pequeno estado muçulmano no sul da Etiópia, no século XIII. Recusando-se a pagar tributo ao Império Etíope, teve invadido seu pequeno país pelas forças de Ámeda-Sion, que o prenderam e escravizaram boa parte de seu povo (Silva, 1996, p. 574). Ver ÁMEDA-SION; ETIÓPIA, República Federal Democrática da; HÁDIA.

AMARA. Ver AMHARA.

AMÁRICO. Língua falada pelo povo amhara desde tempos remotos, e utilizada pela maioria da população da Etiópia ainda no momento desta obra.

AMAZIGUE (*Amazigh*). Família de línguas afro-asiáticas faladas por povos berberes, compreendendo o cabila, o tamazigue e o tamaxeque (*tamahaq*), além de outras vivas ou extintas. Por extensão, o vocábulo, como seu sinônimo "berbere", designa uma língua específica e seus falantes. Segundo El Hamel (2004, p. 28), em sua acepção original, *amazigh* corresponde ao português "branco" e é usado em oposição a *ahardan*, escuro, de cor escura. Ver BERBERES; HARATINOS.

AMBUNDOS (*Mbundu*). Povo do centro-norte de Angola, falante do quimbundo, cuja diáspora se estende pelas regiões de Lengue, Songo, Mbondo, Ndongo, Pende, Hungu e Libolo. O antigo reino dos ambundos, chamado Ndongo, formou-se no Vale do Cuanza, na atual Angola antes do séc. XV d.C. Ver ANGOLA, República de; BANTOS; BUNDO; CONGO, Reino do; DONGO; FERREIRO; IMBANGALAS; LUBA, Reino; MULEMBA. MUXICONGO; NGOLA; NGOLA INENE; NGOLA KILUANJE; NGOLA MUSUDI. NGOLA-A-ARI; NGOLA-A-NZINGA; OVIMBUNDOS; QUIMBUNDOS; UAMBO.

AMBYA (*Anbiya*), Estado de. Expressão usada em algumas fontes em relação à confederação constituída, no século VIII, por populações berberes, provavelmente dos subgrupos massufa, lamtuna e judala, em terras do MAGREBE e talvez também pelos sanhajas. Essa confederação ligar-se-ia à área controlada pelo Antigo Gana (Medeiros, 2010, HGA, III, p. 148-149). Ver JUDALAS; LAMTUNAS; MAGREBE; MASSUFAS; SANHAJAS.

AMDA SION. Ver ÁMEDA-SION.

ÁMEDA-SION (*Amda-Tseyon*). Rei cristão da Etiópia (c. 1314-1344). Notabilizou-se como chefe guerreiro principalmente pela conquista dos sultanatos muçulmanos estabelecidos no leste do país. Atacou Damote e Hádia em diversas investidas. Depois de conseguir submetê-los, voltou-se também vitoriosamente contra o Gojam e contra os falachas. Consolidou o controle sobre a parte central do país e formou um poderoso Estado o qual, no entanto, carecia de unidade (Pankhurst, 1984, p. 53). Não obstante, com a vitória sobre os sultanatos rebelados, passou a ser visto como "rei de reis muçulmanos", com sua fama se espalhando pelo mundo árabe (Silva, 1996, p. 576). Sob seu reinado, a Etiópia experimentou também importante desenvolvimento artístico, expresso em importantes obras arquitetônicas. Foi sucedido por seu filho Saífa Arade (Sayfa-Arad). – Tb. Amda Ceon; Amda-Siyon; Anda Sion. Ver DAMOTE; ETIÓPIA, República Federal Democrática da; FALACHAS; GOJAM; HÁDIA.

AMHARA (*Amhara*). Topônimo e nome étnico que designam, ao mesmo tempo, uma região do planalto central da Etiópia, localizada na bacia do Rio Atbara e às margens do Lago Tana; e seus habitantes originais, falantes do amárico. Construtores de Axum e da civilização axumita, os amharas (*amhara*) seriam descendentes de povos que migraram do sul da Arábia nos tempos antigos e se mesclaram com os agaus e outros povos locais (African Encyclopedia, 1974, p. 55). Ver AMÁRICO; AGAUS; AXUM; AXUMITA; LASTA.

AMINA. Legendária rainha dos hauçás, mencionada como reinante em Katsina durante a primeira metade do século XV, e localizada por Ki-Zerbo (1972, II, p. 443) no ano de 1425. Segundo a tradição, reinou durante cerca de três décadas e estendeu as fronteiras de seu reino até Nupê e Kororofa, conquistando essas cidades. Foi a primeira liderança, na Hauçalândia, a possuir eunucos e comerciar noz-de-cola em grande escala; seu reino recebia muitos produtos do oeste (Boahen, 1992, p. 35). Ver HAUÇÁS; KATSINA.

ANCOLÉ (*Ankole*). Ver UGANDA, República de.

ANDA SION. Ver ÁMEDA-SION.

ANDALUZ. Ver AL-ANDALUS.

ANDRIANANITRA. Na antiga cultura malgaxe, entre os povos litorâneos "Zanahary" ou "Andriananahary", e entre os povos do interior, nome utilizado para designar o Ser Supremo, preexistente, criador do Universo, dos seres humanos e dos costumes ancestrais. É traduzido como "o Senhor Perfumado". Ver MADAGASCAR, República de; MALGAXE.

ANGICOS. Corruptela de anzicos (q.v.).

ANGOCHE. Cidade litorânea do sul da atual República de Moçambique. Por volta do século XIV, compôs o conjunto de pequenos sultanatos suaílis desenvolvidos ao longo da costa, integrados aos centros comerciais ativos da Somália a Quíloa, no sul da atual Tanzânia, e tendo participação importante nas relações econômicas do interior do continente com o Oceano Índico. Ver SUAÍLI.

ANGOI. Ver NGOYO.

ANGOLA QUILUANJE. Aportuguesamento do nome *Ngola Kiluanji* (q.v.), provavelmente relacionado a *nlwéngi*, homem inteligente; e *nlòngi*, mestre, instrutor, no idioma quicongo.

ANGOLA, República de. País situado no centro-oeste do continente africano, limitado pela República Democrática do Congo (N), Zâmbia (L), Namíbia (S), Oceano Atlântico (O). **Povoamento e organização.** O território foi ocupado por povos bantos entre os séculos VIII e XIII, datando aproximadamente do século XI a formação dos primeiros Estados. Segundo Vansina (2010a, HGA, IV, p. 653), a História de Angola, bem como de toda a África Centro-Ocidental, no período de 1100 a 1500 ainda carece de mais estudos. Entretanto, algo já se pode destacar: a importância da floresta e o desenvolvimento precoce de sistemas estatais, numa região que durante muito tempo foi vista como carente de informações históricas. A floresta, embora intercalada de savanas (à exceção do território do povo luba) possibilitou um meio ambiente rico, propício à formação dos Estados que nele se constituíram. Observe-se que a origem da atual Angola está no antigo reino ambundo do Dongo (*Ndongo*), formado no século

XV, entre os rios Cuanza e Dande, e governado por soberanos que ostentavam o título de *ngola*, nome provavelmente relacionado ao quicongo *ngola*, adivinho. Em meados do século seguinte, o líder Ngola Kiluanje organiza uma coalizão para a resistência aos portugueses, dá-lhes guerra sem trégua até ser derrotado c. 1580. **Penetração portuguesa.** Chegados ao litoral no final do século XV, os portugueses vão aos poucos penetrando no território, na sequência de seu estabelecimento no reino do Congo. Em 1575, estabelecem na Ilha de Luanda o entreposto comercial que dá origem à cidade de mesmo nome, capital da futura República. Em 1575, fundam na Ilha de Luanda o entreposto comercial que dá origem à cidade de mesmo nome, capital da futura República. Desde então, as diversas unidades políticas locais, aliadas ou não, empreenderam firme resistência à ocupação estrangeira. Ver ÁFRICA; AMBUNDOS; NGOLA-A-KILUANJI; ÁRVORES SIMBÓLICAS; BENGUELA; BUNDO; BÚZIO; CACONGO; CAMBAMBE; CONGO, Reino do; CRUZETAS; CUANDO-CUBANGO; CUANHAMAS; CUANZA; CUBANGO; DONGO; GERONTOLOGIA; IMBANGALAS; JAGA; JURAMENTO; *KHOIKHOI*; LUANGO; LUBAS; LUNDA; MALUNDA; MATAMBA; MBANZA-A-KONGO; MUSENDO; NGOLA; OVAMBO; OVIMBUNDOS; PORTUGAL NA ÁFRICA; QUICONGO; QUILOMBO; QUIMBUNDOS; QUIOCOS; QUIÇAMA; SAL; SOBA (2); TACULA; ZAMBEZE; ZÂMBIA, República de; ZIMBO.

ANGÔNIS (*Angúnis*). Ver NGÚNIS.

ANGOTE (*Angot*). Antiga província do norte da Etiópia. No século X, durante o reinado de Delnaode, passou a constituir a sede do governo etíope, antes localizada em Kubar, provavelmente em território da atual Hayq. Com a dinastia dos zagués, a capital etíope foi fixada em Roha, depois denominada Lalibela. Ver DELNAODE; ETIÓPIA, República Federal Democrática da; LALIBELA; ZAGUÉS.

ANKOBRA. Rio da África Ocidental. Corre no sul do território da atual República de Gana e desemboca no Golfo da Guiné. A extensão que ia de sua margem oriental até a ocidental do Rio Comoé, concentrava, no século XV, riquíssimos campos auríferos, controlados por povos do grupo *akan*. Assim, foi importante via de escoamento das riquezas minerais extraídas no interior e comercializadas no litoral. Ver *AKAN*.

ANTALAUTRAS (*Antalaotra*). Denominação de um povo, mestiço de árabes e bantos, instalado no nordeste de Madagascar, entre os séculos X e XIV d.C. (KI-ZEBRO, 1972 II, p. 320). Ver BANTOS; MADAGASCAR, República de.

ANTEIMORO. Etnia integrante da população de Madagascar. Estabelecendo-se na Ilha provavelmente entre 1490 e 1512, teriam constituído o último grupo de migrantes a chegar para formar o mosaico étnico malgaxe. Ver MADAGASCAR, República de; MALGAXE.

ANTI-ATLAS. Ver ATLAS, Montes.

ANTROPOFAGIA. Ver CANIBALISMO.

ANZICOS. Povo da Anzinkana, o mesmo que bateques, teques ou tios. Também referidos como anziques, são mencionados em textos portugueses como muito belicosos e praticantes da antropofagia.

Segundo Balandier e Maquet (1968, p. 404), quando os portugueses chegaram à embocadura do Rio Congo, lá encontraram o reino do povo teque, o qual, ao longo de sua história, manteve guerra constante contra seus vizinhos do Congo e do Luango. Após 1491, reis do Congo solicitaram ajuda militar lusitana para combatê-los (M'Bokolo, 2009, p. 195). Ver ANZINKANA; BATEQUES; CONGO; LUANGO.

ANZINKANA. Designativo da região de Tio ou Teque, também mencionada como Mikoko ou Makoko. De grande importância econômica, foi a primeira a rebelar-se contra Nzinga-a-Nkuvu, rei do Congo, logo após o batismo católico desse monarca, em 1491 (Parreira, 1990, p. 121). Ver BATEQUES; CONGO; NZINGA-A-NKUVU.

ÁRABES. O vocábulo "árabe" designa não só o indivíduo nascido na Arábia, mas também cada um dos habitantes de regiões vizinhas, como o norte da África, que compartilham língua e cultura com os árabes propriamente ditos. Esse compartilhamento, que originou a categorização "árabo-africano", preferida por alguns autores, obedeceu, de certa forma, a ditames naturais. Como ressaltado em Cornevin (1972, p. 128), a Península Arábica é um prolongamento geológico, climático e humano do continente africano. Assim, para os povos nômades, a vida no deserto, no Saara ou no Nefud (deserto no norte da Arábia, de areia vermelha e ventos violentos), é essencialmente a mesma; e nem o Mar Vermelho constitui uma barreira. Então, quando, no século VII, a partir da Arábia, os exércitos e as ideias do islã se lançam em todas as direções, a expansão em direção à África foi, comparativamente, a mais fácil. **Penetração na África.** Entre os séculos VIII e XI d.C., os árabes muçulmanos dominavam quase todo o mundo conhecido, numa hegemonia depois assumida pelos turcos do Império Otomano. Por esse tempo, ocorria o processo de islamização do continente africano, iniciado já no século VII. Segundo algumas fontes, nesse contexto histórico, o mais importante movimento migratório árabe na África teve início cerca de 1048, quando grandes contingentes de beduínos muçulmanos, principalmente os dos povos Beni Hilal ("filhos de Hilal", também referidos como "hilalianos") e Beni Suleiman, começaram a se estabelecer maciçamente no norte do continente. Essa grande migração teria sido incentivada ou mesmo patrocinada pelo governante fatímida do Cairo, na intenção de jogar esses beduínos, já então fixados no Alto Egito, contra o califa da Ifríquia, que se aliara aos ABÁCIDAS de Bagdá. Segundo Cornevin (1972, p. 147-148) a irrupção desses nômades no território da atual Tunísia teve o efeito de um tornado, motivando a vinda de novas levas de migrantes. Esse grande e progressivo deslocamento estendeu-se nas direções oeste, sudoeste e sul. Miscigenando-se às populações berberes, esses migrantes, muçulmanos radicais, muitas vezes referidos como destruidores, tiveram grande importância na imposição e difusão da língua árabe nas regiões onde se estabeleceram (African Encyclopedia, 1974, p. 62). Ver ARABIZAÇÃO; BENI HILAL; BERBERES; CALIFADOS; FATÍMIDAS; IFRÍQUIA; ISLAMIZAÇÃO.

ARABIZAÇÃO. Segundo Mazrui (1986, p. 90), a conquista árabe do norte da

África iniciou dois processos distintos: o de islamização, através da religião; e o de arabização, através da língua. A adoção e difusão do árabe como língua nativa não veio necessariamente com a conversão ao islamismo, como demonstra o caso dos coptas do Egito, que foram linguisticamente arabizados mas permaneceram cristãos. Da mesma forma, os uolofes e hauçás foram predominantemente islamizados, mas permaneceram fiéis às suas línguas nativas. Segundo alguns entendimentos, a adoção do árabe representou para boa parte dos antigos africanos a conquista de uma língua dotada de escrita. Ver COPTAS; HAUÇÁS; UOLOFES.

ÁRABO-BERBERE. Designativo do que diz respeito, ao mesmo tempo, à Arábia e à antiga Berbéria; ou aos berberes e árabes.

ARAUAN (*Arawan*). Oásis situado no trajeto das rotas transaarianas, à época do apogeu do SONGAI.

ARCABUZ. Ver ARMAS DE FOGO; TONDIBI, Batalha de.

ARDRA. Uma das transliterações usadas para o nome *Allada* ou Arada, cidade localizada no território do atual Benim, fundada entre os séculos XII e XIII por indivíduos do grupo étnico aja, migrantes de Tado, cidade as margens do Rio Mono. Ver ALADÁ; ARADA.

ARGÉLIA (República Argelina Democrática e Popular). País da África Setentrional, limitado ao norte pelo Mar Mediterrâneo; a oeste, pelo Marrocos; a nordeste pela Tunísia; a leste pela Líbia; a sudeste pelo Níger; a sudoeste por Mali e Mauritânia. **História**. Antes do advento do islã, as unidades políticas que se formaram na região da atual Argélia eram estreitamente ligadas à IFRÍQUIA, um dos principais centros de poder político do norte africano. Com o domínio árabe, rivalidades devidas ao tratamento desigual dispensado aos recém-convertidos pelas autoridades muçulmanas, principalmente em relação a tributos, provocaram grande dissenção. Fortaleciam-se, aí, facções como a dos caridjitas que, além de defender princípios igualitários, advogava o acesso de qualquer muçulmano ao califado, independentemente de ser ou não descendente de Maomé, bem como de sua origem étnica e posição social. Essa ideia encorajava os berberes, que eram maioria em relação aos árabes, mas não detinham o poder. Por volta de 1240, quando o império dos almôadas estava em crise, o líder Yagmorassen Ibn Ziane fundou no litoral um novo Estado, o qual experimentou um período de avanço econômico e desenvolvimento cultural, com a sedentarização das populações nômades e a consolidação das fronteiras. Os sucessores de Ibn Ziane, chamados ziânidas, governaram o país de 1235 a 1518, até que a Argélia, juntamente com a Tunísia, caiu sob o domínio otomano (Enciclopédia Do Mundo Contemporâneo, 2000, p. 114). Ver ABD AL-MUMIN; ABD AL-WADIS; ADRAR DOS IFORAS; ÁFRICA; AL-MAGHILI; ARQUITETURA; ATLAS, Cadeia do; AURÉS, Montanhas; BARBÁRICOS, Estados; BERBERES; CARIDJITA; ERG; HAMMADIDAS; HOGGAR, Maciço de; IFRAN BANU; LÍBIA, Grande República; MAGHRAWA; MAGREBE; MAKNASSA; MALI, Antigo; MARROCOS, Reino do; MAURITÂNIA, República Islâmica da; MEDITERRÂNEAS, Regiões; MOZABITAS; NÍGER, República do; NILO-SAARIANO; SAARA; SAHEL; SIDI BOU

MÉDIÈNNE; TLEMCEN; TUNÍSIA; IUSUF IBN TACHUFIN; ZANATAS; ZIÂNIDAS.

ARGUIM. Ilha no litoral da atual Mauritânia, localizada a cerca de 70 km abaixo do Cabo Branco. Sediou o importante Forte de Arguim, mais tarde enquadrado administrativamente como feitoria, constituindo-se assim na primeira fortificação europeia construída em território africano. Com sua construção datada dos anos 1442-1444, permaneceu sob domínio português até 1633, caindo então sucessivamente sob controle holandês e francês.

ARLÁBIDAS. Dinastia reinante na Ifríquia (q.v.), aproximadamente entre os anos 800 e 900 d.C. Deve seu nome ao fundador, Ibn a-Ahrlab.

ARMAS DE FOGO. Arma de fogo é o instrumento de ataque ou defesa que utiliza o poder explosivo da pólvora ou de substância similar. A partir do uso da pólvora em foguetes, a História dos artefatos bélicos registra a invenção do canhão (inicialmente carregado pela boca e transportado sobre carreta) e depois a do arcabuz. Primeira arma portátil, o arcabuz disparava pela detonação da pólvora através de um morrão (espécie de mecha) ou de faísca obtida por atrito de pederneira, denominação popular do sílex. Na Europa, o uso de armas de fogo em batalhas remonta ao século XIV. E na África, a Batalha de Tondibi (q.v.), travada em 1591 em território do atual Mali, marca a introdução do arcabuz, principal responsável pela vitória do exército marroquino sobre as tropas do Império Songai de Gao (Davisdon, 1981, p. 89).

ARQUEOLOGIA. Ver FONTES HISTORIOGRÁFICAS.

ARQUITETURA. A arte de construir edificações desenvolveu-se na África, antes da Era dos Descobrimentos, com a utilização de diferentes materiais e técnicas, em razão das diversas condições ambientais, em todos os quadrantes do continente. Segundo Silva (1996, p. 24), embora os materiais mais usados, como bambus, colmos, palmas, barro, etc., fossem talvez menos resistentes, a tradição africana concebeu uma variedade de estilos arquitetônicos impressionante. Dela são exemplos construções circulares, quadradas ou retangulares; palácios de plantas complexas e intrincadas; e mesquitas com altos minaretes eriçados de estacas, até hoje observáveis. Na atual Nigéria, por exemplo, à época da publicação desta obra, uma das atrações turísticas era o Museum of Traditional Nigerian Architecture, onde se mostram reproduções, em tamanho natural, de construções de cada uma das maiores regiões do país (Ham *et al.*, 2009, p. 646). **Antecedentes.** Provavelmente, as mais famosas espécies de edificação em toda a África foram as pirâmides do EGITO, que se tornaram as primeiras entre as maiores conquistas arquitetônicas do mundo e se expandiram até a Núbia. Nessa região, a partir do século XX a.C. foram erguidos pirâmides, templos e outras obras de arte, hoje recuperados graças a uma colossal operação de salvamento arqueológico. Ainda na Antiguidade, no Magrebe, milhares de túmulos, cujas formas arquitetônicas são únicas no noroeste africano, foram erguidos por berberes pré-cristãos. Nesse conjunto, o mais famoso exemplar é o conhecido como "Túmulo de uma Mulher Cristã" no oeste da atual Argélia, estrutura contendo colunas abobadadas e corredores em espiral conduzindo a uma única câmara. Na Núbia, cristianizada a partir do século VI, o elemento arquitetônico mais característico foram as igrejas de construção inspirada nas basílicas bizantinas. Com o advento do islã, durante o período fatímida construíram-se as primeiras mesquitas. **No Chifre da África.** Em Axum, o florescimento de um estilo arquitetônico típico ocorreu a partir do IV século a.C., sua originalidade persistindo mesmo após a transição da dinastia axumita para a dos zagués, no século XII d.C., como atesta a estética observada nos templos de Lalibela e Tigré, com igrejas inteiras entalhadas na rocha nua. Outras estruturas monumentais, inclusive túmulos subterrâneos, foram localizados sob estelas (lápides monolíticas verticais) com inscrições. Edificações tumulares bastante conhecidas são as erguidas em honra dos reis Kaleb e Gabra Maskal. Além disso, a arquitetura tradicional etíope compreende também palácios, vilas, habitações coletivas populares, igrejas e mosteiros, construídos com pedra e madeira. Nessas estruturas, persistem as vigas de madeira características da arquitetura axumita, ainda aqui influenciando obras posteriores. Alguns exemplares desse estilo têm exteriores ou interiores caiados de branco, como o mosteiro de Yemrehanna Krestos, próximo a Lalibela, Residências desse período tinham geralmente um cômodo, com estrutura e fundações de pedra. As casas campestres tinham geralmente dois a quatro silos altos e construídos sobre plataformas retangulares expandidas. Ainda no Chifre da África, observa-se que o povo somali desenvolveu uma rica tradição arquitetônica, com diversos tipos de construção, como cidades de pedra, castelos, cidadelas, fortalezas, templos, aquedutos, faróis, torres e túmulos. O aporte islâmico foi responsável pela introdução de modelos e práticas vindos da Arábia e da Pérsia. **África Ocidental.** Em Cumbi, a capital do Antigo Gana, segundo Al-Idrisi, os edifícios eram erguidos com pedras e dmadeira de acácia, sendo a residência real solidamente construída e bem fortificada. Isolada dela, ficava a parte habitada pelo povo comum, em construções de teto arredondado, num conjunto igualmente cercado. Nele, os mercadores viviam em casas de pedra, tendo à sua disposição doze mesquitas, conforme descrito por Al-Bakri. No Antigo MALI, a grande mesquita de Djenê, erguida no século XIII d.C. e restaurada no início do século XX, é a maior construção de barro do mundo. A mesquita de Sankore em Tombuctu foi construída em estilo similar. Já sobre a cidade de Birni Gazargamu, capital do Kanem-Bornu, registre-se que abrigava quatro mesquitas, sendo cercada por um muro de mais de 7 m de altura, e cerca de 1 km e meio de circunferência. Na edificação principal foram usados tijolos vermelhos. Entre os hauçás, a antiga cidade-estado de Kano, a mais importante de todas, e cuja construção é por vezes atribuída a mestres do povo sao, compreende um importante conjunto arquitetônico amuralhado com reforço de pedras e tijolos. Ressalte-se que, em que pese a influência árabo-islâmica, o florescimento dos reinos oeste-africanos a partir do Antigo Gana, produziu também uma arquitetura inspirada nas tradições nativas, utilizando principalmente madeira. Por exemplo, a cidade-real do Antigo Benim, que teve seu apogeu no século

XIV, era cercada por uma muralha de dez pés de altura, feita de uma paliçada dupla de árvores, entremeada de cercas de varas flexíveis, entrelaçadas em forma de cruz e guarnecidas de barro. Nela, viam-se várias portas de madeira, formadas de uma única peça, de oito ou nove pés de altura, por cinco de largura. Na cidade, formada por trinta ruas largas e retas, além de inúmeras transversais, as casas, com apenas um andar, alinhavam-se em boa ordem, possuindo tetos, alpendres e balaustradas. Nas residências aristocráticas, notavam-se grandes corredores e diversos quartos com paredes e tetos de barro vermelho (Coquery-Vidrovitch, 1981, p. 87). Sobre os antigos iorubás, sabe-se que cercavam suas cidades também com muralhas de barro. Suas construções tinham plantas similares às que os axântis desenvolveram, certamente em época posterior, mas com varandas ao redor. E essa característica, Silva (1996) registra também entre os edos: casas com pátio central, quadrado ou retangular, cercado de alpendres (Silva, 1996, p. 26). Uma das mais célebres edificações iorubanas, tida como o maior conjunto de edificações da História africana foi o Sungbo Eredo, sistema de muralhas e fossos com muitos quilômetros de extensão, cons truído em um dos mais antigos reinos da atual Nigéria, o IJEBU, no século X d.C. (Ham *et al.*, 2009, p. 614). **África Oriental e Central.** Congo. No início do século XV, o aspecto da Mbanza Kongo, a capital do reino do Congo era o de uma cidade com casas de madeira, circulares e retangulares, com telhados de palha e cercas vivas. No centro, ficavam os palácios do rei e da rainha, protegidos por um labirinto e por uma cerca de mais de 1 km de perímetros, às portas da qual montavam guarda, permanentemente, soldados e tocadores de trompa. Ao sul, existia uma grande praça onde se realizavam as audiências públicas concedidas pelo rei e os desfiles militares (Ki-Zerbo, 1972, I, p. 235). Ver AL-IDRISI; ARGÉLIA; AUDIÊNCIAS PÚBLICAS; AXUM; BENIM, Antigo; BERBERES; KALEB; CONGO, Reino do; CUMBI-SALÉ; DJENÊ; EDOS; FATÍMIDA; GABRA MASKAL; HAUÇÁS; IGREJAS RUPESTRES; IORUBÁS; KANEM-BORNU; KANO; LALIBELA; MAGREBE; MALI; NÚBIA; PALÁCIO; SAO; TIGRÉ; TOMBUCTU; ZAGUÉS.

ARTES E ARTESANATO. A tradição africana propiciou a diversos viajantes estrangeiros a oportunidade de relatos expressivos sobre manifestações artísticas no continente africano. Eminentemente utilitária, essa arte acompanhou e retratou todos os momentos da vida, dos povos e seus governantes, nas aldeias e nas cortes, do nascimento à morte, no trabalho e nos ritos religiosos, nas guerras e na paz; e manifestou-se em criações exemplares, no campo da música e da dança, na cerâmica, na estatuária, na confecção de objetos de adorno, na tecelagem, etc. Sobre a música, no período pré-colonial, as informações são escassas. Mas após a conquista árabe da África Setentrional e a chegada dos exploradores portugueses ao litoral atlântico as informações são mais precisas, como as contidas em Nattiez (2007, p. 40-41), sobre ilustrações, em antigos livros europeus, mostrando instrumentos musicais africanos posicionados para a execução de movimentos, bem como a utilização de instrumentos de percussão, cordas e sopro em diversas regiões. No ambiente dos povos bantos, como bacongos, kubas e lubas, por exemplo, a excelência das esculturas em madeira foi assinalada e certificada como antiga, já em um documento italiano de 1514 (Maquet, 1962, p. 127). Ver BRONZE, Estatuária em; CERA PERDIDA; MÚSICA E DANÇA; PIGMEUS; TECELAGEM.

ÁRVORES SIMBÓLICAS. Na tradição africana, as árvores sempre desempenharam papel simbólico importante como indício de soberania. Sabe-se por exemplo, que no Antigo GANA, era à sombra de grandes árvores que os governantes realizavam audiências públicas e procediam à aplicação da justiça. O mesmo ocorria no Antigo Mali, pois quando Ibn Battuta ali esteve em 1352, era embaixo delas que os *mansa* se acomodavam, sobre ricos e decorados estrados que lhes serviam de assento, para ouvir as queixas e reivindicações de seus governados. De acordo com a tradição oral dos mandingas, narrada pelo griô Mamadu Kouyatê, o legendário Sundiata Keita, quando quis provar sua força e sua liderança, arrancou com as próprias mãos o tronco de um gigantesco baobá. Também na área cultural uolofe da antiga Senegâmbia tal simbologia, de força e poder, era atribuída às árvores. Além disso, na cosmologia de diversos povos africanos, bem como em seu *continuum* nas Américas, é comum associar árvores a espíritos de antepassados, que podem proteger ou causar malefícios aos humanos, devendo, por isso, ser invocados, reverenciados e receber oferendas apropriadas aos pés ou mesmo dentro das árvores que os simbolizam. Exemplo africano que sobrevive é, em Luanda, Angola, o sítio histórico denominado Mulemba Waxa N'Gola (Lopes, 2011, p. 204). Marcado por uma frondosa gameleira, é local de culto à memória do Ngola Kiluanji kia Samba, venerando ancestral dos ambundos locais. Segundo Parreira (1990, p. 78-79), a gameleira ou "mulemba" (*Ficus psilopaga Welv.*), é um signo de grande importância. "Plantada em frente das povoações, ela é o símbolo da autoridade por excelência, mas também o da mediação entre os antepassados e os vivos". Ver AMBUNDOS; GANA, Antigo; IBN BATTUTA; MALI, Antigo; MANDINGAS; *MANSA*; MULEMBA; NGOLA KILUANJI; SENEGÂMBIA; SUNDIATA KEITA; UOLOFES.

AS SUDD. Região pantanosa no centro do território da atual República do Sudão do Sul, formada por águas do trecho do Rio Nilo (q.v.) denominado "Nilo Branco". O nome deriva do árabe *al-sudd*, papiro, planta aquática abundante na região.

ÁSIA, Africanos na. As antigas relações entre o continente africano e o asiático, através do Mar Mediterrâneo, do Mar Vermelho e do Oceano Índico, levaram a presença e a contribuição africana aos vales dos rios Tigre e Eufrates, à Suméria, à Arábia, à Índia e, também, à China, ao Japão e ao Sudeste Asiático. **Rotas comerciais afro-orientais.** Desde muito cedo, os povos litorâneos da África Oriental foram atraídos para o sistema de comércio desenvolvido no Oceano Índico. Eram povos falantes de línguas do grupo banto que em tempos pré-islâmicos haviam ali se estabelecido e desenvolvido agricultura, pesca e metalurgia (Davidson, 1981, p. 93). O comércio através do Índico compreendeu também as chamadas "rotas da seda", importantes atestados das relações entre a África e o Oriente. Além da rota marítima, cujos trajetos iam de Sofala, Quíloa e Zanzibar direto à Arábia, ou de Zeila a Calicute, e daí até Cantão, o leste africano participava também, direta ou indiretamente, de uma outra, terrestre, que se fazia do Oriente Médio até a Ásia Central. Pesquisas arqueológicas realizadas no século XX confirmaram aquilo que os geógrafos e escritores muçulmanos tinham conhecimento há muitos séculos: que as cidades-feitoria situadas no litoral oriental do continente, banhadas pelo Oceano Índico, mantinham contatos com o Egito, Abissínia, Península Arábica, Pérsia, Índia e China. Destes últimos locais, chegavam à África pérolas, rubis, madeiras preciosas, cânfora, tecidos de seda e porcelana, e para lá eram vendidos cascos de tartaruga, peles de leopardo, presas de elefante e chifre de rinoceronte, perfumes, pedras preciosas, incenso e âmbar, além de ferro, escravos e ouro (Chiittick *et al.*, 1983, p. 62-63). Embora não existam provas categóricas que comprovem a existência direta de contatos regulares entre africanos e chineses antes do século XV, vários indícios indicam a existência de tais relações. Pinturas do período da dinastia Tang (618-907 d.C.) mostram negros africanos em grutas budistas do Norte da China, e em 813 embaixadores da Ilha de Java, no Sudeste Asiático, enviaram entre outros presentes à corte do imperador quatro escravos negros, denominados *seng-tche*, isto é, *zendjs* – um dos termos empregados para identificar os escravos da África Oriental (Ferrand, 1919 p. 4-6). No século XIII, uma compilação de geografia escrita na China faz referência provavelmente ao território suaíli, e, entre 1444-1449, Wang Ta-Yuan escreveu um livro em que menciona as ilhas Comores e Madagascar. Na literatura geográfica chinesa, há menções a territórios provavelmente situados na África, entre os quais as terras de Puât Buât Liuk ou Po-Pa-Li, que parece ser uma referência a Somália. Há ainda indicações de Kum lun, que seria provavelmente Kambalu, quer dizer Mkambuu, uma cidade hoje em ruínas na Ilha de Pemba, na costa oriental da África (M'Bokolo, 2009, p. 248). De outro lado, nos vestígios arqueológicos relativos ao Grande Zimbábue foram encontrados artefatos sofisticados, como pedaços de pratos, tigelas e fragmentos de porcelana chinesa datados de entre 1200 e 1500 d.C. As chegadas e partidas de embarcações eram, pois, regulares, assim como as atividades comerciais pelas águas do Índico, que antecederam em muito os negócios europeus no Extremo Oriente, continuando a serem praticados em sua forma tradicional até pelo menos o século XIX. Foi por isso que, no princípio do século XV, quando o almirante chinês Zeng He comandou as sete expedições marítimas da "Frota do tesouro" em grandes juncos chineses, percorrendo desde o Mar da China até o Oriente Médio, passou pelo menos duas vezes pelas cidades costeiras africanas. Entre 1417 e 1419, esteve em Malinde para levar de volta uma delegação enviada a Pequim em 1415 para presentear o imperador Cheng Zu com uma girafa – retratada pelo artista chamado Shen Du numa pintura conhecida por *Qilin* (girafa). Depois, entre 1431 e 1433, outra expedição passou pelas cidades de Brava e Mogadixo (Devisse; Labib, 2010, HGA, IV, p. 448). Nos séculos seguintes, essa presença foi potencializada, principalmente através do escravismo.

O tráfico de escravos. O comércio de escravos através do Oceano Índico, entre a costa oriental africana e a Ásia, vem, também, de tempos remotos; e, no período abarcado por este dicionário, potencializou a presença africana na Ásia. Vejamos que, desde pelo menos o século VII, existiu importação de escravos da África Oriental, do litoral da Somália até Moçambique. Nesse contexto, eram em geral os homens levados para trabalhar como pescadores de pérolas, soldados, estivadores, marinheiros e domésticos; e as mulheres para serem concubinas nas comunidades muçulmanas espalhadas por toda a Ásia. Um texto árabe do século X, por exemplo, revela que todo ano, por aquela época, cerca de 200 escravos eram levados da África Oriental para Omã. Da mesma forma, um documento chinês de 1119 revelava que, em Cantão, na China, a maior parte das famílias ricas possuía escravos negros. Do século X ao XII, países do Golfo Pérsico, principalmente o Bahrein, importavam escravos leste-africanos; na Idade Média, diversos viajantes informaram sobre a presença africana nas regiões de Guzerat e Deccan; e, de 1459 a 1474, Barbouk, rei de Bengala, possuía um efetivo de 8 mil escravos, oriundos, em sua maior parte, ao que consta, da atual Tanzânia. As principais rotas de penetração dos mercadores árabes responsáveis por esse comércio iam de Quíloa até além do Lago Niassa; de Zanzibar até o interior do Congo; e de Mombaça até o Lago Vitória. A história da diáspora africana na Ásia (Talib, 2010, HGA, III, p. 825-859) revela a presença de africanos ou descendentes ilustres, como, por exemplo, os seguintes: Ibrahim ben Al-Mahdi, califa abássida em Bagdá (775-785 d.C.), filho de uma "preta africana" (p. 848); Al-Muktafi, califa abássida de Bagdá (902-908), filho de uma mulher núbia (p. 848); Kafur Al-Ikhshidi, eunuco negro, regente do Egito durante o período iquíxida no século X (p. 849), mencionado também como Abul Misk Kafur; Muflih, o Negro, favorito de Al-Radi, califa abássida de Bagdá (934-940), encarregado de formular as políticas do Estado (c. 849); Al-Mustansir, califa fatímida (1036-1094), filho e sucessor de Al-Zahir (1021-1036) com uma "bela escrava sudanesa" (p. 849) sua concubina, a qual governou o Egito durante a menoridade do filho. Ver IQUÍXIDA; MOMBAÇA; PO-PA-LI, Terras de; SUAÍLIS; SOFALA, QUÍLOA; ZANZIBAR; ZEILA; ZIMBÁBUE, Grande.

ÁSQUIA (*Askia*). Título privativo de cada um dos governantes do Songai, entre 1493 e 1591. A chamada "Dinastia dos ásquias" nasceu com Muhamad ibn Abi Bakr, celebrizado como Ásquia Muhamad. Nas menções a este soberano, muitas vezes o título é usado como um antropônimo. Ex.: "No governo de Áskia o império abrange os territórios..." (Almanaque Abril, 2014, p. 289). Entre os ásquias do Songai, cujos períodos de governo são consignados na tabela abaixo deste verbete, a História registra principalmente os seguintes: **Ásquia Muhamad I** (c. 1493-1528). De etnia tuculer, sendo governante de uma das províncias do Império Songai, rebelou-se contra o Soni Baro, sucessor do Soni Ali, em 1493, e assumiu o trono com o título "ásquia" (*askia*), sob o qual reinaram seus sucessores até a queda do império ante o Marrocos, em 1591. É destacado em Davidson (1981, p. 55) como um dos grandes reis-guerreiros da História, sendo por isso também mencionado sob o epíteto "Ásquia, o Grande". No início de seu reinado, certamente em resposta ao "paganismo" do Soni Ali, realizou peregrinação a Meca, onde recebeu o título de "Califa dos Negros" (BOAKYE, 1982, p. 27). Seu mausoléu, localizado na moderna cidade de Gao, na República do Mali, abriga a principal mesquita da cidade e é bem do patrimônio da humanidade, tombado pela Unesco. **Ásquia Muhamad II.** Mencionado também como Benkai Kiriai, reinou entre 1531 e 1537. **Ishaq I.** Filho de Muhamad I, reinante de c. 1539-1549. **Daúde.** Filho de Muhamad I, governou no período entre 1549-1582, sucedendo o irmão, o Ásquia Ishak I. Vitorioso contra o povo mossi, ganhou notoriedade pelo conhecimento profundo do Corão e pela atenção dispensada aos sábios muçulmanos que frequentavam sua corte. **Muhamad IV.** Durante seu reinado, em 1588, seu irmão Balama Sadiki, protagonizou uma rebelião que aumentou a instabilidade do império. **Ásquia Nuh.** Sucessor de Ishaq II, reinou c. 1591-1599. Após a derrota do Songai ante o poderio marroquino, em Tondibi, opôs heroica resistência aos inimigos (KI-ZERBO, II, 1972, p. 447). Ver BALAMA SADIKI; GAO; SONGAI; SONI ALI; TONDIBI, Batalha de; TUCULERES.

ASSA. Antigo reino *akan* (q.v.). Ver WASSA.

ASSODÉ. Antiga cidade, criada cerca do ano 880 d.C. em área de influência dos tuaregues. Destacou-se por vários séculos como a principal comunidade próxima ao Maciço do Air. Ver AIR; TUAREGUES.

ATLAS, Montes (Cadeia do Atlas). Cordilheira localizada nos atuais territórios de Marrocos e Argélia. Seu ponto culminante é o *djebel* Tubkal. Ao sul, eleva-se o Atlas saariano e zonas de pastagens utilizadas pelos povos nômades do deserto – provável *habitat* dos povos que os gregos chamaram "atlantes". **Anti-Atlas.** Parte dos Montes Atlas, também mencionada como "Pequeno Atlas", que se estende do centro da grande cordilheira até o Saara; e, no sentido leste-oeste do Tafilete q.v.) até as planícies do litoral atlântico.

AUDAGOST (*Aoudaghost, Awdaghust*). Cidade-estado localizada em território correspondente ao do sul da atual Mauritânia, 300 km a noroeste da moderna Cumbi-Salé (BRIGGS, 2008, p. 6). Fundada por berberes do grupo lamtuna, em 960 d.C., segundo Ki-Zerbo (1972, II, p.439) estava sob o domínio de Tin Iarutan; e cerca de trinta anos depois (992 d.C.), foi anexada pelo Gana. Nessa condição, permaneceu como ponto importante do comércio transaariano, dominando o escoamento da produção de ouro que ia do Uangará para o norte, e sediando um extraordinário mercado. Segundo viajantes árabes de seu tempo, era, no século X uma ampla e populosa cidade, arenosa mas cercada de jardins de tamareiras, dominada por uma vultosa montanha. Nela, havia uma grande mesquita e várias outras pequenas, muito frequentadas. Os habitantes viviam bem, possuindo grandes propriedades; havia belas construções e casas elegantes (CORNEVIN, 1972, p. 151). Foi submetida aos almorávidas entre 1054 e 1055 d.C. Ver ALMORÁVIDAS; CUMBI-SALÉ; GANA, Antigo; LAMTUNAS; TIN IARUTAN; UANGARÁ.

A

AUDIÊNCIAS PÚBLICAS. Nos antigos Estados da África subsaariana, as audiências para apreciação dos pleitos e aplicação da justiça pelos governantes revestiam-se de grande solenidade, pois eram momentos privilegiados para a exteriorização de seu prestígio, autoridade e influência sobre os povos a eles submetidos. Apenas nesses momentos os governantes deixavam os seus palácios para mostrarem-se publicamente. No Antigo Gana, segundo informações deixadas por Al-Idrisi no século XII, todos os dias um grupo de servidores do governante dirigia-se até a porta do palácio ao som de tambores, e depois aguardava em silêncio a saída do "sultão", montado a cavalo. Em seguida, ele contornava as ruas da cidade e qualquer um que se sentisse de alguma forma injustiçado ou prejudicado, podia aproximar-se dele, que ali permanecia até que a justiça fosse restabelecida. Segundo Al-Bakri, quando concedia audiências ao povo, o Tunka Manin, rei do Gana, sentava-se num pavilhão ao redor do qual se alinhavam dez cavalos cobertos com tecidos de ouro; por trás dele postavam-se dez pajens com escudos e espadas também de ouro; à sua direita ficavam os filhos dos príncipes imperiais, envergando magníficos trajes e com os cabelos entrançados com fios de ouro. Em frente do rei, no chão, sentava-se o governador da cidade onde se realizava a audiência; e, à sua volta, ficava cada vizir, na mesma posição. A abertura da sessão era assinalada pelo som de espécie de um tambor, formado por um pedaço de tronco oco, chamado *daba*. Reunido ao som do tambor, o povo, para saudar o soberano, punha-se de joelhos e lançava poeira sobre a cabeça (Cuoq, 1985, p. 100). Por ocasião de sua viagem ao Mali, em 1352, ao tempo do Mansa Suleiman, Ibn Battuta descreveu em detalhes a maneira pela qual o "sultão" rendia justiça, sentado num estrado ricamente decorado, no interior de um rico pavilhão ou debaixo de uma grande árvore, sob um grande guarda-sol com cúpula de seda, encimada por uma estatueta em ouro, na forma de um falcão. Rodeado por escravos que o antecedia armado com arcos, lanças e adagas, seu andar vagaroso ao se mostrar em público e o silêncio absoluto no recinto, reforçavam seu carisma e sua imagem como figura detentora do poder. Cada frase por ele pronunciada era seguida por batidas de tambor ou por sons tirados dos arcos, pelos arqueiros reais; e suas palavras eram transmitidas aos presentes através de intérpretes, espécies de arautos, chamados *duga*. Dois cavalos arreados e dois carneiros eram mantidos no local da audiência, pois se acreditava que isso afastaria más influências. Um outro tabu era o espirro de qualquer pessoa diante do *mansa*, sendo o infrator submetido a castigo físico severo. Quando o soberano convocava alguém para uma audiência pessoal, dentro do pavilhão, o convocado não deveria usar vestes novas ou luxuosas, devia ter a cabeça descoberta e pôr-se descalço. Ao entrar, teria que se dirigir a ele demonstrando humildade e submissão, tocando a terra antes de prosternar-se para ouvir as palavras do governante. Depois, deveria desnudar o torso e jogar um pouco de terra sobre a própria cabeça e o peito (Cuoq, 1985, p. 305-306). Tais gestos, segundo o sábio egípcio Al-Umari, simbolizariam a aceitação de concessões de terra (*ikta*) ou gratificações vindas do governante: "Se o rei – escreveu ele – atribui um presente a alguém, ou lhe promete algum favor, ou ainda o felicita por algum feito, o interessado rola por terra diante dele, de um lado a outro do local em que estiver ocorrendo a audiência, depois, uma vez atravessado o local, um serviçal ou um de seus companheiros pegam um pouco de cinza, deixada permanentemente num dos cantos do local para estas circunstâncias, e a espalham sobre a cabeça daquele que está sendo beneficiado" (Cuoq, 1985, p. 270). Ver AL-IDRISI; AL-UMARI; GANA, Antigo; MANSA SULEIMAN; SULTÃO; TUNKA MANIN; VIZIR.

AUKAR (*Aouker, Awkar*). Denominação dada por alguns historiadores, como Al-Bakri (Cuoq, 1985, p. 98), à região localizada em território da atual Mauritânia, e à pequena unidade política local que teria dado origem ao Antigo Gana ou Uagadu (q.v.). Segundo a tradição, entre 750 e 800 d.C. a localidade teria sido ocupada pelas forças do legendário soninqué Dinga Cissê, fundador de um novo Estado, denominado Uagadugu (q.v.) e governado por um *gana* (rei), título de soberania tomado como o nome do Estado, como ocorreu em outras partes do continente. Ver GANA, Antigo; SONINQUÉ; UAGADU; UAGADUGU.

AURÈS, Montanhas. Denominação da porção oriental da Cadeia dos Atlas, estendida do leste do território da atual ARGÉLIA até o nordeste da Tunísia. *Habitat* de berberes falantes de línguas do grupo amazigue, principalmente do povo chauí (*shawia*), a região destacou-se historicamente como refúgio e base de resistência dos povos berberes contra romanos, vândalos, bizantinos e contra os conquistadores árabes. Ver AMAZIGUE; ARGÉLIA; ATLAS; TUNÍSIA.

AUTORIDADE. Admitindo-se que o conceito de autoridade política seja definido, no âmbito jurídico, pelo reconhecimento do direito mútuo de exigir e receber submissão (Outhwaite; Bottomore, 1996, p. 37), observamos um traço singular nas formas de autoridade admitidas nas antigas tradições oeste-africanas. Nelas, um chefe regional ou de aldeia, por mais poderoso que fosse, não detinha em suas mãos toda a autoridade. A imposição de hegemonia através da conquista militar acarretava aos vencidos determinadas obrigações como a do pagamento de tributos, mas não retirava a autonomia de seus líderes nem abolia suas formas próprias de organização social e política. Muitas vezes, povos dominados mantinham suas hierarquias, conservavam a administração e o usufruto de suas terras, sua religião e suas normas jurídicas. Segundo Amadou Hampaté Bâ, em todos os locais em que houvesse "senhores da terra", "senhores das águas", da pesca ou dos pastos, eram estes que detinham a supremacia religiosa tradicional em relação a esses elementos e que podiam conceder o direito de uso deles (Bâ, 2003, p. 78). Ver AUDIÊNCIAS PÚBLICAS; *MANSA*.

AWGHAM. Província do Antigo Gana. No século X, viu-se envolvida em disputa com a província de Masin, pelo controle do comércio do SAL, numa guerra insuflada por lideranças berberes da Confederação Sanhaja, interessada na cisão (Page, 2005, p. 195). Ver GANA, Antigo; SANHAJAS.

AXÂNTIS (*Achanti, Ashanti*). Grupo étnico da África Ocidental integrante do povo

AKAN. Os axântis chegaram a seu atual território por volta de 1300 d.C. Embora originalmente litorâneos, estabeleceram-se no interior da floresta densa, uma vez que o litoral era ocupado pelo poderoso reino de Denquira, erigido pelo povo Fânti. Na selva, os axântis fundaram vários pequenos reinos tributários do forte estado litorâneo. Contudo, no século XV sua força já se fazia notar. Integrados na vida comercial da região, trocavam ouro de aluvião e escravos pelos artigos de que necessitavam. A região era ponto de encontro das rotas de comércio de ouro e nozes-de-cola, originárias do país dos mandês, a noroeste, e do país dos hauçás, a nordeste. Foi assim que, entre 1650-1670, os membros do clã oyoko fundaram o Império Axânti, que em pouco tempo se tornou o mais poderoso estado da costa ocidental africana (Boahen, 2010, HGA, V, p. 495). Ver *AKAN*; FÂNTIS.

AXIM, Fortaleza de. Estabelecimento português construído na Costa do Ouro em 1515.

AXUM (*Aksum*). Antiga cidade e reino etíope na região de Tigré. Embora fundada por sabeus, migrantes da Arábia meridional, seus soberanos, conforme ressaltado em Rodney (1975, p. 75) reinaram com total independência, completamente africanizados e participando dinamicamente do desenvolvimento da Etiópia. Embora Axum fosse cristianizada desde o século V d.C., alguns governantes estabeleceram laços com os islã, notadamente no episódio da acolhida de seguidores de Maomé, perseguidos na Arábia, c. 615. Quando da conquista do Egito pelos árabes, entretanto, os cristãos axumitas eram os senhores do Mar Vermelho, condição essa que os levou, muitas vezes a atacar o Hedjaz, região árabe onde se localiza Meca, a capital do islã. Revidando um dos ataques, em 702, os árabes destruíram Adúlis, a importante cidade portuária – talvez destruindo a esquadra de Axum – e se estabeleceram no arquipélago de Dahlak, ponto chave do comércio marítimo local (Cerulli, 2010, HGA, III, p. 673). Perdendo o controle do comércio do Mar Vermelho para os árabes, Axum começou a declinar. Paralelamente, os axumitas enfrentaram também agitações provindas do norte e do leste, provocadas principalmente por povos como os bejas, DESCENDENTES dos antigos blêmios, nobas, etc. Além disso, no âmbito interno, a resistência ao cristianismo e à centralização animava a rebeldia, o que levou ao seu gradativo enfraquecimento, sobretudo a partir do fim do século VIII. Por esse tempo, suas elites começaram a emigrar, primeiro para Amhara e depois para Xoa (M'Bokolo, 2009, p. 113). Ver AMHARA; CRISTIANISMO ETÍOPE; EGITO, República Árabe do; ETIÓPIA, República Federal Democrática da; TIGRÉ; XOA.

AXUMITA. Relativo a Axum (q.v.). Os governantes axumitas eram cristãos, mas estabeleceram laços estreitos com o islã, principalmente após a acolhida dispensada por um deles, Armah, em 615, a seguidores de Maomé perseguido na Arábia.

AZENEGUES. Povo berbere. O mesmo que zenagas ou sanhajas (q.v.). Ver LAMTUNAS.

AZ-ZAYTUNA. Ver AL-KAIRAOUINE.

B

BABALAÔ. Denominação do mais alto grau dos sacerdotes iorubanos. Conhecidos como "pais dos segredos", esses sacerdotes são os intérpretes do oráculo Ifá, presidido pela divindade Orumilá, a cujo estudo dedicam-se anos a fio. Sua tradição remonta aproximadamente ao século V d.C. e servia aos antigos iorubás, notadamente em Oyó e Ifé, em todos os momentos da vida, inclusive nos de escolha dos governantes. Observe-se que, por volta do século IX, a prática de escolha de reis por processos divinatórios era comum também em outras sociedades africanas, como no Kanem-Bornu, entre os uolofes e sereres e também entre os xonas do Zimbábue, etc. (Page, 2005, p. 26; 62). Ver IFÉ; IORUBÁS; KANEM-BORNU; OYÓ; SERERES; UOLOFES.

BAB-EL-MANDEB. Estreito no Mar Vermelho, entre o atual Djibuti e o Iêmen. Com apenas cerca de 30 km, sempre foi a via principal de ligação entre a África Oriental e o sul da Arábia. Segundo Colin Willock, os somalis relatam que seus ancestrais viajaram da Arábia para a África por terra, através do Bab-el-Mandeb; e o Antigo Testamento, retomando essa história, conta como os egípcios, ao perseguirem os israelitas, foram surpreendidos e engolfados pelo Mar Vermelho, possivelmente, segundo o mesmo autor, por um braço local desse mar, então em formação (Willock, 1988, p. 17-18).

BACIA DO CONGO. Ver CONGO, Rio.

BACIA DO NÍGER. Ver NÍGER, Rio.

BACONGOS (*Bakongo*). Povo da bacia do Rio Congo. O mesmo que congos. Do vernáculo *ba-kongo*, plural de *kongo*, congolês (Laman, 1964, p. 10; 313). Ver BANZA CONGO; KANDA; MUXICONGO; NIMI-A-LUKENI; QUICONGO.

BAFUR (*Bafour*). Antiga denominação para a região de savana que se estende ao sul do Saara, de leste a oeste (Bâ, 2003, p. 14). Remete a um povo de mesmo nome, habitante original da antiga Mauritânia (q.v.), referido em tradições muçulmanas, tido como ancestral dos atuais sereres, songais, malinkês, bambaras, diúlas (Lopes, 2011, p. 44).

BAGABU. Clã de um dos povos bantos estabelecidos no atual território da República de Uganda, entre o Lago Alberto e o Lago Vitória, por volta do século XI. Fundado pelo líder chamado Hangi, da dinastia dos abatembuzis, reis pioneiros do Quitara, desempenhou papel central na organização desse Estado (Silva, 1996, p. 391). É também mencionado como BAGUBU. Ver QUITARA; UGANDA, República de.

BAGAS. Grupo étnico localizado nos séculos XV-XVI no território da atual Guiné-Bissau, na vizinhança dos nalus. Também mencionados como bajas, eram exímios caçadores de elefantes e comercializavam o marfim. Tinham fama de serem "caçadores de cabeças" entre os portugueses do século XVI. Segundo André Álvares d'Almada, no *Tratado Breve dos Rios de Guiné* (1594), as cabeças cortadas eram então utilizadas como vasos, por onde bebiam, e quantas mais cabeças tivessem mais valorosos eram considerados.

BAGAUDA. Líder dos hauçás, tido, em algumas tradições, como fundador e primeiro governante de KANO, mencionado como neto de Baiajida (Silva, 1996, p. 437). A fundação teria se efetivado a partir da cidade de Sheme, com a anexação de pequenas chefaturas como Dala e Santolo. O processo ter-se-ia completado por seus sucessores, desde seu neto Gijimasu, entre os séculos XI e XII, até Muhamad Rumfa, no século XV (Adamu, 2010, HGA, IV, p. 305-307). Ver BAIAJIDA; HAUÇÁS (item "Origens").

BAGAYOKHO, Mohamed (1523-1594). Sábio de Tombuctu (q.v.), respeitado por sua alta erudição (M'bokolo, 2009, p. 149).

BAGODA. Var. Bagauda (q.v.).

BAGUIRMI. Reino criado c. 1510, com capital na cidade de Massenya. Em Ki-Zerbo (1972, II, p. 445), sua fundação é atribuída a um príncipe "animista" chamado Dokkenge. Situado ao sudeste do Kanem-Bornu, nas proximidades do Lago Chade, segundo outras fontes, existiu como Estado independente do século XVI ao século XVII. Seu primeiro governante chamava-se Birni Besse, e era tributário do Império de Bornu. Durante o governo de Abdullah IV (1568-1608) o islamismo passou a ser adotado na corte e ao título de *mbang* seus governantes acrescentaram o de "sultão", governando a partir de Massenya. Ver KANEM-BORNU; CHADE, Lago.

BAHR EL-JEBEL (*Bahr Al Jabal*). "Nilo da Montanha". Denominação árabe para o curso do Rio Nilo na porção meridional do território da atual República do Sudão. Foi a via de deslocamento das populações pastoris falantes de línguas cuchíticas ou afro-asiáticas que, a partir do Lago Turkana, expandiram-se por toda a região dos Grandes Lagos, mesclando-se às populações bantófonas locais. Ver GRANDES LAGOS; TURKANA; SUDÃO, República do.

BAIAJIDA (*Bayajidda*). Personagem legendário do qual, segundo algumas tradições, descenderiam os ancestrais dos hauçás; sendo tido como avô ou pai de Bagauda. Ver HAUÇÁS (item "Origens").

BAIBARS, Sultão. Nome pelo qual passou à História destacado governante egípcio, o quarto da dinastia dos mamelucos. Nasceu na Crimeia, de origem turca. Esteve entre os líderes militares na vitória contra os cristãos que participavam da Sétima Cruzada sob o comando de Luís IX da França, em 1250. Uma década depois, participou da Batalha de Ain Jalut, em 1260, quando os egípcios venceram os cavaleiros mongóis barrando sua expansão através do Oriente Médio. Durante seu governo o Egito, passou a dominar todo o Mediterrâneo oriental. Ver MAMELUCOS.

BAIDA MARIAM Rei cristão da Etiópia (1468-1478), filho de Zara-Jacó. Sua investidura é narrada como cercada de rituais tradicionais, envolvendo sacrifício de animais como um búfalo e um leão, segundo o costume axumita (Silva, 1996, p. 589). Em seu governo abrandou o poder centralizado e anistiou presos políticos. A paz, entretanto, durou pouco, pois os estados muçulmanos que rodeavam a Etiópia mantinham relação com o resto do mundo islâmico, enquanto que o Estado etíope era como que uma ilha cercada de inimigos (Aziz, 1978, p. 205-206). Tb. Baida Maryam; Bada Maryam; Boeda Maryam. Ver ETIÓPIA, República Federal Democrática da; ZARA-JACÓ.

BAIDHAQ AL, Abu Bakr ibn Ali Al Snahaji. Cronista berbere. Seguidor devotado do reformador Ibn Tumart e de seu sucessor, Abd al-Mumin, em meados do século XII escreveu sobre os primeiros tempos do movimento dos almôadas legando à posteridade um manuscrito que integra o acervo da Biblioteca do Escorial, em Madri, Espanha. Ver ALMÔADAS; BERBERES; IBN TUMART.

BAJAS. Var. BAGAS (q.v.).

BAKWA. Líder fundador de Turunku, uma das cidades que deram origem a Zaria, cidade-estado hauçá. Ver HAUÇÁS; TURUNKU; ZARIA.

BALAMA SADIKI. Nome pelo qual passou à história Muhamad Al Sadeq, filho do Ásquia Daúde. Em 1588, sendo o *balama* (comandante militar) da região de Tombuctu, tornou-se o personagem central de uma guerra civil que dividiu o Império Songai. Desentendendo-se com o representante do ásquia Muhamad IV, seu irmão, que controlava a cidade de Kabara, protagonizou uma rebelião que durou vários meses, aumentando a instabilidade do Songai e enfraquecendo sua resistência, o que de certa forma facilitou a invasão marroquina em 1591. Ver ÁSQUIA; TOMBUCTU.

BALANTAS (*Balante*). Povo oeste-africano habitante de partes das atuais repúblicas de Guiné-Bissau, Senegal e Gâmbia. São falantes do balanta, língua da família atlântica do tronco nígero-congolês, como o fula, o uolofe, o diola, etc. Tradicionalmente referidos como valentes e resistentes, os balantas teriam chegado à região que hoje compartilham, em sucessivas vagas migratórias, entre os séculos X e XIV. Segundo Silva (1996, p. 617) integravam uma rede mercantil que vinculava o litoral ao comércio transaariano desde os séculos XI ou XII. Mas só foram mencionados em documentação escrita no início do século XVI, pelo cosmógrafo Valentim Fernandes. c.p. LANTAS.

BALI. Pequeno Estado muçulmano localizado no sul da Etiópia, entre os rios Shebelle e Gamale Doria. Originalmente habitado pelo povo sidamo, seguidor de uma vertente da religião tradicional, por volta do século XV seu território tinha sido extensamente penetrado pelo islã, sendo dominado por uma dinastia muçulmana. Rebelando-se contra leis tributárias impostas pelo imperador Zara Iakob (Yaqob), o povo de Bali conseguiu o apoio de sociedades vizinhas. Assim empreendeu contra o poder central uma guerra que se estendeu até o reinado seguinte, de Baida Mariam. Esse foi apenas mais um dos muitos embates que opuseram muçulmanos e cristãos na Etiópia. Ver

BAIDA MARIAM; ETIÓPIA, República Federal Democrática da.

BALUBAS. O mesmo que lubas (q.v.).

BAMBARAS. Povo oeste-africano falante do bambara, língua do grupo mandê ocidental; relativo a esse povo. O povo bambara é tradicionalmente localizado nos atuais territórios de Burkina Faso, Costa do Marfim, Mali, Guiné, Senegal e Mauritânia. Originários da região entre Bougouni e Sikasso, em território do atual Mali, teriam chegado às margens do Rio Níger no século XII. Após a derrocada do Império Songai de Gao, criaram os reinos de Segu, Beledugu e Kaarta (Paques, 1954, p. 46-48), entre os séculos XVII e XVIII. Os bambaras distinguiram-se, na época aqui estudada, por sua histórica resistência à islamização. Tanto que sua denominação étnica, provável deturpação do vernáculo *banmana*, ganhou a conotação de "infiel", "não muçulmano". Com base nessa resistência, os bambaras fortaleceram o culto às divindades de seus ancestrais, como Ntomo, espírito protetor dos meninos; Kore, o espírito das águas; e Faro, responsável pela justiça e pelo trabalho (Paques, 1954, p. 81-83). Ver GAO; ISLAMIZAÇÃO; MANDÊ.

BAMBUQUE (*Bambuk, Bambouk, Bambuhu, Bambucu*). Território situado no leste do atual Senegal e oeste do Mali, estendendo-se desde os Montes Bambuque até o vale do Rio Falemê e as terras altas a leste. Nele situaram-se importantes áreas de mineração de ouro, exploradas pelos antigos Estados de Gana, Mali e Songai (q.v.). Ver SENEGAL.

BAMUNS (*Bamoun, Bamoum*). Grupo étnico localizado nos planaltos centrais da atual República dos Camarões. A região é mencionada por Obenga (1991, p. 128) como o "país Bamum", que tem como capital Foumban. Nela, o historiador localiza o antigo Reino Bamum, "o mais célebre dos Estados das campinas [*grasslands*]" locais, cobrindo um grande território, do Noun, a oeste e sudeste, a Mbam, a leste (p. 129). Para M'Bokolo (2010, HGA, V, p. 613), é ainda difícil identificar os antigos habitantes da região. Poderia tratar-se, segundo ele, de caçadores pigmeus dos quais subsistem ainda alguns descendentes nas margens do Rio Mbam. Fora de dúvida é que os bamuns se inscrevem no cenário histórico das milenares migrações dos povos bantos. Algumas tradições apontam o final do século XIV como o estabelecimento desse povo em seu atual território. As mais recentemente recolhidas, no início do século XX, atribuem a um líder chamado Môrunta a fundação de um reino, ocorrida quando combateu os povos autóctones e assumiu o título de *mfon* ou *mforifum* – pelo qual os bamuns passaram a distinguir seus governantes. Mas aquele a quem é atribuída a criação das instituições básicas de governo é Nshare, reputado guerreiro e conquistador, que após ter garantida a supremacia militar sobre as populações locais fundou a capital do reino, a cidade de Foumban ou Mfomben. A data estabelecida como a da fundação do reino Bamum é o ano de 1394 (Fomine, 2009, p. 71). Ver BANTOS; CAMARÕES.

BANDIAGARA. Região montanhosa, caracterizada por falésias, na parte sudoeste da curva do Rio Níger, no sudeste da atual República do Mali. Foi o local do estabelecimento definitivo do povo dogon, provavelmente no século XIV d.C. Ver DOGONS; NÍGER, Rio.

BANHUNS (*Banhun*). Grupo étnico habitante em território da atual Guiné-Bissau, no século XV, antes da chegada dos portugueses, numa grande aldeia chamada Bugendo, próxima do Rio de São Domingos.

BANI. Elemento da língua árabe usado em expressões designativas de povos ou dinastias, com o sentido provável de "descendência". Ex.: *Bani Hilal*, *Bani Umai* (filhos de Hilal, Umai), etc. Var. *beni*. Ver BANU.

BANTOS. Grande conjunto de povos agrupados por afinidades etnolinguísticas, localizados nos atuais territórios da África Central, Centro-Ocidental, Austral e parte da África Oriental. Deslocando-se, a partir da região dos Montes Adamauá, na atual República dos Camarões, em constantes vagas migratórias, desde, provavelmente, o primeiro milênio a.C., eles chegam, alguns, à região dos Grandes Lagos e outros até a região de Catanga. Desses sítios, deslocam-se até o Zambeze, chegando ao Oceano Índico. Suas migrações alcançam também a costa Atlântica e o extremo sul do continente. Durante esses deslocamentos, os ancestrais dos modernos povos bantos criaram técnicas agrícolas e metalúrgicas, instituições sociais e lideranças, fundando Estados importantes. Detalhando toda essa trajetória, Obenga (1991, p. 123-124) traça os seguintes eixos migratórios: a) das campinas camaronesas à África Oriental, até o litoral do Oceano Índico; e até a região interlacustre, pelas bordas setentrionais e orientais da grande floresta equatorial, fazendo aí surgirem os seguintes povos: xamba (*Shambaa*), quicuio, ganda, nioro, ruanda, nyamwezi, etc.; b) das campinas camaronesas até o Rio Congo ou Zaire (*Nzaidi*), dando origem aos seguinte povos: ngala, fang, mongo, etc.; c) das campinas camaronesas ao litoral atlântico, onde deram surgimento aos povos bubi, benga, duala, pongúê (mpongwe), etc.; d) da região dos Grandes Lagos, ponto de convergência das migrações vindas do oriente e do ocidente, descendo e dando nascimento aos bantos do Zambeze médio e todos os outros bantos meridionais, como matabele, xona, tonga, soto, zulu, angôni (*nguni*), etc. Ver CAMARÕES; CONGO; GRANDES LAGOS; TRANSVAAL; ZIMBÁBUE.

BANTU. O mesmo que banto (masculino) ou banta (feminino). É a forma não flexionada preferível, na tradução do inglês *bantu* e do francês *bantou*.

BANU AZINNUN. Família hispano-berbere cujos membros tinham sua origem na tribo marroquina de hawwara, instalada nas regiões montanhosas próximas de Toledo ao tempo da conquista muçulmana da Península Ibérica.

BANU HILAL. Ver HILÁLIOS.

BANU IFRAN. Tribo berbere integrante da Confederação Zanata, na Tunísia, cujos líderes tiveram grande atuação entre 950-1055 em Tiaret e Tlemcen. Convertidos ao islã, seus integrantes aderiram primeiramente a doutrina caridjita, e só muito tempo depois ao sunismo. Ver CARIDJITA; BANU IFRAN; TLEMCEN.

BANU MZAB. Ver MOZABITAS.

B

BANU. Patronímico frequentemente empregado entre BERBERES com o significado de "filho de". Equivalente ao "*ibn*", empregado entre os árabes, ou o "*ben*", do hebraico.

BANZA BOKOI. Denominação usada para certas unidades políticas constituídas entre os hauçás, mas não legitimadas por certas tradições locais, que apenas reconhecem como legítimas as cidades-estado de Biram, Daura, Gobir, Kano, Katsina, Rano e Zaria. Observe-se que a tradução dos dois elementos da denominação – *banza*, inútil; *bokoi*, *bakway*, sete (Robinson, 1925, I) leva à suposição de que a denominação ("os sete inúteis") teria caráter depreciativo. Ver HAUÇÁS; ZARIA.

BANZA CONGO. Forma aportuguesada para *Mbanza-a-Kongo* (q.v.).

BANZA PUMBO. Ver MBANZA MPUMBU.

BAOBÁ (*Adansonia digitata*). Árvore da família das bombacáceas, característica das savanas e campinas africanas. Servindo como fonte de água e alimento em áreas secas, tem também aplicação medicinal. Em Angola, chamada "embondeiro" (*mbondo*) é também ligada a práticas mágico-religiosas. Ver ÁRVORES SIMBÓLICAS.

BAQT (*BAKT*). Tratado firmado entre o Estado cristão de Macúria, então governado pelo rei Kalidurat na cidade de Dongola, e o chefe militar do Egito omíada, Abdallah ibn Abi Sahr, no ano 651. Vigorando por cerca de sete séculos, suas principais disposições estabeleciam o seguinte: um acordo de não agressão entre núbios e egípcios; liberdade de comércio e circulação, no Egito e na Núbia, de cidadãos núbios e egípcios, sendo entretanto proibidos a imigração e o estabelecimento definitivo; extradição dos escravos fugitivos; obrigação da manutenção pelos núbios de uma mesquita para muçulmanos residentes e visitantes; desobrigação dos egípcios de proteger os núbios contra ataques de terceiros; obrigação para os núbios de fornecerem ao Egito anualmente 360 escravos, todos adultos jovens de ambos os sexos. Ver DONGOLA; EGITO, República Árabe do; KALIDURAT; MACÚRIA; OMÍADAS.

BAR SEGUEDE (*Bahr Seged*). Filho do imperador abissínio Ámeda-Sion. Em 1328, assumiu o governo da província de Interta e, mais tarde, o das províncias litorâneas da região entre o Rio Tacazé e o Mar Vermelho (Silva, 1996, p. 573-574). Ver ÁMEDA-SION; INTERTA.

BARAMENDANA KONATÊ. Primeiro rei muçulmano do Mali. Convertido ao islã por um marabuto almorávida, teria sido também o primeiro soberano oeste-africano a fazer peregrinação a Meca, fato ocorrido c. 1040. Ver ALMORÁVIDAS; ISLÃ; MALI, Antigo.

BARBACIN (*Barbassin*). Termo usado por escribas portugueses dos séculos XV-XVII, para designar um dos reinos dos uolofes. Resulta de adaptação ao português da expressão *Buur-ba-sin*, aplicada aos governantes do Reino de Sin, ou Sinê, que na origem integrava o Estado Jolof. Ver JOLOF; SINÊ-SALUM; UOLOFES.

BARBÁRIA ou BERBÉRIA. Ver BARBÁRICOS, Estados.

BARBÁRICOS, Estados. Antiga denominação do conjunto das regiões da África Setentrional, entre o Golfo de Cidra, no Mediterrâneo, o Saara e o Estreito de Gibraltar, em territórios dos atuais Líbia, Tunísia, Argélia e Marrocos. A partir do século VII, a região foi palco de embates entre os invasores árabes e as forças bizantinas do Império Romano do Oriente, bem como da resistência comandada por Kahina, legendária guerreira berbere. Por volta do ano 730, explode em Tânger, no atual território marroquino, uma importante revolta que acaba por propiciar o surgimento de principados caridjitas, como os de Sijilmassa, Tahert e outros posteriores (Cornevin, 1972, p. 143). No século XVI, os Estados locais constituíram a base ocidental do Império Otomano em sua guerra contra os espanhóis. A denominação deriva de "Barbária" (do ingl. *Barbary*) ou "Berbéria" (do fr. *Berbérie*), a "terra dos berberes". Ver BIZÂNCIO; CARIKAHINA; MAGREBE; OTOMANO; SIJILMASSA; TAHERT.

BARDAMAS. Tribo de berberes nômades que atuavam como protetores das caravanas que atravessavam o deserto do Saara. Segundo o testemunho de Ibn Battuta, datado de 1352-1353, entre eles as mulheres gozavam de estatuto superior ao dos homens (Cuoq, 1985, p. 317). Ver IBN BATTUTA; SAARA.

BARGHWATA. Uma das mais importantes confederações de tribos do Marrocos, vinculada aos berberes do grupo masmuda. Ocupavam a área entre Tasmana e a Costa do Atlântico, ente Salé e Safi. Seu surgimento data dos anos 740-742, quando, sob a liderança de Maysara al-Mathaghri, três tribos revoltaram-se contra o domínio das tropas árabes a serviço dos califas omíadas, conquistando Tânger e resistindo vitoriosamente. Tal vitória assinala o aparecimento de movimentos de islamização de fundo eminentemente berbere no Marrocos, com tendências caridjitas – consideradas heréticas pelos adeptos do sunismo. Ver BERBERES; CARIDJITA; MASMUDAS; TÂNGER.

BARIBAS (*Bariba*). Confederação de povos oeste-africanos, localizados na porção nordeste do território da atual República do Benim. Foram os criadores do antigo Estado bariba de Borgu, comumente referido como o "Reino de Borgu". Segundo algumas versões, Ìbàrìba é um nome da língua iorubá, atribuído a esses adversários pelo povo de OYÓ. Ver BENIM; BORGU; OYÓ.

BAROTSE. O mesmo que lozi (q.v.).

BASI. Soberano do Antigo Gana, predecessor do Tunka Manin e seu tio materno. Assumindo o poder, no século XI, com 85 anos, foi descrito como um governante justo e amigo dos muçulmanos. No fim da vida, estava cego (Silva, 2012, p. 34). Ver GANA, Antigo; TUNKA MANIN.

BATALHA DOS TRÊS REIS. Ver ALCÁCER-QUIBIR.

BATEQUES (*Ba-Teke*). Um dos etnônimos usados para designar o povo tio (*tyo*) ou teque (*teke*), cujos indivíduos são, na historiografia do escravismo no Brasil, geralmente mencionados como "angicos" ou "anzicos". Localizados a norte do Lago Malebo (ou Stanley Pool), foram os construtores do antigo Reino de Teque, Tio ou Anzico, rival do Reino do Congo. Segundo Ndinga Mbo (2004, p. 21), todas as tradições orais concordam em que jamais houve uma conquista militar do "país teque" por forças do Congo, tendo ocorrido apenas momentâneas invasões de rapina. A força deste reino advinha do controle exercido sobre as rotas de comércio que passavam pelo Lago Malebo. Graças a esse poder, os bateques desenvolveram importante indústria têxtil (de panos de ráfia) e outras atividades produtivas. Segundo Vansina (2010a, HGA, IV, p. 647), o reino foi fundado provavelmente antes do século XIV, talvez, mesmo, antes do ano 1000. Em 1491, os bateques rebelaram-se contra o manicongo Nzinga-a-Nkuvu, logo após seu batismo cristão (Parreira, 1990, p. 121) sendo vencidos pelas tropas portuguesas de Rui de Souza, às margens do rio Zaire ou Congo, no Porto do Sonho, altura de Pinda (Lima, 1977, p. 93-94). **As várias denominações.** Segundo Balandier e Maquet (1968, p. 404), o povo em questão se autodenomina *tyo*, sendo *teke* a forma pela qual são chamados por outros povos. Observe-se que, em quicongo, os termos, *téki* e sua variante *teke* são traduzidos respectivamente como "estatueta" (Laman, 1964, p. 960) e "boneco" (Maia, 1961, p. 81). Já *ntyo*, no quicongo falado em Cabinda, tem o significado de "pequeno" (Laman, 1964, p. 805), enquanto *nzyó*, na vertente principal da língua, traduz-se como "pequeno, fino, miúdo" (p. 835). Disto depreende-se que o gentílico *teke* talvez tenha caráter pejorativo e derrogatório, tendo como motivação a possível compleição física dos indivíduos do povo tio, possivelmente seres de pequena estatura. Ver ANZINKANA; CONGO; NZINGA-A-KUWU; TIOS; TEQUE.

BAWA. Herói fundador do Estado de Mamprussi. Ver MOLE-DAGBÂNI.

BAWOL (*Baol*). Antigo Estado formado por integrantes dos grupos étnicos uolofe e serere, como resultado do desmembramento do Estado do Grande Jolof em 1549. A residência de seus governantes, que portavam o título de *teen*, estava situada na cidade de Lambaye. Ver JOLOF; SERERES; UOLOFES.

BAXUEZI (*Bachwezi*). Dinastia real do Bunioro-Quitara, entre os séculos XIV e XV d.C. Possuidores de grandes manadas de uma raça especial de bovinos, com longos chifres curvos, teriam vindo do norte, do Vale do Nilo, e imposto seu poder sobre populações locais, sendo, entretanto, batidos por migrantes do povo luo, originários da mesma região. O nome é também transliterado como "cuézis" (Silva, 1996, p. 394-395). Ver BUNIORO; LUOS.

BAZAO-TURUNKU. Rainha guerreira dos hauçás da cidade-estado de Zaria, no século XV (Gordon, 2003, p. 32). Ver HAUÇÁS; TURUNKU; ZARIA.

BECHUANALÂNDIA. Antigo nome da República de BOTSUANA.

BECHUANO. Gentílico que designa o natural ou habitante de Botsuana, originário do nome do principal grupo étnico local, em inglês denominado *Tswana*; e em francês, *Tchwana*. **História**. Os mais antigos habitantes do território da atual República de Botsuana foram indivíduos coissãs, dos povos sã (*san*) e coissã (*khoisan*). No primeiro século da Era Cristã, no contexto das grandes migrações dos bantos, a região recebeu migrantes que se estabeleceram até a região de Kgalagadi. Entre os séculos XI e XII ancestrais dos atuais bechuanos fundaram unidades políticas de feição dinástica nas proximidades do Rio Vaal. No século XIII novas unidades floresceram em Gabane, ao sul, e nas montanhas Tsodilo, ao norte (Page, 2005, p. 36). Ver BANTOS; BOTSUANA, República de; COISSÃS.

BEDUÍNOS. Denominação tradicional aposta aos nômades criadores de camelos, carneiros ou cabras da Península Arábica, falantes de dialetos da língua árabe (Hourani, 2006, p. 27). Diferem dos berberes, com os quais são habitualmente confundidos, não só pelo ambiente de origem como também características culturais e linguísticas.

BEGHO. Ver BIGO.

BEGUENDER (*Bagemder, Begemdir, Beguender*). Região do noroeste da antiga Etiópia, correspondente à parte setentrional da atual Eritreia. No período de hegemonia da cidade de Axum era ocupada historicamente pelos povos "pagãos" denominados bejas ou bedjas (Page, 2005, II, p. 31). Ver AXUM; BEJAS; ERITREIA, República da.

BEJAS. Povo nômade dividido em tribos que ocupam a região montanhosa entre o Mar Vermelho e os rios Nilo e Atbara, do sudeste do Egito, na região das atuais repúblicas de Eritreia e Etiópia. Parte dele converteu-se ao cristianismo no século VI e outra ao islamismo no século XIII. Ver ATBARA; EGITO, República Árabe do; NILO, Rio; VERMELHO, Mar.

BELLA. Vocábulo do idioma songai que qualifica o indivíduo caído em situação de cativeiro junto aos tuaregues. Equivale ao termo *iklan*, na língua tamaxeque, e *buzu* em língua hauçá (Ilahiane, 2006, p. 25).

BEMOI GILEM (*Bemoin Gelen, Buumi Jeleen*). Personagem da história das primeiras incursões portuguesas na África Ocidental. Na segunda metade do século XV, sendo líder de um ramo do povo uolofe na Senegâmbia e postulante ao título de bur (*bour* ou *burma*), para fortalecer-se na disputa, pediu ajuda ao rei de Portugal Dom João II (Dard, 1825, p. 120). Assim, embora muçulmano, recebeu o batismo cristão em Lisboa, e o nome "João Bemoin". Segundo as *Décadas da Ásia (1552)*, do cronista João de Barros, em 1489 uma armada com vinte caravelas foi enviada à sua terra. Mas, por trás dessa ajuda militar, ocultava-se o verdadeiro interesse dos portugueses: criar um forte à beira do Rio Senegal e torná-lo a base de uma capitania, que seria entregue ao comandante da expedição, chamado Pero Vaz da Cunha ou Pero Vaz Bisagudo (Década I, Livro III, Capítulo VIII). Entretanto, logo após a chegada ao Senegal, o líder uolofe foi executado pelo comandante lusitano. Refugiando-se na ilha de Santiago, no arquipélago de Cabo Verde, os familiares e descendentes de Bemoi Gilem, lá mantiveram viva memória de sua "dinastia". Na língua uolofe, o nome *buumi* (*boumi*) é título aristocrático, designativo da "segunda autoridade de uma aldeia" (Dard, 1825, p. 157). Ver BURBA JOLOF; SENEGÂBIA; UOLOFES.

BEN. No idioma hebraico e em alguns dialetos árabes, elemento que entra na composição de antropônimos com o significado de "filho de" (Larousse, 1998, p. 725). Variante: *beni*. Correlatos: *bani*, *banu*, *ibn* (q.v.).

B

BENA KALUNDWE. Núcleo a partir do qual se formou o Império Luba (OBENGA, 1991, p. 145). Ver KALALA ILUNGA; LUBAS.

BENADIR. Região costeira da República da SOMÁLIA. Estende-se pela maior parte do litoral índico do país, do Golfo de Aden ao Rio Juba, compreendendo a capital Mogadixo. O nome, segundo algumas fontes, deriva do persa *bendar*, porto (em suaíli, *bandari*, segundo LENSELAER [1983, p. 40]), o que evidencia a importância da região no comércio entre persas, árabes e populações nativas ao longo da História. Ver SOMÁLIA.

BENGUELA. Região litorânea em território da atual República de Angola, situada a leste de Rimba, a norte de Súmbi, estendendo-se para o sul até o Cabo Negro. Foi o berço de diversos Estados do povo ovimbundo. Ver ANGOLA, República de; OVIMBUNDOS; UMBUNDO.

BENI HILAL. Ver HILÁLIOS.

BENI ISRAEL. Ver FALACHAS.

BENI. Ver *BEN*.

BENIM, Antigo. Estado monárquico da África Ocidental, situado a oeste do Rio Volta e estendendo-se até a foz do Rio Níger, na atual Nigéria. Suas primeiras unidades políticas teriam criadas pelos edos ou binis (do iorubá Ìbin'nín), povo aparentado aos iorubás, no primeiro milênio da Era Cristã. O primeiro europeu a visitar o "reino edo de Benim", como é também mencionado, foi um português, Ruy de Sequeira, em 1472 (MARTI, 1964, p. 62). **Origens.** Segundo Davidson (1981, p. 127), por volta do século X, os edos teriam desenvolvido um sistema de governo autônomo, dirigido por líderes todo-poderosos, escolhidos entre integrantes de um conselho de anciãos, chefes de linhagens. Por volta do século XII, teriam recebido de ILÉ IFÉ as bases de seu governo monárquico. Segundo Balandier e Maquet (1968, p. 66), esse momento seria o da instalação de uma dinastia fundada por um príncipe iorubá vindo de Ifé, a qual veio por fim ao estado de anarquia em que os edos se encontravam (1968, p. 67). De acordo com as tradições locais, esse príncipe foi Oraniã, filho de Odudua. No século seguinte o reino edo de Benim, destacando-se como um dos maiores centros mercantis da região do Golfo da Guiné, inicia sua expansão. Assim – à época do auge do Mali, a noroeste, e da ascensão, a noroeste, do Kanem-Bornu –, sob o reinado do obá (rei) Ewedo, seu quarto monarca, o reino muda o nome de sua capital para Ubini, origem do nome "Benim" e do etnônimo "bini", usado como sinônimo de "edo". Segundo Ki-Zerbo (1972, II, p. 443), por volta de 1400 o obá (rei) Oguolá recebeu do *oni* (rei) de Ifé um mestre-fundidor de estatuária, o qual teria sido o iniciador da grande escola artística que deu ao mundo os célebres "bronzes de Benim". Entre os anos 1471 e 1475, sob o governo do obá Ewuare, chegam os primeiros portugueses. Não obstante, o reino atinge o auge de seu desenvolvimento, no século XVI, no reinado de Esiguie. Quando da chegada dos portugueses, a cidade-estado de Benim tinha controle sobre centenas de aldeias e estava no auge de seu poder. Ver BINIS; EDOS; ESIGUIE; ILÉ IFÉ; IORUBÁS; KANEM-BORNU; MALI, Antigo; OBÁ; ODUDUA; ORANIÃ.

Antigo Benim – Governantes				
Governante	**Período (datações aproximadas)**	**Dinastia**	**Capital**	**Fato relevante**
Igodo	Iniciado c. 900		Bini (Benim)	
Ere				
Orire				
Akuankhuan				
Ekpigho				
Oria				
Emose				
Orhorho				
Oriagba				
Odoligie				
Uwa				
Heneden				
Obioye				
Arigho				
Owodo				
Evian	Findo c. 1170			
Oraniã	1170-1200	Oraniã		Em diversos relatos míticos, Oraniã é mencionado como o fundador do Benim. Seu reinado inicia uma nova fase desse Estado.
Eweka I	1200-?			
Uwakhuahen	?			
Ehenmihen	?			
Ewedo	1255-1280			
Oguolá	1280-1295			
Edoni	1295-1299			
Udagbedo (Udagbedé)	1299-1344			
Ohén	1334-1370			
Egbeka	1370-?			
Orobiru	?			

B

Antigo Benim – Governantes				
Governante	**Período (datações aproximadas)**	**Dinastia**	**Capital**	**Fato relevante**
Uwaifiokun	?			Marti (1964, p. 75) lista Ezoti ou Ejoti sucedendo a Uwaifiokun.
Eware, o Grande	1440-1480	Eware	Edo	
Ezoti	1473?			
Oluwa	1473-1481			Marti (1964) inclui neste período uma rainha, Edeleyo.
Ozoluwa	1481-1504			
Eziguie (Esigie)	1504-1550			
Orhogbua	1550-1578			
Ehengbuda	1578-1606			

Fonte: EGHAREVBA (1968, P. 3-25).

BENIM, Baía de. Recôncavo no Golfo da Guiné, entre o Cabo das Três Pontas e o Delta do Níger. Compreende as porções costeiras das atuais Repúblicas de Benim e Togo, bem como partes dos litorais de Gana e Nigéria (q.v.).

BENIM, República do. País da África Ocidental, limitado pelas repúblicas de Níger (a norte e nordeste), Nigéria (leste), Burkina Faso (norte noroeste), Togo (oeste e sudoeste) e o Oceano Atlântico (S). Sua História tem como pano de fundo a do povo fon, tradicionalmente dedicado à agricultura, à pesca e ao comércio; e notabilizado como fundador do Reino do Daomé. Seu nome, que em 1972 substituiu o de "República do Daomé", evoca o Antigo Benim, outrora localizado em território da atual Nigéria. Ver ÁFRICA; AJUDÁ; ALADÁ; ARDRA; BARIBAS; BENIM, Baía de; BENIM, Golfo de; BORGU; COSTA DA MINA; COSTA DOS ESCRAVOS; DJERMAS; EWE; EWE-FON; GUINÉ, Golfo da. HUEDÁ; IORUBÁS; NÍGER, Rio; NIGÉRIA, República Federal da; SUDÃO; TOGO; UEMÊ.

BENOMOTAPA. Variante de Monomotapa (q.v.).

BENUÊ. Rio da África Ocidental. Nasce na região do Adamauá, em território da atual República dos Camarões e penetra em terras da Nigéria, onde deságua no Rio Níger. Constituiu a via preferencial das migrações dos ancestrais dos atuais povos bantos em direção ao sul e ao leste do continente africano. Segundo Silva (1996, p. 449), como indica a glotocronologia, ancestrais dos povos que hoje habitam ao sul, a sudeste e a sudoeste da confluência do Benuê com o Níger, como iorubás, edos, nupês, igbos, etc. já viviam nessa região provavelmente milhares de anos atrás. Ver BANTOS; GLOTOCRONOLOGIA.

BERBERA. Antiga cidade do Chifre da África. É referida pelo viajante chinês Tuan-Ch'eng-Shih como "país de Po-pa-li" (SILVA, 2012, p. 31). Na atualidade, o nome designa uma cidade portuária no Golfo de Aden, na República Democrática Somali. Ver CHIFRE DA ÁFRICA; SOMÁLIA.

BERBERE. Denominação que cobre o conjunto de línguas faladas pelos habitantes originais do norte-noroeste africano e as ainda faladas do oeste do Egito ao Marrocos, à exceção do árabe e seus dialetos. A língua dos berberes. Ver AMAZIGUE.

BERBERES. Os berberes, autodenominados amazigues (*amazigh*, plural *imazighen*), são assim designados desde o período da dominação romana no Norte da África. O etnônimo provém do árabe *berbari*, com interferência do latim *barbarus* estrangeiro (CUNHA, 1982, p. 106; VARGENS, 2007, p. 147), pelo qual os romanos identificavam os povos não falantes do latim ou do grego. Seus indivíduos constituem um grupo étnico, subdivido em diversos clãs e habitantes da África Setentrional, predominantemente nas áreas montanhosas e desérticas desde tempos anteriores à chegada dos árabes. Consoante Medeiros (2010, HGA, III, p. 148), seu espírito de independência manifestou-se pela criação de reinos e domínios sedentários no extremo norte do continente e também pela criação de grandes confederações nômades, através das quais reagiram fortemente ao domínio árabe em movimentos como o caridjismo. Referidos na Antiguidade como líbios, mouros, getulos, garamantes, númidas, etc., são falantes de variedades de uma língua comum, do grupo afro-asiático, chamada por eles *amazigh* e pelos europeus de "berbere", daí sua denominação étnica. Segundo mapa em Bernal (1987, I, p. xxiv), essa língua teria seu núcleo de origem remota na região da Núbia, assim como o egípcio, o chádico e outros idiomas afro-asiáticos. **Origens**. Vivendo no norte da África desde época remota, os berberes pré-islâmicos descendiam de povos de várias origens, entre os quais os mencionados garamantes, tidos por alguns autores como "negros puros", como avaliou, no século XIX, o explorador francês Henri Duveyrier (KI-ZERBO, 1972, I, p. 110, nota de rodapé). Essencialmente pastores, organizavam-se em clãs e em grupos de clãs ligados entre si por um conselho de homens adultos. A cooperação e a solidariedade clânica eram a marca de suas sociedades; e foi dessa coesão que, face à invasão árabe, os berberes uniram-se em torno do caridjismo (RODNEY, 1975, p. 81). Do ponto de vista religioso, talvez praticassem alguma forma de culto judaico ou cristão, sobre a qual prevaleciam cultos ancestrais de veneração das forças natureza, pelo que os árabes os chamaram *madjus*, "adoradores do fogo", ou seja, pagãos (MONÈS, 2010, HGA, III, p. 273). Levando, de início, vida nômade, sem constituir uma única unidade política, mais tarde, entretanto, alguns de seus grupos, dedicados a atividades mercantis, estabeleceram-se em cidades ou fizeram nascer outras, por força de seu comércio; cidades essas que acabaram por se transformar em reinos, muitas vezes poderosos (Davidson, 1981, p. 27). **Subgrupos.** Dos diversos subgrupos ou confederações componentes do conjunto dos povos berberes, convém destacar principalmente os seguintes: zenagas (lamtunas, massufas e judalas), no seio dos quais surgiu o movimento dos almorávidas; masmudas, conjunto a que pertencia a dinastia dos almôadas; chauís, berberes do Aurès, região montanhosa da atual Argélia, entre os quais provavelmente deu-se, com a heroína Kahina, um dos mais celebrados episódios da resistência à dominação árabe. Na atualidade, sob a denominação "berberes" reconhecem-se principalmente os tuaregues, os cabilas do Marrocos e da Argélia, bem como os habitantes da Ilha de Djerba, no sul da Tunísia – todos tendo como ancestrais, certamente, alguns daqueles habitantes do norte africano desde tempos remotos. Alguns desses subgrupos, como os zenagas, sanhajas e masmudas, constituíram confederações com papéis importante na história do norte da África e do Magrebe. **Relações de comércio.** Relacionando-se com as populações litorâneas, alguns grupos berberes desenvolveram, já em tempos remotos, um regular comércio de caravanas, integrando-se paulatinamente na dinâmica do mundo mediterrâneo. Através das rotas assim estabelecidas, fizeram circular o ouro, o marfim, o sal e outras riquezas. Como acentua Davidson (1981, p. 29) os elos comerciais forjados pelos berberes foram de grande valia para muitos outros povos, não só africanos como também europeus e asiáticos. Os cartagineses, por exemplo, constituíram o mercado mais rico da costa ocidental do Mediterrâneo principalmente por suas relações com mercadores berberes. No século III d.C., eles estabeleceram rotas sobre toda a região ocidental do Saara. Com a utilização do camelo, a expansão comercial lhes propiciou a formação de núcleos nas savanas, a partir dos quais estabeleceram alianças com povos como o soninqué, então detentor do controle sobre a exportação do ouro para o norte e para fora do continente (Davidson, 1981, p. 31). No século IX, os zenagas ou azenegues, liderados por Tin Iarutan, dominaram vários grupos de negro-berberes instalados em Audagost e cidades vizinhas. A partir do século seguinte processou-se um movimento de berberes na direção sul, não se sabe se por razões climáticas ou em busca do controle das minas e das rotas de comércio. **Resistência e islamização.** Segundo Gromiko (1987, p. 35), a região setentrional africana a oeste do Egito conheceu, na era pré-islâmica, diversas formas religiosas não só politeístas como sincréticas. Nelas, crenças autóctones receberam influência de elementos religiosos fenícios, gregos, romanos, e, mais tarde, cristãos. Segundo Medeiros (2010, HGA, III, p. 150), os tuaregues representam, antropologicamente, um elemento intermediário entre o mundo saariano e o Sudão, sendo possível que eles tenham recebido influências culturais de povos negros. Também nessa linha, Mohammed El Ayadi (2007, p. 14) consigna que os berberes marroquinos viam nos santos do islã a encarnação dos "antigos deuses pagãos". Na impossibilidade de aprofundar esse tema, reportamo-nos à religiosidade dos tuaregues do moderno Mali, sobre os quais lemos em N'Diaye (1970a, p. 31-32) que, apesar de sua islamização quase que total, podem ser colocados entre os povos mais supersticiosos do mundo. Cada um deles, segundo o autor, está sempre literalmente coberto de amuletos de formas variadas, tidos como detentores do poder de conjurar a má-sorte, afastar espíritos maléficos e proteger seu portador contra doenças e enfeitiçamentos. Reforça N'Dyaie registrando que esses berberes, além de rezarem para os santos do islã, em certas circunstâncias, evocam em voz baixa personagens misteriosos, provavelmente velhas divindades cujo culto permanece vivo, se não aparentes no fundo deles mesmos (p. 32). A conquista árabe a partir do Egito encontrou, no Magrebe, forte oposição por parte dos berberes. Mas, ao final do século VII, a maioria deles já abraçara o islamismo e propagava a nova fé, inclusive integrando os exércitos omíadas, aglabidas e fatímidas em suas campanhas (Hrbek, 2010a, HGA, III, p. 8). Mas suas tradições igualitárias levaram nos a adotar principalmente aquelas vertentes do islã mais consentâneas com esses princípios, notadamente a dos caridjitas (p. 8). Nos episódios protagonizados pelos almorávidas e mais tarde pelos almôadas, facções berberes tiveram todo o norte da África sob sua autoridade. Não obstante, a penetração árabe maciça, reforçada por invasões de alto poder desagregador, como a dos Banu Hilal, determinou, ao menos nas regiões abertas, a inapelável arabização dos povos berberes, cuja maioria renunciaria a seu nome antigo para se juntar a clãs árabes de mais prestígio. Assim, no século XIII, o Magrebe já estava dividido entre três grupos berberes distintos, permanecendo os da montanha fora do controle político islâmico (Larousse, 1998, p. 737). Esses, muçulmanos desgarrados, embora várias vezes forçados à reconversão, conseguiram conservar sua língua e seus costumes. Ver ABD AL-WADIS; ÁFRICA; AÏT; ALMÔADAS; ALMORÁVIDAS; AMAZIGUE; AMBYA; AL-ANDALUS; ÁRABES; ÁRABO-BERBERE; ARGÉLIA; ARQUITETURA; AUDAGOST; AURÈS, Montanhas; AZENEGUES; BAIDHAQ-AL; BANU-AZYNNUN; BANU HILAL; BARBÁRICOS, Estados; BARDAMAS; BARGHWATA; BEDUÍNOS; BORCU; BU-ILMAWN; CALIFADOS; CAMELO; CARAVANAS; CARIDJISMO; CEUTA E MELILLA; DESENVOLVIMENTO URBANO; ESCRAVIDÃO; FATÍMIDAS; FEZÂNIA; FUTA; GÂMBIA, República da; GANA, Antigo; GILBRALTAR, Estreito; GOBIR; GOUNDAM; GUANCHES; GUIDIMAKA; GUINÉ; HAFÉSSIDAS; HAMMADIDAS; HARATINOS; HAUÇÁS; HAWWARA; HILÁLIOS; IBN BATTUTA; IBN YASIN; IDRIS ALUMA; IFRAN-BANU; *IMAZIGHEN*; *IMOHAG*; ISLAMIZAÇÃO; IUSUF IBN TACHUFIN; JUDAICA, Presença; JUDALAS; KAYA MAGAN CISSÊ; KANEM-BORNU; KUSAYLA, Ibn Lamten; LAMTUNAS; LANTAS; LEMTAS; MAGREBE; MAGHRAWA; MALI, Antigo; MARÍNIDAS; MARROCOS, Reino do; MASMUDAS,

Confederação; MASSUFAS; MAURITÂNIA, República Islâmica da; MOUROS; MOZABITAS; NAVEGAÇÕES AFRICANAS; OURO; RELIGIÃO; ROTAS DE COMÉRCIO; SAARA; SANHAJAS, Confederação; SARACOLÉS; SENEGÂMBIA; SONGAI; SONINQUÉS; TAKSIF; TAMAXEQUE; *TIFINAGH*; TIN IARUTAN; TLEMCEN; TUAREGUES; TUNÍSIA, República da; UOLOFES; WATÁSSIDAS; ZANATAS; ZENAGAS; ZENATAS; ZIÂNIDAS; ZÍRIDAS.

BERBERES NEGROS. Ver HARATINOS.

BERBÉRIA. O mesmo que Barbária. Ver BARBÁRICOS, Estados.

BEREMUS. Ver ABREM.

BETA GIYORGIS (Igreja de São Jorge). Uma das mais destacadas igrejas rupestres do Complexo Monumental de Lalibela, na Etiópia. Datada do século XIII d.C., pela beleza e perfeição das formas da fachada e das janelas, bem como pela rica decoração de seu interior, é um dos mais eloquentes exemplares da arquitetura africana. Ver LALIBELA.

BETA ISRAEL. Ver FALACHAS.

BETA MARIAM (*Beta Maryam*). Igreja rupestre da Etiópia, em estilo monolítico, situada na região de Amhara. Também conhecida como Bekarik, ou Igreja de Santa Maria, integra o Complexo Monumental de Lalibela (q.v.). Ver AMHARA.

BEXERIM. Vocábulo ocorrente em textos portugueses dos séculos XV-XVII para designar os homens sábios e pregadores islâmicos na região da Alta Guiné. Var.: *bexerin, bixirim, bixirin.* – Parece provir, com modificações, do árabe *basir* (*al-Basir*), sábio, um dos noventa e nove nomes de Alá ou de baxir (*basheer*), "portador de boas novas, alegres notícias" (ALCORÃO SAGRADO, 5: 19), como Maomé foi também referido. Veja-se, ainda, o hauçá *basira*, prudência, sagacidade, discernimento (ROBINSON, 1925, I, p. 37).

BIAFADAS (*Beafares, Beafadas*). Povo oeste-africano, presentemente localizado em partes das Repúblicas de Guiné-Bissau, Senegal e Gâmbia. Nesse primeiro país, onde sua presença é mais expressiva, habitam, em subgrupos distintos, principalmente, a margem esquerda do Rio Geba; a região de Quinará; e a província de Tombali, na fronteira com a Guiné Conacri. Segundo Alberto da Costa e Silva, além de agricultores e pescadores, os biafadas foram também comerciantes, integrando, pelo menos desde o século XI, uma rede mercantil que vinculava o litoral atlântico à atividade comercial transaariana. Os localizados às margens dos rios Geba, Corubal e Grande, por exemplo, vinham até o litoral para obter pimenta-malagueta, noz-de-cola e outros produtos da floresta, que trovavam no norte. Daí esses produtos seguiam para o norte, através dos rios Cacheu e Casamansa, até os mercados mandês da região. Daí, finalmente, seguindo através do Sahel e do Saara, os produtos chegavam até o Magrebe, sendo que a pimenta-malagueta era exportada para a Europa, pelo menos desde o início do século XIII (cf. SILVA, 1996, p. 617). Ver CACHEU; CASAMANSA; GÂMBIA; GUINÉ-BISSAU; GUINÉ CONACRI; MAGREBE; NOZ DE COLA; PIMENTA-MALAGUETA; SAHEL; SAARA; SENEGAL.

B

BIDA. Nome atribuído pelas tradições orais dos SONINQUÉS à grande serpente negra associada ao mito da criação do UAGADU e à fundação da dinastia dos Cissê Tunkará, que governou o antigo reino de Gana. De acordo com as narrativas orais, um dos filhos de Dingha Cissê, o fundador da dinastia, para vencer o irmão na luta pela sucessão teria estabelecido um pacto com Bida, a grande serpente negra de sete cabeças, prometendo-lhe sacrificar anualmente uma jovem virgem. A proteção outorgada garantiu-lhe a vitória e durante muito tempo a prosperidade de seus sucessores, mas o pacto foi rompido quando uma das jovens destinadas ao sacrifício, Siya Yatabarê, foi salva por seu pretendente, Maadi, que cortou as cabeças do animal. Antes de morrer, Bida teria lançado uma terrível maldição sobre Uagadu, que costuma ser associada ao declínio do Império do Gana. A documentação escrita em árabe atesta a existência de práticas religiosas em Gana vinculadas ao culto da serpente e, segundo as informações de Al-Bakri, nas proximidades do Zafum os habitantes adoravam uma enorme serpente com crina, cauda e cabeça de camelo, a quem rendiam homenagem e faziam oferendas.

BIGO (*Begho, Bighu, Bitu*). Antiga cidade mercantil, localizada no noroeste da região de Brong-Ahafo, em território da atual República de Gana. Situada na zona de transição entre a floresta e a savana, foi, principalmente entre os séculos XI e XII, intensamente frequentada por caravanas provenientes do Antigo Mali. As mercadorias de seu comércio eram basicamente marfim, sal, couro, ouro, nozes de cola, roupas e utensílios de cobre. À época da chegada dos portugueses ao que chamaram "Costa da Mina", em 1471, Begho era uma das maiores cidades no sul da África Ocidental. Observe-se que Page (2005, p. 128), grafando "Bigo", situa a cidade, juntamente com Bono, na origem dos reinos *akan*, surgidos no século XV. Ver *AKAN*; BONO; BRONG; OURO.

BIJAGÓS. Conjunto de povos habitantes das ilhas da Alta Guiné. São falantes da língua denominada *bijago* ou *bidyogo* com seus dialetos, a qual parece ser, até o presente momento, de difícil classificação por parte dos linguistas. Em Baumann e Westermann (1948, p. 457), ela é incluída em um subgrupo de línguas "semi-bantus" do "atlântico ocidental". Os primeiros bijagós avistados pelos europeus, o foram em 1456, quando o navegador Cadamosto, de prenome Aluise ou Luís, a serviço do Infante Dom Henrique, chegou à margem norte do Rio Grande, no Canal de Geba. Tripulavam almadias de notável dimensão, o que indicou aos recém-chegados tratarem-se de povos acostumados à navegação. Seus costumes foram descritos detalhadamente pela primeira vez por André Álvares d'Almada, no *Tratado Breve dos Rios de Guiné do Cabo Verde* (1594), que os define da seguinte maneira: "não fazem mais do que três coisas - guerra, e fazer embarcações, e tirar vinho das palmeiras". Nos primeiros mapas portugueses sobre a África Ocidental, o Arquipélago dos Bijagós era mencionado como "Ilhas de Buam". Ver GUINÉ.

B

BILAD AL-SUDAN. Uma das transliterações da expressão árabe (dos radicais *blad*, país + *sud*, negro) usada para designar o "País dos Negros". Referia-se ao conjunto de regiões da África subsaariana que compreendia as bacias dos rios Senegal, Níger e Chade, além dos territórios mais meridionais da savana e da floresta equatorial. Var.: Ver SUDÃO.

BILAL IBN RABAH. Segundo as tradições mais antigas do islã, Bilal ibn Rabah al-Habashi (580-640) teria sido um escravo negro de Meca, de origem abissínia (*habashi*), que se tornou um dos mais devotados seguidores de Maomé ao tempo das primeiras revelações islâmicas. Apesar das punições recebidas de seu proprietário, não teria abjurado sua fé. Comprado e alforriado por Abu Bakar, que depois viria a ser o primeiro califa muçulmano, emigrou com os demais seguidores de Maomé para Medina e, após a Hégira, coube a ele a honra de ser o primeiro muezim, encarregado de publicamente conclamar os fiéis à oração. Também se destacou como guerreiro, o que lhe deu grande prestígio já em vida. Personagem muito conhecido e respeitado no mundo muçulmano, foi por vezes reivindicado como antepassado por muçulmanos provenientes da área subsaariana. Os governantes do clã keita, do Antigo Mali, por exemplo, costumam ser identificados como seus descendentes longínquos. Na lista dos antigos *mansa* do Mali proposta pelos griôs locais, o primeiro integrante do clã dos Keita teria sido Bilali Bunama, descendente de Bilal ibn Rabah, e que também aparece às vezes como tendo sido o próprio servidor fiel do Profeta (Niane, 1982, p. 14). Trata-se, evidentemente, de uma estratégia de legitimação dinástica, de resto muito frequente entre as famílias dirigentes no mundo muçulmano, que é a de se fazer incluir na descendência direta da família de Maomé ou de alguém próximo a ele, como foi o caso dos fatímidas e alauítas (q.v.).

BILALI BUNAMA. Ver BILAL IBN RABAH.

BILÉM-SABÁ. Nome de uma das mulheres de Ámeda-Sion, negus da Etiópia, por ele colocada como comandante de província, apoiada por tropas vindas de outras partes do Reino (Silva, 1996, p. 574). Ver ÁMEDA-SION; NEGUS.

BILMA. Cidade em território da atual República do Níger, notabilizada como centro extrator e exportador de sal (q.v.).

BIMENDE. No falar crioulo da Guiné-Bissau, vocábulo usado para identificar o indivíduo do povo mandinga. Literalmente, significa "gente vinda de longe", "gente vinda do Mandê"; e parece remontar à chegada desse povo ao atual território guineense, procedente do Antigo Mali, provavelmente no século XIII.

BINI. O mesmo que edo. Ver EDOS.

BIRAM. Uma das primeiras cidades-estado dos hauçás (q.v.). Observe-se que, na língua hauçá, o termo *birane* ou *birni* corresponde ao português "cidade" (Robinson, 1925, p. 44).

BIRAMA DIARRISSÔ. Soberano soninqué do reino de Sosso no período situado entre 1160-1180. Foi o derradeiro governante da dinastia diarrissô, fundada c. 1076 por Kambine Diarissô. Foi apeado do poder por um chefe militar, Diara Kantê, o fundador da dinastia que o sucedeu. Ver DIARRISÔ; KANTÊ.

BISPADO DE CONGO E ANGOLA. Circunscrição eclesiástica criada em 1596 pelo papa Clemente VIII, juntamente com a elevação da principal igreja da Mbanza Kongo, cidade de São Salvador, à categoria de catedral. Ver MBANZA-A-KONGO.

BISSAGÓS. Variante de bijagós (q.v.).

BISSAU. Cidade insular da África Ocidental, capital da atual República de Guiné-Bissau, alcançada pelos portugueses em 1446. Entre os séculos XIII e XV desempenhou papel importante nas atividades comerciais do Antigo Mali (PAGE, 2005, p. 35). Segundo algumas versões, seu nome viria da denominação do grupo étnico mais antigo entre os locais. Ao tempo da chegada dos primeiros portugueses, na segunda metade do século XV, esses indivíduos, provavelmente habitando a região de Cacheu, teriam sido denominados *papéis* ou *pepéis* (DINIS, 1947, p. 91). As informações sobre a etimologia do topônimo Bissau ainda permanecem insuficientes.

BITOS (*Bito*). Povo da África Oriental, também identificado como "babitos". Localizado em território da atual República do Sudão do Sul, ao longo do Bahr al-Ghazal, tributário do Nilo Branco, é vinculado ao extenso grupo étnico luo. Seus ancestrais ocuparam parte dos atuais Quênia, Uganda e Tanzânia, tendo papel de destaque na derrubada do reino de Quitara e na formação dos reinos Bunioro e Buganda (PAGE, 2005, p. 35). Ver BUGANDA; BUNIORO; LUOS; QUITARA.

BIZÂNCIO. Antigo nome da cidade de Constantinopla, atual Istambul, na Turquia. Entre os séculos IV e XV, foi a sede do Império Romano do Oriente, por isso também chamado "Império Bizantino". Até o século VII, manteve relações políticas e econômicas com os governantes de Axum (q.v.), apoiando-os em suas investidas militares no Sul da Arábia.

BIZANTINO, Império. Ver BIZÂNCIO.

BO-BA-LI, País de. Ver PO-PA-LI, Terras de.

BOBOS (*Bobo*). Povo oeste-africano localizado nos atuais territórios de Burkina Faso e Mali. Ocupantes da região provavelmente desde cerca do ano 800 d.C., são tidos como provenientes do norte, já que falam uma língua, o bobo, pertencente à família mandê (q.v.). À época de Sundiata, tidos como os "melhores do mundo", seus arqueiros foram incorporados ao exército do Império Mandinga, com quem seu rei mantinha aliança (NIANE, 1982, p. 102).

BODELÊ JURAB (*Bodelé Djourab*). Região do extremo sul do Saara, no território da atual República do Chade. Constitui uma depressão de terreno, referida como "Depressão de Bodelê" fustigada por tempestades de areia motivadas por ventos que sopram e, grandes velocidades entre as montanhas Tibesti e Enedi (q.v.).

BOEDA MARYAM. Ver BAIDA MARIAM.

BOJADOR, Cabo. Prolongamento do litoral do Saara Ocidental, no Oceano Atlântico. Em 1434, sua ultrapassagem, extremamente difícil pela geografia local, marcada por recifes pontiagudos, foi conseguida pelo navegador português

Gil Eanes. O feito abriu caminho para a expansão marítima rumo ao litoral ocidental africano.

BONA. Antigo reino localizado a norte de Bontuku (*Bonduku*, *Bondoukou*) em território da atual Costa do Marfim. Foi anexado por um descendente de Nyagse, líder do povo mossi. Ver MOSSIS.

BONO. Povo oeste-africano, integrante do grupo linguístico *akan*, fundador do reino de mesmo nome, cuja capital, Bono-Mansu, estendeu sua denominação ao Estado. **O Estado.** Localizado a oeste do Rio Volta, no encontro da floresta com a savana, o Bono-Mansu ou simplesmente Bono, foi um importante centro de comércio do litoral atlântico da Baixa Guiné. Fornecia principalmente ouro e noz-de-cola, itens que mercadores mandes, vindos do norte, incluíram no comércio árabe. Rapidamente dominando os estabelecimentos próximos, o Bono, juntamente com o reino de Bigo ou Begho, foi fundamental para o nascimento dos reinos *akan* no século XV (Page, 2005, p. 128). **Bono-Tequiman.** Esta é a forma usual de referência ao Reino, a qual conjuga o nome do povo Bono, criador do Estado, com sua base física, Tequiman: "Reino bono de Tequiman" (Briggs, 2008, p. 9). Ver COLA; OURO.

BONO-MANSU. Ver BONO.

BORCU (*Borkou*). Região no norte do território da atual República do Chade, localizada entre o Maciço do Tibesti e o planalto de Enedi, no Saara. Seu mais importante núcleo povoado é a cidade-oásis de Faia (*Faya*), onde um pequeno grupo de árabes, berberes (provavelmente zagauas) e integrantes do povo teda se estabeleceram talvez por volta do século VII. Seis séculos mais tarde, a região era cortada por rotas do comércio transaariano, que ligavam o oeste africano à Cirenaica, na Líbia. Era também local de passagem de muçulmanos em peregrinação a Meca, na Arábia (Page, 2005, p. 36). Ver CHADE, República do; CIRENAICA; ENEDI; SAARA; TEDAS; TIBESTI.

BORGU (*Borgou*). Região da África Ocidental, cobrindo partes dos atuais territórios de Benim e Nigéria, limitada a nordeste e leste pelo Rio Níger. Núcleo do povo Bariba, tradicional adversário do povo de Oyó, por sua localização no caminho da rota de comércio que ligava Kano a Gonja, desempenhou papel histórico importante. Ver BARIBA; GONJA; KANO; OYÓ.

BORI. Modalidade da religião tradicional africana praticada entre os hauçás. Do hauçá *bori*, espírito mau, demônio, pessoa delirante. Ex.: *masu bori*, *masu-boli*, estar possuído por um espírito mau (Robinson, 1925 I, p. 46; II, p. 179). Corresponde ao bambara *boli*, fetiche (Sauvant, 1926, p. 13). Ver DIWAN; GNAWA; MAKELI; RELIGIÃO TRADICIONAL.

BORNU. Antigo reino no norte da atual Nigéria, estendido das margens do Lago Chade até as terras planálticas do povo hauçá. Sendo ainda uma província do poderoso Kanem, teria sido refúgio de membros da elite do governo central, expulsos por divergências dinásticas. Mais tarde, descendentes ou sucessores desses expatriados teriam conquistado o reino de origem e o anexaram, formando o Kanem-Bornu.

Ver KANEM-BORNU; CANÚRI; HAUÇÁS; SEFAUAS.

BOSQUÍMANOS. Antiga denominação de referência a um conjunto de povos hoje localizados no deserto do Kalaari, no sudoeste africano. Sendo tradução do inglês *bush men*, "homens da selva", é rejeitada por insuficiente. Ver COISSÃS.

BOTSUANA, República de. País da África Austral, outrora denominado "Bechuanalândia", situado entre os territórios de Namíbia (a norte e oeste), Zimbábue (nordeste) e África do Sul (sudeste e sul), sem saída para o mar. Pesquisas realizadas no território da atual República levaram à descoberta de mais de 150 sítios arqueológicos datados do período compreendido entre os anos 800 e 1300 d. C. A maioria desses sítios mostra o desenvolvimento de uma pecuária intensiva e poucos indícios de comércio com o litoral oriental, como ocorre em regiões vizinhas (Ngcongco, 2010, HGA, V, p. 665). Outros estudos dão conta da presença anterior de povos agricultores; e da chegada dos primeiros bechuanos (*tswana*) provenientes do leste, da região do Kalaari, já no século XVI (African Encyclopedia, 1974, p. 92). Ver ÁFRICA; ÁFRICA DO SUL, República da; BECHUANOS; CUBANGO; KALAARI; *KHOIKHOI*; LIMPOPO; PECUÁRIA; ZÂMBIA, República de.

BRAK. Designação do governante máximo no reino senegalês de Ualô (q.v.).

BRAMES. Povo da atual República de Guiné-Bissau, também referido, à época colonial, como Mancanha. Segundo Carreira e Quintino (1964, p. 51), ao tempo dos descobrimentos portugueses, eram, juntamente com os papéis e manjacos, referidos como "buramos". Entretanto, o cosmógrafo Valentim Fernandes os mencionou como "*cacheos*", talvez porque habitassem nas proximidades do Rio Cacheu.

BRANCOS, Escravos. Ver ESCRAVIDÃO (item "Singularidades: brancos e cantoras").

BRAVA. Antiga cidade do Chifre da África. Ver SOMÁLIA.

BRONG. Antigo povo localizado no centro-oeste do território da atual República de Gana na região ainda hoje denominada Brong Ahafo, fronteiriça ao território da Costa do Marfim. Entre os anos 965 e 1125 d.C., aproximadamente, fundaram o reino de Bigo ou Begho, o qual, segundo evidências arqueológicas, a partir do século XI se constituiu em importante centro de comércio, atingindo o apogeu no século XIV. O povo de Bigo, juntamente com o de Bono, figura na origem dos reinos do povo *akan* (Page, 2005, p. 128). Ver *AKAN*; BIGO.

BRONZE, Estatuária em. Os antigos Estados criados pelos IORUBÁS e seus aparentados EDOS notabilizaram-se também pela magnificência de suas esculturas em madeira, marfim e pela utilização do bronze em sua arte. Assim, em 1938, uma escavação realizada no sítio arqueológico de Wunmonijé, situado ao sul de Ilé Ifé, a capital religiosa dos iorubás de Oyó, revelou a existência de 300 reproduções de cabeças humanas fundidas em bronze com impressionante nível artístico e extremo realismo. Elaborado com utilização da hoje conhecida técnica de "cera perdida", o conjunto das obras reveladas a partir daí remonta ao período compreendido entre os séculos XIII e XIV; e denota um progressivo aperfeiçoamento na criação e na feitura. Provavelmente elaboradas com finalidades cerimoniais, o conjunto contempla, além das cabeças, figuras de tamanho quase natural, estatuetas de animais, além de uma grande variedade de recipientes e outros objetos. Estudadas à exaustão por especialistas em arte africana, como William Fagg e Frank Willett, a arte em metal de Ifé testemunha o alto grau de sofisticação da sociedade que a produziu. **Benim**. Tendo por referência evidente as técnicas de fabricação, as motivações e a qualidade estética da estatuária produzida em Ifé, artesãos do Antigo Benim imprimiram a esse legado artístico sua marca distintiva e diferencial e também produziram uma rica e diversificada estatuária. Segundo a tradição, por volta de 1400 d.C. o obá (rei) Oguolá pediu ao *oni* (rei) de Ifé que lhe mandasse um artesão que soubesse trabalhar o metal (Ki-Zerbo, 1972, II, p. 443); e recebeu o melhor deles, o artesão Iguegha, que difundiu sua obra e deixou seguidores, sendo por isso deificado e conservado até hoje como o patrono dos artesãos edos, que celebram sua memória. Nos anos 1471-1475, sob o obá Ewuare, chegam ao Benim os primeiros europeus, que passaram a fornecer metal em abundância em troca de escravos e da apreciada pimenta-malagueta. No fim do século XIX, ao tempo da conquista colonial, parte considerável desse patrimônio artístico foi pilhado, passando a integrar o acervo dos mais importantes museus ocidentais, ou a alimentar mercado de obras de arte. O episódio mais dramático desse processo de espoliação cultural ocorreu em 1897, quando um representante do governo britânico, em represália ao massacre de uma delegação que tinha sido enviada ao obá do Benim no ano anterior, invadiu a cidade e destronou o governante africano, apoderando-se a seguir de todas as riquezas encontradas no palácio real e nas habitações dos principais dignitários nigerianos, entre elas inúmeras placas e estátuas de bronze, logo incorporadas ao acervo do British Museum. Segundo Pitt-Rivers (1976, contracapa) a civilização do Antigo Benim, uma das mais poderosas da África pré-colonial, contava com uma classe de artesãos profissionais que produziu algumas das mais finas obras de arte do mundo. Peças desse acervo permanecem como os mais caros e mais vistos em todo o conjunto de obras da arte africana. Ver BENIM, Antigo; CERA PERDIDA; EDOS; EWARE; IORUBÁS.

BUBU (*Boubou*). Espécie de túnica longa, vestimenta tradicional dos muçulmanos da África Ocidental, muito usada no Senegal, Mauritânia, Mali, Guiné, entre outros.

BUCAMA (*Bukama*). Localidade histórica na região de Catanga, na atual República Democrática do Congo. Segundo D. W. Phillipson (1977, p. 210-233 *apud* Obenga, 1985, p. 100, nota 13), a povoação local iniciou-se com a chegada, entre os séculos VII e VIII d.C., de povos falantes de idiomas bantos provenientes do leste do continente. Ver QUITARA.

BUGANDA. Antigo Estado banto florescido no território da atual Uganda no mesmo contexto histórico do Bunioro. Nasceu e se desenvolveu a partir da incorporação de pequenas unidades políticas, entre os séculos XIII e XV d.C. Conforme a tradição, o iniciador desse processo foi o herói Kintu, cognominado "o maravilhoso", reconhecido como primeiro *kabaka* (rei) e grande ancestral do povo ganda. Depois de Kintu, a autoridade dos *kabakas* era limitada pelo poder dos clãs. Segundo Silva (1996, p. 393-394) Kintu era talvez um rei cuchita, saído da região do monte Elgon, para chegar, depois de uma série de peripécias, ao sul do Lago Kioga. Em abono a essa hipótese, veja-se que o título *kabaka* parece remeter a Xabaka, nome de um soberano de Cuche. Compare-se, ainda, o título *sabataka*, que designava o chefe dos cabeças de linhagem no Buganda com o nome de outro rei cuchita, Xabataka. Como ressaltado em Lopes (2011, p. 52) tais semelhanças parecem assinalar uma linha de continuidade, de cerca de 2 mil anos, entre Cuche e o Buganda. Ver BUNIORO; UGANDA, República de.

BUKAMA. Ver BUCAMA.

BULALAS (*Bulala, Boulala*). Povo nômade da área do Lago Fitri, a leste do Lago Chade, adepto da religião tradicional e resistente ao islã. No século XIV, invadindo o Kanem, os bulalas beneficiaram-se do enfraquecimento da dinastia sefaua, cujos reis tinham governado o império comercial do Kanem-Bornu desde o século X. Sem uma força militar unificada para defendê-lo, o reino era bastante vulnerável. Então, os ataques dos bulalas forçaram o *mai* do Kanem, Omar ibn Idris a abandonar a capital Njimi. Entretanto, em seguida, ele, à frente seu povo kanembu estabeleceu-se no Bornu, na margem oeste do Lago Chade. Daí, depois de destronarem o *mai* dos sefauas, os bulalas governaram o Kanem até o século XVI (Page, 2005, p. 37). Ver BORNU; DUMANA II; IDRIS KATAGARMABÉ; KANEM; OMAR IBN IDRIS; RELIGIÃO TRADICIONAL; SEFAUAS.

BUMI JELEN. O mesmo que Buumi Jeleen (q.v.).

BUNDO (*Mbundu*). Ver AMBUNDOS.

BUNIORO (*Bunyoro*). Estado fundado pelo povo nioro (*nyoro*) no século XIV nas terras do sul e do oeste da atual Uganda. Segundo alguns autores, foi o sucessor do legendário Estado de Quitara (Kitara), pelo que é também mencionado como "Bunioro-Quitara". Sua maior extensão e sua mais perfeita organização foram alcançadas durante os reinados de Isaza Nyakikooto, último soberano da dinastia abatembuzi, e Ndaura Kyarubinda, primeiro rei da dinastia dos cuézis (*bacwezi*), entre 1300 e 1500. Ver CUÉZIS; UGANDA, República de.

BUR. Ver BURBA JOLOF.

BURACOS DE SIRIKWA. Ver SIRIKWA.

BURAMOS. O mesmo que brames (q.v.).

BURBA JOLOF. Título do soberano do Jolof, às vezes reduzido para bur (*bour*). Do uolofe, bur, rei. Ver JOLOF.

BUREM (*Buré, Bouré, Bourem*). Localidade na região de Gao, no norte da atual República do Mali, à margem esquerda do Rio Níger. Dominada por antigas linhagens locais, como a dos kamara

B

e a dos dialonqué, de onde provinham exímios ferreiros e metalurgistas, era também o local onde se encontravam as mais importantes jazidas de ouro, cuja exploração era tributada pelos *mansa* no período de apogeu do Antigo Mali. Ver GAO; MALI, Antigo.

BURKINA FASO, República de. Nome que designa a antiga República do Alto Volta desde a década de 1980. O país tem por limítrofes as repúblicas de: Mali (de norte a oeste); Níger (nordeste, leste); Benim (sudeste); Togo e Gana (sul); Costa do Marfim (sudoeste). Os mais antigos habitantes conhecidos do território foram indivíduos dos povos bobo, lobi e grúnces (*Gourounsi*), que se estabeleceram na região entre os séculos XIII e XIV. Quase no mesmo contexto, chegaram os do povo mossi, vindos do leste e se instalando nas proximidades do Rio Níger (Ham *et al.*, 2009, p. 132). Ver ÁFRICA; BAMBARAS; BENIM, República do; DJERMAS; GANA, República de; GRÚNCIS; GURMANTCHE; MALI, República do; MOSSIS; SAHEL; SUDÃO; TOGO; UAGADUGU; VOLTA, Rio.

BURUNDI, República do. País da África Central, limitado por Ruanda, a norte; Tanzânia, a nordeste, leste e sudeste; República Democrática do Congo, a nordeste; e pelo Lago Tanganica, a oeste e sudoeste. A história do país confunde-se com a da República de RUANDA. Ver ÁFRICA; NILO, Rio; TANGANICA, Lago.

BUUMI JELEEN. Ver BEMOI GILEM.

BÚZIO. Concha de molusco, usada como moeda em algumas regiões africanas em tempos passados. Segundo Parreira (1990, p. 88), chamada *nzimbu* e classificada cientificamente como *Olivancillaria nana*, era moeda "oficial" do reino do CONGO, sendo colhida, sempre por mulheres, na Ilha de Luanda e ao longo da costa de Angola. No português angolano, o vocábulo ocorre na forma "zimbo" (Houaiss *et al.*, 2001, p. 2907).

BUZU. Vocábulo que na língua hauçá, designa o escravo e, mais especialmente, o filho de um pai negro com mãe tuaregue (Robinson, 1925, I, p. 52). Ver ESCRAVIDÃO, HARATINOS.

C

CABAÇA (*Cabassa, Kabàsà*). Designação que aparece em textos portugueses do século XVI associada aos nomes de alguns chefes políticos locais, mas principalmente para designar o nome da capital do reino do Dongo. A origem é o quimbundo *kabasa*, principal, no sentido de chefe, comandante. Por metonímia, o termo designou a sede do poder do principal. Para a segunda acepção, Parreira (1990, p. 130) propõe o quimbundo *kambanza*. Ver DONGO.

CABO BOJADOR. Ver BOJADOR, Cabo.

CABO VERDE, Península do. Região, no território do atual Senegal, onde se localiza a cidade de Dacar. Na época das grandes navegações portuguesas, as primeiras referências a "Cabo Verde" são principalmente feitas a ela; e só mais tarde ao arquipélago que constitui o território da atual República de Cabo Verde (GONÇALVES, 2005, p. 42), onde os primeiros povoadores, colonos portugueses, se estabeleceram na ilha que recebeu o nome "de Santiago". Ver SENEGAL, República do.

CABO VERDE, República de. País da África Ocidental, localizado no arquipélago de Cabo Verde, entre os 17° 12' e 14° 28' de latitude norte e 20° 44' e 25° 22' de longitude oeste, a cerca de 600 km da costa ocidental africana, ainda desabitado quando alcançado por navegadores portugueses em 1456. O arquipélago é formado por dois grupos de ilhas: as de Barlavento, no norte, e as de Sotavento, nos sul. Ver ÁFRICA, BEMOI GILEM, CAÇADORES, CADAMOSTO, Luís; ESCRAVIDÃO, PORTUGAL NA ÁFRICA.

CAÇA. Na África, os grupos notabilizados exclusivamente como caçadores-coletores foram, ao longo dos tempos, os pigmeus da floresta equatorial e os *khoikhoi* ou coissãs do Kalaari. Em outras sociedades africanas, inclusive atuais, a pequena caça (de animais de menor porte) sempre foi praticada como atividade complementar, por homens e meninos; mas a grande caça, ao contrário, constitui uma especialização, reservada a indivíduos normalmente agrupados em associações, profissionais e mágico-religiosas; ou, ainda, a grupos endogâmicos. As técnicas de caça, ainda hoje, podem ser individuais (com armadilhas, armas de arremesso, armas de fogo, etc.) ou coletivas; a pé ou em montarias. De qualquer modo, a perseguição à grande caça é sempre uma operação perigosa, sendo necessária, por parte do caçador ou do grupo, uma purificação preparatória e, ao final, uma reconciliação com o espírito do animal abatido, através de cerimônias propiciatórias e apaziguadoras (BALANDIER; MAQUET, 1968, p. 92-93). Consoante informações preservadas pelos tradicionalistas do mundo mandinga, entre os primeiros *mansa* (reis) do Mali estiveram exímios mestres da caça, como Mamadi Kani,

C

inventor do *simbon*, o apito dos caçadores; e Kani Simbon, em cujo nome o termo *aparece*, em seu significado extenso de "grande caçador" (Niane, 1982, p. 14). Esse qualificativo honorífico é, aliás, também por vezes utilizado para designar Sundiata Keita, que em sua juventude teria pertencido a uma dessas confrarias. O Beni dos séculos XIV-XVI conheceu notáveis caçadores, que gozavam de estatuto privilegiado e considerável prestígio. Sua formação demandava muitos anos, durante os quais aprendiam a perseguir os animais caçados em vários tipos de terreno, a mover-se sem barulho no matagal espinhoso, a sobreviver na floresta sem água e alimentação pronta. Ao final da caçada aos elefantes, uma das presas de marfim era oferecida ao Obá, mas a cabeça, o coração e os pulmões do animal eram guardados pelos caçadores como talismãs, capazes de garantir sucesso em novas empreitadas (Aziz, 1978, p. 135-136). Ao descrever os costumes dos povos cassangas da Guiné no século XVI André Álvares d'Almada fornece em seu *Tratado Breve dos Rios de Guiné do Cabo Verde* (Porto, Tipografia Comercial Portuense, 1841) um vivo retrato de técnicas e procedimentos empregados na caça aos elefantes. Observemos também, na tradição dos iorubás fundadores dos importantes reinos de Oyó e Ilé Ifé, o culto a divindades da caça como Erinlé (ou Inlé), Oxóssi, Oreluerê, Ibualama e Logunedé (Bascom, 1969, p. 88; Verger, 1997, p. 114-115). Retornando a Balandier e Maquet (1968, p. 93), vemos que, outrora, as severas prescrições rituais que regiam a caça, bem como o monopólio quase religioso em que a atividade se constituía, eram fatores que ajudavam a preservação dos benefícios sociais da atividade. Entretanto, a caça comercial, introduzida por europeus e árabes, sobretudo para obtenção de presas de elefante e dentes de rinocerontes, de alto valor de mercado, afetaram profundamente os costumes tradicionais. Ver BENIM, Antigo; COISSÃS; ILÉ IFÉ; IORUBÁS; MANDINGAS; OYÓ; SUNDIATA KEITA.

CACHEU. Cidade no território da atual República da Guiné-Bissau. Fundada no século XVI por um grupo de lançados, seu rápido crescimento deveu-se ao tráfico de escravos e ao abastecimento através do porto de Farim, entreposto da federação mandinga do Gabu (Havik, 1997, p. 171). Ver GABU; GUINÉ-BISSAU; LANÇADOS.

CACIZ. Na Alta Guiné, termo usado nos séculos XV-VII para designar religiosos muçulmanos empenhados na divulgação de sua crença. O vocábulo é consignado em Houaiss *et al.* (2001, p. 553) na acepção de "sacerdote cristão ou muçulmano", sendo originário do árabe *kaschish* (*qasis*, em Vargens [2007, p. 150]), sacerdote, e corrente em antigas regiões coloniais, como o norte da África. Segundo Santos (2011, p. 190), a figura do caciz aproxima-se daquela do marabu ou marabuto.

CACONDA (*Kakonda*). Herói mencionado como civilizador dos ovimbundos. Provavelmente é o mesmo Feti. No bundo (*mbunda*), língua do povo bunda, subgrupo dos ganguelas, falado no sudeste de Angola, o elemento *konda* está ligado à ideia de "fundamento, causa" (Alves, 1951, p. 350), da mesma forma que Feti remete a "princípio, começo". O idioma bundo não se confunde com o quimbundo, falado pelos mabundos, nem com o umbundo, falado pelos ovimbundos (q.v.). Ver FETI.

CACONGO (*Kakongo*). Antigo reino africano formado nas atuais Repúblicas do Congo e de Angola (no enclave de Cabinda) antes do século XV. Também mencionado como kikombo (PARREIRA, 1990, p. 149). Na atualidade, "cacongo" designa um clã e uma povoação do povo bacongo ou muxicongo. Ver CONGO, Reino do; QUIÇAMA.

CAFÉ. Fruto do cafeeiro e, p. ext., a própria árvore (*Coffea arabica*). O berço de sua cultura foi o antigo Reino de Kaffa, outrora localizado na parte meridional do Maciço da Etiópia. De lá, entre os séculos XIII e XIV, era exportado para a Arábia, de onde seu cultivo difundiu-se por várias regiões do mundo. Ver ETIÓPIA, República Federal Democrática da; KAFFA, Reino de.

CAFRARIA. "País dos Cafres". Denominação de origem árabe (de *kaffir*, infiel, incrédulo) outrora usada para designar a África subequatorial e, mais especificamente, a África Austral como um todo ou a região da província do Cabo, na África do Sul (LAROUSSE, 1998, p. 1038).

CAFUXE (*Kafuxi*). Na Angola pré-colonial, região ao sul do Rio Cuanza, sob a autoridade do soba do mesmo nome. Localizava-se no caminho de Cambambe, pelo que foi objeto de ações militares por parte de expedições portuguesas em busca de supostas minas de prata. Ver ANGOLA, República de; CAMBAMBE; CUANZA; SOBA (2).

CAIA-MAGÃ. Ver KAYA MAGAN CISSÊ.

CAIRO. Capital egípcia. Localizada no ponto onde o Rio Nilo se abre formando o delta, foi a última de uma série de cidades que serviram como capital do Egito faraônico, desde Mênfis. Construída com o nome de Qâhira em 969, no contexto de afirmação dos fatímidas, situava-se no meio de uma zona extensa e produtiva, vindo a ser o centro de um importante sistema que ligava o mundo do Oceano Índico ao do Mar Mediterrâneo (HOURANI, 2006, p. 121; 133). Ver EGITO, República Árabe do; FATÍMIDAS; NILO, Rio.

CAIRUÃO. Forma aportuguesada para Kairuan (q.v.).

CAJOR. Aportuguesamento de Kayor (q.v.).

CALAÁRI. VER KALAARI.

CALEB. VER KALEB.

CALIFA DOS NEGROS. VER MUHAMAD I, ÁSQUIA.

CALIFA. Título muçulmano, derivado do árabe *hâlifa*, substituto, lugar-tenente, sucessor, atribuído principalmente a cada um dos sucessores de Maomé. Ver CALIFADOS.

CALIFADOS. "Califado" é a denominação aplicada ao regime de governo dos califas, bem como ao território sob sua jurisdição. As regiões africanas conquistadas pelos árabes a partir do século VII d.C., estiveram, sucessivamente, sob domínio de califas das seguintes dinastias: omíada (Califado de Damasco, com sede na Síria: 661-749); abássida (Califado de Bagdá, na antiga Pérsia: instituído em 749, mas dividido por dinastias locais a partir do século seguinte, e fatímida (na Ifríquia, África: 910-1171). Em 749, com o triunfo dos omíadas, os ABÁCIDAS reinaram em Bagdá e em Córdoba, na atual Espanha, mas a África do Norte foi dividida em vários Estados, governados por dinastias berberes que não se submeteram ao poder central (GUIA, 1988, p. 535). Ver ABÁCIDAS; FATÍMIDAS; IFRÍQUIA; OMÍADAS.

CAM, Maldição de. Crendice mitológica que justificava a escravização e inferiorização dos povos negros através de um suposto estigma, decorrente de uma punição bíblica. **Mitologia.** Segundo algumas interpretações da Bíblia, o personagem Cam ou Cão, filho de Noé, seria o grande ancestral remoto do povo afronegro. Dentro desse entendimento, os povos da Arábia, de Canaã (Palestina e Fenícia), do Egito e da Etiópia seriam, em grande parte, os descendentes de Cam. Conforme a tradição do Gênesis, Cam foi pai de Cuche, Mesraim ou Egito; Fut ou Líbia; e Canaã. Os filhos de Cuche foram Saba ou Sebá; Hévila ou Havilá; Sabata ou Sabtá; Raamá ou Regma; e Sabataca ou Sabteca. Os de Raamá foram Sabá e Dedã. Todos esses nomes designaram, na Antiguidade, regiões da África Oriental e da Arábia, o que poderia indicar, em termos históricos, a existência real desses personagens e seu papel de heróis fundadores. Segundo a mitologia hebraica, Cam foi amaldiçoado e condenado a ser escravo por ter visto o corpo nu do pai, que dormia embriagado. Essa passagem bíblica serviu, durante anos, como justificativa para a escravização dos negros, tidos como portadores da "maldição de Cam". Entretanto, segundo modernas interpretações, a associação de Cam ao povo negro é uma falácia histórica, usada apenas como uma justificativa teológica para a escravidão e a inferiorização dos africanos. **Origem e difusão do mito.** Essa utilização do mito bíblico como justificativa para a suposta inferioridade dos afronegros remonta à Idade Média europeia e ao período do islã clássico, antes portanto ao século XV. No texto bíblico, a maldição diz respeito apenas à escravidão, e não à cor da pele, e teria recaído sobre Canaã, o filho mais jovem de Cam; e não sobre os outros filhos, entre eles Cuche (*Kush*), presumido ancestral próximo dos negros africanos. Apesar disso, o tema ganhou contornos distintos, ao ser utilizado para justificar a inferioridade e escravização dos africanos e seus descendentes. No período moderno, na Europa e na América, a utilização do mito assumiu conotação racial mais definida, sendo efetivamente empregado como argumento legitimador da escravização massiva praticada no Novo Mundo. Mas a ideia grassava havia muito tempo, a partir da Europa. Já no século XIII d.C. ela servia de base para que os escritores a serviço do rei de Castela e Leão, Alfonso X, dito "o Sábio", justificassem a conquista de territórios aos mouros "infiéis", situados do outro lado do Mediterrâneo. Na redação da crônica intitulada *General Estoria*, por volta de 1280, os ideólogos da monarquia castelhana discorreram largamente sobre a pretensa inferioridade de Cam e seus descendentes. E aí expuseram as razões pelas quais os europeus, supostos descendentes de Jafé, filho mais novo de Noé, teriam direito legítimo de atacá-los e reduzi-los ao cativeiro. A mesma linha de argumentação encontra-se na

Crónica dos feitos notáveis na conquista da Guiné, de autoria de Gomes Eanes de Zurara, escrita em 1453. No capítulo 16 da narrativa, o cronista explica que a escravização dos "pretos" pelos portugueses, na Guiné, legitimava-se "por causa da maldição que depois do dilúvio lançou Noé sobre seu filho Cam, pela qual o maldisse, que a sua geração fosse sujeita a todas as outras gerações do mundo, da qual estes descendem". **Cristãos e muçulmanos.** O tema da "maldição de Cam" esteve indissociavelmente ligado aos discursos justificadores da escravização de africanos, tanto em ambiente muçulmano quanto em ambiente cristão. Aliás, é entre eruditos e literatos do mundo islâmico, em textos de autores levantinos e persas dos séculos IX e X, que se encontram as primeiras justificativas (WEDEBURN, 2007, p. 59-62). A partir daí, começou-se a empregar outro tipo de argumentação, de base pretensamente científica. O persa Al-Masudi, por exemplo, classificou os povos negros entre os mais atrasados do mundo, recorrendo para isso ao pensamento médico grego: "Galeno – ele escreveu – assinala dez propriedades específicas dos negros, a saber, os cabelos crespos, as narinas alargadas, os lábios espessos, os dentes agudos, o cheiro forte da pele, a negridão da menina dos olhos, as gretas dos pés e das mãos, o volume das partes genitais e uma petulância excessiva. Esse autor explica a predominância dessa última qualidade do negro pela organização imperfeita de seu cérebro, de onde resulta a fraqueza de sua inteligência" (cf. M'BOKOLO, 2009, p. 235). **Ibn Khaldun.** Na contramão dessa percepção superficial e deformadora, levantava-se, já no fim do século XIV, o sábio tunisino Ibn Khaldun, que, em seu detalhado tratado a respeito da evolução social dos povos, o *Muqaddimmah*, derrubou tais argumentos, nos seguintes termos: "Certos genealogistas, ignorantes da natureza das coisas, imaginaram que os sudaneses, que são descendentes de Ham ibn Nuh (Cam, filho de Noé), distinguiam-se dos outros homens pela cor da pele por causa da maldição de Noé sobre o seu ancestral (Cam). Dessa maldição viria, segundo eles, a cor negra de Cam e sua condição de escravo decretada por Deus. A maldição de Noé sobre seu filho Cam é relatada no Tawrat (Pentateuco). Ora, neste livro nada é dito a respeito da cor negra. A maldição não teve outra finalidade senão fazer de Cam um escravo da descendência de seus irmãos, e é tudo" (CUOQ, 1985, p. 359). Ver IBN KHALDUN.

CAMARÕES, República dos. Moderno país da ÁFRICA Ocidental, limitado por Nigéria (a noroeste); Guiné Equatorial, Gabão e Congo (sul), República Centro-Africana (leste), Chade (nordeste) e pelo Lago Chade (norte). Sua denominação provém da antonomásia, "Rio dos Camarões" com que, em 1472, exploradores portugueses, ao chegaram ao estuário do Rio Wouri (*Vouri*, *Vuri*), o designaram. E isto pela grande concentração, nele, do crustáceo cientificamente denominado *Lepidophtalmus turneranus*, uma variedade de camarão. Daí o nome – inclusive corrompido em inglês como *Cameroon* e em francês como *Cameroun* – estendeu-se à elevação conhecida, em uma das línguas locais, como *Mongo ma Ndemi* (Montanha da Grandeza), e ao próprio país. A impressionante montanha foi mencionada já em 500 a.C. pelo cartaginês Hanno; e a partir daí a região passou a fornecer mão de obra escrava para o Norte da África e depois para a Europa (Ham *et al.*, 2009, p. 174). O território do "país dos Camarões" constituiu-se, desde tempos remotos, em uma grande encruzilhada, onde se encontraram pigmeus autóctones, nômades do Sahel e agricultores bantos. Entre esses, encontravam-se os que a partir da região, em sucessivas migrações, dirigindo-se para o leste e o extremo sul do continente, povoaram e desenvolveram a vasta porção da África subsaariana que hoje abriga os povos falantes de línguas do grupo banto. Entretanto, o primeiro grupo étnico local mencionado na História é o povo sao, ancestral do povo kotoko, que no século XIV estava organizado em principados, mais tarde suseranos do Bornu (Larousse, 1998, p. 1077). No início do século XV, novas importantes migrações ocorreram quando populações mencionadas como "fulânis", mais provavelmente de origem hauçá-fulâni, empurraram povos locais do Planalto do Adamauá para a região de florestas do sul. Desde então, o norte e o nordeste do atual Camarões foi dominado por esses migrantes muçulmanos. Na década de 1470, Portugal funda feitoria no litoral, iniciando uma nova era. Ver ÁFRICA; ADAMAUÁ; BAMUNS; CHADE, Lago; CHADE, República do; CONGO; FULAS; GABÃO; GUINÉ EQUATORIAL; KOTOKO; NIGÉRIA, República Federal da; PORTUGAL NA ÁFRICA; REPÚBLICA CENTRO-AFRICANA; SAO.

CAMBAMBE (*Kambambi*). Na Angola quinhentista, região que constituía o centro pulsante do reino do Dongo. Segundo Parreira (1990, p. 145), foi supostamente dada como rica em minas de prata e outras riquezas minerais, pelo que, em 1575, se tornou o primeiro alvo militar dos portugueses em solo africano. Segundo Galvão e Selvagem (1952, p. 57), as "minas de Cambambe" eram a grande "obsessão da política colonial de Lisboa". Ver ANGOLA, República de; DONGO.

CAMELO. Introduzido no Saara logo após o início da Era Cristã (Davidson, 1981, p. 30), o camelo-árabe ou dromedário (*Camelus dromedarius*, de uma só bossa, diferente do *Camelus bactrianus*, de origem asiática, com duas) possibilitou o desenvolvimento do comércio de caravanas e o controle das rotas transaarianas, primeiro por berberes e depois pelos árabes. Graças ao dromedário, os berberes ocuparam, em alguns séculos, imensos espaços, do Atlântico ao Nilo, expressando diversos modos de vida, do sedentarismo ao nomadismo. Ver BERBERES; SAARA.

CAMITA. Designativo de cada uma das populações tidas como descendentes do personagem bíblico Cam, Cão ou Ham, filho de Noé. Por isto, às vezes o designativo aparece grafado como "hamita". Ver CAM, Maldição de.

CANÁRIAS, Ilhas. Arquipélago no Oceano Atlântico, localizado a 100 km do litoral meridional do Marrocos e compreendendo as ilhas Gran Canária, Fuerteventura, Lanzarote, Tenerife, Gomera, Palma e Hierro ou Ilha do Ferro. A partir de meados do século XIV foi gradualmente ocupado por espanhóis, contra a resistência dos nativos guanches e a rivalidade dos portugueses, tendo a conquista se concretizado em no fim da década de 1490, com a tomada de Palma e Tenerife. Ver GUANCHES.

CANEM. Ver KANEM-BORNU.

CANGABA. Ver KANGABA.

CANIBALISMO. O termo "canibalismo" e seu sinônimo "antropofagia" desigam a prática institucionalizada e regularizada de comer carne humana. Segundo Silva (1986, p. 140), na literatura antropológica, casos realmente autênticos de canibalismo são menos frequentes do que se pode esperar. No caso africano, como entre outros contingentes de povos do mundo "não letrado", podemos observar, com o autor mencionado, que as referências a esse tipo de prática são muitas vezes usadas em sentido pejorativo contra grupos inimigos ou sobre os quais se deseja manifestar superioridade. Ver LAM LAM.

CANTORAS, Escravas. Ver ESCRAVIDÃO (Singularidades: brancos e cantoras).

CANÚRI. Denominação de um povo da região do Lago Chade, falante da língua de mesmo nome e aparentado aos kanembus. Na atualidade, localiza-se na porção nordeste do território da atual Nigéria e no sudeste da República do Níger. Constituiu o elemento dominante dos Estados do Bornu ou Kanem-Bornu, cujo desenvolvimento se deveu ao controle do comércio transaariano entre o oásis de Bilma e a Líbia. Os canúris tornaram-se muçulmanos no século XI, notabilizando-se pela filiação à escola maliquita de interpretação das leis corânicas ou islâmicas. Ver BILMA; BORNU; BULALAS; CHADE, Lago; KANEM; KANEM-BORNU; LÍBIA; NÍGER; NIGÉRIA, República Federal da; SEFAUAS.

CAPITANIAS HEREDITÁRIAS. Forma de administração adotada por Portugal a partir do século XV, primeiro nas ilhas atlânticas, depois no Brasil e em Angola. Promovendo a exploração colonial sem ônus para o Estado, o sistema consistia da concessão, pelo Reino, de vastos domínios territoriais, além de privilégios e atributos de soberania. Isto ocorreu, primeiro, no arquipélago de Cabo Verde, quando em 1485 foi atribuído a Rodrigo Afonso a parte norte da Ilha de Santiago. O explorador Paulo Dias de Novais, instalado na costa angolana em 1575 e morto em 1589, recebeu vasta extensão do território da atual República de Angola como sua capitania, o que motivou a forte reação de diversos governantes nativos.

CARAGUÉ. Ver KARAGÚÉ.

CARAMANSA. Ver KWAMINA ANSA.

CARAMOJONGUES (*Karamojong, Bakaramoja, Ikaramojong*). Povo de pastores da África Oriental, presentemente destacado como um dos mais numerosos grupos étnicos da República de Uganda. Entre, aproximadamente, os séculos X e XVI, seus ancestrais migraram, da região do Lago Turkana, para áreas hoje pertencentes aos territórios de Etiópia, a leste, e Sudão do Sul, a oeste; e também a Uganda, a sudoeste. Segundo Page (2005, p. 121), suas linhagens compreendem, entre outros, os subgrupos denominados Jie e Teso. Em Silva (1996, p. 385-386), os "caramojongues-tesos" são destacados como os responsáveis por essa expansão. Ver ETIÓPIA, República Federal Democrática da; TURKANA; SUDÃO DO SUL, República do; UGANDA, República de.

CARANGAS (karangas). Subgrupo do povo xona, responsável pela civilização do Zimbábue. Ver XONAS; ZIMBÁBUE, República do.

CARAVANAS. O vocábulo "caravana", originário do persa *karwan* (em árabe, *karawan* ou *qairauan*), designa primordialmente todo grande grupo de viajantes que se reúne para atravessar com segurança um deserto. **Na África**. Desde os séculos iniciais da Era Cristã, com a introdução do camelo em terras africanas, as caravanas propiciaram os meios para a realização do comércio à longa distância. Para tanto, contavam com grupos especializados, conhecedores das comunidades localizadas nas rotas, nos oásis e pontos de descanso, bem como das áreas de compra e venda de mercadorias e de reabastecimento de água. **No Saara**. Nas caravanas transaarianas, os guias, chamados *taksif*, eram sempre bons conhecedores da direção correta e dos pontos de apoio. Indivíduos de certas tribos berberes, principalmente tuaregues dos grupos bardama e massufa, atuavam não só como guias mas também como protetores dos integrantes das caravanas. Grandes conhecedores do deserto, esses tuaregues orientavam-se pelo sol, pelas estrelas e por sinais que o vento deixava na areia. Quanto às mercadorias, as mais comumente envolvidas no comércio eram sal, tecidos, temperos e armas, além de ouro e escravos. A partir do século VIII, o comércio caravaneiro foi aos poucos produzindo uma extensa rede de contatos e de negócios, em grandes rotas que cruzavam o Saara em diferentes direções. Uma delas, ligava regiões do atual Marrocos (Sijilmassa, Agmat) aos atuais territórios de Mauritânia, Senegal e Mali; e outra ligava a região do Lago Chade a partes das atuais Tunísia e Líbia. Lembre-se que o Saara é uma vastidão de cerca de 8.000.000 km^2, compreendendo territórios de mais de dez países africanos. Ver CAMELO; CHADE, Lago; LÍBIA; ROTAS DE COMÉRCIO. TUAREGUES; TUNÍSIA.

CARIDJISMO. Vertente pouco ortodoxa do islã a que, no século VII, parte da população berbere recém-convertida aderiu, em algumas regiões do Magrebe, como forma de resistência ao governo islâmico de orientação sunita (Hourani, 2006, p. 66). Fortalecidos, os caridjitas chegaram a constituir principados, como o de Sijilmassa, existente até o século X. Ver ARGÉLIA; BERBERES; ISLÃ; MAGREBE; SUNITA.

CARIDJITA. Adepto do caridjismo (q.v.).

CARITÊ. Planta da família das sapotáceas, nativa da África tropical. A polpa doce de seu fruto é comestível, além de usada na produção de manteiga e óleo, sendo por isso item apreciado no comércio árabe e europeu com o continente africano, na época estudada nesta obra.

CARTA DO MANDINGA. Ver KURUKAN FUGA.

CASA DOS ÍDOLOS, Revolta da. Ver REVOLTA DA CASA DOS ÍDOLOS.

CASAMÂNCIA. Var. CASAMANSA.

CASAMANSA (*Casamance*). Região no território da atual República do Senegal, ao sul da Gâmbia e a norte da Guiné-Bissau, cortada pelo Rio Casamansa. O nome proviria do mandinga *káasa mansa*, "rei dos káasa", etnia mandinga local (Dramé, 2003, p. 148). Ver DIOLAS; GÂMBIA; GUINÉ-BISSAU; SENEGAL, República.

CASSAI (*Kasai*). Rio da África Central. Nasce no sul da Lunda, em território da atual Angola e deságua no Rio Congo, cerca de 170 km a norte de Kinshasa, na República Democrática do Congo. Ver LUNDA.

CATANGA. Ver KATANGA.

CATEMBE. Rio no atual território de Moçambique. Em 1544, em sua margem direita, foi instalada, pelos portugueses uma feitoria fortificada para "resgate de cobre e marfim" (Glavão; Selvagem, 1953, p. 22).

CAVALARIA. Tropa militar composta por combatentes montados a cavalo. A domesticação do cavalo e sua utilização militar teria ocorrido por volta de 2000 a.C. No continente africano, o cavalo teria chegado através das rotas transaarianas de comércio, que vinham do norte e do Oriente Médio até o chamado "Sudão ocidental". Utilizados primordialmente, em épocas bastante remotas, por exércitos egípcios e númidas (povo do atual território da Tunísia), os corpos de cavalaria garantiram o poder de grandes impérios e reinos. No Mali e no Songai, por exemplo, eram constituídos por membros de elite, compostos por membros da aristocracia. No reino Mossi, a cavalaria teve papel fundamental na luta pelo controle do Rio Níger travada por ele contra seus poderosos inimigos do Songai e do Mali. Também na Etiópia, os exércitos do rei Ámeda-Sion destacaram-se por sua bem-equipada cavalaria (Page, 2005, p. 42). Ver ÁMEDA-SION; ETIÓPIA, República Federal Democrática da; MALI, Antigo; MOSSIS; SONGAI; SUDÃO; TUNÍSIA.

CAYOR. Ver KAYOR.

CERA PERDIDA (*Cire perdue*). Antigo método de fundir peças de metal a partir de um molde de barro, revestido de uma camada de cera. Foi utilizado em grande parte da África, notadamente pelos artífices de Ilé Ifé e do Antigo Benim, desde os séculos XIII-XV; e também entre os axântis e baúles. Segundo Balandier e Maquet (1968, p. 102), a hipótese de que o método teria vindo da Europa no século XV, como já aventado, não é admissível. Mais provável é que a origem da técnica tenha chegado à África subsaariana através do Egito ou da Núbia. Contemporaneamente conhecido como modelagem por microfusão, trata-se de um processo artesanal de escultura em metais (bronze ou latão) por moldagem, em etapas sucessivas. A obra é primeiramente modelada em cera (provavelmente de abelha), na superfície de um núcleo de terra preta. A seguir, o molde é revestido por uma camada de argila, na qual se abre um orifício. Ao ser colocada em contato com o fogo, a argila é aquecida; e a cera, derretida. A cavidade em que antes estava a cera toma a forma exata da imagem que se quer criar. Nela é, então, derramado bronze ou latão fundido em altas temperaturas. Com o resfriamento do

C

metal a argila é quebrada, restando a imagem modelada. Ver AXÂNTIS, BENIM, Antigo; BRONZE, Estatuária em; ILÉ IFÉ.

CEUTA E MELILLA. Dependências espanholas no Marrocos. A cidade de Ceuta situada no estreito de Gibraltar, no atual Marrocos. Foi ocupada pelos portugueses em 1415. A partir dessa ocupação, concretizou-se o projeto português de exploração da costa e da "contracosta" africana. Já Melilla se constitui de uma pequena península e duas ilhas adjacentes na costa mediterrânea do Marrocos, reivindicada por este país e por Ceuta. Foi ocupada pela Espanha em 1495 e sofreu investidas de berberes da região do RIFF em vários períodos. Ver AL-IDRISI; COSTA DO OURO; ESCRAVIDÃO; ISLAMIZAÇÃO; JULIÃO, Conde; MARROCOS, Reino do; PORTUGAL NA ÁFRICA.

CHADE, Lago. Localizado a 250 m do nível do mar, na quádrupla fronteira formada pelos atuais territórios de Chade, Camarões, Nigéria e Níger, o Lago Chade, com mais de 16.000 m^2 de superfície, é formado principalmente pelos rios Chari e Logone. – A região em torno do Lago Chade foi o berço do poderoso Estado Kanem (q.v.).

CHADE, República do. País localizado na porção mais setentrional da África Ocidental. Limita-se ao norte com a Líbia; ao sul, com a República Centro-Africana; a leste com o Sudão; a oeste com o Níger; e a sudoeste com Nigéria e Camarões. As primeiras populações ocupantes do atual território foram de caçadores, localizados no norte ainda na pré-história, tendo a atividade agrícola começado por volta de 500 a.C. O território sediou algumas unidades políticas significativas, sendo a mais importante delas o Kanem-Bornu emergido, a oeste, no século VIII. Ver *AKAN*; ÁFRICA; BORNU; BULALAS; CAMARÕES, República dos; CHADE, Lago; CIDADES; COMÉRCIO, Rotas de; CONGO; COSTA DO OURO; FONTES HISTORIOGRÁFICAS; FUTA TORO; HAUÇÁS; IDRIS ALOMA; JONYA; KANEM; KANEM-BORNU; KOTOKO; LÍBIA; MBANG; MOSSIS; NÍGERO-CHADIANO; NILO; NILO-SAARIANO; REPÚBLICA CENTRO-AFRICANA; SAARA; SAHEL; SAL; SAO; SARA; SUDÃO; SUDÃO, República do; TRÁFICO DE ESCRAVOS; TUBUS.

CHANGAMIR. Ver XANGAMIR.

CHEFATURA. Tradução livre do francês "*chefferie*", termo que, no âmbito enfocado neste dicionário, designou cada uma das circunscrições independentes, sob influência de um Estado, comandadas por um chefe local.

CHEFFERIE. Ver CHEFATURA.

CHELLAH. Sítio arqueológico situado na área circunvizinha de Rabat, capital do Reino do Marrocos (q.v.). Abriga as ruínas da cidade romana de Sala Colonia, e uma necrópole dos sultões marínidas construída em 1339, durante o período de governo de Abu El Hassan.

CHEQUE. Ordem escrita pela qual uma pessoa realiza, em seu proveito ou de terceiros, operação de saque ou transferência de quantia em dinheiro. Em Larousse (1998, p. 1350), é atribuída ao cheque origem na Itália do século XIV. Entretanto, em Davidson (1978, p. 64), é mencionada a existência dessa forma de operação financeira na África

Ocidental já no século X, conforme referido por um viajante árabe que relatou ter visto um cheque passado por um negociante de Audagost em favor de outro de Sijilmassa, num valor correspondente a 100 mil libras, em valores do século XX. Ver AUDAGOST; SIJILMASSA.

CHI ALI BER. O mesmo que Soni Ali (q.v.).

CHICANGA. Título do rei de Manica (Silva, 2012, p. 144).

CHIFRE DA ÁFRICA. Expressão que designa, em referência à forma e à localização, a extremidade nordeste do território africano, também mencionada como "Chifre Somali".

CHINA, Presença africana na. Ver ÁSIA, Africanos na.

CHINGUETTI. Cidade da Mauritânia, localizada no planalto de Adar, região de Adrar dos Iforas, a leste de Atar. Ponto de passagem de caravanas, tornou-se importante centro político-religioso desde que caiu sob controle almorávida em 1076 (Hsain, 2006, p. 34). Ganhou então maior importância comercial e se transformou num importante ponto de formação da doutrina islâmica, local privilegiado da produção de manuscritos. Ver ADRAR DOS IFORAS; MAURITÂNIA, República Islâmica da.

CHOA. Ver XOA.

CHÓCUES. Uma das transliterações para *tchokwe* (Agualusa, 2010). Equivalente, e talvez preferível a quiocos.

CIDADES. Do ponto de vista geográfico, o vocábulo "cidade" (do latim *civitas, civitatis*) designa, hoje, a povoação de maior amplitude e importância em relação, respectivamente, à vila e, depois, à aldeia. Na Antiguidade clássica, o lugar de reunião, o domicílio e, sobretudo, o santuário das famílias e tribos era a "urbe" (em latim, *urbs, urbis*); e o termo *civitas* se referia à associação política e religiosa desse grupo social (Coulanges, 2001, p. 145). Já na Ibéria pré-arábica, à época do domínio dos Visigodos, nos séculos V-VIII, "cidade" era o conjunto de povoações situado em planície; em oposição ao localizado em lugar alto e fortificado, o qual recebia o nome de "castro" ou "castelo" (Figueiredo, 1925, I, p. 459). **A cidade africana pré-colonial**. A existência, ou não, de cidades na África, em época anterior ao período colonial, motiva amplo debate entre os especialistas; e suas interpretações condicionam-se aos critérios adotados para a conceituação do que é uma cidade e do que constitui o fenômeno urbano. Em geral, os parâmetros considerados partem de experiências urbanas e modelos ocidentais, ou de referências teóricas produzidas na Europa. E assim, a História das cidades e da urbanização na África tende a ser abordada, explicita ou implicitamente, em perspectiva comparativa, com resultados nem sempre originais ou significativos. É preciso, nesse caso, questionar a perspectiva eurocêntrica e afastar a ideia de que o modelo urbano por excelência seja o ocidental; questionando também como e desde quando ocorre o fenômeno urbano na África. Consoante Cocquery-Vidrovich (1986, p. 266-267): a cidade africana é um centro, um lugar de concentração não só de população, mas também de civilização. É um polo de difusão, de transmissão cultural, com maior ou menor capacidade de difundir as suas instituições, sem que por isto tenha estado condicionada pela "industrialização" ou pela "modernização" que caracterizaram as cidades ocidentais. A partir daí é possível estabelecer uma tipologia ou periodização da urbanização nas sociedades africanas, do início da Era Cristã ao século XV, conforme os modelos seguintes. **Cidades cujo aparecimento corresponde à expansão agrícola.** Neste caso, o catalisador foi muitas vezes o encontro e o choque entre modos de vida simultaneamente antagônicos e complementares, como entre os nômades criadores de gado do Saara e do Sahel e os agricultores sedentários, controlados e dominados pelos primeiros. A metalurgia do ferro, fonte de intensificação da produção, pode também ter desempenhado um papel de acelerador em muitos casos; e os melhores exemplos nesse sentido vão da mais antiga, e arqueologicamente conhecida comunidade de Djenné-Djenno, no princípio da Era Cristã, até as cidades de pedra da área cultural xona das quais a mais conhecida é o Grande Zimbábue, que subsistiu até cerca de 1450. **Cidades nascidas do contato com o Islã e o mundo árabe.** Vinculadas direta ou indiretamente à atividade mercantil (como pontos de passagem das rotas, abrigando mercadores ou especialistas no comércio de longa distância), essas cidades estimularam a criação de edifícios e monumentos de caráter administrativo, militar ou religioso. Enquadram-se neste caso: as cidades situadas na costa oriental do continente, na área cultural suaíli; na costa mediterrânica do MAGREBE e na área saariana e subsaariana; na região da Bacia do Níger, desde a área litorânea do Senegal até o Sudão Nigeriano e o atual Chade. Em tais comunidades, alguns elementos materiais são facilmente perceptíveis. Nelas, identificam-se, principalmente: a existência de uma ou mais mesquitas; de palácios, muitas vezes fortificados; de um mercado ou centro caravaneiro; a predominância de um estilo de habitação; e em certos casos, bairros ou quarteirões destinados aos diferentes grupos sociais ou grupos profissionais. **Principais núcleos de urbanização.** Como exemplos de urbanização podemos citar: cidades mediterrânicas do mundo magrebino e do Egito (Fez, Marraquexe, Kairuan, Tlemcen, Túnis, Sijilmassa, Trípoli, Cairo); cidades do Chifre da África (Axum, Adúlis, Harar, Gondar e Lalibela, na Etiópia; Old Dongola e Darfur, no Sudão); cidades da Bacia do Níger vinculadas aos grandes reinos e impérios de Gana (Cumbi-Salé, Silá, Audagost), do Mali e do Songai (Niani, Gao, Ualata, Djenê e Tombuctu); cidades do País Hauçá (Daura, Kano, Katsina, Zinder, Zaria, Yawri, Rano), cidades-entrepostos situadas na área de fronteira entre o Sahel, a savana e a floresta (Kong, Salaga, Djougou); cidades iorubás da área da floresta no Golfo de Benim (Popó, Owu, Ijebu-Odé, Ado-Ekiti, Ode-Ondo, Ila, Ketu, Oyó-Ilé, Ifé, Benim); cidades da África Central (Mbanza-a-Congo, Luango, Mbanza Soyo, Buali), e cidades do litoral da África Oriental (Mogadixo, Paté, Gedi, Quíloa, Mombaça, Sofala).

CIDADES-ESTADO. Estado é uma unidade política organizada em torno de um povo ou de um conjunto de grupos com tradição histórica comum. Já nos tempos antigos, alguns povos africanos constituíram unidades políticas de organização superior, criando cidades-estado, ou seja, países independentes, soberanos e autônomos, constituídos por uma cidade e suas adjacências. Ver ESTADO.

CIRCUNCISÃO. A circuncisão tem sido praticada na África desde tempos muito recuados; e, para alguns pesquisadores, os hebreus o teriam assimilado no período bíblico de seu cativeiro no Egito. A prática é largamente atestada numa vasta área que abrange desde a África subsaariana até o Oriente Médio, Turquia e Ásia Menor. A circuncisão foi praticada entre os grupos antigos da Etiópia e do Sudão Oriental, muçulmanos ou não. Conforme indica Alberto da Costa e Silva, junto com a excisão clitoriana, ele integrava os rituais de iniciação dos povos nilóticos e cuchitas que por volta do ano 1000 migraram para a região dos Grandes Lagos (Silva, 1996, p. 405). Para a África Ocidental, no *Esmeraldo de Situ Orbis*, escrito entre 1505-1508) por Duarte Pacheco Pereira, constam indicações de sua existência entre os povos do reino de Ijebu, na atual Nigéria. Mais que uma vinculação religiosa, a circuncisão estabelecia vínculos sociais muito fortes do indivíduo com a sociedade a qual pertence, tendo destacado papel nos laços de sociabilidade. Depois da admissão do recém-nascido pelo grupo, pela qual a criança adquiria um nome, a circuncisão era a segunda cerimônia pública da vida de uma pessoa, sendo o casamento a terceira. Em geral, as crianças circuncidadas tinham entre 7 e 14 anos, mas em certos grupos, como os bambaras do Mali, a idade ideal dos jovens do sexo masculino era 21 anos. O termo *bilakoro* (incircunciso) constituía grave ofensa para um adulto, pois equivalia a dizer que ele não era um homem. Ao perder o prepúcio o menino perdia igualmente o direito de andar nu. Um poderoso laço de camaradagem, de fraternidade, criava-se entre os circuncisos de um mesmo grupo: eles podiam gracejar e zombar uns dos outros em público, banhar-se nus juntos no mesmo local, utilizar os animais de montaria uns dos outros, sentar-se nas camas uns dos outros, mostrar-se galantes nas palavras com as esposas dos seus correlatos sem qualquer motivo de suspeita ou de ofensa – a menos que houvesse prova de desonra conjugal (Bâ, 2003, p. 199). Ver BAMBARAS; EGITO, República Árabe do; *ESMERALDO DE SITU ORBIS*; IJEBU; RITOS DE PASSAGEM.

CIRENAICA. Região da Líbia, localizada na porção leste do território da atual República, às margens do Golfo de Sidra, no Mar Mediterrâneo. Seu nome deriva de Cirena ou Cirene, sua cidade principal nos tempos antigos. Passou a ser chamada de Barca (*Barqah*) em 643-644, depois de conquistada pelos árabes muçulmanos durante o reinado do segundo califa, Omar. Com o fim do Califado Omíada, foi anexada ao Egito, assim permanecendo até ser conquistada pelo Império Otomano em 1517. Ver EGITO, República Árabe do; LÍBIA; OMÍADAS.

CIRIACO (*Cyriacus, Kiriakos*). Rei cristão de Macúria, no século VIII d.C. Governou provavelmente entre os reinados de Mercúrio e Zacarias I, ou sucedendo a Marcos, segundo algumas versões.

Por volta de 745, comandando um exército de 10 mil homens marchou contra o EGITO, em defesa do patriarca de Alexandria. Ver ALEXANDRIA; EGITO, República Árabe do; MACÚRIA; MARCOS; MERCÚRIO; ZACARIAS.

CISSÊ (*Cissé*). Dinastia entronizada no Uagadu, o Antigo Gana, por forças do povo soninqué, lideradas pelo Kaya Magan Cissé, destronando os berberes dominantes. Após a queda do Gana, permaneceu como uma das principais famílias estabelecidas na região de Kissidugu, no atual Mali (N'DIYAYE, 1970, p. 176). Ver BERBERES; GANA, Antigo; KAYA MAGAN CISSÊ.

CLÃ. Comunidade composta por descendentes de um ancestral comum, cuja lembrança o faz objeto de culto. O clã compreende famílias, com limites genealógicos bem estabelecidos. Ver KANDA; LINHAGEM.

CLITORIDECTOMIA. Ver EXCISÃO CLITORIDIANA.

COBRE. Um dos primeiros metais conhecidos pela humanidade, o cobre foi comprovadamente, o primeiro metal a ser trabalhado na África subsaariana. Existente em jazidas a céu aberto em várias partes do continente, era fácil de trabalhar, embora, por sua maciez, não fosse o ideal para a confecção de ferramentas (DAVIDSON, 1981, p. 52). Nasceu daí, ainda no Egito faraônico, de onde sua utilização chegou ao interior do continente, a invenção da liga metálica de cobre e estanho, que deu origem ao bronze, bem como, mais tarde, o caldeamento de cobre e zinco, que é a base do latão. **Utilização.** Ao sul do Saara, o cobre era extremamente precioso, sendo usado nos ritos religiosos e nos paramentos dos reis e potentados. Para muitos povos, teria o poder de propiciar fertilidade e afastar perigos e malefícios. Assim, muitas vezes, para espanto de mercadores árabes, em suas transações com nativos africanos, estes ofereciam ouro em troca de cobre (SILVA, 1996, p. 473). Embora muito menos valioso do que o ouro, o cobre era, entretanto, mercadoria também prestigiosa, e em diversas localidades servia de referência de valor ou moeda de troca. No século XII, os geógrafos muçulmanos Al-Bakri e Al-Idrisi indicam sua importância comercial nas transações realizadas em comunidades que pertenceram à área de influência do Antigo Gana, entre as quais Silá, Takari, Khuga e sobretudo Audagost, onde eram vendidos artefatos trabalhados, anéis, braceletes ou outros ornamentos de decoração feitos de cobre vermelho. **Localização.** Algumas vezes o metal era levado por caravanas, como as que partiam de Agmat, no Vale de Ourika, no Marrocos, rumo aos territórios situados do outro lado do Saara. Mas nos próprios domínios dos antigos Estados subsaarianos havia ricas minas de cobre, ciosamente controladas pelas autoridades locais. Segundo as informações de Al-Umari, no princípio do século XIV os *mansa* do Mali monopolizavam sua extração nas minas existentes nas proximidades da cidade de Zkra, e em seu retorno da viagem feita ao Mali ibn Battuta passou pela cidade de Takkeda, onde o cobre era tão abundante que afetava a própria cor e gosto da água. Neste local a extração do metal era efetuada por escravos de ambos os sexos, e na cidade o produto resultante era transformado em peças de tamanho variado que servia como moeda nas transações que mantinham desde localidades vizinhas até as regiões controladas pelos reinos de Kanem e Bornu. Entre os povos bantos do centro-oeste africano, desde tempos remotos, o uso do cobre distinguia as pessoas, indicando riqueza, importância e prestígio, com objetos feitos desse metal usados como símbolo de autoridade (Silva, 1996, p. 479-480). Ver AL-IDRISI; AUDAGOST; AUTORIDADE; BANTOS; BEGHO; BORNU; CARAVANAS; CATANGA; CONGO, Reino do; CRUZETAS; EGITO, República Árabe do; IBN BATTUTA; IDADE DO FERRO; KANEM; LUANGO; LUBA, Reino; MANILHAS; *MANSA*; OVIMBUNDOS; SAARA; SILÁ; TAKKEDA; ZAMBEZE; ZÂMBIA, República de.

COCOLIS (*Kokoli*). Grupo étnico aparentado aos landumas (q.v.), localizado no interior do território da Alta Guiné no século XV, e que acompanhou o líder fula Koli Tenguelá (Arcin, 1977, p. 63 e segs. *apud* Moreira, 1948, p. 23).

COICOI. Possível forma aportuguesada para *khoikhoi* (q.v.).

CÓIS. Ver COISSÃS.

COISSÃ. Aportuguesamento de *khoisan* (Houaiss, 2001, p. 756, 1701), nome atribuído a um grupo de línguas faladas pelos povos da África Meridional outrora referidos como "bosquímanos" e "hotentotes"; na atualidade, COISSÃS. Ver ÁFRICA DO SUL, República da.

COISSÃS (*Khoi-San*). Conjunto de povos autóctones da África Austral ou Meridional que compreende os cóis (*khoikhoi*), outrora mencionados como "hotentotes"; e os sãs (*san*), conhecidos como "bosquímanos" ou "boxímanes". Caracterizam-se por peles menos ou mais amareladas, que se enrugam precocemente, além de faces achatadas e com zigomas proeminentes, bem como olhos oblíquos e estreitos, cabelos muito acarapinhados e pegados ao crânio. Os cóis dedicam-se tradicionalmente à pastorícia, enquanto que os sãs notabilizaram-se como hábeis caçadores e coletores (Silva, 2012, p. 93-94).

COKWE. Uma das inúmeras transliterações do nome etnônimo "quioco". Ver CHÓCUES; QUIOCOS.

COLA. Ver NOZ-DE-COLA.

COMÉRCIO MUDO. Expressão que designa, em antigas fontes, uma suposta forma de comércio tida como muito difundida em várias partes do mundo, e também praticada em território africano. Consistiria na oferta, recepção e conclusão de negócios entre dois grupos que, desconhecendo mutuamente as respectivas línguas, realizavam trocas apenas colocando a oferta e sua contraprestação, respectivamente, ao alcance dos interessados sem a presença física de uns e de outros. Tais descrições foram, entretanto, analisadas, comparadas e postas em dúvida, como em Farias (1974, p. 9-24). Onde o tema do "comércio mudo" é visto apenas como um clichê literário reproduzido por escritores que ignoravam os costumes locais e se valiam de informações de segunda ou mesmo de terceira mão, sem levar em conta a existência de intermediários ou especialistas africanos em práticas comerciais, como o foram os diúlas ou uangarás que atuavam nas áreas culturais mandinga, uolofe e *akan*. Ver DIÚLAS; UANGARÁ.

COMÉRCIO, Rotas de. Ver ROTAS DE COMÉRCIO.

COMORES, República Federal Islâmica de. País insular localizado na entrada do canal de Moçambique, no arquipélago de mesmo nome. O território permaneceu isolado até o século XII quando comerciantes muçulmanos, vindos de Quíloa estabeleceram-se nas ilhas, fundaram portos e lá reproduziram o tipo de civilização já desenvolvida nas cidades costeiras. Ver ÁFRICA; HASSAN IBN ALI; MADAGASCAR, República de; MOÇAMBIQUE; QUÍLOA; SUAÍLI.

COMUNIDADES ÉTNICAS. Ver CLÃ; ETNIA; LINHAGEM.

CONDE JULIÃO. Ver JULIÃO, Conde.

CONFEDERAÇÕES. O termo "confederação" aplica-se, entre outros casos à associação de Estados, cidades, grupos étnicos, etc., em defesa de objetivos comuns, de fundo político ou religioso, por exemplo. A história do continente africano registra inúmeras ocorrências de confederações. Tal foi o caso dos almôadas e almorávidas, definidos na Enciclopédia Britânica como "confederações" e, em outras fontes, como "dinastias". Convém, então, observar que, nesses casos, e em outros registrados nesta obra, a formação das confederações antecederam as linhas dinásticas que se formaram em seu seio. Ver ALMÔADAS; ALMORÁVUDAS; BERBERES, CUBA, DINASTIA, GRANDE JOLOF.

CONFRARIAS. Em árabe, *tariqa*. Na África islâmica, espécie de famílias espirituais, comparáveis às ordens católicas, com papel importante tanto no plano religioso quanto no social e político (BÂ, 2003, p. 27-28). Ver MARABUTO; QADIRYA; SUFISMO.

CONGO, Bacia do. A região que compreende a bacia do Rio Congo inclui os territórios das atuais repúblicas Democrática do Congo, do Congo, de Angola; e também de Gabão e Zâmbia. Inicialmente povoada, nas áreas de floresta, por pigmeus; e nas áreas de savanas por populações coissãs, a região foi, ao longo dos séculos, palco de múltiplas ondas migratórias e inúmeros cruzamentos populacionais. Entre os séculos VIII e X, na fronteira entre Zâmbia e Zimbábue, grupos bantos desenvolveram, provavelmente por ligação com a costa oriental, uma economia mercantil confirmada por achados arqueológicos de objetos chineses e indianos em sítios locais. Entre os séculos X e XV, na região de Catanga, os povos luba e lunda, também ligados a centros comerciais do litoral do Índico, desenvolveram ativa mineração de cobre. No final do século XIV, na Bacia do Congo, vários reinos, com diferentes graus de integração entre si, já tinham sido formados. Entre eles, citamos: Luango, Cacongo, Cabinda, Ngoyo, Matamba, Imbangala, Dongo, Bundo, Cuba. Todos ou quase todos eles formavam um conjunto de Estados tributários do principal entre todos, o reino do Congo. Ver CATANGA; CONGO, Rio.

CONGO, Baixo. Denominação da região do curso inferior do rio Congo ou Zaire, que se estende do Atlântico, próximo à fronteira do Congo com o enclave angolano de Cabinda, até a vizinhança das atuais cidades de Brazzaville e Kinshasa.

C

CONGO, Reino do. Estado do povo bacongo, fundado no século XIV. **Formação do Reino.** O povoamento da Bacia do Congo e seus arredores, incluindo o antigo Zaire, Angola, Congo, Gabão e Zâmbia, está ligado à longa e sucessiva migração dos antigos BANTOS a partir dos atuais territórios das repúblicas de Chade e dos Camarões. Segundo Vansina (2010b, HGA, V, p. 652), o reino do Congo teve origem na unidade política denominada Vúngu (nome de família, segundo Laman (1964), a norte do rio. O fundador Nimi-a-Lukeni fundou Mbanza-a-Kongo, sua capital, constituindo seu reino tanto por aliança com o chefe local, mencionado como "o Kabunga", e com o rei de Mbata, no Vale do Nkisi, mais a leste, quanto pela conquista de outros territórios. Surgido em data ainda não exatamente determinada, talvez na sequência de um processo iniciado no século IX, mas efetivamente fundado no século XIV, nos séculos seguintes o Congo era o único Estado com hegemonia sobre toda a região entre o planalto de Benguela e os dos bateques, e desde o mar até o Cuango (VANSINA, 2010b, HGA, V, p. 652). Segundo Obenga (1988, p. 7), os antecedentes do que mais tarde seria o reino do Congo teriam ocorrido entre os séculos IX e X d.C., com a assimilação das chefaturas do povo bundo, existentes já nos séculos III e IV; pelas de Cacongo e Ngoyo; pela incorporação dos Estados de Mpangu e Mbata, que se desenvolviam desde o século IV, bem como do reino de Sundi, limitado ao norte pelo reino de Makoko. Esse movimento expansionista teria, mais tarde, dado origem aos vários subgrupos da etnia bacongo, correspondentes às 28 variações dialetais listadas em Obenga, 1985. **A Capital e Estados dependentes.** No fim do século XV, época do apogeu do reino do Congo, a capital Mbanza-A-Kongo tinha casas de madeira circulares e retangulares, com telhados de palha e cercas vivas. Ao sul uma grande praça, onde aconteciam as audiências reais, as festas públicas e os desfiles militares. Ao norte, a floresta sagrada onde se enterravam os reis mortos e se cultuavam os antepassados. No centro, os palácios do rei e da rainha protegidos por um labirinto e uma cerca com mais de 1 km de perímetro, às portas das quais montavam guarda, permanentemente, soldados e tocadores de trompa (KI-ZERBO, 1972, I, p. 235); e um forte em plena cidade abrigava uma guarnição permanente. A extensão do reino, compreendendo unidades políticas dependentes e tributárias, como o Dongo, Matamba, Luango, Ngoio e Cacongo, era de cerca de 480 km de norte a sul e outro tanto de leste a oeste. Ia da parte inferior do Rio Congo, ao norte, até o Rio Cuanza ao sul; e do Cuanza, a leste, até o Oceano Atlântico, subdividindo-se em seis principais províncias: Mbamba, Mbata, Mpangu, Nsundi e Sonho. Cada província tinha o seu governador, o qual de três em três anos era obrigado a comparecer em presença do manicongo para renovar seus votos de lealdade. A monarquia era eletiva e a organização social e política se baseava nos clãs, cujos chefes é que escolhiam o manicongo. Durante muito tempo, a hegemonia do reino esteve nas mãos do clã Mpanzu que depois começou a se alternar no poder com o clã Nlaza (SANTOS, 1972, p. 42). O rei tinha ministros para a guerra, para as relações exteriores, etc., um exército numeroso, muito bem organizado, armado e treinado, bem como funcionários encarregados da coleta dos tributos (Davidson, 1978, p. 175-183). Nesse final do século XV, quando da chegada dos primeiros portugueses, o *Muene-e-Kongo*, rei do Congo, tinha autoridade sobre vários reinos, até os futuros Gabão, para o norte e o Dongo, na direção sul. Ver BACONGOS; BANTOS; BATEQUES; BENGUELA; BUNDO; CACONGO; CUANGO; DONGO; LUANGO; LUBAS; MAKOKO; MATAMBA; MBANZA-A-KONGO; MBATA; MPANGU; MVEMBA-A-NZINGA; NGOYO; NIMI-A-LUKENI; NZINGA-A-NKUWU; SONHO.

Reino do Congo – Governantes				
Governante	**Período**	**Dinastia**	**Capital**	**Fato Relevante**
Nimi-a-Lukeni (Ntinu Uene)	Século XIII-XIV			Herói legendário, considerado o fundador do reino.
?	?	?	?	?
Nzinga-a-Nkuvu (Dom João I)	1491-1507		Mbanza-e-Kongo	
Mvemba-a-Nzinga (Dom Afonso I)	1507[8]- 1543			
Nkanga-a-Mvemba (Dom Pedro I)	1543-1544[5]			
Mpudi-a-Nzinga (Dom Francisco)	1544-1546?			Não é citado em Setas (2011).
Nkumbi-a-Mpudi (Dom Diogo I)	1544[5]-1561			
Mvemba-a-Nzinga (Dom Afonso II)	1561-1562			
Nzinga-a-Mvemba (Dom Bernardo I)	1562-1567			
Nerika-a-Mpudi (Dom Henrique)	1567-1568			
Mpangu Nimi-a-Lukeni lua Mvemba (Dom Álvaro I)	1568-1574			Citado em Gonçalves (2005, p. 217). Em Setas (2011), citado apenas como Mpanzu.
Mpangu Nimi-a-Lukeni lua Mvemba ou Ne Mpanzu a Nimi (Dom Álvaro II)	1574-1614			

Fonte: Setas (2011, p. 347). Gonçalves (2005, p. 217) fornece cronologia diversa.

CONGO, República do. País da África Centro-Ocidental, limitado ao norte pela República Centro-Africana; a leste e ao sul pela República Democrática do Congo; a sudoeste pelo Oceano Atlântico; a oeste pelo Gabão; e a noroeste por Camarões. O atual território, separado do Congo Kinshasa pelo rio Congo ou Zaire, compartilha com o país homônimo diversos episódios históricos, tendo sito palco da formação de unidades políticas importantes. Boa parte dessas unidades esteve, em algum momento, sob influência do reino do Congo, cuja capital se localizava do outro lado (esquerdo) do Rio Congo. Ver BATEQUES.

CONGO, Rio. Com suas nascentes localizadas no Lago Kizale na região de Shaba ou Catanga (*Katanga*), o Rio Congo tem 4.640 km de extensão e uma bacia de 3.700.000 km^2. Também chamado Zaire (do quicongo *nzádi*, grande extensão de água; rio; lago), corre, sob a denominação de Lualaba, no sentido noroeste, até o equador. Daí, descreve uma grande curva na direção sudoeste, formando a chamada "Bacia do Congo", onde recebe os afluentes Ubangui e Sanga, à direita; e Cassai à esquerda, para então chegar ao Atlântico. **Penetração portuguesa.** Em 1485, cerca de dois anos após tomarem conhecimento de sua existência, navegadores portugueses, à frente Diogo Cão, penetram no rio, talvez na esperança de através dele chegarem à legendária terra do Preste João; o que resultou em frustração: "O rio de embocadura, de muitas milhas, cercado por uma floresta tropical densa, estreitava-se aos poucos fazendo surgir dezenas de grandes e pequenas ilhas que dificultavam a passagem; remoinhos e rochas salientes e pontiagudas obstruíam o caminho, rochedos altos elevavam-se de ambas as margens. Não obstante, as pequenas embarcações de porte inferior a uma tonelada conseguiram em sentido literal e figurado contornar todos os obstáculos até chegar o momento decepcionante em que o rio subitamente começa a descrever uma curva para norte e é cortado por numerosas cataratas. Seguir viagem por terra era quase impossível devido ao terreno montanhoso de difíceis acessos". Assim é descrita em Ratelband (2003, p. 25-26) a primeira tentativa de penetração do rio pelos portugueses, repetida em 1491 e 1516. Ver CATANGA; PRESTE JOÃO.

CONGO BRAZZAVILLE. Forma usual de referência à República do Congo, pelo nome de sua capital, para distingui-la da República Democrática do Congo, popularmente referida como Congo Kinshasa, também em alusão ao nome de sua capital.

CONGO KINSHASA. Ver CONGO BRAZZAVILLE.

CONIAGUIS. Povo localizado no território da atual Guiné Conacri. Segundo opinião generalizada, seus integrantes instalaram-se em seu atual *habitat* no século XVI, ao tempo do líder Koli Tenguelá (q.v.), tendo seus ancestrais sido guerreiros ou escravos na corte desse líder conquistador (De Lestrange, 1955, p. 12).

COPTA. Nome que designa a antiga língua do Egito Cristão (o copta); e qualifica a cultura de seus outrora falantes: a cultura copta.

COPTAS. Denominação dos seguidores da Igreja Cristã Copta, ramo do cristianismo florescido em parte do Egito e expandido à Etiópia c. 300 d.C. Sua origem remonta à pregação apostólica subsequente ao martírio de Jesus Cristo; e o uso do vocábulo "copta" na acepção de "cristão egípcio" expandiu-se após a conquista árabe do Egito, no século VII, estendendo-se aos cristãos etíopes e núbios. **Cultura, língua, escrita.** A cultura copta, estruturada por volta do século III d.C., em torno de uma língua e de uma religião peculiares, representaria uma tentativa de retorno ao fausto dos tempos faraônicos, fausto esse que se manifestou na criação de ricas igrejas, bibliotecas e obras de arte. A língua copta (do grego *aigyptos*, "egípcio" e também por esse nome conhecida) origina-se do egípcio antigo e compreende nove dialetos (Bourguet, 1988, p. 6-7). Foi falada correntemente até por volta dos séculos XV e XVI d.C. mas na atualidade é restrita ao uso litúrgico, nas comunidades cristãs locais. Escrita com caracteres derivados do grego, com letras adicionais derivadas do alfabeto demótico, destacou-se como a mais antiga forma de escrita da língua egípcia (Bernal, 2002, p. 637), sendo inclusive uma das utilizadas por Champollion na decifração dos hieróglifos, no século XIX. O alfabeto copta gerou uma literatura escrita, rica e diversificada, que, entretanto, declinou após a conquista árabe do Egito. **Igreja Copta.** A Igreja Copta é uma vertente do cristianismo nascida no Egito por volta do século III. Desenvolvida também na Etiópia, orienta-se pela doutrina monofisista, Depois da conquista do território egípcio pelos muçulmanos, na primeira metade do século VII, a Igreja Copta local foi perseguida e entrou em declínio, resistindo, entretanto, principalmente entre os etíopes, até o domínio dos fatímidas. No processo dessa conquista, os coptas acolheram os invasores muçulmanos como seus libertadores da perseguição religiosa que sofriam por parte do cristianismo ortodoxo, religião do Império Bizantino; e lhes entregaram o Egito. No século VIII, entretanto, discriminados e reprimidos por eles, revoltaram-se contra a dominação. Ver ALEXANDRIA; CRISTIANISMO ETÍOPE; EGITO, República Árabe do; ETIÓPIA, República Federal Democrática da; FATÍMIDAS; MONOFISISMO.

CORÂNICO(A). Relativo(a) ao Corão.

CORÃO (Quran). O mesmo que Alcorão (*al-Quran*), o livro sagrado do islã. Ver ISLÃ, ISLAMIZAÇÃO.

CORDOFÃO (*Kordofan, Kurdufan*). Região a oeste do Nilo Branco e a leste do Darfur, constituindo a área central e meridional do território da atual República do Sudão. Representa uma faixa do grande deserto líbio que se estende, ao sul, até o monte Nuba e aos pântanos do Bahar el Gazal. Entre os séculos IX e XII d.C. a região esteve sob o controle de uma dinastia cristã da Núbia, os tungur, ancestrais do atual povo tubur ou tobanga, muçulmano, e mais tarde fez parte do império do Kanem-Bornu. Por volta do século XIV, nômades árabes originários do Egito, migraram para o território amalgamando-se a populações nativas e deslocando os resistentes para as montanhas. Ver EGITO, República Árabe do; KANEM-BORNU.

CORPORAÇÕES DE OFÍCIOS. Impropriamente designados como "castas", os grupamentos de indivíduos em função de seus ofícios ou profissões foram importantes em diversas sociedades africanas tradicionais. Entre os povos mandês, por exemplo, foi clássica a distinção entre artesãos, de um lado, e "animadores públicos", com os griôs, de outro (Bâ, 2003, p. 110). Ver GRIÔ; MANDÊ.

COSMAS INDICOPLEUTES (Cosmas, o Viajante das Índias). Epíteto pelo qual passou à História um anônimo mercador de Alexandria, que, visitou Adúlis, Axum e parte do Egito por volta de 520 a.C. (Cornevin, 1972, p. 125). O relato de suas viagens aparece numa obra escrito em grego conhecida por *Topografia Cristã*. Ao atuar como importador de especiarias, ele descreve detalhadamente portos, cidades e artigos para compra e venda desde o Mar Vermelho e o Mar Negro até a Índia e a ilha de Taprobana, no atual Sri Lanka. Esteve igualmente em Axum, provavelmente no ano de 520, durante o reinado de Kaleb. Em Adúlis, o mais importante centro comercial ele levava incenso, canela, papiro e outros produtos apreciados no mundo bizantino. Ficou impressionado com a extensão e a riqueza do reino de Axum, a grandeza de seus monumentos e do palácio real, com o fausto da corte dos governantes e com as múltiplas relações mantidas com outros reinos e impérios. Fornece informações singulares sobre as relações entre os grupos que integravam o Estado axumita, em particular a respeito do "comércio mudo" para a obtenção de ouro entre os povos do Tigré e os agaus. Ver AGAUS; ALEXANDRIA; AXUM; BIZANTINO; COMÉRCIO MUDO; KALEB; TIGRÉ.

COSTA DA MALAGUETA. Expressão usada em relatos de viagem, crônicas e mapas portugueses dos séculos XV e XVI em referência à faixa do litoral atlântico situada entre a atual República de Serra Leoa e o Golfo da Guiné, mais especificamente até o Cabo das Palmas. A denominação surgiu devido à importância comercial da pimenta-malagueta (*Aframomum melegueta*), também referida como pimenta-da-costa ou pimenta-da-guiné, encontrada nos domínios do reino do Benim, onde os mercadores portugueses iam obtê-la em troca de manilhas de ferro e de latão. Por vezes tal especiaria era denominada pelos mercadores como "grão-do-paraíso", de onde também a designação para esta parte do litoral africano de "Costa dos Grãos".

COSTA DA MINA. Denominação de uma região litorânea oeste-africana no Golfo da Guiné. Segundo Verger (1987, p. 19), o nome não designava a Costa do Ouro, como mencionado em algumas fontes, e sim a parte outrora chamada de "Costa a Sotavento", ou seja, a faixa que compreende os litorais dos atuais Togo e Benim. A orientação "a sota-vento" é certamente tomada a partir da feitoria fortificada de São Jorge da Mina (depois renomeada pelos holandeses e ingleses como "Elmina"), localizada, desde 1482, no litoral da atual República de Gana, antiga Costa do Ouro (q.v.).

COSTA DA PIMENTA. Ver COSTA DA MALAGUETA.

COSTA DO MARFIM, República da. País da África Ocidental limitado por Mali, a norte-noroeste; Burkina Faso, a norte-nordeste; Gana, a nordeste-leste-sudeste; Oceano Atlântico, ao sul; Libéria, a sudoeste-oeste; e Guiné, a oeste-noroeste. Dos primeiros grupos étnicos habitantes do território, a única não desaparecida, por submissão ou assimilação, segundo Loucou (1984, p. 18), é o povo senufo. Os povos atuais fixaram-se por volta do início do século XVII. E o território foi receptor de múltiplas ondas migratórias provenientes de regiões vizinhas, com importantes consequências para sua demografia, sua cultura e sua História. Ver *AKAN*; ÁFRICA; AGNIS; BAMBARAS; BONA; BURKINA FASSO, República de; ESCRAVIDÃO; FUTA JALOM; GANA, República de; GUINÉ, Golfo da; KOMO; KONG; LIBÉRIA, República da; MALI, Antigo; MALI, República do; MANDÊ; MOSSIS; OURO; SUDÃO.

COSTA DO OURO. Denominação histórica da faixa litorânea do território da atual República de Gana. O nome passou a ser usado após a tomada de Ceuta pelos portugueses, em 1415 (Briggs, 2008, p. 8). A tradição oral mais aceita sugere que os ancestrais dos povos que hoje vivem na República de Gana teriam migrado de várias partes do oeste africano para seus atuais territórios. As hipóteses mais difundidas são as de que eles teriam vindo para as terras do povo Guam, cujos integrantes seriam os verdadeiros aborígines locais, tendo sido em sua maioria assimilados por outros povos. Os resistentes seriam os que hoje vivem nas localidades de Adokrom, Winneba e Efutu. Os povos Mole-Dagbâni acreditam ser originários da região do Lago Chade, de onde teriam se deslocado para o seu território atual no século XIII, antes de os mamprussis fundarem seu reino em Gambaga (Briggs, 2008, p. 8). **Importância geoeconômica.** Com a chegada dos portugueses à região, no século XV, abriu-se para os mineradores de ouro do interior oeste-africano uma nova perspectiva: eles passariam a enviar a riqueza diretamente para os novos compradores, na costa, em vez de a enviarem através do Saara, até o Mediterrâneo. Para os portugueses, a região oferecia a vantagem de ser muito próxima e de acesso fácil às minas de ouro dos *akan*, além de possuir muitos ancoradouros naturais. Ver *AKAN*; ANKOBRA; CEUTA; MAMPRUSSI; MOLE-DAGBÂNI; EFUTU; GANA, República de; OURO; PRA.

COSTA DOS GRÃOS. Ver COSTA DA MALAGUETA.

COTOCOS. Ver KOTOKO.

CRISTIANISMO. Após o martírio de Jesus Cristo, a mensagem da religião por ele fundada foi difundida por seus apóstolos, chegando à África mediterrânica; em consequência, surgiam aí a Igreja Copta do Egito e o cristianismo monofisista etíope. A partir do século XV, o propósito de criação de um império colonial português no continente contou com a efetiva participação de missionários da Igreja Católica Romana. Atuantes primeiro no Reino do Congo e depois na África Oriental, essa doutrinação, embora aceita por algumas elites dominantes, encontrou também forte resistência, geradora de muita violência e mortes. Ver ÁLVARO I; CONGO, Reino do; CRISTIANISMO ETÍOPE; IGREJA COPTA; PORTUGAL NA ÁFRICA.

CRISTIANISMO ETÍOPE. Ramo do cristianismo nascido na Etiópia no século IV. Seus seguidores são adeptos do monofisismo, sendo, portanto, distinto da vertente ortodoxa professada por outras igrejas orientais. Dentro dessa concepção filosófica e doutrinária, esse ramo se alinha com o da Igreja Copta do Egito, com sede em Alexandria (Larousse, 1998, p. 3077). Desde o reinado de Ezana, no século IV d.C., em Axum, os etíopes praticavam essa vertente do cristianismo reunida em torno da Igreja Copta e definida como um rito cristão monofisista; essa opção, não só religiosa como amplamente cultural, contribuiu para isolar Axum do mundo circundante e envolver o reino em prolongadas disputas políticas. Consoante observação em M'Bokolo (2009, p. 110), a prosperidade e o poderio axumita baseavam-se no instável equilíbrio de seu domínio sobre o Mar Vermelho; a desestabilização veio, primeiro, com a crise do Império Bizantino, do qual Axum era aliado, diante de pressões externas como as de vândalos, persas e árabes. Por esse tempo, as tentativas romanas de conquistar o sul do território árabe por caminhos terrestres foram frustradas, enquanto os axumitas seguidamente intervinham nos destinos da região, chegando a ocupar e dominar algumas partes da Arábia Meridional, como no reinado de Kaleb, no século VI. Ver ALEXANDRIA; COPTAS; EZANA; KALEB; MONOFISIMO.

CRÔNICA DE KANO. História escrita dos reis da cidade-estado hauçá de Kano, por autor anônimo, publicada na década de 1890. Relatando acontecimentos dos reinados de diversos governantes, o documento refere inclusive a introdução do islã na cidade por grupos de mercadores uangarás (*wangara*) sob o reinado do décimo-primeiro *sarki* (rei), Yaji, provavelmente no século XIV. Segundo Gordon (2003, p. 40), esses escritos são provavelmente baseados em textos anteriores, destruídos pelos conquistadores fulânis. Na preocupação de impor o islã e desenraizar o "paganismo", a reelaboração do texto forjou uma má imagem dos *sarki* anteriores à islamização, advinda exatamente no reinado de Yaji. Ver FONTES HISTORIOGRÁFICAS; KANO; *SARKI*; UANGARÁ.

CRONISTAS AFRO-MUÇULMANOS. Ver FONTES HISTORIOGRÁFICAS.

CRUZETAS. Denominação aplicada pelos portugueses aos lingotes de cobre ou de latão em forma de cruz, de "X", de duplo "Y" ou "H", utilizadas na costa oriental africana, nos domínios do Monomotapa, no antigo reino do Congo e em Angola como referenciais de valor nas trocas (Rodrigues, 2002, p. 32). Apesar da destinação simplesmente monetária, adquiriram valor cerimonial e ornamental, tornando-se objetos de prestígio, como se pôde comprovar pela enorme quantidade encontrada nas escavações arqueológicas realizadas em áreas cemiteriais que remontam aos séculos VII-XVII, em Sanga e Katoto, no Vale superior do Rio Luaba, Congo (Fage, 1995, p. 141).

CUANDO-CUBANGO. Região de Angola, entre os rios que formam seu nome. Habitada pelos povos ganguela, quioco (*chokwe, tchokwe*) e cuangáli, foi o berço dos antigos Estados de Matamba, Cassanje e Holo.

CUANZA (*Kwanza*). Rio de Angola. Nasce no Planalto do Bié e, depois de um percurso curvo de 970 km, deságua no Oceano Atlântico, nas proximidades de Luanda, a capital da atual República. A partir de 1520, sua barra foi local de parada obrigatória das expedições

C

portuguesas ao Dongo, sendo que na primeira delas os emissários do rei Dom Manuel foram presos e escravizados e só libertados seis anos depois (Santos, 1997, p. 83).

CUBA (*Kuba*). Reino formado às margens do Rio Cassai (*Kasai*), na atual República Democrática do Congo, provavelmente antes do século XV, por uma confederação de várias comunidades étnicas, lideradas pelo povo buxongo. Ver BAIXO CONGO; CONFEDERAÇÃO; BANTOS.

CUBANGO. Rio africano, c. 1.700 km. Nasce em Angola, na região de Huambo, no Planalto do Bié, serve de fronteira entre Angola e Namíbia e finda seu curso em Botsuana, numa extensa zona pantanosa, conhecida como delta do Okavango.

CUCHITA. Relativo a Cuche, unidade política da Núbia que remonta à Antiguidade bíblica.

CUÉZIS. O mesmo que baxuezi (q.v.). Ver UGANDA, República de.

CUMBAS (*Çumbas*). Ver SUMBAS.

CUMBI-SALÉ (*Koumbi Saleh*). Antiga cidade-estado situada 322 km ao norte da atual Bamaco, na República do Mali, em território hoje pertencente à República da Mauritânia. Última e mais importante capital do Antigo GANA, atingiu uma população de cerca de 15 mil habitantes (Briggs, 2008, p. 6). Referida em algumas fontes como "principado", suas fronteiras abrigavam, em verdade, duas cidades, uma ocupada pelo governante e outra por mercadores muçulmanos. Na atualidade, as ruínas da cidade constituem um importante sítio histórico, de interesse da Unesco. Veja-se, ainda, que segundo algumas fontes, seu nome significaria, literalmente, "Cumbi, a Santa". Entretanto, o léxico da língua bambara, do grupo mandê, registra o vocabulo *salé* nas acepções de "morto" e "cemitério" (Sauvant, 1926, p. 200-201), o que pode sugerir outro significado. Ver BAMBARAS; MANDÊ.

D

DADOGUES (*Dadog, Tatoga*). Povo migrante de pastores de origem nilótica. Por volta do século XI, expandia-se pelo centro-norte do território da atual Tanzânia (Silva, 1996, p. 384).

DAGBÂNI. Língua do povo dagomba (Dagbamba, Dagbon), originário do norte da atual República de Gana. Ver MOLE-DAGBÂNI.

DAGOMBA (*Dagbamba, Dagbon*). Antiga cidade-estado monárquica do povo de mesmo nome, integrante do grupo mossi referido como Mole-Dagbâni, e falante da língua dagbâni. Segundo a tradição teria sido criada por Sitobo, filho de Na Bawa, tido como fundador do Mamprussi. Também mencionada como Reino Mossi de Dagomba, a cidade localizava-se no norte do atual território da República de Gana, no curso médio do Rio Volta. Os Estados Mossi e Dagomba floresceram entre os séculos XII e XV d.C. e em alguns momentos dominaram toda a porção setentrional da bacia do Rio Volta, que na atualidade inclui partes dos territórios de Gana e Burkina Faso. A partir, aproximadamente, do ano 1400, os mossis estenderam seu poder até o leste da região de Macina, no território da atual República do Mali. Ver DAGBÂNI; GANA, República de; MACINÁ; MAMPRUSSI; MOLE-DAGBÂNI; MOSSIS; NA BAWA; SITOBO.

DAHLAK, Ilhas. Arquipélago no Mar da Eritreia. Uma de suas ilhas sediava o sultanato de Dahlak, de grande importância econômica e estratégica, à época de Ámeda-Sion, imperador da Etiópia (Silva, 1996, p. 574). Ver ÁMEDA-SION; ERITREIA, República da.

DAKADYALA. Unidade política que, no século XIII, foi reunida às de Dogudu e Kiri para dar nascimento ao Antigo Mali.

DAMARALÂNDIA (*Damaraland*). Região no território da atual República da Namíbia. A denominação foi originalmente aplicada às terras da área centro-norte do país, em referência ao povo dahmara que, entretanto, foi no século XVIII, desalojado por nativos dos grupos herero e coissã. Ver NAMÍBIA.

DAMATIGUI. No Antigo Mali, nome pelo qual era conhecido o "chefe da mina", supervisor do trabalho de exploração das jazidas de ouro de Bambuque. Por incumbência dos chefes das famílias que controlavam as minas, distribuía as tarefas e controlava os trabalhos, da escavação da terra à lavagem e separação das pepitas ou do ouro em pó. O elemento *tigui*, que entra na composição do nome, ocorre na língua bambara com o sentido de "senhor, dono". No idioma uolofe, falado no Senegal, o verbo *dama* tem o sentido de quebrar, despedaçar.

DAMEL (*Dammeel*). Título conferido a cada um dos governantes máximos do antigo reino do Cajor (Kayor), no oeste do atual

Senegal. O *damel* era investido por um conselho de eleitores pertencentes às sete linhagens principais do reino. Segundo algumas fontes, o vocábulo *dammeel* originar-se-ia no verbo *dama*, quebrar; e isto em referência ao desmembramento (fratura) do Cajor em relação ao Estado do Jolof em 1549, na Batalha de Danki. Observe-se no idioma uolofe, os verbos *dân*, "fazer tombar, vencer"; e *dem*, "quebrar". E junte-se-lhes o adjetivo *mel*, correspondente ao português "semelhante, parecido com" (Diop, 1979, I, p. 317; 318; 295). Ver KAYOR.

DAMERGU (*Damergou*). Cidade no noroeste do território da atual República do Níger. Era ponto de passagem obrigatório de caravanas que percorriam a rota transaariana Norte-Sul, partindo de Trípoli com destino ao Kanem (q.v.).

DAMOTE (*Damat, Damot, Damut*). Antigo reino a noroeste de AXUM, em território da atual Etiópia, localizado abaixo das montanhas ao sul do Lago TANA e da garganta do Nilo Azul. É mencionado em Silva (1996, p. 571-572) como falante de uma língua cuchita, sendo o mais antigo dos microestados etíopes, e denominado "Damote pagão" por sua existência ser anterior à dominação muçulmana. Segundo o erudito tunisino Ibn Khaldun (cit. Silva, 1996, p. 571), era "um grande império", liderado por um "grande chefe". Consoante, M'Bokolo (2009, p. 115), no século X era um sultanato muçulmano, depois conquistado pelos etíopes cristãos. Gromiko (1987, p. 39), o menciona como um principado dos etíopes judeus (falachas), formado no século IX. Ainda em Silva (1996) é dito que, no século XIII compreendia todo o planalto de Xoa. Ver AXUM; ETIÓPIA, República Federal Democrática da; FALACHAS; IBN KHALDUN; NILO AZUL; XOA.

DANAKIL. Região da Etiópia, entre as montanhas litorâneas da Eritreia e o Maciço da Etiópia. A designação estendeu-se ao povo local, possivelmente descendente de antigos egípcios e também denominado Afar. Ver AFARES; ERITREIA, República da; MACIÇO, da Etiópia.

DANKARAN TUMAN. Soberano do Antigo Mali, antecessor de Sundiata Keita, na primeira metade do século XIII. Segundo a tradição, era filho de Sassuma Beretê, primeira mulher de Narê Maghan Konatê, o rei. Com o falecimento deste, tecendo uma rede de intrigas palacianas, Sassuma conseguiu levar seu filho ao trono e tornar-se a poderosa rainha-mãe. Era meio-irmão de Sundiata, filho de Sogolon Kedju, outra mulher do rei falecido. Por isso, ao assumirem o trono Dankaran e sua mãe mandaram Sundiata para o exílio (Niane, 1982, p. 35-48). Ver MALI, Antigo; SUNDIATA KEITA.

DAOMÉ. Antigo reino oeste-africano, em território da atual República do BENIM, também mencionado como "reino de Abomé", em alusão à sua capital. As origens das antigas unidades políticas locais, estabelecidas entre os séculos XII e XIII, vêm principalmente dos ancestrais dos povos falantes de línguas do grupo ewe. Esses povos migraram do oeste, da região de Tadô, no moderno Togo. É mencionado entre os pequenos mas poderosos Estados que emergiram, entre os séculos XIII e XV, em áreas de produção aurífera na porção meridional do oeste africano (Ham *et al.*, 2009,

p. 29). Segundo Verger (1987, p. 17), o topônimo "Daomé" foi também grafado, ao longo dos anos como *Abaimé, Adomé, Angomé, Beaumé, d'Agomé, Dacomé, Dahomet, Dahomey, Daumé, Dogmé* e *Gomé*. Ver ABOMÉ; AJA; ALADÁ; BENIM, República do; EWE; HUEDÁ; OYÓ; SONGAI; TADÔ; TOGO.

DARFUR. Região montanhosa no território da atual República do Sudão, entre Wadai a oeste e o Cordofão, a leste. Sua povoação tem registro histórico a partir de meados do século XIV, com rivalidades entre grupos de origem árabe e autóctones, principalmente por motivos religiosos. Ver CORDOFÃO; SONGAI; SUDÃO, República do; WADAI.

DAUARO. Pequeno Estado muçulmano localizado, no século XIII, ao sul do Rio Hawash, na Etiópia (Silva, 1996, p. 571).

DAÚDE (*Daoud, Dawud bin Ibrahim*). Soberano do Kanem, entre c, 1366 e 1376. Meio-irmão do imperador Idris I, após a morte deste foi escolhido como *mai*, contra a vontade dos filhos do falecido. A disputa pelo poder enfraqueceu seu reinado e deu origem à dinastia sefuwa. Ver IDRIS I; KANEM.

DAÚDE. Rei dos hauçás de Kano entre 1421-1438 (Ki-Zerbo, 1972, I, p. 193). Ver HAUÇÁS; KANO.

DAÚDE, Ásquia. Soberano do Império Songai, no período entre 1549-1582. Filho do Ásquia Muhamad I, sucedeu o irmão, o Ásquia Ishak I. Vitorioso contra o povo mossi, ganhou notoriedade pelo conhecimento profundo do Corão e pela atenção dispensada aos sábios muçulmanos que frequentavam sua corte. As disputas que se seguiram a sua morte geraram um estado de instabilidade que enfraqueceu o império, levando-o à derrocada em face da invasão marroquina de 1591. Ver ISHAQ I, Ásquia; BALAMA SADIKI; CORÃO; MOSSIS; MUHAMAD I, Ásquia; SONGAI; TONDIBI, Batalha de.

DAURA. Núcleo de origem dos hauçás, localizado a norte de Kano. Cidade tida como o mais antigo dos Hauçá Bokoi, era a representante do conjunto deles nas negociações com o vizinho Bornu. Ver BAIAJIDA; BORNU; HAUÇÁ BOKOI; KANO; ZARIA.

DEBRA. Em amárico, elemento que antecede o nome de diversas localidades, cidades e principalmente mosteiros. Significa, literalmente, "monte" ou "montanha", e o seu uso deve ter se difundido devido ao fato de inúmeros templos religiosos terem sido edificados em localidades altas, em torno das quais surgiram povoações que deram origem a cidades. Var. *dabra*; *debre*. Ver AMÁRICO.

DEBRA DAMOS. Tb. *Dabra Damo*. Mosteiro construído durante o século VI no topo do Monte Amba, na Província de Tigré, ao tempo do reino de Axum, conhecido também como "Mosteiro da Montanha". Mais antigo monumento religioso da Etiópia, foi ampliado e modificado nos séculos XIII e XV. Situado a mais de 15 m de altura, o acesso é feito unicamente através de uma corda feita de tiras de couro. O mosteiro abriga significativa coleção de manuscritos escritos em gueês. Ver AXUM; GUEÊS; TIGRÉ.

DEBRA LÍBANOS. Antiga cidade da Etiópia, sede de um mosteiro que se constituiu na base ideológica da dinastia zagué. Ver ETIÓPIA, República Federal Democrática da; ZAGUÉS.

DEGNA-ZAN. Ver DIGNAJÃ.

DELNAODE (*Del Naad, Dilnaod*). Soberano cristão etíope, no século X. Foi o último governante de Axum, derrubado pelos zagués e sucedido por Marara ou Mara Takla Haymanot. Segundo algumas tradições, ao ser destronado, teria se refugiado em um país do sul, próximo ao Lago Hayk; e sua filha teria então se tornado mulher do homem que o derrubou, fundador da dinastia ZAGUÉ (Mekouria, 2010, HGA, III, p. 663). Por isso, talvez, ela seja confundida, em algumas fontes, com a legendária Rainha Judite ou Gudit. Ver AXUM; JUDITE, Rainha; MARA TAKLA HAYMANOT; ZAGUÉ, dinastia.

DENDI-FARI. Tb. *Dendi farin*. Governador da província de Dendi, no Império Songai. Como alto dignitário da corte durante o século XVI, a ele cabia o privilégio de ser um dos conselheiros dos *ásquias*. O léxico da língua bambara consigna o adjetivo *fari*, traduzido como valente, bravo; e o substantivo *fary*, corpo. Ver *ÁSQUIA*; SONGAI.

DENIANQUÉ (*Denyanké, Deniankobé*). Clã ou estirpe fula, remotamente originária do Futa Toro. Fundada por Koli Tenguelá, no vale do Rio Senegal, existiu de 1512 até o século XVIII. São também conhecidos como "fulas pretos"; e, na documentação europeia seu Estado é identificado pelo nome "Grão-Fulo". Ver KOLI TENGUELÁ.

DENQUIRA (*Denkira*). Cidade-estado que figura na origem do grupo etnolinguístico *akan* (q.v.).

DERADIR. Governante de Ifat, filho do sultão Hakedin. Comandou a resistência contra Ámeda-Sion, sendo, entretanto, vencido (Silva, 1996, p. 573). Ver ÁMEDA-SION; HAKEDIN; IFAT, Sultanato de.

DERVIXE. Asceta muçulmano adepto do sufismo (q.v.). Ver KADÍRIA.

DESCOBRIMENTOS, Grandes. Ver PORTUGAL NA ÁFRICA.

DESENVOLVIMENTO URBANO. No período estudado neste livro, principalmente a região de savana, também referida como "Sudão Ocidental", bem como costa suaíli, experimentaram desenvolvimento urbano expressivo. Na contramão do que muitas vezes se supôs, investigações arqueológicas permitem hoje demonstrar que o surgimento de cidades sudanesas antes da chegada de árabo-berberes muçulmanos, entre os quais pode-se mencionar o caso de Djenê-Jeno, que remonta ao século II a.C. E, após o islã, hoje, uma nova visão sobre a civilização Zandj, por exemplo, mostram a participação ativa de líderes e dinastias locais no desenvolvimento urbano no litoral índico (Matveiev, 2010, p. 534), onde as cidades não foram meros "assentamentos árabes", como já se pensou, mas resultado efetivo de trocas, políticas e econômicas, entre os locais e a África profunda. Ver CIDADES; DJENÊ, SUAÍLI; ZANDJ.

DIÁ (*Dya*). Em línguas do grupo mandê, como o bambara, elemento formador de inúmeras palavras e também aplicado isoladamente a alguns títulos dinásticos. Assim, designa a primeira dinastia do que seria o embrião do Império Songai. **A dinastia Diá**. Linhagem reinante na unidade política que deu origem ao Estado Songai, surgida entre os séculos VIII e IX; e que mais tarde reinou a partir da cidade de Kukia, até 1337 (Silva, 1996, p. 655; 296). Ver MANDÊ.

DIÁ ALIAMEN. Herói fundador da cidade-estado de Gao, núcleo do Estado Songai Também mencionado como *Za el Ayamen* (DESCHAMPS, 1976, p. 40) ou *Za Alyamen*. Ver GAO; SONGAI.

DIÁ ASSIBAI, o ignorante. Forma de referência ao soberano do Songai, derrotado pelo Mali em 1325, consignada em consignada em Ndiaye (1970, p. 219).

DIA KOSSOI. Título do rei de Kukya, antiga capital do reino Songai, antes de Gao. Converteu-se ao islã em 1010 d.C. (cronologia em KI-ZERBO [1972, I]). É referido em Ndiaye (1970, p. 219) como "Dia Kossoye, o jovem".

DIÁ OGO. Dinastia do povo tuculer, fundadora do Takrur (Tekrur, Tecrur), c. 850 d.C. Ver TAKRUR; TUCULER.

DIARA (*Dyara*). Circunscrição ou chefatura dependente do Songai no século XVI. Ver UAGADU.

DIARISSÔ (*Diarrisso, Diaresso*). Denominação da dinastia de governantes de etnia soninqué no reino de Kaniaga, no poder entre 1076-1180. Ver SONINQUÉ.

DIGNAJÃ. Soberano da Etiópia cristã, no século IX. Tb. Degennajan; Degna-Zan; Digna-Jan. Ver ETIÓPIA, República Federal Democrática da.

DILNAOD. Ver DELNAODE.

DINASTIA. Sequência de soberanos de uma mesma linhagem ou família que ocupam o governo de uma unidade política. Sua sucessão obedece às regras estabelecidas por leis escritas ou costumeiras, tendo por base, na época e nos casos repertoriados neste dicionário, as linhas de parentesco, ou seja, por patrilinearidade, matrilinearidade ou colateralidade. **Legitimidade**. A dinastia era legítima quando se baseava na sucessão hereditária dos soberanos a partir de um primeiro rei, herói fundador, em geral considerado como um descendente dos deuses ou como um de seus enviados ao mundo dos vivos. O mais frequente era que a herança dinástica se transmitisse entre os homens, até mesmo em sociedades matriarcais, em que o papel materno ocupava o centro da estrutura familiar. No Congo dos séculos XV-XVI, por exemplo, os soberanos preferiam transmitir o encargo real a seus próprios filhos, em vez de entregá-lo aos filhos de suas irmãs, como preconizava o direito costumeiro, mas tinham que ser investidos pelos "grandes", isto é, os chefes das demais linhagens, para serem reconhecidos como *ntotila*, o "chefe supremo" (MAQUET, 1971, p. 103; GONÇALVES, 2005, p. 50-51). Observe-se também que muitas vezes, dentro de uma mesma dinastia governante havia discórdia, que se manifestava através de resistência passiva e até mesmo de êxodo, situação em que muitas novas dinastias se constituíram, fundando novos Estados. Veja-se, mais, que, ao longo desta obra são repertoriados vários casos de dinastias, muitas vezes nascidas no seio de confederações como as dos almôadas e almorávidas. **Questões dinásticas e instabilidade**. Segundo algumas interpretações, um dos fatores de instabilidade na evolução das instituições dos antigos Estados africanos foi, em alguns casos, a adoção cumulativa de diferentes regimes de sucessão, oscilantes por vezes entre a matrilinearidade e a patrilinearidade. Embora menos frequente, entre certos povos a sucessão podia também ser feita de irmão para irmão, em via colateral, o que tornava ainda mais complexo e tumultuado o processo sucessório. Na Etiópia, o princípio dinástico de base patrilinear se impôs apenas por ocasião da dinastia salomônida, que ascendeu ao poder no final do século XIII. Durante a dinastia zagué (*zagwe*) a forma de sucessão ao trono não estava plenamente estabelecida, o que gerava constantes disputas. Atribui-se a Marara ou Mara Takla Haymanot, o fundador daquela dinastia, a seguinte regra: "Se há dois ou três irmãos, nascidos do mesmo pai e da mesma mãe, e se um se torna rico enquanto o outro se torna pobre, que o pobre partilhe os bens do seu irmão rico. Porque ambos são frutos do mesmo ventre". Os conflitos por vezes ocorriam durante a vida do rei em exercício, como mostra a experiência de Lalibela, exilado durante muitos anos sob o reinado de seu irmão e vítima de uma tentativa de envenenamento por parte de sua irmã (M'Bokolo, 2009, p. 119). Para minimizar essa tendência, sob os salomônidas o problema sucessório foi resolvido com a criação de uma nova instituição no Monte Geshen, que daí em diante ficou conhecido como "montanha dos reis": todos os descendentes do sexo masculino de Iekuno Amlak, o fundador da dinastia, permaneciam isolados no cume da montanha, vigiados por soldados, exceto o governante e seus filhos (Tamrat, 2010, HGA, IV, p. 487). Bunioro, Buganda e Mali. Na região dos Grandes Lagos, a sucessão colateral, baseada em tradições ancestrais, também vigorava nos antigos reinos de Bunioro e Buganda, onde um costume previa que, com a morte do rei, sucedesse o irmão mais velho. Assim, até o século XIX, o conflito armado entre os diferentes pretendentes (irmãos e filhos) tornou-se regra. Também no Antigo Mali, a ausência de normas de sucessão bem estabelecidas representou fator de instabilidade nos períodos de vacância do poder. O princípio de sucessão colateral, fratrilinear, persistiu nos primeiros séculos de existência do Estado, mas foi alterado após a morte de Sundiata Keita, quando seu filho mais velho assumiu o poder como Mansa Yerelunku (também chamado de Walin, ou Uli), reinando de 1250 a 1270. As intrigas palacianas que se sucederam a sua morte abriram um longo período de convulsões até o período de governo de Kanku Mussá (1307-1337). Uma nova crise ocorreu então quando foi sucedido pelo filho, Maghan (1337-1341), porque uma parte dos dignitários desejavam que fosse seu irmão, Sulaiman, que acabou tomando o poder (1341-1360). A situação pareceu ainda mais grave quando morreu Sulaiman, pois a disputa envolveu dois pretendentes: Kamba, o filho de Sulaiman, e Mari Diata, o filho de Maghan e neto de Kanku Mussá (M'Bokolo, 2009, p. 163). Ver ABÁCIDAS; ABD AL-WADIS; ABISSÍNIA; ABU AL-HASSAN; ABU SAID UTHMAN; AL-HASANI; AIÚBIDAS; ALADÁ; ALAUÍTAS, ALMÔADAS; ALMORÁVIDAS; AL-ANDALUS; ÁRABES; ARLÁBIDAS; ÁSQUIA; BAGABU; BAXUEZI; BENIM, Antigo; BERBERES; BIDA; BULALAS; BUNIORO; CALIFADOS; CARAGUÉ; CONFEDERAÇÕES; CORDOFÃO; DAÚDE; DEBRA LIBANOS; DELNAODE; DENIANQUÉ; DESENVOLVIMENTO URBANO; DIÁ; EDOS; EGITO, República Árabe do; ETIÓPIA, República Federal Democrática da; FALACHAS;

FATÍMIDAS; FEZ; FEZÂNIA; FULAS; GANA, Antigo; GUELWAR; HAFÉSSIDAS; HAKIM BIN AMIR; HAMMADIDAS; HILÁLIOS; HUMÉ; IBN TUMART; IDRIS I; IDRÍSIDAS; IEKUNO-AMLAK; IFRÍQUIA; ISLAMIZAÇÃO; IUSUF IBN TACHUFIN; JUDITE, Rainha; KAYA MAGÃ CISSÊ; KANEM-BORNU; KANU MUSSÁ; KEITA; KINGI, Reino de; LALIBELA; LASTA; LUOS; MADRAÇA; MAMELUCO, Sultanato; MARA TAKLA HAYMANOT; MARÍNIDAS; MARROCOS, Reino do; MASHISH IBN ABD-SALAM; MATRILINIARIDADE; MASMUDAS; MONTANHA DOS REIS; MUHAMAD I, Ásquia; *MULAY*; OGISO; OTOMANO, Império; ROHA; SALMANA BEN ABDALA; SALOMÔNICA, dinastia; SEFAUAS; SEKANDA; SONGAI; SUAÍLI; SUNDIATA KEITA; SUNKARÁ; TAKLA HAYMANOT; TONDIBI, Batalha de; TULÚNIDAS; XOA; XONAS; ZAGUÉS; ZENA PETROS; ZÍRIDAS.

DINGA CISSÉ. Legendário rei soninqué, apontado pela tradição como o fundador do Antigo GANA, no século VIII d.C. Ver GANA; SONINQUÉ.

DIOLAS (*Dyola*). Povo oeste-africano localizado a partir da região de Casamansa, na atual República do Senegal, falante do diola, língua do grupo nígero-senegalês. Segundo Homburguer (1957, p. 55), seriam aparentados aos sereres. Ver CASAMANSA; DIÚLAS.

DIREITO COSTUMEIRO (ou Consuetudinário). Nas sociedades africanas pré-coloniais, salvo nas organizadas sob o islamismo, o cristianismo ou o judaísmo, as relações entre os indivíduos baseavam-se em seus usos e tradições. Era o primado do direito costumeiro ou consuetudinário, ancorado no costume, que é uma das mais antigas fontes do direito; fonte essa que se caracteriza por dois elementos essenciais: o uso constante, prolongado; e o reconhecimento da obrigatoriedade por todo o grupo social. **Características africanas**. Na África pré-colonial, os costumes eram numerosos e diversificados, diferenciando-se de uma comunidade para outra, ou de grupo para grupo. Essas diferenças provinham de diversos fatores, tais como a língua, a maior ou menor proximidade, a origem, a história, a estrutura socioeconômica, etc. Mas as regras de direito que emanavam desses costumes apresentavam certas características comuns a todos as sociedades. Esses traços comuns, reconhecidos por muitos autores, confirmam indiretamente a unidade profunda do direito consuetudinário africano em relação a outros sistemas jurídicos, principalmente aos ocidentais. E a identidade se expressava em características como: o caráter comunitário ou coletivista do exercício e da aplicação do direito; sua oralidade; seus aspectos místicos e religiosos; o princípio da desigualdade relativa que o caracterizava. **Comunitarismo e coletivismo**. O direito consuetudinário africano, na época pré-colonial, se distinguia do ocidental, principalmente da corrente romano-germânica, que tem como eixo o individualismo, por seu caráter comunitário. Nas sociedades tradicionais africanas, a existência do indivíduo não tinha nenhum sentido a não ser no interior do seu grupo social, ou seja: ele era um elemento indispensável ao grupo, mas não existia fora dele. A melhor ilustração para essa concepção era o fato de que a terra era considerada um bem coletivo. **Oralidade da norma jurídica**. Outra característica essencial era a oralidade, tão tradicional das sociedades africanas quanto o próprio costume. Apesar disso, a África pré-colonial conheceu outras fontes de direito, como corpos legislativos promulgados por autoridades políticas, como na Etiópia, por exemplo. **Aspectos místicos e religiosos**. Nas sociedades tradicionais africanas, tanto na época pré-colonial como nos tempos atuais, a existência do ser humano se divide entre o mundo visível e o invisível. Desde sempre, a crença em forças sobrenaturais ou mágicas, expressa no respeito aos ancestrais, leva o indivíduo a se enquadrar dentro das regras costumeiras e dos modos de vida tradicionais. Assim, no direito costumeiro africano da época pré-colonial diversas normas que fundamentavam a aplicação de sanções originavam-se no âmbito das crenças religiosas. Por exemplo, no caso dos ordálios (denominados "juramentos" em fontes portuguesas), as provas a que eram submetidos os réus eram conduzidas pelos ritualistas tradicionais. **Desigualdade relativa**. Na África, à época que referimos, os direitos do indivíduo eram determinados em função do seu lugar na sociedade. No que concerne a direitos, os membros do grupo social desempenhavam apenas um papel secundário em relação ao chefe, que era o representante dos ancestrais na Terra e cujos privilégios eram considerados como uma emanação da vontade ancestral. Assim, a aplicação da justiça se aproximava mais do que hoje se conhece como cortes arbitrais do que de verdadeiras instâncias jurisdicionais buscando aplicar o direito (Coulibaly Sayon *et al.*, 2011). Ver AUDIÊNCIAS PÚBLICAS; *FETHA NAGAST*; JURAMENTO; KURUKAN FUGA.

DIÚLAS (*Dyoula, Dyula, Dyola Jula*). Povo oeste-africano localizado a partir dos atuais territórios de Guiné Conacri, Costa do Marfim e Burkina Faso, falante do diúla. Segundo Homburguer (1957, p. 46), os diúlas são mestiços de mandês emigrados com outros povos como senufos, bobos, etc.; e representam uma espécie de aristocracia intelectual. Dedicados principalmente a atividades comerciais itinerantes, os diúlas foram, segundo várias fontes, os principais responsáveis pela difusão da crença islâmica no litoral atlântico da Costa Ocidental africana. **Origens.** O termo aqui transliterado como "diúla" ocorre em línguas oeste-africanas do grupo MANDÊ, como o bambara, para designar o "mercador itinerante" (q.v. *dyoula* em Sauvant [1926, p. 43]); e em pular, língua do povo tuculer, na variante *jula*, traduzido como "comerciante" (Niang, 1997, p. 51). Surgido provavelmente à época dos antigos GANA e MALI, por força das grandes migrações então ocorridas, o termo acabou por dar nome a um grupo étnico e um idioma distintos (Baumann; Westermann, 1948, p. 389; 453). Observe-se nesta obra agora citada a diferença entre as línguas *dyoula* e *dyola*, a primeira apresentada como pertencente ao grupo "mande-tan" e a segunda ao grupo das línguas "bissau-bolama". Homburger (1957) refere ainda um outro grupo *Dioula*, mencionado como "antropófagos do Alto Cavally, em referência ao Rio Cavalli, no território da atual COSTA DO MARFIM. Ver

BAFUR; BURKINA FASO, República de; COSTA DO MARFIM, República da; GALAM, Reino de; GANA, Antigo; GABU; GUINÉ CONACRI; KONG; MALI, Antigo; MANDÊ; OURO; SENEGÂMBIA.

DIVINATÓRIOS, Sistemas. Ver BABALAÔ.

DIWAN. Modalidade da religião tradicional africana praticada na Argélia. c.p. O fulâni *diwa*, pular; tremer (RAYLOR, 1995, p. 37). Ver BORI; GNAWA; MAKELI; RELIGIÃO TRADICIONAL.

DIYÂNÂT. Denominação dada pelo geógrafo hispano-muçulmano Al-Bakri à religião tradicional professada pelos soninqués do Antigo Gana, na qual se adoravam "fetiches", por eles chamados *dãhâkîr.* Ver GANA, Antigo.

DJAMAL AL DIN YAKUT. Escravo de origem abissínia que, no princípio do século XIII ganhou notoriedade no Sultanato de Deli, na Índia, ao se tornar conselheiro da rainha Razyia (Raddiya), com quem, de acordo com alguns cronistas, teria tido envolvimento amoroso (M'BOKOLO, 2011, p. 240). Ver ÁSIA, Africanos na.

DJELI. Vocábulo da língua bambara, ocorrente com variações em outras línguas do grupo mandê, o qual designa o griô (*griot*), músico, cronista, genealogista, ator, etc., encontrado em quase todas as sociedades africanas e especialmente nas da África Ocidental. *Diély* ou *diali* é o griô bambara, malinqué ou kassonqué; guesserê (*guésséré*) é o griô saracolé; bambado (pl. *wambabé*) é o griô fula ou peúle; e gaoulo (pl. *aouloubé*) é o griô tuculer (N'DIAYE, 1970b, p. 87-193). Observe-se que "griô" é palavra de origem francesa, conforme informado no verbete respectivo. Ver GRIÔ.

DJENÊ (*Jenne, Dienné*). Antiga cidade localizada numa ilha fluvial do Rio Níger, em território do atual MALI. Sua fundação ocorreu no século XIII, no lugar de Djenê-Jeno, núcleo então em declínio, constituído por volta do século II a.C., por indivíduos dos povos bozo, somono e saracolé. O marco da fundação da nova cidade foi a construção de uma mesquita pelo chefe Koy Kamboro, convertido ao islã. Pelo feito, esse líder foi celebrado em crônicas de viajantes muçulmanos como o maior soberano do período em que Djenê foi independente. A partir daí, Djenê desenvolveu-se como importante entreposto comercial, tornando-se um elo decisivo entre o oeste e o centro do continente e a região das florestas tropicais. Sua prosperidade se deveu também à proximidade da floresta tropical, o que facilitava o acesso a itens como noz-de-cola e marfim, além do ouro do Uangará. Sua importância deveu-se também a ter-se tornado um admirado centro de cultura islâmica, o que atraía visitantes e novos habitantes. No século XIII a cidade foi anexada pelo Império do Mali, sendo, a partir daí, conquistada por tuaregues em 1443 e pelos exércitos songais de Soni Ali, cerca de 1470. Essa conquista, entretanto, só se consumou depois de sete anos, pois a cidade, além de protegida pelas águas do Níger, seria guardada por uma cerca fortificada com onze portões (BOAKYE, 1982, p. 38). Segundo Cissoko (1964, p. 99) Djenê desenvolveu-se juntamente com Tombuctu, tanto do ponto de vista político quanto econômico, dominando, por exemplo as rotas das minas de Bitu (*Bitou*), no território da atual Costa Do Marfim, bem como as das jazidas de sal.

Ver COSTA DO MARFIM, República da; MALI; SAL; SONI ALI; TOMBUCTU; UANGARÁ.

DJERMAS (*Zarma*). Povo localizado no oeste da atual República do Níger e áreas vizinhas de Burkina Faso, Benim, Gana e Nigéria (q.v.).

DJIBUTI, República do. País do Chifre da África, situado na área conhecida como Triângulo de Afar, no Golfo de Aden. Outrora parte da Somália, em 1967 passou a se chamar "Território dos Afares e Issas", em referência às duas etnias locais; e dez anos depois, conquistou a independência. Ver ADAL, Sultanato de; ADEN, Golfo de; CHIFRE DA ÁFRICA; BAB-EL-MANDEB; ERITREIA, República da; ETIÓPIA, República Federal Democrática da; SOMÁLIA; TRIÂNGULO DE AFAR; ZEILA.

DJIRDJIS. Rei da Núbia. Ver JORGE DA NÚBIA.

DJODALAS. Uma das transliterações para o nome clânico "judalas" (q.v.).

DJOLOF. Ver JOLOF.

DJOLOFING MANSA. Rei do Jolof, tido como fundador do Gabu (*Kaabu*), mencionado como "animista e mago". Por volta de 1240, opôs forte resistência ao conquistador mandinga Sundiata Keita. Vencido por Tiramaghan Traorê, general de Sundiata, sua derrota abriu caminho para o domínio da Senegâmbia pelo Império do Mali. Ver GABU; JOLOF; SUNDIATA KEITA.

DODUGU. Antiga unidade política que, juntamente com as de Dakadyala e Kiri, formou, no século XIII o Estado cuja expansão deu surgimento ao Império do Mali.

DOGBAGRIGENU (Dogbagri). Líder do povo Adjá, fundador da aldeia de Alladá, núcleo inicial do antigo Daomé, entre os séculos XII e XIII. Ver DAOMÉ.

DOGONS (*Dogon*). Povo oeste-africano localizado no território da atual República do Mali. A primeira onda migratória proveniente do mandê para o atual território dos dogons, teria ocorrido, segundo a tradição, sob o reinado de Sundiata Keita, no século XIII, ou sob o do Mansa Kanku Mussá, no seguinte. Entretanto, talvez o movimento migratório mais importante tenha ocorrido no século XV. Outras fontes de pesquisa atestam a existência de populações anteriores, suplantada pelos dogons e desaparecidas por esse mesmo tempo. Remonta também ao século XV as fustigações infligidas ao povo pelos mossis e pelo expansionismo do Império Songai (Barros, 2004, p. 27-28). O povo dogon celebrizou-se por seus saberes e sua ontologia, na qual se encontram respostas para muitas das mais importantes questões existenciais, inclusive modernas. Ver KANKU MUSSÁ; MALI, República do; MANDÊ; MOSSIS; SONGAI; SUNDIATA KEITA.

DONATISMO. Movimento herético surgido no Norte da África, no âmbito da igreja latina, entre os séculos IV e VII d.C. Provocado por Donato de Cartago, bispo da Numídia, o cisma fez com que a invasão árabo-muçulmana encontrasse o catolicismo norte-africano seriamente fragilizado.

DONGO (*Ndongo*). Antigo Estado banto no território da atual Angola. Era, no século XVI, limitado ao norte pelo reino do Congo, a leste pelo de Matamba, ao sul pelos Estados do povo ovimbundo e também pela região da Quiçama (*Kisama*); e a oeste pelo Oceano Atlântico (PARREIRA, 1990, p. 168). Ver ANGOLA, República de; MATAMBA; OVIMBUNDOS.

DONGOLA, Antiga. Ver OLD DONGOLA.

DRAKENSBERG, Montes. Cadeia de montanhas na África Austral. Atingindo cerca de 3.500 m de altitude, estende-se, de nordeste a sudoeste, numa extensão de 1.125 km, paralela ao litoral sudeste da República da África do Sul (q.v.).

DUGHA. No Antigo Mali, título conferido aos mais altos dignitários da corte dos *mansa*. Cabia a eles o privilégio de se aproximar do governante, ouvir suas palavras e transmiti-las, em tom solene, aos demais presentes, durante as audiências públicas de aplicação da justiça. Ver AUDIÊNCIAS PÚBLICAS; *MANSA*.

DUGUWA. Dinastia de fundadores do Kanem-Bornu, suplantado pelos zagauas. Deve seu nome a Dugu, filho de Seif. Ver KANEM-BORNU; SEFAUAS; ZAGAUAS.

DUNAMA DIBALEMI. Soberano do Kanem (c. 1210-1248), também referido como Dunama Dubalemi. Muçulmano, firmou aliança com o haféssidas de Túnis; e dominou o Bornu, a Fezânia, o Wadai e o Darfur até o Nilo (KI-ZERBO, 1972, II, p. 441). No plano interno, provocou a ira dos bulalas, seguidores da religião tradicional, bem como dos canúris, ao profanar o Muné, representação dos ancestrais, cultuada por esse povo. Ver BORNU; BULALAS; DARFUR; FEZÂNIA; HAFÉSSIDAS; KANEM-BORNU; CANÚRI; MUNÉ; WADAI.

EDO. Indivíduo dos edos; a língua falada por esse povo, também mencionado como "bini". Igualmente, nome dado no século XV à cidade-estado de Benim, capital do reino fundado três séculos antes pelos edos (q.v.).

EDOS. Povo da África Ocidental, falante do edo ou bini, e seus dialetos. Localiza-se, a sudeste do território dos povos iorubás, entre a região da savana e o delta do Níger, *habitat* dos povos efik e ibibio, entre outros. A organização de seu reino, o Antigo Benim. Ocorreu no século XII d.C. Dois séculos depois, segundo a tradição, seus dirigentes pediram ao *oni* de Ilé Ifé que lhes enviasse um príncipe. Mas o mando desse príncipe, denominado "Oraniã" e fundador de uma dinastia, era limitado pelos poderes dos chefes locais, conhecidos como Uzamas. A forte oposição desses ao quarto rei da dinastia acabou por leva-los ao poder, do qual, entretanto foram alijados com a autocracia instalada sob a liderança do obá (rei) Ewuare, cerca de 1440. Segundo Page (2005, p. 128), durante o reinado desse obá, a cidade de Benim foi renomeada como "Edo". O reino celebrizou-se por sua arte, que produziu os renomados "Bronzes do Benim", tendo se destacado também pelo esmero de sua arquitetura. Ver ARQUITETURA; BENIM, Antigo; EWUARE; ILÉ IFÉ; IORUBALÂNDIA.

EFUTU (*Afutu, Fetu*). Antigo Estado da área cultural *akan* ao tempo da chegada dos primeiros europeus, na segunda metade do século XV. Situado ao leste do Reino de Eguafo, na Costa do Ouro, era uma das unidades políticas mais importantes dos *akan*. A posição geográfica da sede de governo de seus *omanhene*, situada cerca de 20 km a nordeste do litoral, lhes permitia controlar as rotas de comércio para o interior do "sertão". Além disso, o Estado dispunha de uma temida base de apoio nas companhias militares de guerreiros, chamadas *asafo*. O reino de Efutu controlava parcialmente duas importantes aldeias costeiras conhecidas: Oguaa (ou Cabo Corço) e a Aldeia das Duas Partes (Ballong-Wen-Mewuda, 1993, p. 97-98). Ver *AKAN*; *OMANHENE*.

EGBADOS. Povo vizinho e aparentado aos egbás (q.v.) da atual Nigéria.

EGBÁS. Povo oeste-africano aparentado aos iorubás de Oyó (q.v.), a cujo expansionismo resistiu na época estudada neste livro.

EGÍPCIO, Antigo. Língua afro-asiática falada no Egito Antigo e da qual se originou o copta (q.v.). Segundo Bernal (2002, p. 639), a língua falada no Egito após a conquista muçulmana, no século VII, é um dialeto do árabe.

EGITO, República Árabe do. Limitado ao norte pelo Mar Mediterrâneo, tendo ao sul e ao sudeste Núbia e Etiópia; a leste o Mar Vermelho; e a oeste o deserto da Líbia, o território do atual Egito foi sede, na Antiguidade, de uma das maiores civilizações conhecidas. **O antigo Estado.** No século IV a.C., enfraquecido por sucessivas dominações estrangeiras, o Egito cai sob o domínio romano. Já na Era Cristã, torna-se o centro da Igreja Cristã Copta. No ambiente de impopularidade gradativa dos imperadores romanos de Bizâncio, em 640 d.C. o Egito é conquistado pelas tropas do árabe Amir ibn al-As. Gradativamente, então, o país vai adotando o islamismo e a língua árabe, num contexto em que, segundo Rodney (1975, p. 72) ainda mais se acentua o seu perfil de país colonial, com classe dominante estrangeira e desenvolvimento interno agora ligado aos de Arábia e Turquia. Como acentuado em Hourani (2006, p. 133), nesse momento, os árabes chegam a um país com tradição de alta civilização e com uma unidade social criada ou consolidada por uma longa história de protagonismo político. No século IX, sob o califado dos ABÁCIDAS, a dinastia local dos tulúnidas toma o poder e faz do Egito uma grande potência islâmica, abalando os reinos cristãos da Etiópia e da Núbia (López-Davalillo, 2003, p. 17). No século seguinte, os fatímidas de Cairuão (Kairuan) tomam o poder em 969 e transformam a cidade do Cairo em uma das mais refinadas do mundo, como capital de um poderoso império. Suas bases de poder se enfraqueceram na segunda metade do século XII, quando o governo passa a ser controlado por chefes militares de origem turca: primeiro, sob os aiúbidas, que tomaram o poder em 1171 com Saladino; depois com os mamelucos (*mamluk*), originalmente uma milícia de escravos originária do sudoeste asiático que toma o poder, instituindo um sultanato que governa de 1250 até 1517 (African Encyclopedia, 1974, p, 184). Nesse momento, derrotados pelos turcos, apesar de resistência de Qansuh al-Ghawri, o último sultão mameluco, o Egito cai sob o domínio do Império Otomano, sendo governado como uma espécie de província, até o século XIX. Ver *AKAN*; ÁFRICA; ALEXANDRIA; AL-NASIR; ÁRABES; ARABIZAÇÃO; ARQUITETURA; ÁSIA, Africanos na; AXUM; BAQT; BEJAS; BERBERES; CAIRO; CIRCUNCISÃO; CIRIACO; COPTAS; CRISTIANISMO ETÍOPE; ESCRAVIDÃO; ESCRITAS AFRICANAS; ETIÓPIA, República Federal Democrática da; EUNUCOS; FALACHAS; FARAS; FATÍMIDAS; FULAS; GA; GEDI; HAKIM BI-AMR; HAQUEDIM; HAUÇÁS; HILÁLIOS; IBN KHALDUN; IORUBÁS; IQUÍXIDAS; ISLAMIZAÇÃO; JORGE DA NÚBIA; KAHINA; KALIDURAT; KANEM-BORNU; LÍBIA; LUBAS; MACÚRIA; MADRAÇA; MALI, Antigo; MAMELUCO, Sultanato. MANCALA; MAOMÉ; MEDITERRÂNEAS, Regiões; MUSSA IBN NOÇAIR; NILO; NILO DOS NEGROS; NILO-SAARIANO; NÚBIA; OTOMANO, Império; SAARA; SABUR MINGUÉ N'DIAYE; SALADINO; SEKANDA; SENEGÂMBIA; SOMÁLIA; SONGAI; SUAÍLI; SUDÃO, República do; SUDÃO; TAKRUR; TRÁFICO DE ESCRAVOS; TULÚNIDAS; ZÍRIDAS.

Egito Muçulmano – Dinastias governantes				
Dinastia	**Período**		**Capital**	**Observações**
Tulúnidas	868-905			
Iquíxidas	935-969			
Fatímidas	969-1171		Cairo	
Aiúbidas	1171-1250		Cairo	
Mamelucos	1250-1517		Cairo	
Turcos otomanos	1517-1867		Cairo	

Fonte: López-Davalillo (2003, p. 212).

EGUAFO, Reino de. Também identificado nos documentos antigos pelo nome de Reino de Comane, Acomane ou Komenda, foi o mais influente Estado *akan* da Costa do Ouro na segunda metade do século XV. A residência do governante, cujo título era *omanhene* (na língua twi, modernamente, "chefe do parlamento", i.e., "chefe do Estado" – Kotey, 1996, p. 123), ficava a cerca de 15 km do litoral, no topo de uma montanha. Este local da residência real ficou conhecida pelos europeus pelo nome de Comando ou Grand Comando, mas na língua local a designação era Gualfo ou Eguafo. De acordo com as tradições orais, a fundação desta cidade real é por vezes atribuída a Nana Abotakyi, do clã dos Asona; ou a Kwamena Ansah, proveniente do clã Nsona e emigrado de Bono Manso, o mais antigo Estado *akan* conhecido a se estabelecer na proximidade da Costa. Segundo essas mesmas tradições, Kwamena Ansah teria sido o *omanhene* que em 1482 negociou com o português Diogo de Azambuja a construção em seus domínios do forte de São Jorge da Mina, onde depois foram criadas a aldeia do Torto, Terra Pequena e a Aldeia das Duas Partes. O nome Eguafo parece ser corrupção do twi "*akuafo*", conjunto de agricultores.

EHÉNMIHÉN. Quarto obá do Antigo Benim, reinante no século XIII, após Uwakhuahen, sucessor de Eweká I. Ver OBÁ.

EIRPANOMÊ. Rei núbio, soberano da Nobácia, após Silco (q.v.).

EL DJOUF. Região desértica na África Ocidental, na extremidade oeste do SAARA, na fronteira entre as Repúblicas de Mauritânia e Mali. É também mencionada como Al-Juf.

ELENI. Rainha-mãe e regente etíope, surgida como tal na corte do *negáchi* Baida Mariam (1468-1478), sucessor de Zara-Jacó. Tida, em geral, como viúva desse rei e madrasta do antecessor, é também referida como Ileni ou Helena da Etiópia. Conselheira política enormemente acatada, conservou-se no poder, na condição de regente, durante vários governos, em boa parte dos quais os reis eram adolescentes e até mesmo crianças. Por esse tempo, todos os Estados etíopes conseguem conter o avanço do islã. No reinado de Esquender II (1478-1495), os portugueses chegam à Etiópia. No período seguinte, sobe ao trono Lebna Denguel (1508-1540), com apenas 11 anos. Durante seu reinado, o sultão de Harar, no leste do país, rebela-se e proclama uma Guerra Santa contra os cristãos, derrotando o jovem soberano e submetendo boa parte do país. Mas os muçulmanos são mais tarde derrotados pelo sucessor de Dengel, que conta com o auxílio de tropas portuguesas. Mais tarde, num cenário já catastrófico, os GALAS ou oromos, vindos do sul, deslocam-se em direção a Xoa, no norte, completando a destruição. Observemos que, em meio à crise, a "Rainha Helena" a fim de evitar o isolamento do Império Etíope, fez aliança com muçulmanos moderados, como o sultão de Adal. Mas em 1522, já bastante idosa, veio a falecer. Cinco anos depois, os turcos, que se tinham expandido ao longo do litoral do Mar Vermelho, apoderam-se de Zeila, conquistam o porto de Massaua, e bloqueiam o acesso dos etíopes ao mar. Ver ADAL, Sultanato de; BAIDA MARIAM; GALAS; MASSAUA; MULHERES; ZARA-JACÓ; ZEILA.

ELMINA. Ver SÃO JORGE DA MINA.

ENCOSSES. Ver FUMOS.

ENDA AGUNA AMGAWI. Igreja associada ao Mosteiro de Debra Damos, na Etiópia. Tem duas entradas, uma nave principal e duas naves laterais que formam uma galeria (*Qene Mahlet*) feitas em alvenaria e madeira, com pilares que sustentam uma grande cúpula. No interior está o santuário (*Maqdas*) com altar (*Qeddest*) onde ficam os sacerdotes e os fiéis. Ver DEBRA DAMOS.

ENEDI (*ENNEDI*). Região planáltica no nordeste do território da atual República do Chade. Ver BORCU.

ENGARUKA. Antigo núcleo civilizatório localizado na atual Tanzânia e datado do século XV. Pesquisas arqueológicas dão conta da existência, no local, de um grande conjunto de aldeias dotadas ligadas por um extenso canal feito de blocos de pedra, além de um intrincado sistema de irrigação. Segundo Asante e Abarry, o sítio foi peça chave no florescimento dos impérios da África Central. Segundo D. W. Phillipson (1977, p. 210-233 *apud* Obenga, 1985, p. 99-100, nota 13), a povoação do norte da Tanzânia iniciou-se com a chegada, entre os anos 100 e 200 d.C. de povos falantes de idiomas bantos provenientes do Baixo Congo.

EPITÁFIOS DE GAO. Denominação de um conjunto de inscrições tumulares descobertas em 1939 em Sarnat d'Al Muhallabi, localidade distante cerca de 8 km da cidade de Gao. Talhadas em pedra, em língua árabe e datadas do período entre 1100 e 1265 d.C. (a mais antiga foi escrita cerca de 25 anos após a conquista do Gana pelos almorávidas), constituem uma das bases históricas do surgimento do Estado Songai. Registrando os nomes de integrantes das linhagens e governantes locais convertidos ao islã, além de mensagens religiosas de conforto espiritual, os "Epitáfios de Gao" são, também, os mais antigos testemunhos da influência muçulmana na África subsaariana. Ver ESCRITAS AFRICANAS; FONTES HISTORIOGRÁFICAS.

EQUITIS. Povo oeste-africano localizado no território da atual Nigéria. Ver OYÓ.

ERG. No Saara, cada uma das extensões cobertas de dunas móveis, modeladas pelo vento, como o Erg Iguidi, no território da atual República da Mauritânia; o Chech, no MALI; o Grande Erg

Ocidental e o Oriental, na Argélia. Ver ARGÉLIA; MALI; MAURITÂNIA, República Islâmica da; SAARA.

ERITREIA, Mar da. Antiga denominação do Mar Vermelho. Mais especificamente, a zona desse mar localizada diante do litoral da Eritreia. Tb. Mar Eritreu (do grego *erythros*, vermelho). Ver ERITREIA; VERMELHO, Mar.

ERITREIA, República da. País da África Oriental, localizado no "Chifre da África". Às margens do Mar Vermelho, tendo como limítrofes a República do Sudão, a oeste-noroeste; e a Etiópia, ao sul. Seu nome origina-se no grego *erythros* (vermelho) em alusão à aludida cor do mar. Desde tempos bastante anteriores à Era Cristã, seu território abrigou a província mais setentrional da Antiga Etiópia, habitada por populações de pastores emigrados da Arábia. E permaneceu sob o domínio etíope, com relativa independência, até passar ao domínio otomano no século XVI. Ver ADÚLIS; ÁFRICA; DAHLAK, Ilhas; DANAKIL; ETIÓPIA, República Federal Democrática da; GEEZ; SUAÍLI; TEFE.

ESCRAVATURA. Comércio ou tráfico de escravos. **Escravatura Comercial.** Expressão usada em Davidson (1977, p. 89) para distinguir o sistema escravista inaugurado pelos portugueses da "escravatura doméstica" preexistente na África. Dentro desse sistema, o escravo, depois de ser utilizado como moeda, foi usado, a partir de meados do século XV, como gênero mercantil, como mercadoria, para atender às necessidades da Europa e impulsionar o desenvolvimento industrial das Américas, conforme interpretado em Ferreira (1985, p. 51). Nesse quadro, o afã dos mercadores portugueses em enriquecer o mais rápido possível; a crescente procura de mão de obra escrava para o Brasil e as Índias Ocidentais; e o envolvimento de chefes africanos, levaram o caos e a ruina às populações africanas (Davisdon, 1977). M'Bokolo (2009, p. 209), reforça que o conjunto de operações que caracterizava o "comércio regular de seres humanos reduzidos à escravatura" realizava-se pelo "recurso a uma violência sem precedentes". Ver ESCRAVIDÃO; ESCRAVISMO.

ESCRAVIDÃO. Vocábulo que identifica a condição de escravo; sua prática configura o "escravismo", palavra que designa, mais, o sistema socioeconômico nela baseado. **Generalidades.** Mesmo que o termo "escravismo" nem sempre seja o mais adequado para classificar os tipos de relação de poder entre livres e não livres vigente na África; apesar disso, diferentes graus de dominação (coletiva, individual), e de formas de sujeição (dependência pessoal; servidão coletiva; prestações de serviços; privação parcial ou total da liberdade) interferiam nas relações sociais e produziam hierarquias sociais mais ou menos acentuadas, dependendo das especificidades entre as formações sociais e estatais então existentes (Meillassoux, 1975, p. 8-9). Em diversas partes da África Ocidental, vigorou o que os especialistas qualificaram de "escravidão de linhagem", situação expressa no vocábulo *jonya*, da língua fulâni (curvar, inclinar; buscar proteção, asilo) que marcava os indivíduos caídos em condição de "cativos". Estes se vinculavam às grandes linhagens dos grupos hegemônicos, tornando-se dependentes diretos de seus chefes, ou então de seus governantes, passando a estar integrados em seu aparelho político e vindo a constituir uma categoria social importante na sustentação de Estados como os de Gana, Takrur, Confederação Uolofe, Mali, Songai e Kanem Bornu. Sob outras designações, esta domesticidade também veio a constituir importante base de sustentação em Estados iorubás e também, mais tarde, no Monomotapa (Ogot, 2010, HGA, IV, p. 28). **Escravismo e poder.** Por vezes, o fortalecimento dos Estados (reinos, cidades-estados) e a constituição de impérios esteve associado ao incremento da escravidão, tendo o aumento numérico dos cativos sido fator de acumulação de poder político e econômico dos governantes. E em alguns casos, a mão de obra empregada provinha de grupos submetidos ao cativeiro por alegada motivação religiosa. Tema pouco explorado até bem pouco tempo pelos historiadores africanos, a "escravidão endógena" tem sido objeto de pesquisas nos últimos tempos, sobretudo após os debates do *3º Congresso Internacional de Historiadores Africanos*, ocorrido em 2001 em Bamako (V.V.A.A.: 2004, 271-292). Assim, trabalhos recentes têm procurado explicar o alcance e o significado das formas locais de aquisição, emprego e circulação de cativos, e sua relação com as rotas transcontinentais do tráfico. Por exemplo, na área cultural *akan*, da Costa do Ouro à Costa do Marfim, aberta a múltiplos contatos em virtude de sucessivas migrações de povos, a "escravidão endógena" é atestada desde os séculos XI-XIII, com grande incremento após o século XV, de onde o extenso vocabulário relativo aos vários graus de subordinação e dependência dos "não livres", fossem os servos (*akoa*), os cativos de guerra (*dommum*) e os escravos (*donko*) (Perbi, 2004, p. 22-28). **Evolução histórica.** Em consonância com o panorama geral da Antiguidade, o Antigo Egito e a Núbia, conheceram a escravidão, mas não como instituição socioeconômica dominante. O advento do islã, no século VII d.C. quebrou muitas de regras que garantiam proteção às pessoas que viviam na condição de escravos, mas ainda assim não houve um fortalecimento da instituição do escravismo, como definido acima. Segundo Konaré (1980, p. 137-138), as primeiras menções escritas à escravidão na área cultural mandê, datam efetivamente do século VII e se explicam pela necessidade de sal das populações das savanas do Sudão Ocidental e de força de trabalho pelos países do norte do continente. Indicações mais claras sobre pessoas mantidas na condição de escravas surgem nos relatos sobre o Império do Songai. Ao longo dos séculos, nos prósperos Estados que surgiam, nas diversas regiões do continente, populações cativas gravitavam em torno das cortes de monarcas poderosos. Entretanto, é difícil conhecer com exatidão a extensão do escravismo africanos fora do âmbito desses maiores Estados antes da chegada dos portugueses. Da mesma forma, é difícil saber a verdadeira natureza das relações entre senhores e escravos em cada um desses reinos e países, face à multiplicidade dos tipos de dominação/sujeição (Manning, 1999, p. 1720). **Exportações e importações.** No Egito e no norte da África, a exportação/importação de escravos expandiu-se gradualmente com o advento do islã e durante a Idade Média europeia. Por volta de do século XI, segundo Howatt (1973, p. 1400), havia um fluxo constante de exportação de homens e mulheres do oeste e do leste africanos para o Magrebe e Al-Andalus, no ocidente, e em direção ao Egito e partes da Europa meridional e Oriente Médio. No mesmo contexto, verificava-se uma constante importação, principalmente de eslavos e povos vizinhos, da Europa para o Egito e o Magrebe. As operações de compra e venda de escravos europeus diminuiu até cessar durante a Idade Média tardia; enquanto, na África a instituição do escravismo ia se consolidando. Embora se estendendo por muito tempo, na África, o comércio de escravos por via terrestre teve um impacto muito menor que o comércio marítimo. O número de trabalhadores anualmente exportados limitava-se à natureza dos empreendimentos aos quais se destinavam. Com a solitária exceção do sul do atual Iraque, onde no século IX floresceu brevemente uma economia de *plantation*, a destinação dos africanos saídos do continente no rumo norte-nordeste foi quase sempre o das diversas modalidades de serviços domésticos ou militares, como por exemplo os de guardas palacianos. Observe-se que nas economias menos desenvolvidas, a utilização de trabalho escravo, mesmo por seu custo, não era difundida (Howatt, 1973), **Singularidades: brancos e cantoras**. No ambiente da conquista árabe do norte africano, a partir do século VII a.C., a escravatura distinguiu os indivíduos, homens e mulheres, de pele escura de outros não portadores dessa característica física, própria dos considerados efetivamente "negros". A esses, com o tempo, a condição de "escravo" tornou-se específica e exclusiva, sendo-lhes destinadas atividades não meritórias, como as de eunucos, trabalhadores braçais, etc. Já os africanos de pele clara, como boa parte dos berberes, de ambos os sexos, foram principalmente empregados em tarefas que exigiam certas qualificações e que propiciavam alguma mobilidade social aos portadores (M'Bokolo, 2011, p. 215). Outra singularidade era o caso de mulheres de origem berbere, conhecidas por suas qualidades como cantoras, as quais, vendidas como escravas, eram muito apreciadas em todo o mundo muçulmano. Denominadas *kaynat* ou *kiyan*, forma plural de *kayna*, cantora, as preferíveis eram as que, depois de recrutadas por volta dos 9 anos idade, tinham passado três anos em escolas na cidade de Medina, três em Meca e nove em Bagdá para aprenderem o ofício (M'Bokolo, 2011). **Tráfico de escravos – rotas transcontinentais**. Antes da segunda metade do século XV, quando se deu a abertura do comércio de escravos através do litoral do Oceano Atlântico, três eram as principais rotas transcontinentais do tráfico. A primeira e mais antiga abastecia os mercados do Egito e do Oriente Médio a partir de Núbia, Etiópia e Mar Vermelho. Era alimentada desde os tempos de apogeu de Axum, e ganhou mais força após o século VII, com o início da islamização de Old Dongola, quando contingentes regulares de escravos passaram a ser enviados a Damasco, depois a Bagdá e ao Cairo (Renaut, 1989, p. 44-46). Daí o emprego frequente da palavra "*habasha*" (abissínio) como designação para "escravo" na Arábia. A comercialização aumentou gradualmente com a afirmação dos mercadores muçulmanos nas relações internacionais. Mercados de escravos foram então constituídos em cidades portuárias do litoral índico, como Quíloa, Mogadixo, Mombaça e as ilhas de Pemba e de Zanzibar - de onde parece provir o termo mais frequentemente utilizado para designar os escravos africanos no Oriente Médio, *zandj* ou *zanje*. A terceira grande rota interligava as rotas transaarianas que articulavam os contatos desde a Bacia do Níger ao Lago Chade com o Magrebe e o Egito. As estimativas do contingente populacional envolvido nessas transações, referidas principalmente em M'Bokolo (2009), referem-se a períodos posteriores ao século XVI. Observe-se, ainda, segundo Bathily (2010, HGA, III, p. 868) que, como o tráfico operava "nos dois sentidos", existiam, nas cortes oeste-africanas, escravos berberes, árabes e até mesmo europeus. **O tráfico atlântico.** A primeira operação de transporte massivo de escravos africanos para a Europa teria ocorrido em 1444, ano em que a Companhia de Lagos, recém-inaugurada, fazia chegar a Portugal 235 cativos capturados no Golfo de Arguim, na atual Mauritânia. Em 1534, a venda de escravos negros em Lisboa atingia a marca de 12 mil indivíduos. De 1575 a 1591 saíram de Angola mais de 50 mil escravos em direção a Portugal, Brasil e América hispânica. O tipo ideal para exportação era o adulto masculino, de 15 a 35 anos, evidentemente saudável, com altura mínima de 1,62 m. (Ferreira, 1985, p. 51-52). Ver *AKAN*; AL-ANDALUS; ANGOLA, República de; ÁSIA, Africanos na; BERBERE; EGITO, República Árabe do; GANA, Antigo; IDADE MÉDIA; JOLOF; KAHINA; KANEM-BORNU; MAGREBE; MALI; MANDÊ; NÚBIA; SONGAI; SUDÃO; TAKRUR.

ESCRAVISMO. Ver ESCRAVIDÃO.

ESCRITAS AFRICANAS. A existência de sistemas africanos de escrita, desde o Egito de 3500 a.C. até o reinado de Glélé, no antigo Daomé, no século XIX, é um elemento permanente na história e no pensamento africanos (Diagne, 2010, HGA, I, p. 281). Esses sistemas, propriamente africanos ou fruto de contatos com as formas de escrita árabe e europeias atenderam a diferentes necessidades materiais e espirituais de diferentes povos do continente. **Raízes na Antiguidade**. As antigas formas egípcias de escrita tiveram papel fundamental na difusão do letramento entre os povos da África subsaariana. E isso se deu tanto através da escrita demótica e meroítica, na Antiguidade, quanto através da escrita copta, no período posterior ao século VII. A partir daí foi que essa escrita se tornou instrumento fundamental de comunicação entre os cristãos egípcios, os núbios e os etíopes (Bourguet, 1988, p. 6-7). Difundida na Etiópia por força dos vínculos mantidos com o Patriarcado de Alexandria, a escrita copta foi, entretanto, logo substituída nos textos religiosos dos abissínios pelo gueês. Essa escrita, oriunda do sabeu, da Arábia meridional, tornou-se então a forma religiosa canônica, sendo mantida até a atualidade. Para além da função religiosa, as escritas desenvolvidas na África atenderam também às necessidades de ordem material, comercial, administrativa e histórica. E este foi o caso do sistema núbio de escrita surgido no século X, pelo contato com a escrita árabe. **Na África Ocidental.** O fenômeno da criação de escritas ocorreu também fora do âmbito geohistórico da influência egípcia ou etíope, como entre os tuaregues do Saara e do Sahel, que utilizam a forma denominada *tifinagh*. Entre o povo vai da atual Libéria; e ainda na região do Calabar, na atual República da Nigéria, surgiu a escrita *nsibidi*. Entre os bambaras e os dogons do atual Mali, registra-se a utilização de signos ideográficos cuja finalidade essencial é preservar os grandes feitos dos antepassados. E isto foi também observado em escritos da corte do Daomé, no século XVII comparados a outros do Egito predinástico (Diagne, 2010, HGA, I, p. 268; 270). **No Saara e no Sahel.** Quanto ao *tifinagh* dos tuaregues, pode ter se desenvolvido sob influência da civilização cartaginesa, com acréscimos dos contatos com o árabe. O estudo sistemático e aprofundado das inscrições epigráficas em túmulos e em grafites rupestres feitas com a utilização dessa escrita, realizado pelo pesquisador Paulo Fernando de Morais Farias nos anos 1970-1990, resultou no estabelecimento de um vasto corpo documental. Esses documentos abriram novas perspectivas na interpretação do funcionamento e das formas de organização das sociedades saarianas e sahelianas anteriores ao século XV da área cultural mandê e songai. E colocou em outros termos muitas das informações encontradas nas antigas narrativas de viajantes muçulmanos (Triaud, 2006, p. 317-323). **Sacralidade e magia.** Outros povos africanos também criaram sistemas gráficos de comunicação usados em monumentos sagrados e mantidos sob a guarda de sacerdotes especialmente dedicados a essa finalidade; destarte, o uso da escrita por vezes assumia conotações mágicas. Al-Idrisi afirma ter existido no Magrebe, na tribo de Azkar, gente muito instruída nos conhecimentos esotéricos da escrita profética atribuída ao livro bíblico de Daniel: "Assim - escreveu ele - se acontecia, entre eles, de alguém pouco ou muito importante ter perdido algo, o nome do objeto perdido era escrito na areia e, assim, logo encontrado, como se tivesse sido identificado pelo nome" (Cuoq, 1985, p. 154). Ver BAMBARAS; COPTA; DEMÓTICA; DOGONS; GUEÊS; MAGREBE; MEROÍTICA; *TIFINAGH*.

ESIGUIE. Obá do Benim entre 1504 e 1550. Converteu-se formalmente ao cristianismo em 1515, permitindo a entrada de missionários no reino e a fundação de uma feitoria no Rio Gwato (*Ughoton*) a partir de onde passaram a escoar pimenta-malagueta e escravos. Após uma primeira fase de contatos religiosos, políticos e comerciais, Esiguie retornou à prática da religião tradicional, deixando de prestar apoio aos evangelizadores, diminuindo a oferta de escravos do sexo masculino e condicionando a permanência das negociações com os portugueses à aquisição de armas de fogo (Ryder, 1977, p. 45). Ao fim de seu governo o contato com os portugueses estava enfraquecido, e o governante mantinha negociações com franceses e, principalmente, com ingleses.

ESMERALDO DE SITU ORBIS. Título do tratado redigido por Duarte Pacheco Pereira (1460-1533), navegador e administrador português a serviço da dinastia de Avis no Oriente e na Costa do Ouro, na condição de capitão de São Jorge da Mina. O volume, composto entre 1505 e 1508, reúne detalhada descrição das rotas, acidentes geográficos e povos do litoral da África. Segundo algumas fontes, o título da obra é composto da expressão latina *De situ orbis* (Dos lugares da Terra), antecedida no nome "Esmeraldo", que seria um anagrama composto pelas formas latinas dos nomes do autor e do rei Dom Manuel. Daí resultaria a tradução: "O tratado dos novos lugares da Terra, por Manuel e Duarte". Ver SÃO JORGE DA MINA.

ESPECIARIAS. Conjunto de ervas, ou partes de plantas que os navegantes e exploradores europeus buscavam na Índia e na África. Eram procuradas principalmente por suas propriedades de ativar o sabor, aromatizar e conservar alimentos. Ver COSMAS INDICOPLEUTES; COSTA DA MALAGUETA; PORTUGAL NA ÁFRICA.

ESTADOS. Estado é uma unidade política soberana, com estrutura própria e poder organizado em torno de uma nação ou etnia. Desde a Idade Média na Europa, a África já conhecia esse tipo de organização, caracterizado por autonomia, organização política, identidade distinta e reconhecimento por parte de outras unidades similares. – Antes de constituírem Estados, os povos africanos que assim se organizaram, como outros em todo o mundo, tiveram a terra como fator primordial de sua vida social, política, religiosa e econômica. A terra, de todos, era o bem simbólico que unia os vários grupos em comunidades descentralizadas, sem um chefe comum. O que facilitava a cooperação, a educação, o controle social e a atividade bélica, de que todos necessitavam, era o sistema de clãs. Com o advento da propriedade individual, o poder do grupo foi-se atenuando, surgindo daí a necessidade de se recorrer a um poder centralizado, geral. Constituído esse poder e organizando-se a estrutura, nasceram os Estados, não apenas chefaturas, reinos, principados, sultanatos, cidades-estado, mas entidades independentes, autônomas, portadoras de identidade étnica e assim reconhecidas por outras, aliadas ou adversárias. Segundo Rodney (1975, p. 89) a formação de Estados, como Gana, Mali, Songai, Kanem-Bornu, Mossi, os Estados Hauçás, etc., estava mais avançada no Sudão Ocidental que em outras regiões. Observe-se que a organização de sociedades em Estados não representa necessariamente um avanço. Por exemplo, em Davidson (1981, p. 150-151) são citados casos de sociedades que prosperaram sem que se grupassem em grandes unidades políticas centralizadas. Ver CIDADES-ESTADO; FEUDALISMO; SOCIEDADES SECRETAS; SUDÃO.

ETÍOPE, Império. Denominação do império erguido pelos abissínios legatários do Reino de Axum, consolidado no século XIV com as conquistas do negus Ámeda-Sion. Ver ETIÓPIA, República Federal Democrática da; IMPÉRIO.

ETÍOPE. Relativo à ETIÓPIA; indivíduo natural ou habitante desse país. Também, denominação de um conjunto de línguas semíticas faladas na Etiópia, o qual inclui o gueês, o amárico e o gurage (BERNAL, 2002, p. 639). Em sua origem, o vocábulo de origem grega *aethiops* tem em sua acepção literal o significado de "face queimada", "face escura", e foi empregada entre gregos, romanos e escritores medievais para designar as populações de todo o continente africano, aparecendo deste modo em mapas e livros de geografia (MEDEIROS, 1985, p. 124). Ver AMÁRICO; ETIÓPIA, República Federal Democrática da; GUEÊS.

ETIÓPIA, Maciço da. Região montanhosa no Chifre da África, estendida pelos territórios das atuais repúblicas de Etiópia e Eritreia. Em função de sua altura, que chega a 4.550 metros, o maciço é também referida como o "Teto da África". Ver CHIFRE DA ÁFRICA.

ETIÓPIA, República Federal Democrática da. Estado da África Oriental, localizado no CHIFRE DA ÁFRICA, na vasta região montanhosa entre o Rio Nilo e o Mar Vermelho, limitado pelas repúblicas de Eritreia, a norte e nordeste; Djibuti, a leste; Somália, a sudeste; Quênia, ao sul; e Sudão, a oeste e noroeste. Os territórios desses países foram, na época estudada nesta obra, no todo ou em parte, integrantes do território etíope. **Síntese histórica.** Durante o processo da conquista árabo-islâmica de partes da África, o poderoso reino de Axum, cristianizado desde o século IV e dominando o sul da Arábia, foi pouco a poço neutralizado pelo isolamento. No século VIII, forças árabes ocuparam o litoral do Mar da Eritreia e as ilhas Dahlak; e seu avanço progressivo, aliado a agressões internas, como a dos agaus, ensejou o surgimento da dinastia zagué. Os zagués, porém, acabaram destronados pela dinastia salomônica, que promoveu o renascimento da cultura e do poder axumita, mesmo a continuação das investidas muçulmanas a partir dos sultanatos de Ifat e Adal, até a chegada dos portugueses no século XV. **A Etiópia Mítica.** Na Europa medieval, os conhecimentos sobre a Etiópia fundavam-se em mitos e lendas transmitidos por textos religiosos. Nos textos de caráter geográfico, era sempre a derradeira região descrita, aquela situada na fronteira entre os conhecimentos possíveis e o desconhecido, isto é, o *Finis Terrae* (MEDEIROS, 1985, p. 68-76). No *Livro das Etimologias*, escrito na passagem do século VI-VII, Isidoro de Sevilha admitia a existência de duas Etiópias, uma ao Oriente, onde estaria situada a cidade de Sabá, e outra a Ocidente, onde habitariam os trogloditas e os garamantes. Na *Chanson de Roland*, poema épico da Idade Média europeia, ambientado no tempo das Cruzadas, é citado um rei núbio ou etíope denominado Marganice. É descrito como usando um elmo pontiagudo, ornado de ouro (BRISSAUD, 1978, p. 310); mas o nome não é localizado nas tabelas disponíveis. Até pelo menos o século XV era comum pensar que seu território fizesse parte da Índia Maior, motivo que levou muito dos cartógrafos e escritores a apontar nela a existência de monstros e desregramentos naturais. Para o cosmógrafo francês Pierre d'Ailly, no tratado *Imago mundi*, os trogloditas da Etiópia seriam habitantes de cavernas, não sabiam falar e se alimentariam da carne de serpentes. Num texto monástico português, o *Orto do esposo*, consta que ali viveriam povos sem lei, sem roupa e sem trabalho, e que um desses povos seria governado por um rei com apenas um olho na testa. Tais estereótipos foram-se diluindo desde o início do século XIV, quando o missionário Jordão Catalan de

Severac associou em seu relato denominado *Mirabilia descripta* a Etiópia com o reino do Preste João – um rei-sacerdote poderoso que poderia resultar num proveitoso aliado dos cristãos latinos na luta contra os sarracenos. A busca do reino do Preste João desempenhou papel ideológico na expansão marítima europeia através do litoral africano (Fall, 1982, p. 183-185). **Os antigos Estados.** No século VII, o poder monárquico, no território correspondente à moderna Etiópia era disputado entre diversas unidades políticas, sob a hegemonia da cidade-estado de AXUM, localizada na região de Tigré, no norte. Segundo o historiador Bairu Tafla (1981, p. 175), as instituições locais mais importantes e características eram o cristianismo e a monarquia, bases da coesão do povo e do poder do Estado. O crescente poderio do Egito muçulmano, primeiro com os TULÚNIDAS e, depois, sob os FATÍMIDAS (principalmente após a liberação do tráfico pelo Mar Vermelho), acabou por isolar os cristãos da Etiópia e também da Núbia. Como tábua de salvação, um grupo recorreu às antigas tradições que fazia remontar suas origens ao episódio bíblico envolvendo Salomão, rei dos hebreus, e a rainha de Sabá (Silva, 1966, p. 280). Com essa postura, evocada por líderes do povo amhara, o cristianismo etíope ganhava novo fôlego, reagrupando seguidores e, logo, expandindo seu universo e fazendo frente aos muçulmanos. Nessa conjuntura, com Axum dando já sinais de declínio, por volta do ano 900, um outro reino floresce mais para o sul, em Lasta, como se verá adiante; e sempre num clima geral de antagonismos, como no episódio da legendária Rainha JUDITE. Entre os séculos VII e X, o enfraquecimento do cristianismo e da monarquia propiciou o aumento das pressões internas e externas, que culminaram no declínio e na queda. Ainda segundo o mesmo autor (Tafla, 1981, p. 176-177) após o declínio de Axum, o poder político passou às mãos dos AGAUS cristianizados da dinastia dos ZAGUÊS, sediados em ROHA. Essa dinastia expandiu seu domínio para o sul, submeteu novas populações e propagou o cristianismo, até ser vencida por outra dinastia cristã autoproclamada como descendente do rei Salomão e por isso chamada SALOMÔNIDA, que estabeleceu a capital ainda mais ao sul, em XOA. Segundo o historiador Tadesse Tamrat, não havia nesse período uma corte fixa, e, por extensão, uma sede fixa de governo. A administração sob os salomônidas era feita pelos governantes e suas cortes em acampamentos móveis, o que levou o mencionado autor a qualificar este sistema de "governo indireto". Ao final, conclui que: "Nunca se consumou um sistema de administração imperial centralizado, e a vida cotidiana da população nas várias chefarias e principados continuou a ser regido por costumes locais" (Tamrat, 2010, HGA, IV, p. 492). Veja-se, mais, que esses repetidos deslocamentos da capital tiveram como consequência desenvolver uma vasta região, nas áreas planaltinas do centro e do norte, habitada por povos cristãos étnica e linguisticamente aparentados. Nascia assim, da coalizão formada por amharas e tigrés, a ABISSÍNIA, espinha dorsal do Estado etíope, legitimo herdeiro das glórias de Axum. Conforme Tafla (1981, p. 176), o maior desafio ao poder desse reino cristão veio, entre os séculos XIII e XIV, do sudeste, onde o islã estava sendo progressivamente implantado. Desde o século IX, pelo menos cinco sultanatos já tinham surgido na região entre Xoa e o Oceano Índico. Daí uma sequência de guerras intermitentes, motivadas por disputas políticas, econômicas e religiosas, opôs esses sultanatos ou emirados ao reino cristão, o qual permaneceu em vantagem até o século XVI. Em 1516, Ahmad Gragn, o governante muçulmano de Harar, no leste do país, rebelou-se e proclamou uma Guerra Santa contra os cristãos. Muito bem armados, seus exércitos derrotaram os do imperador Lebna Dengel e submeteram boa parte do país, causando muita destruição. Mas foram derrotados dezesseis anos depois pelo sucessor de Dengel, Galawdewos, auxiliado por tropas comandadas por um filho de Vasco da Gama. A partir daí, o país experimentou grande empobrecimento, com muitos homens, mulheres e crianças vendidos como escravos para a Arábia; e o gado sendo dizimado. Em consequência da guerra, e do enfraquecimento tanto dos cristãos quanto dos muçulmanos, foi que os Galas, cujos indivíduos são também conhecidos como oromos, habitantes do sul, começaram a avançar para o norte, em direção ao que fora, até então, o coração do império. Xoa, outrora também, por vezes, centro do poder, mas agora bastante abandonada pelos governantes. As cidades mais importantes, por essa época eram todas localizadas no noroeste, na área do Lago Tana. Outro problema foi ao mesmo tempo criado quando os turcos, que se tinham expandido ao longo do litoral do Mar Vermelho, conseguiram conquistar o porto de Massaua, o que efetivamente bloqueou o acesso da Etiópia ao mar. Ver ABÁ-SABRA; ABISSÍNIA; ABISSÍNIO; ABUNÁ; *AKAN*; ADAL, Sultanato de; ADÚLIS; AFARES; ÁFRICA; AGAUS; AMANO; AMHARA; ÁMEDA-SION; ANGOTE; ARQUITETURA; AXUM; AXUMITA; BAIDA MARIAM; BALI; BEGENDER; BETA GIYORGIS; BILÉM-SABÁ; CHIFRE DA ÁFRICA; CIRCUNCISÃO; COPTAS; CRISTIANISMO ETÍOPE; DAHLAK, Ilhas; DAMOTE; DANAKIL; DAUARO; DEBRE DAMOS; DELNAODE; DINASTIA; DJIBUTI, República do; DIGNAJÃ; EGITO, República Árabe do; ENDA AGUNA AMGAWI; ERITREIA, República da; ESCRAVIDÃO; ESCRITAS AFRICANAS; ETÍOPE, Império; EZANA; FATÍMIDAS; *FETHA NAGAST*; FUNJES; GALAS; GUEÊS; GOJAM; HÁDIA; IAGBA-SION; ICHAQUE; IEKUNO-AMLAK; IEMEREANA CRISTOS; IETEBARAQUE; IFAT, Sultanato de; IGREJAS RUPESTRES; INARIA; INTERTA; JACÓ, Abuná; JAMALDIN; JORGE DA NÚBIA; JUBA; JUDITE, Rainha; KALEB; LALIBELA; LASTA; MANCALA; MARA TAKLA HAYMANOT; MASSAUA; MONTANHA DOS REIS; MÚSICA E DANÇA; NEACUETO-LEABE; NILO AZUL; NIUAJA-MARIAM; NÚBIA; PORTUGAL NA ÁFRICA; PREEXISTENTE; PRESTE JOÃO; ROHA; SABEUS; SABREDIM; SAÍFA ARAD; SALOMÔNICA, dinastia; SERPENTE, Culto da; SILCO; SOMÁLIA; SUAÍLI; SUDÃO, República do; TACAZÉ; TAKLA HAYMANOT; TANA, Lago; TEFE; TEGUELATE; TENTAUIDIM; TIGRE; TRÁFICO DE ESCRAVOS; TUCULER; TULÚNIDAS; UIDIM READE; VERMELHO, Mar; XARCA; XOA; ZAGUÉS; ZARA-JACÓ; ZEILA.

Etiópia Cristã – Governantes				
Governante	**Período**	**Dinastia**	**Capital**	**Fato relevante**
Germa Asafar	639-654	Dinastia de Kaleb (501-531).	Axum	Conquista árabe.
Zergaz	654-664			
Dagena Mikael	664-690			
Bahr Ekla	690-709			
Gum	709-733			
Asguagum	733-738			
Latem	738-754			
Talatam	754-755			
Gadagosh	775-788			
Aizar Eskakatir	778			Reinou metade de 1 dia.
Dedem	778-793			
Wededem	793-803			
Wudme Asfare	803-833			
Armah	833-838			
Degenajan	838-857			
Gedajan	857-858			
Gudit	858-898			
Anbase Weden	898-918			
Del Naad	918-928			
Mara Takla Hayma-not e governantes de sua dinastia.	c. 1135-1270	Zagué	Roha	A dinastia zagué, fundada por Mara Takla Haymanot, no século X, teve como seu mais destacado governante Gabra Maskal Lalibela (c. 1185-1225).
Iekuno Amlak	1270-1285	Salomônica	Xoa	
Salomão I/Yagbe-Sion	1285-1294			
Bahr Asgad/Senfa Asgad	1294-1297			
Hezba Ared/ Quedma Asgad	1299?			
Wedem Raad	1299-1314			

E

Etiópia Cristã – Governantes				
Governante	**Período**	**Dinastia**	**Capital**	**Fato relevante**
Ámeda-Sion	1314-1344			Notabilizado como o maior soberano etíope de sua época (Aziz, 1978, p. 203), foi também referido pelo nome Gabra Maskal, como o zagué Lalibela.
Newaya Krestos / Saifa Ared	1344-1372			
Newaya Mariam/ Wedem Asfarê (ou Guerma Asfarê)	1372-1382			
David I	1382-1411			
Teodoro I	1411-1414			
Yetshaq, Gabra Masqal	1414-1429			
Endreyãs	1429-1430			
Takla Mariam/ Hezba Nân	1430-1433			
Saroué Iyasou/Badel Nân	1433			
Zara Jacó, Constantino I	1433-1434			
Baida Mariam I	1468-1478			
Eskender/ Constantino II	1478-1494			
Ámeda-Sion II	1494			
Naod, Anbasa Badar	1494-1508			
Lebna Dengel /David II/Wanad Sagad I	1508-1540			
Galawdewos/Atsnâf Sagad I	1540-1559			
Minâs (Mena)/ Wanag Sagad II/ Admas Sagad I	1559-1563			
Sartsa Dengel/Malak Sagad	1563-1597			
Jacó/Malak Sagad II	1597-1603			

Fonte: Doresse (1957, p. 80-81).

ETNIA. Caracterização, ainda cientificamente polemizada, de uma comunidade de indivíduos que compartilham afinidades de base biológica e cultural. A expressão "grupo étnico", que lhe corresponde, é a adotada nesta obra, embora autores como Abranches (1984, p. 100) não descartem a designação "tribo". Ver CLÃ; LINHAGEM.

EUÊS. Grafia utilizada em algumas fontes em lugar de ewe (q.v.).

EUNUCO. No âmbito deste dicionário, termo que designa o homem castrado, geralmente empregado em haréns do mundo árabo-muçulmano. A prática da castração era reservada a uma categoria particular de escravos, destinados a servir em templos e cultos religiosos; na domesticidade dos governantes poderosos, como parte de suas guardas pessoais; e também como ministros ou servidores palacianos. Particularmente numerosos e procurados no Oriente Médio, os eunucos eram tanto negros quanto brancos, particularmente eslavos, francos ou galegos. No Egito, remonta aos séculos IX-X a associação de eunucos às atividades palacianas, e sob os fatímidas eles passaram a desempenhar um papel oficial entre os servidores do Estado, reunidos em um corpo estruturado e organizado (M'Bokolo, 2009, p. 226). Ao tempo dos sultões mamelucos havia quatro grupos de eunucos de diversa procedência, entre os quais dois deles de origem africana: os *tekruri*, originários do Takrur, e os *habashi*, da Abissínia. Sobre os *tekruri*, pode-se aventar serem também provenientes do chamado "País Hauçá", dado o vasto emprego de africanos hauçás, segundo algumas fontes, em haréns do mundo árabo-muçulmano (Lopes, 2011, p. 331). A presença de eunucos é também atestada entre os soberanos da África subsaariana, especialmente nos antigos Mali, Songai e Kanem-Bornu, onde serviram, nessa condição, indivíduos eslavos ou turcos comprados no Cairo, e outros encontrados entre as populações locais. Consoante alguns registros, provavelmente tendenciosos, os eunucos negros seriam preferíveis aos brancos por não alimentarem como esses, ressentimento e desejo de vingança contra seus senhores (M'Bokolo, 2009, p. 225). Ver ÁSIA, Africanos na; BORNU; EGITO, República Árabe do; ESCRAVIDÃO; KANEM-BORNU; MALI; MAMELUCO, Sultanato; SONGAI; TAKRUR.

EVARÉ. Ver EWUARÉ.

EWE (*Évé*). Língua falada pelo povo de mesmo nome, localizada a partir do atual território da República do Togo. Aparentada com outras do oeste africano, como o fon, do atual Benim, e o twi, da República de Gana. Sua denominação estende-se, assim, a conjuntos de expressões linguísticas e dialetais designados, por exemplo, como ewe-fon; aja-ewe, etc. **Origens**. Segundo a tradição, os ancestrais dos povos falantes do Ewe teriam começado sua gradual migração para oeste, a partir de Oyó Ilé; mas algumas teorias sugerem que essa "tradição" tenha sido criada já no século XVIII, quando Oyó dominou o Daomé. Descobertas arqueológicas sugerem uma presença contínua mais antiga no sul do Togo. – Segundo Houaiss *et al.* (2001, p. 1279), o termo "ewe" é também transliterado como *awuna*, *ehue*, *evé*, *yewe*, etc. Ver AJÁ; OYÓ; TADÔ.

EWEDO. Obá do Antigo Benim, reinante provavelmente na segunda metade do século XIII, sucessor de Ehènmihén (MARTI, 1964, p. 75). Mudou o nome do reino de Edo para Ubini (Bini, Benim) e ampliou-lhe os limites, por força de ação militar. Ver BENIM, Antigo; OBÁ.

EWEKÁ I. Segundo obá do Antigo Benim, reinante provavelmente no século XIII. Segundo a tradição, era filho de Oraniã (a quem sucedeu) e Eriwindê, sendo mencionado como o "Bem Amado". Consoante Page (2005, p. 67), não agradava ao povo edo ser governado por essa dinastia de "reis sagrados", vinda de Ilê-Ifé, o que dificultava a verdadeira consolidação de um Estado. Ver ORANIÃ.

EWUARE. Obá do Antigo Benim (c. 1440-1480). Consolidador do Estado Edo, é reconhecido como o efetivo criador da organização política de seu reino. Durante seu reinado, conquistou partes do leste e do sul da Iorubalândia, incorporando essas regiões ao seu império. Além disso, estabeleceu relações pacificas com os portugueses, chegados em 1472, conseguindo, durante seu reinado, manter independência em relação ao domínio europeu (PAGE, 2005, p. 128). Mencionado como grande mago e guerreiro, organizou as linhagens de seu povo; estruturou administrativa, econômica e militarmente o Estado; e introduziu importantes rituais enfatizando a natureza divina de sua realeza. Segundo a *African Encyclopedia* (1974, p. 199) chamava-se originalmente Ogun, tendo adotado o nome Ewuare como um acréscimo de força, segundo o costume africano. Ver BENIM, Antigo; EDOS; IORUBALÂNDIA; OBÁ.

EXCISÃO CLITORIDIANA. Prática da tradição africana, a clitorectomia ou clitoridectomia, impropriamente mencionada como "circuncisão feminina" (HOUAISS *et al.* 2001, p. 741), é localizada na África, mas não apenas entre povos da esfera islâmica, como os mandingas e fulas mencionados por Carreira (1963). **Motivações.** As raízes desse costume seriam principalmente de caráter sanitário, mas parece revestirem também aspectos mágico-religiosos, bem como igualitários, equiparando homens e mulheres em seus rituais de passagem para a idade adulta. Entre os quicuios (*Kikuyu*, *Gikuyu*) da atual República do Quênia, a circuncisão dos rapazes e a clitoridectomia das moças têm a mesma denominação: *irua*. E ambos foram tradicionalmente entendidos como práticas reforçadoras do código moral do povo e simbólicas de sua unidade política, pelo que desempenhariam papel importante na vida dos quicuios (KENYATTA, 1985, p. 134). No âmbito mágico-religioso, é dito que, entre os bambaras da atual República do Mali, a tradição faz acreditar que a excisão livraria a mulher do "componente físico masculino" presente no clitóris (PAQUES, 1954, p. 92). Ainda sobre os bambaras, lemos que, entre eles, o homem que mantivesse relações íntimas com uma mulher não submetida à excisão correria o perigo de ser alvo do "dardo", o clitóris, e morrer (RACHEWILTZ, 1963, p. 211). **Questionamentos**. Assim como a prática da circuncisão entre os judeus foi intensamente questionada em Roma durante o primeiro século da Era Cristã (KRATZ, 1999, p. 737), a condenação à excisão clitoridiana é, há muito tempo, cercada de polêmica. Entretanto, alguns argumentos chamam atenção para o fato de que a oposição a esse costume tradicional africano remontaria à época da colonização cristã europeia e chegou juntamente com outras iniciativas tendentes a mudar as noções sobre o corpo e suas transformações nas relações tradicionais (Kratz, 1999). Na discussão, cabe ressaltar também a diferenciação entre clitoridectomia e infibulação. No primeiro caso, removem-se o clitóris e seu prepúcio; e, no segundo, após a excisão dos lábios vaginais, os lados da vulva são unidos, deixando-se apenas uma passagem para a saída da urina e do fluxo menstrual. Face à complexidade da questão, em cujo centro estão conflitos de valores e interesses, parece melhor, como observa Kratz (1999, p. 738) entender que as posições e decisões a respeito só serão efetivas quando tomadas pelos povos diretamente envolvidos.

EZANA. Rei etíope de Axum, no século IV d.C. Convertido ao cristianismo por volta do ano 330, a ele se deve o estabelecimento das bases da Igreja Copta em seu país. Ver AXUM; COPTA.

F

FADA N'GURMA (*Fada N' Gourma*). Antiga cidade-estado do conjunto de povos mossis, situada a leste de Uagadugu. Na atualidade, a cidade é um dos atrativos históricos da República de Burkina Faso. Ver BURKINA FASO, República de; GURMA; MOSSIS; UAGADUGU.

FALACHAS (*Falasha*). Denominação (tida às vezes como pejorativa) de uma população da Etiópia caracterizada pela prática de uma vertente do judaísmo, pelo que são também chamados "Judeus Negros" ou *Bani-Israel* (filhos de Israel), integrantes da comunidade Beta Israel (casa de Israel). Seus ancestrais são tidos como chegados ao país nos tempos antigos, provenientes do Egito ou da Arábia; e teriam convertido ao judaísmo considerável parte da população local (PANKHURST, 1984, p. 26). Muitos dos falachas reivindicam-se historicamente como descendentes do imperador Menelik I, tido como nascido da legendária união bíblica da Rainha de Sabá com o Rei Salomão. São falantes do gueês, língua na qual oram e leem os textos religiosos originários do Pentateuco. O que parece evidente é que, entre 900 e 1000 d.C., os falachas estavam sendo perseguidos por apoiarem os agaus, resistentes ao poder de Axum. No século XIII, no período conhecido como a "Idade Heroica da Etiópia", eles começaram a ser vistos como um grupo com identidade própria. Assim, foram perseguidos durante a dinastia salomônica, notadamente nos reinados de Zara-Jacó e Baida Maryam, quando sangrentos massacres lhes infligiram grandes perdas (PAGE, 2005, p. 33-34). Ver ABÁ SABRA; AGAUS; AXUM; BAIDA MARYAM; ETIÓPIA, República Federal Democrática da (item "A Etiópia mítica"); GUEÊS; SALOMÔNICA, dinastia; ZARA-JACÓ.

FALEMÊ (*Falémé*). Rio da África Ocidental. Principal afluente da margem esquerda do Rio Senegal, nasce no norte do Futa Jalom e corre entre os atuais territórios de Senegal e Mali. Rodney (1975, p. 86) informa como proprietários das importantes jazidas de ouro do Antigo Gana, o povo "falema", do Alto Senegal, certamente habitante do vale desse rio. Ver FUTA JALOM; GANA, Antigo.

***FAMA*.** Título real entre o povo bambara. Traduz-se em português como "rei, soberano". Ver BAMBARAS.

FÂNTIS (*Fanti*). Povo da África Ocidental, integrante do grupo *akan*, autorreferido como *Boribori Imfantsi* e localizado no litoral central da atual República de Gana. Por volta do ano 1300, o povo ntafo, formado pelos clãs abura, ekunfi, kurentsi, nkusukum e enyan, começou a emigrar do Tequiman para o sul. Depois de terem deixado a confluência dos rios Pra e Ofin, sob a liderança dos sacerdotes Obunumankoma, Odapagiyan e Osono, por volta de 1400, estes povos chegaram ao mar. No litoral, já constituindo a nação fânti, ou *boribori* *mfantsi*, fundaram Mankessim, "a grande cidade", e as vilas de Koromantim, Egyaa e Anomabu. Nesse local, os túmulos dos três ancestrais são hoje o sítio sagrado de Nanamon Mpow. Estabelecidos no litoral, os fântis passaram a desempenhar um papel importante nas rotas de comércio que demandavam as minas de ouro do interior. Nos documentos portugueses, franceses e ingleses dos séculos XV-XVI, por vezes eles são identificados pelos termos *afutu*, *efutu*, *fetu*. Na crônica denominada *Décadas da Ásia*, de João de Barros, teria sido o governante de Afutu chamado Caramansa, isto é, Kwamina Ansa, que teria negociado, em 1482, com o português Diogo de Azambuja, a construção do castelo de São Jorge da Mina (Elmina), ao qual se seguiram, mais tarde, outras fortificações (Ballong-Wen-Mewuda, 1993, p. 83-87). Ver *AKAN*; AXÂNTIS; EFUTU; BONO-TEQUIMAN; KWAMINA ANSA; SÃO JORGE DA MINA.

FARAN MAKAN BOTÊ. Herói mitológico ligado às origens do povo Songai. Nas tradições orais, teria sido um guerreiro de ascendência sorko, filho de uma entidade ligada aos espíritos das águas, que uniu os gows, caçadores, aos sorkos, que eram pescadores. Ao se estabelecer a seguir entre os agricultores da região de Tillabéri-Asongo, teria dado início ao que depois viria a ser a cidade de Gao. Ver SONGAI.

FARAS. Antiga cidade cristã da Núbia, outrora situada no atual território da República do Sudão, próximo da fronteira com o Egito. Durante séculos serviu de capital do antigo reino da Nobácia, tendo entre seus monumentos mais importantes uma catedral, de construção iniciada no século VII e existente até o século XIV. Atualmente a cidade encontra-se totalmente submersa pelo Lago Nasser, mas antes, entre 1961-1964, o sítio foi explorado por uma equipe de arqueólogos. Parte da iconografia lá encontrada, com temas bíblicos, imagens de governantes locais e bispos cristãos núbios, encontra-se preservada nos museus da cidade de Cartum e em Varsóvia. Ver EGITO, República Árabe do; NOBÁCIA; SUDÃO, República do.

FARBA. Na corte do Songai, título atribuído a cada um dos homens de confiança do rei, encarregados do governo das províncias, como as de Arabinda, Bagana, Bani, Bara, Benga, Cala, Dirma, Hombri, etc. Termos sinônimos eram *fari*, *farima* e *farma* (Silva, 1996, p. 524). Ver FARI-MONDYO; SONGAI.

FARIN. Título privativo dos governadores de aldeias, no Antigo MALI (Niane, 2010, p. 179). Ver MALI, Antigo.

FARI-MONDYO. Designação reservada ao chefe dos cobradores de imposto no Império Songai. – Observe-se que, na língua bambara um dos significados do vocábulo *fari* é o de "cruel, brutal, severo, violento" (Sauvant, 1926, p. 49). Ver BAMBARAS; SONGAI.

FATÍMIDAS. Dinastia berbere muçulmana governante no norte da África nos séculos X a XII. Sua assunção ao poder ocorreu, no ano 909, quando, proclamando independência em relação aos califas ABÁCIDAS de Bagdá, assumiram o controle da Ifríquia, hoje Tunísia. Em 969, conquistaram o Egito e estabeleceram sua capital no Cairo, tendo entretanto perdido o controle de sua província original, no Magrebe. A mudança fortaleceu a busca de autonomia dos berberes da Ifríquia, os quais, fazendo de sua capital Cairuão (Kairuan), um centro de poder cada vez mais independente, exemplo para as demais regiões do Magrebe, que também foram rompendo seus laços com o Cairo (Guia, 1988, p. 535). Entretanto, segundo viajantes árabes do século XII, o reinado dos fatímidas no Cairo foi um tempo de paz e prosperidade, que durou até 1171, quando foram destronados pelos aiúbidas, dinastia do célebre sultão SALADINO (Salah ad-Din Yusuf ibn Ayyub). Ver ABÁCIDAS; AIÚBIDAS; EGITO, República Árabe do; IFRÍQUIA; MAGREBE; SALADINO.

FEITORIAS. No âmbito deste dicionário, estabelecimentos coloniais criados em portos fluviais e marítimos, para armazenamento e comércio de mercadorias, servindo também como fortificações incipientes, para defesa do território. Ver PORTUGAL NA ÁFRICA.

FELUPES (*Falupos, Felup, Floup, Flup, Fulup, Laron, Uluf*). Povo oeste-africano, aparentado aos diúlas, localizado no território situado entre os rios Arame, Cacheu e Casamansa, nos territórios das atuais repúblicas de Guiné-Bissau e Senegal. Segundo Silva (1995, p. 617), à época da chegada dos portugueses, os felupes integravam, juntamente com povos vizinhos, uma rede mercantil que ligava o litoral ao tráfico transaariano. Ver DIÚLAS; GABU, GUINÉ-BISSAU.

FERREIRO. Embora variasse de uma região para outra, a posição do ferreiro, artífice do ferro, nas antigas sociedades africanas era, como até hoje nas comunidades tradicionais, a de um personagem de alta estirpe, um indivíduo de ocupação polivalente, técnico e artista. Em várias regiões, notadamente na África Ocidental, os ferreiros, ainda nos tempos atuais, constituem uma categoria à parte, uma casta mesmo. E isto porque, em geral, não só detém o monopólio da tecnologia como desempenham papel preponderante em cerimônias e rituais, como oficiantes da liturgia e curadores de doenças. Por força de sua importância econômica, de sua profissão e da sacralidade que envolve seu mister, o ferreiro sempre foi, nas sociedades africanas, desde tempos imemoriais, alguém envolto em aura de grande credibilidade e respeito. Veja-se, por exemplo, que, em quicongo e quimbundo, línguas do grupo banto, os termos correspondentes ao português "ferreiro" estão sempre presentes no título dos heróis civilizadores: *Ngangula-a-Kongo*, o forjador do Congo; *Ngola Musudi* ou *Msuri*, título ambundo significando "rei ferreiro" (*ngola* era também o nome dos pequenos pedaços de ferro que simbolizavam as linhagens principais dos ambundos), etc. (Lopes, 2011, p. 141). Ver METALURGIA.

FERRO. Ver FERREIRO; METALURGIA.

FETHA NAGAST. Antigo código de leis da Etiópia, o *Fetha Nagast* (Leis dos reis) foi escrito por volta de 1240, em língua copta, pelo escritor Abdul Fada'il ibn al-Assal; mais tarde, foi transcrito em gueês e amplamente difundido nos séculos posteriores. Para alguns, sua versão em guêes teria sido feita em 1450, no reinado de Zara Jacó, mas sua aplicação dataria apenas do fim do século XVI, quando passou a constituir a suprema base jurídica do reino. Ver ETIÓPIA, República Federal Democrática da; FONTES HISTORIOGRÁFICAS; ZARA JACÓ.

FETI. Mitológico herói fundador dos ovimbundos de Angola. Seu nome deriva do umbundo *okufetika*, começar (ABRANTES, 1985, p. 275). Ver CACONDA; OVIMBUNDOS.

FETICHISMO. Ver RELIGIÃO TRADICIONAL.

FEZ. Cidade localizada no centro-norte do Marrocos, fundada em 808 por Idris II. Até meados do século XI abrigou a corte dos primeiros governantes muçulmanos marroquinos, os idrísidas. Seu núcleo histórico mais antigo, conhecido como Fès El-Bali, a "antiga Fez", remonta à segunda metade do século IX. No período de domínio dos almorávidas e almôadas, quando o centro de poder se deslocou para Marraquexe, perdeu temporariamente sua preeminência; mas voltou a se tornar capital no século XIII. Data de 1238 o início das construções de *Fès el-Jedid*, a "nova Fez", pelos sultões da dinastia marínida, que dali governaram até o início do século XVI. Ver ALMÔADAS; ALMORÁVIDAS; IDRÍSIDAS; MARÍNIDA; MARRAQUEXE; MARROCOS, Reino do.

FEZÂNIA (*Fezzan, Fezzania*). Região no oeste do território da atual República da LÍBIA. Outrora uma província do Império Romano, no ano 666 foi conquistada pelos árabes muçulmanos, sendo o cristianismo expurgado e seus praticantes expulsos para outras regiões. Foi importante ponto de uma das rotas de comércio transaariano, nas quais as caravanas de mercadores transportavam ouro, marfim e escravos do Sudão ocidental até o Mediterrâneo (e outros bens, no sentido inverso), fazendo parada nos oásis ao longo do caminho. No século X dinastias berberes nativas, apoiadas pelos fatímidas do Egito, reconquistaram o poder na região. Três séculos mais tarde, o rei do Kanem-Bornu, provavelmente Dibalemi ibn Salma ou Dunama II (1220-1259), invadiu a Fezânia. A partir daí, os canúris do Bornu controlaram a região até o século XVI (PAGE, 2005, p. 77). Ver BERBERES; KANEM-BORNU; DUNAMA II; EGITO, República Árabe do; FATÍMIDAS; LÍBIA; MEDITERÂNEAS, Regiões; ROTAS DE COMÉRCIO; SUDÃO.

FIRNAS IBN ABBAS. Erudito andaluz de origem marroquina, com destacado papel na corte dos emires omíadas da cidade de Córdova no final do século IX. Alcançou grande renome por seus conhecimentos de matemática, astronomia e física. Ver ANDALUZ; OMÍADAS.

FON. Povo da África Ocidental integrante do conjunto de povos ewe; a língua falada por esse povo. O povo fon notabilizou-se como o criador do reino daomeano de Abomé. Ver AJA; EWE; TADÔ.

FONGBÉ. A língua do povo fon, quase sempre mencionada apenas como "fon" e, em Abomé, denominada *danxomegbè*, "língua do Daomé" (SEGUROLA; RASSINOUX, 2000, p. 173).

FONTES HISTORIOGRÁFICAS. As fontes que concorrem para a formação da historiografia africana, podem ser assim classificadas: a) fontes escritas, representadas principalmente pelos relatos de cronistas árabes e árabo-africanos e de europeus chegados ao continente no século XV; b) arqueologia, corporificada nos estudos inicialmente feitos por cientistas europeus e norte-americanos; c) estudos linguísticos, antropológicos e etnológicos, igualmente realizados por cientistas estrangeiros, como Louis e Mary Leakey, Bernard Fagg, Brian Fagan, Raymond Mauny, Theodore Monod, etc. Registre-se, nos estudos realizados por cientistas africanos a partir do século XX, a preocupação em desfazer o etnocentrismo dos resultados anteriores, que atribuiu muitas das conquistas civilizatórias dos autóctones a influências ou contribuições externas. No caso dos estudos linguísticos, por exemplo, denunciou-se o estabelecimento de uma escala de importância, para fazer valer uma alegada superioridade das línguas da família indo-europeia (Ki-Zerbo, HGA, I, 2010, p. xlv). Consigne-se, ainda, o esforço de cientistas como o senegalês Cheik Anta Diop (1923-1986), historiador, matemático, físico, antropólogo e egiptólogo, antecipador das grandes descobertas sobre o passado africano ocorridas no século XX. E também de seu colaborador Théophile Obenga, egiptólogo, linguista e historiador nascido na atual República do Congo em 1936, que a partir de seus estudos interdisciplinares tornou-se um dos mais ferrenhos adversários do etnocentrismo científico ocidental. Graças principalmente a esses pioneiros e seus seguidores, criou-se uma nova escola de pensamento e um novo paradigma científico, denominado Afrocentricidade, no qual a África deve ser o centro de todos os estudos a si relacionados, inclusive aqueles sobre as populações de descendência africana em todo o mundo. Comprometidos ou não com esse paradigma, muitos cientistas nativos têm-se dedicado a cada vez mais revelar o outrora obscuro passado da África. Para o período focalizado neste dicionário, listamos alguns dos principais colaboradores da fundamental *História Geral da África* (HGA III, 2010), como os seguintes: S. Lwango-Lunyiigo (de Uganda), especialista em Pré-História Africana, principalmente da África na Idade do Ferro; B. Barkindo (Nigéria), especialista nas relações entre estados pré-coloniais na bacia do Chade; B. W. Andah (Nigéria), especialista em História, Arqueologia e Antropologia da África; J. R. Anquandah (Gana), especialista em História e Arqueologia da África, do início da Idade dos Metais até c. 1700; T. Masao (Tanzânia), especialista em Idade da Pedra tardia e em arte rupestre pré-histórica; H. W. Mutoro (Quênia) especialista em Arqueologia Africana; A. Bathily (Senegal) especialista em História do SUDÃO ocidental do século VIII ao XIX (HGA III, 2010, p. 893-896). Cronistas árabes, persas, árabo-africanos e andaluzes. No conjunto das fontes em que se baseia a Historiografia africana, as fontes escritas em árabe, por viajantes contemporâneos dos acontecimentos ou que basearam seus relatos em fontes locais, são destacadas como as mais importantes. Entre esses autores, contam-se principalmente os seguintes: Al-Masudi, nascido em Bagdá e falecido c. 956 d.C.; Ibn Hawkal, nascido em Bagdá; Al-Bakri (1040-1094), nascido em Córdoba; Al-Idrisi, geógrafo, nascido em Ceuta; Abulfeda (1273-1331), erudito nascido em Damasco; Al-Umari (1301-1349), erudito, nascido em Damasco; Ibn Batutta (1304-1377), grande viajante, nascido em Tânger, percorreu longas distâncias, do Magrebe à China; Ibn Khaldun (1332-1406), diplomata nascido em Túnis; Al-Hassan (1483-1554), conhecido como "Leão, o Africano"; Mahmud Kati, historiador de Tombuctu, de etnia soninqué; Al-Sadi, sábio de Tombuctu, autor do *Tarikh al-Sudan* ("Crônica dos País dos Negros", datado do século XVII) (Ki-Zerbo, 1972, I, p. 15-16). Segundo Medeiros (2010, HGA, III, p. 145), alguns autores árabes teriam sido obrigados, em seus relatos, a atender a interesses e objetivos expansionistas dos senhores para quem colhiam informações, como Ibn Hawkal, que servia aos fatímidas. Outros relatos, como os de Al-Bakri, seriam compilações de escritos de autores que o antecederam, recolhidos em arquivos oficiais. Ver AL-IDRISI; AL-MARRAKUSHI (ambas as entradas), AL-MASUDI; AL-SADI; IBN IDARI; BAIDHAQ AL; *CRÔNICA DE KANO*; EPITÁFIOS DE GAO; ESCRITAS AFRICANAS; *ESMERALDO DE SITU ORBIS*; *FETHA NAGAST*; IBN FARTUA, Ahmed; IBN BATUTTA; IBN IDARI; IBN KHALDUN; KEBRA NAGAST; MAHMUD KATI; MANUSCRITOS DE TOMBUCTU; MUQADDIMMAH; *TARIKH*.

FORTE JESUS. Estabelecimento português construída a partir de 1593 em Mombaça, principalmente como reduto de defesa contra os turcos otomanos. Tornou-se, mais tarde, sede de uma capitania, independente de Moçambique. Ver MOÇAMBIQUE; MOMBAÇA; OTOMANO, Império.

FRONTEIRAS. Uma das acepções correntes do vocábulo "fronteira" é a de linha divisória entre duas áreas, regiões, países, etc. Entretanto, no contexto deste dicionário, o sentido do vocábulo não corresponde a essa definição: a fronteira não se reduzia a uma linha traçada em um mapa. Assim, um chefe – de linhagem, de aldeia, de província ou de um Estado – sabia bem até onde iam os limites de sua autoridade, independente de marcos puramente geográficos. E isto porque as relações dentro de seu grupo implicavam sempre em um conjunto diversificado e complexo de laços, os quais não compreendiam hierarquização do tipo piramidal. Elas se estruturavam: a) como laços constituídos entre linhagens, b) a partir de relações familiares; como uniões políticas em que se reconhecia uma autoridade territorial estatal hierarquizada; c) baseadas em situações de dependência interpessoal que compreendiam mas também podiam contrariar esses dois casos precedentes, por conta de uma rede de trocas e obrigações, em sentido horizontal e também vertical. Em boa parte dos Estados focalizados nesta obra o poder se exercia de uma forma no coração do Estado e no entorno da capital, e de outro modo nos confins distantes, marcados por toda sorte de instabilidades. As fronteiras traçadas pelo colonialismo europeu, no século XIX, não levaram em conta essas peculiaridades (Coquery-Vidrovitch, 2005, p. 39-40).

FROTA DO TESOURO. Expressão usada em algumas fontes para designar o conjunto das expedições marítimas comandadas pelo almirante chinês Zeng He, ou Cheng Ho (1371-1435). Tinham elas a finalidade de navegar desde o Mar da China e o Oceano Índico, até o Mar Vermelho e a Arábia. Em duas delas, ocorridas entre 1417-1419 e entre 1431-1433, contatos foram estabelecidos com os mercadores das cidades suaílis.

FULÂNIS. O mesmo que peúles. Ver FULAS.

FULAS PRETOS. Ver DENIANQUÉ.

FULAS. Conjunto de populações da África Ocidental, atualmente localizadas, principalmente, do Senegal ao norte de Camarões. São também mencionados como fulânis (em inglês *fulani*), *peul* e *fulbé* (em francês). Algumas obras editadas no Brasil adotam as grafias "peúle" e "peúles", aportuguesadas do francês. Segundo informado em Bâ, (2003, p. 22), os indivíduos desse grupo "se autorreferem tanto como *Fulbe* quanto como *Haal-Pular* e nomeiam sua língua *fulfulde* ou *pular*. Segue-se aqui as grafias acolhidas em Houaiss *et al.* (2001): "fulas", o povo; "fulbe", a língua dos fulas. **Origens e expansão**. Sobre a discutida questão das origens dos fulas, Ki-Zerbo chama atenção para o fato de que os indivíduos assim classificados não constituem um contingente biológico e, sim, um grupo cultural (Ki-Zerbo, 1972, I, p. 29-30). Desta forma, aos fulas de pele acobreada ou mais clara, pode-se atribuir a causa de seus traços físicos a mestiçagens remotas, muito embora os fulas da região do Adamauá, segundo o historiador burquinense (Ki-Zerbo, 1972, I, p. 30), ostentem aparência marcadamente negro-africana. Outrora tidos, em razão da pigmentação mais clara ou acobreada da pele de alguns de seus elementos, como de origem asiática, os fulas parece terem-se efetivamente constituído em solo africano. Segundo Moussa Lam, citado em Winters (2002, p. 123-124), evidências arqueológicas contemporâneas indicam que os primeiros deles se dispersaram pelo oeste do continente após longas migrações a partir do Vale do Nilo, tendo seus ancestrais vivido na Fezânia e em outras regiões do Sahel saariano. E a semelhança entre o fulbe com outras línguas locais, como o uolofe e o serere, confirma a expansão desse povo a partir do atual território senegalês. **Os Estados Fulas.** Principalmente pastores nômades, levando seus rebanhos, desde o vale do Rio Senegal, sempre nas direções leste e sul, os fulas iam se pondo em contato, ao mesmo tempo, tanto com as sociedades islamizadas quanto com as povoações tradicionais ao longo de seu caminho. Assim, adquiriram uma flexibilidade peculiar. Além disso, exercendo a atividade pastoril em terras absolutamente hostis, desenvolveram habilidades guerreiras; e vivendo dentro de uma estrutura social hierarquizada, foi-lhes natural constituírem unidades políticas que redundaram em Estados centralizados. No século X, ao tempo dos fatímidas no Egito, grande parte dos fulas se converte ao islamismo, tornando-se propagandistas itinerantes da nova fé e contribuindo decisivamente para a difusão das ideias islâmicas. Na sequência desses eventos, nasce, na região do Futa Toro, no atual Senegal, o primeiro Estado fula, fundado pelo clã Dia Ogo, inicialmente tributário do Gana e, depois, aliado dos almorávidas.

Esse reino tenta expandir-se até a região do Takrur mas acaba, sucessivamente, dependente do Mali e do Império Songai de Gao. Com o declínio do Gana-Uagadu, a dinastia reinante estende seu poder até a região do Futa Jalom, no norte da atual República da Guiné. Segundo Bâ (1950, p. 171), no ambiente da destruição da capital do Gana, os fulas dividiram-se em dois ramos: o que chegou ao Mali de Sundiata e o que se instalou na região do Maciná. Ainda no século XIII, pastores fulas penetram no país do hauçás. Alguns permanecem pastores, outros estabelecem-se nas cidades, ligando-se pelo casamento aos locais e dando origem ao povo e à cultura mencionados como "hauçá-fulânis" (Gordon, 2003, p. 33). Entre os séculos XV e XVI, ocorre o movimento liderado por Tenguelá e seu filho Koli Tenguelá, que reconfigura a geohistória dos fulas nas regiões de Futa Toro, Futa Jalom e Maciná. Ver ADAMAUÁ; ALMORÁVIDAS; BERBERES NEGROS; CAMARÕES, República dos; DENIANQUÉ; FATÍMIDAS; FEZÂNIA; FUTA JALOM; FUTA TORO; GANA-UADUGU; GOUNDAM; HAUÇÁS; ILORIN; HAUÇÁ-FULÂNI; KOLI TENGUELÁ; MACINÁ; MALI, Antigo; NILO, Rio; PECUÁRIA; PEÚLES; SAHEL; SENEGAL, República do; SERERE; SONGAI; TAKRUR; TENGUELÁ; UOLOFES.

FULBE. Ver FULAS.

FUMOS. Termo usado em relatos de navegadores portugueses dos séculos XVI para designar os chefes provinciais mantidos sob a autoridade do Monomotapa, também referidos como "encosses". Observe-se a ocorrência na língua quicongo, dos vocábulos *mfumu*, "chefe, senhor, regente, rei"; e *nkosi*, "leão"; "um grande inquice", entidade espiritual (Laman, 1964).

FUNJES (*Funj*). Antigo povo pastor, nômade, da região da Etiópia. Arabizado e islamizado, tornou-se sedentário, fundando no curso superior do Nilo Azul, o sultanato de Senar. É mencionado em Page (2005, p. 19; 211) como um povo de muçulmanos negros que conquistou grande parte do Sudão. Outras fontes mencionam sua unidade política com o Império Funj. Ver SOBA (1).

FUTA. Elemento que entra na composição dos topônimos Futa Jalom e Futa Toro, designativos de regiões montanhosas no ambiente dos povos fulas. – Sobre a etimologia, Taylor (1995, p. 60) traduz o fulâni *futa* para o inglês como *break wind*, "quebrar vento". E Robinson (1925, p. 105) traduz o hauçá *futa* como "descanso" ou "descansar". Outras opiniões buscam no berbere a origem do elemento. Ver FULAS.

FUTA JALOM (*Futa Djalon*). Maciço montanhoso no centro da atual República da Guiné, estendido da fronteira da Costa do Marfim à do Senegal, paralelamente ao litoral. Abrigando as nascentes dos rios Senegal e Níger, situou-se entre as zonas de influência dos antagônicos reinos dos sossos e o do Mali (Ham *et al.*, 2009, p. 396). Tido como núcleo de origem de várias povoações vizinhas, seu planalto teria sido inicialmente povoado por grupos de pigmeus, caçadores, pescadores e coletores (African Encyclopedia, 1974, p. 237). Sua denominação é transliteração de uma expressão vernácula, talvez proveniente do fulâni ou de uma das línguas do grupo mandê. Ver COSTA

DO MARFIM, República da; FUTA; MALI, Antigo; MANDÊ; SENEGAL, República do; SOSSOS.

FUTA TORO. Região da África Ocidental, localizada entre o sul da moderna Mauritânia e o norte da atual República do Senegal. Segundo algumas versões históricas, a partir do século VIII, a região teria sido dominada pelos fulas ou fulânis, em seu deslocamento para o leste, até a região do Chade. **Estado Fula.** A partir do século XIII, contingentes desses nômades, infiltrados na região, impondo-se às populações autóctones, sedentarizaram-se em torno de uma poderosa unidade política fundada sob a liderança de Tenguelá, pai do legendário Koli Tenguelá e mencionada como o "Estado fula (fulbe) de Futa-Toro" (Ly-Tall, 2010, p. 201). Ver CHADE, República do; FULAS; KOLI TENGUELÁ; MAURITÂNIA, República Islâmica da; SENEGAL, República do; TENGUELÁ.

G

GA. Ver GA-DANGME.

GA-DANGME (*Adangme, Adangbe*). Forma de referência à unidade formada pelos povos Ga e Dangme, localizados nas regiões meridionais das atuais Repúblicas de Gana e Togo. Seus ancestrais, originários da região do Rio Volta, estabeleceram-se no litoral do Golfo da Guiné no início do século XIII, onde no século seguinte fundaram a cidade de Acra. Com a chegada por portugueses, em 1480, a cidade emergiu como um dos principais centros comerciais da região (Page, 2005, p. 79; 80). Ver ACRA; GANA, República de; GUINÉ; TOGO; VOLTA, Rio.

GABÃO (República Gabonesa). País da África Ocidental, localizado na porção centro-oeste do continente, limitado a norte e nordeste por Guiné-Equatorial e Camarões; a leste e sul pelo Congo e a oeste pelo Oceano Atlântico. Segundo indícios arqueológicos, a povoação do atual território gabonês remontaria a 7.000 anos a.C. Após o século XII, a área foi extensivamente povoada por falantes de línguas do grupo banto, como os dos povos pongûê (*mpongwe*) e Orungu (Page, 2005, p. 79). Os primeiros exploradores portugueses aportaram no litoral em 1472. Ver ÁFRICA; CAMARÕES, República dos; CONGO, Reino do; GUINÉ EQUATORIAL; LUANGO; PORTUGAL NA ÁFRICA; UANGARÁ.

GABRA MASKAL (*Gabra Masqal, Gebre Meskel*). Nome composto pelo qual são referidos quatro soberanos etíopes: o primeiro, governante no século VI; o segundo, Gabra Maskal Lalibela, celebrizado como "Lalibela" (q.v.); o terceiro, Ámeda-Sion, no século XIV; e o quatro Yetshaq Grabra Maskal, no século XV. Especulamos tratar-se de nome clânico ou título de honra. Ver ÁMEDA-SION; LALIBELA.

GABU (*Gabou, Kaabu*). Região localizada no atual território da Guiné-Bissau. Faz fronteira com o Senegal, ao norte; e com a Guiné Conacri, ao sul. O Reino do Gabu. A região sediou a cidade-estado monárquica do Gabu, fundada – segundo a tradição oral – entre 1230 e 1250, por obra do mandinga Tiramakan Traorê, um dos generais do exército de Sundiata Keita, o fundador do Império do Mali. Outra versão atribui a fundação, em época anterior, a Djolofing Mansa, líder que teria resistido à dominação maliana. O certo é que o Gabu era, anteriormente, um pequeno Estado tributário do Mali, o qual controlava as regiões produtoras de ouro dos cursos superiores dos rios Senegal e Níger com acesso ao mar. O Gabu estendeu seu domínio sobre várias populações não mandês, como cocolis, biafadas, niúmis e badibus, os quais conquistou e reduziu à servidão. Mais tarde, na passagem do século XV para o XVI, o enfraquecimento do Mali diante do Império Songai ampliou a autonomia do Gabu (Page, 2005, p. 128). Ver GUINÉ-BISSAU; GUINÉ CONACRI; MALI, Antigo; MANDÊ; NÍGER, Rio; OURO; SENEGAL, Rio; SUNDIATA KEITA.

GADJAGA (*Gadiaga, Gajaada*). O mesmo que Galam (q.v.).

GALADIMA. Título de um dos doze dignitários que integravam o conselho de Estado no Kanem-Bornu (q.v.). Era o responsável pelo governo da província do oeste.

GALAM, Reino de. Antigo Estado africano, também referido como Gadjaga, Gajaaga e Gadiaga, localizado no nordeste do atual território da República do Senegal, na margem esquerda do rio que dá nome ao país. Fundado por lideranças do povo saracolé, também referido como soninqué ou marka, seus soberanos ostentavam o título *tunka* (*tounka*), o mesmo dos reis do Antigo Gana. Segundo Baumann e Westermann (1948, p. 394), a organização de seu Estado, no século VIII, teria contado com a colaboração de lideranças de origem mandinga. O Galam distinguiu-se pela extraordinária riqueza das jazidas de ferro e de ouro existentes às margens do Rio Falemé, nas minas de Bambuque, cujo produto era comercializado nas cidades de Silá, Kalambu, Gunjuru e Yaresi pelos mercadores diúlas (Bathili, 1989, p. 62-70). Ver BAMBUQUE; DIÚLAS; FALEMÉ; FERRO; OURO; SARACOLÉ; SENEGAL, República do; SILÁ; SONINQUÉ.

GALANGUE. Moderna cidade angolana na província da Huíla. Seu nome remete a *Ngalangi*, o maior dos reinos ovimbundos, no século XVI. Ver OVIMBUNDOS.

GALAS (*Galla*). Povo leste-africano, de pastores e agricultores tradicionais, localizado em territórios do sul da Etiópia e do norte do Quênia; o mesmo que oromos. Na era pré-colonial, todo o vasto território entre o Lago Vitória e o planalto da Abissínia era mencionado como o "País dos Galas" (Bainier, 1878, p. 210). Em meados do século XVI, após a *jihad* de Ahmad Gran, sultão de Hadar, contra os cristãos, contingentes desse povo ocupam rapidamente boa parte do sul do território da Etiópia. Ver ETIÓPIA, República Federal Democrática da; QUÊNIA, República do.

GAMBAGA. Cidade localizada em território da atual República de Gana. Segundo a tradição, foi o berço da mãe de Uedraogo, herói do povo mossi e a capital do reino de Mamprussi. Ver MAMPRUSSI; UEDRAOGO.

GÂMBIA. Rio da África Ocidental, com 1.100 km. de curso. Nasce na região do Futa Jalom, na atual Guiné Conacri e desemboca no Atlântico, na cidade de Banjul, antiga Bathurst. Algumas hipóteses dão como origem do topônimo "Gâmbia" o português "câmbio", troca, comércio, por ser a foz do rio o local por excelência das transações comerciais na região. Ver GÂMBIA, República da; FUTA JALOM; GUINÉ CONACRI.

GÂMBIA, República da. Moderno país da África Ocidental, constituído por um enclave no território da República do Senegal e estendido ao longo de 320 km do Rio Gâmbia. Segundo consignado em Ham *et al.* (2009, p. 289), o início da povoação, na parte oriental do território da atual República, teria ocorrido por volta do século V d.C., por ação de populações mandingas provenientes do leste. Outro influxo, segundo a mesma fonte, teria vindo do norte, principalmente com pastores de origem berbere. Outras fontes assinalam, provavelmente por volta do século X d.C., a chegada de povos pastores igualmente provindos do leste, do atual território senegalês, atraídos pelas boas condições de comércio e agricultura, propiciadas pelo acesso ao litoral. Entretanto, essa presença só se comprova efetivamente em relatos do século XIII, quando mercadores do grupo linguístico mandê começam a ser vistos ao longo das margens do rio. Por volta de 1235, registra-se a presença de invasores provenientes de Kangaba, a sudoeste da atual Bamako, no ambiente das conquistas de seu soberano Sundiata Keita e da formação do Império do Mali, do qual o território da atual República foi parte integrante; como mais tarde do Songai. Em 1455, exploradores portugueses chegam ao litoral do atual território gambiano. Ver BALANTAS; BIAFADAS; CADAMOSTO; ESCRAVIDÃO; GÂMBIA, Rio; GABU; MALI, Antigo; MANDÊ; NIOMINKA, NIÚMI, PORTUGAL NA ÁFRICA; SENEGÂMBIA; SERERES; SINÊ-SALUM; SONGAI; SUNDIATA KEITA.

GANA, Antigo. Forma usual de referência ao Estado oeste-africano fundado, segundo a tradição, na região denominada Aukar (Awkar, *Aouker*) por lideranças do povo soninqué em uma época entre os anos 300 e 700 d.C. Com sua capital, Cumbi-Salé (na atualidade, sítio arqueológico de interesse da Unesco), localizada no sul do território da atual Mauritânia, expandiu-se cerca de 300 km na direção norte e c. 500 km. de leste para oeste, entre os rios Níger e Senegal (Briggs, 2008, p. 6). O país na verdade se chamava Uagadu, termo da língua soninqué, e compreendia as regiões do Aukar, ao norte, e do Hadh, ao sul (Ki-Zerbo, 1972, I, p. 134), em partes dos territórios dos atuais Mauritânia e Mali. Origens. A tradição que atribui a judeus-sírios ou a berberes a fundação do Uagadugu, e estabelece que os primeiros 44 governantes tinham essa origem, merece reparo. A propósito, Ki-Zerbo, escreve que, por volta do século IX d.C., nas regiões do Hodh e do Aukar, a atual Mauritânia, núcleo de origem do Gana, viviam tanto povos de origem berbere, especialmente do grupo sanhaja, quanto agricultores negros sedentários, sem contar os múltiplos grupos mestiçados. E, diz mais que, nesse ambiente, o elemento dominante era constituído pelos Ba Fur, denominação que compreende os povos bambara, tuculer, uolofe e serere, além do povo Songai, localizado mais a leste. Assim, segundo o historiador burquinense, os soninqués, cujos descendentes formam os grupos saracolé, marka, diúla, dafing, etc., é que devem ser considerados os verdadeiros fundadores do Império do Gana. Apesar das "relações de sangue e bens" com povos berberes e semitas – reforça o autor – a origem do Gana é muito provavelmente autóctone; e é "com uma dinastia negra que o reino aparece e se impõe na história" (Ki-Zerbo, 1972, I, p. 134-135). Essa dinastia tem como fundador o líder Cissé Tunkará ou Kaya Magã Cissé. Expansão. O Gana ou Uagadu floresceu e cresceu graças à sua posição privilegiada: tinha acesso direto às rotas de comércio que ligavam os centros de mineração da África subsaariana ao MAGREBE e ao litoral do Mediterrâneo; e, assim, as controlou. Essas rotas, em dado momento histórico, compunham uma vasta rede, incluindo importantes centros como Gao, Tombuctu, Ualata, Tegaza, Audagost, Sijilmassa, Marraquexe, etc. Na região do Uangará, próxima à cabeceira do Rio Níger é que se localizavam as jazidas auríferas que garantiam o poder do reino, cujo soberano era conhecido também como "o senhor do ouro". E em Tegaza estavam as minas de sal, riqueza igualmente importante. Essa prosperidade estava também associada a aquisições tecnológicas: em suas guerras de expansão, o Gana contou com a força de espadas e lanças, lutando contra povos vizinhos que, por não conhecerem o ferro, lutavam com clavas e maças feitas de marfim (Ki-Zerbo, 1972, I, p. 134); e assim conseguiu estender seus domínios da região de Tagant, na atual Mauritânia, ao alto Níger; e do Rio Senegal a Tombuctu, impondo sua hegemonia sobre reinos como Takrur e Sosso, ao sul, e os países do delta central do Rio Níger, a leste, além de principados berberes como Ualata e Audagost (Ki-Zerbo, 1972, I, p. 135). Acrescente-se que Davidson (1981, p. 75) estabelece a hipótese de um nexo de continuidade dos reis do Gana, como o Tunka Manin, com os soberanos de Méroe, na antiga Núbia. E o faz partindo da semelhança entre alguns costumes e ritos, e também do fato de o Gana ter florescido ao tempo do eclipse da civilização meroítica. Essa hipótese concorda com a de Diop (1979, p. 391), onde lemos que as populações que compõem o "povo negro" são todas oriundas da bacia do Nilo, da região então chamada "Sudão anglo-egípcio". Organização política: a capital. Segundo o viajante Al-Bakri, no século XI d.C., o Uagadu ou Gana era formado por duas cidades localizadas numa planície, existindo entre elas um outro núcleo populacional, certamente menor. Numa das cidades, referida como El-Ghaba ("a floresta", em árabe), localizava-se o *compound* real, formado por "um castelo" e várias "cubatas de teto arredondado", convenientemente cercado. Na outra cidade, bem maior, residiam os muçulmanos, os quais lá contavam, para sua prática religiosa, com dez mesquitas. Mas, embora o rei praticasse a religião tradicional, sua cidade, também contava com uma mesquita, a qual se erguia bem próxima aos túmulos dos soberanos falecidos e aos espaços onde ocorriam as práticas religiosas da tradição ancestral da dinastia reinante (Coquery-Vidrovitch, 1981, p. 41). Ascensão e declínio. Consoante análise em Boakye (1982, p. 1-2), o Gana-Uagadu, primeiro império negro-africano efetivamente conhecido, teve como fatores responsáveis por seu crescimento e longa duração principalmente os seguintes: a) geografia da área, com terreno plano e vegetação de savana aberta, permitindo transito fácil; b) força militar, expressa em um números e bem equipado exército; c) poder econômico, assentado nas grandes jazidas de ouro, no comércio intenso e nos altos tributos; d) eficiente administração política. Quanto às causas do declínio e da queda do império, assim a mesma fonte as enumera: a) dissidências internas, causadas pela falta de unidade política, étnica e cultural, somadas ao efeito desagregador do islã; b) ataques externos, motivados por razões econômicas: a prosperidade do império despertou a cobiça dos almorávidas, os quais, como detinham poder sobre as jazidas de sal-gema, ambicionavam as minas de ouro também. Assim, a desestruturação conseguida pelos almorávidas, c. 1076, facilitou a destruição da capital e a tomada do Gana-Uagadu pelos mandingas do Kangaba ou Mali em 1240. Segundo Briggs (2008, p. 6) o movimento dos almorávidas teria sido apoiado pelo poder berbere expulso de Audagost. Em conclusão, pode-se afirmar que poder do Antigo Gana e seu crescimento em dimensão imperial tiveram como fontes fundamentais suas reservas de ouro, suas redes de comércio, os tributos e taxas que arrecadava; e sua eficiente administração política. Por outro lado, seu declínio ocorreu em razão de fatores internos e externos. Entre os primeiros, estavam a falta de unidade do império, tanto do ponto vista político quanto do étnico e cultural, causada sobretudo pelo efeito desagregador do islã. Dos fatores externos, o determinante residiu nas hostilidades e agressões de inimigos poderosos (Boakye, 1982, p. 4-5). Ver ALMORÁVIDAS; AUKAR; AUDAGOST; BERBERES; CUMBI-SALÉ; KAYA MAGÃ CISSÉ; MÉROE; SANHAJAS; SONINQUÉ; TUNKA MANIN.

GANA, República de. Moderno país oeste-africano limitado a norte por Burkina Faso, a leste pelo Togo, a oeste pela Costa do Marfim e ao sul pelo Oceano Atlântico. As primitivas sociedades locais floresceram provavelmente cerca de 4000 a.C., embora muito pouco ainda se saiba sobre elas. Por volta do século XIII d.C. diversos Estados já haviam se constituído, por influência dos impérios comerciais do Sahel existentes ao norte. Alimentadas pelo ouro, as redes de comércio se expandiram, estimulando o desenvolvimento de reinos dos povos *akan* no centro e no sul do atual território. Em 1472, os primeiros exploradores portugueses chegam ao litoral do que se chamou "Costa do Ouro". Ver *AKAN*; ÁFRICA; ANKOBRA; BENIM, República do; BURKINA FASO, República de; COSTA DA MINA; COSTA DO MARFIM, República da; COSTA DO OURO; DJERMAS; EFUTU; EGUAFO, Reino de; EWE; FÂNTIS; FONTES HISTORIOGRÁFICAS; GA; GANA, Antigo; GONJA; IORUBÁS; MOLE-DAGBÂNI; MOSSIS; OURO; QUINTAMPO, Cultura de; SAHEL; SUDÃO; TOGO; UOLOFES; VOLTA, Rio.

GANGA (*Nganga, Enganga*). Na área Congo dos séculos XV-XVII, título provativo de cada um dos ritualistas líderes das comunidades religiosas tradicionais, dedicados principalmente ao bem-estar de seu povo. Seu mister diferia fundamentalmente daquele do endoque (*ndoki*), voltado para práticas maléficas, destrutivas.

GAO. Cidade-estado do povo songai, fundada por volta do início do século VIII d.C. No século X, substituiu Kukya como capital dos songais. Localizada na grande curva do Rio Níger, a jusante de Tombuctu, destacou-se como um grande entreposto do comércio saariano, vivendo seu apogeu sob o Ásquia Muhamad I (1493-1528) e caindo sob o poder marroquino em 1591. Foi mencionada pelo cronista Al-Yakubu como o "Reino de Kawkaw" e celebrada como "a mais bela e mais rica das cidades sudanesas" (M'bokolo, 2009, p. 127).

O poderoso Estado que sediou é muitas vezes mencionado como o "Império Songai de Gao". Ver MUHAMAD I, Ásquia; NÍGER, Rio; TOMBUCTU.

GATUNGANGA (*Gatung'ang'*). Sítio arqueológico localizado entre o Monte Quênia e a Cordilheira de Nyandwa, na parte central da República do Quênia, descoberto no final da década de 1960. Os fragmentos de cerâmica lá encontrados foram classificados como sendo do tipo *kwale*, que se enquadra na tradição banto; e a data de sua manufatura foi estabelecida entre os anos de 1100 e 1350. No sítio, também foram encontradas evidências materiais que sugerem uma longa ocupação da região por fundidores de ferro. Na origem, poderiam ter sido assentamentos de povos de matriz linguística banto (cf. FAGE, 1977, III, p. 659).

GAW. Cidade da atual República do Chade, ao norte do Lago Fitri. Capital do povo bulala, sua história não se confunde com a de Gao, a antiga capital do Império Songai. Ver BULALAS; GAO.

GEDI. Cidade-estado da comunidade suaíli, situada no litoral do Oceano Índico, nas proximidades da cidade de Malinde, no Quênia, entre os séculos XIII e XVII. Embora dela não tenham restado registros escritos, escavações arqueológicas realizadas entre 1948 e 1958 revelaram vestígios materiais que atestam a prosperidade alcançada no passado. Mais recentemente, uma nova missão arqueológica realizou estudo detalhado de suas ruínas, examinando as fortificações e monumentos, como palácios e uma grande mesquita. Em Gedi foram encontrados artefatos de madeira, pedra, metais e cerâmica, parcialmente produzidos no próprio local e parcialmente importados do Egito, Iêmen, Oman, Pérsia, Índia e China (PRADINES, 2003, p. 19-38).

GERONTOCRACIA. Vocábulo de origem grega que designa a forma de governo exercida por anciãos. Ver SENIORIDADE.

GIBRALTAR, Estreito de. Passagem entre o Oceano Atlântico e o Mar Mediterrâneo, utilizada na conquista do reino visigodo de Toledo pelos exércitos árabo-berberes em 711 d.C. Seu nome (do árabe *Jebel el Tarik*, "a montanha de Tarik") homenageia o comandante berbere Tariq ibn Ziad, líder da conquista. Ver AL-ANDALUS; JULIÃO, Conde.

GLOTOCRONOLOGIA. Técnica ou método de estudo linguístico utilizado para determinar a época em que duas ou mais línguas teriam se separado de uma língua originária comum para adquirirem existência autônoma. Importante instrumento auxiliar da História, essa técnica já foi aplicada na África, como atestado pelo linguista senegalês Pathé Diagne, no texto "História e Linguística", que integra o volume 1 da coleção História Geral da África (2010, p. 253).

GNAWA. Modalidade da religião tradicional Africana praticada na Argélia. No Marrocos, a denominação aplica-se igualmente a um estilo de música tradicional muito apreciado em Marraquexe e na região dos Montes Atlas. Ver ATLAS, Montes; BORI; DIWAN; MAKELI; MARROCOS, Reino do; MARRAQUEXE; RELIGIÃO TRADICIONAL.

GOBIR. Uma das primeiras cidades-estado dos hauçás; e o mais setentrional dos Hauçá Bokoi Antes do início do século XV, seu território se localizava no que é hoje a República do Níger, com centro provavelmente em Marandet, importante polo comercial e industrial desde o século IX. Durante muito tempo esteve sob constante assédio dos tuaregues (Adamu, 2010, HGA, IV, p. 310). Ver HAUÇÁ BOKOI; HAUÇÁS; TUAREGUES.

GOJAM. Reino "pagão" da Etiópia, no século XIII (Silva, 1996, p. 571).

GONJA (*Guan, Guan, Ngbanya*). Um dos Estados Mole-Dagbâni, situado ao norte da atual República de Gana, na área acima da confluência dos rios Volta Negro e Volta Branco, nos limites setentrionais da floresta. Sua fundação é atribuída a Ndewura Jakpa. Algumas de suas regiões foram importantes centros produtores de bens valorizados no sistema comercial transaariano. Ver MOLE-DAGBÂNI; MOSSIS; NDEWURA JAKPA.

GOUNDAM. Cidade do Antigo Mali, situada entre Tombuctu (q.v.) e a fronteira da atual República da Mauritânia. Era ponto de passagem de nômades berberes e foi ocupada por agricultores songai e pescadores bozo no período de apogeu do Império Songai. Após a conquista marroquina em 1591, foi ocupada majoritariamente por fulas e tuaregues (q.v.).

GOWS. Antigo povo oeste-africano, ligado às origens do povo Songai. Caçadores, foram subjugados pelos sorkos, pescadores do Rio Níger. Ver SONGAI.

GRANDE JOLOF. Conjunto representado pelo reino Jolof (de língua uolofe) e as diversas unidades políticas de sua periferia, como Baol, Cajor (Kayor), Futa, Sinê, Salum e Ualô. Em antigos textos portugueses, aparece grafado por vezes como Grão Jalofo. Ver BEMOI GILEM; JOLOF; NDIADIANE NDIAYE; UOLOFES.

GRANDE ZIMBÁBUE, Estado do. Poderosa unidade política formada na África Austral provavelmente a partir do século XI, com apogeu no século XIII e declínio no XV, quando sua influência foi transferida ao reino do Monomotapa. Seus governantes exerceram controle sobre as comunidades xonas que desenvolviam agricultura, pecuária, e posteriormente a extração de ferro e ouro. As evidências arqueológicas permitem supor a existência naquele período de um Estado centralizado cujos governantes associavam seu poder e prestígio ao culto dos ancestrais divinizados, e que se sustentava através dos tributos extraídos dos povos que mantinha sob seu controle, e do monopólio do comércio com os mercadores das cidades suaílis, sobretudo Quíloa. O Grande Zimbábue foi criação do subgrupo do povo xona denominado caranga. Sua existência está intimamente ligada ao florescimento da civilização suaíli, na qual os construtores do Estado, essencialmente mineradores e metalúrgicos, encontraram mercado para as riquezas que extraíam e os artefatos que fabricavam, pelo que puderam aprimorar sua tecnologia e expandir sua cultura. Quando da fundação de Sofala, os carangas garantiram um porto para escoamento da produção de suas minas. Acrescente-se que o conjunto de edificações amuralhadas, por eles erguido e conhecido como "Grande Zimbábue" é o atestado maior de seu desenvolvimento, o qual culminou, já no século XVI com a ampliação de sua importância, expressa no que se conheceu como Império do Monomotapa. As ruínas do Grande Zimbábue. Encontradas pelos europeus na segunda metade do século XIX, as ruínas do Grande Zimbábue chamaram desde logo a atenção dos eruditos e homens de ciência pela sua riqueza, monumentalidade, arrojo técnico e significado cultural. Logo depois de ter sido observada em 1873 pelo naturalista alemão Karl Mauch, foi criada por iniciativa de Cecil Rodhes uma "Companhia das ruínas antigas" encarregada de explorar todas as ruínas ao sul do Rio Zambeze, responsável por danos irreparáveis ao monumento devido ao interesse dos exploradores pela grande quantidade de artefatos de ouro ali existente. Ao longo das décadas, inúmeras explicações de caráter difusionista procuraram explicar a origem das construções de pedra em fatos ou fenômenos exteriores à África, vinculando-as em geral ao mito das minas do rei Salomão e ao reino perdido da Rainha de Sabá, recusando-se a admitir que os negros pudessem ter sido capazes de desenvolver as formas sofisticadas de civilização de que as ruínas eram um vivo testemunho. Tais interpretações de caráter fantasioso e racista começaram a ser questionadas após as pesquisas de campo realizadas por David Randall Mciver (1905), Gertrude Caton-Thompson (1931), Roger Summers (1958, 1963) e mais recentemente por Edward Matenga, que encontraram evidências materiais comprobatórias do caráter essencialmente africano na construção. Embora tenham sido descobertos pelo menos 150 outros sítios arqueológicos com construções similares, as ruínas do Grande Zimbábue se destacam pela dimensão, ostentação e complexidade. No complexo monumental, primeiro está o *Grande Cercado*, uma enorme fortificação de forma esférica com 2,5 km de perímetro e eixo central correspondente a cerca de 1 km. A muralha foi erguida com a superposição de inúmeros blocos de pedra, sem argamassa, e mede 10 m de altura. Em seu interior, em forma de zigue-zague, encontram-se duas torres cônicas que medem também 10 m de altura e recebem o nome de *templo elíptico*. Perto dali, numa colina, elevam-se os restos de uma fortificação colossal, que recebeu a denominação de "acrópole", em alusão à célebre edificação grega, erguida em Atenas. Ver CARANGAS; FERRO; MONOMOTAPA, Império do; OURO; QUÍLOA; SUAÍLI; XONAS.

GRANDES LAGOS. Expressão pela qual é conhecido o conjunto de sete lagos (Alberto ou Mobutu, Eduardo, Kivu, Tanganica, Niassa, Kyoga e Vitória) situados na porção centro oriental do continente africano, entre Uganda, Quênia, República Democrática do Congo, Tanzânia, Zâmbia e Moçambique. – No período compreendido entre 400 e 300 a.C., intensificaram-se as vagas migratórias dos povos bantos, da savana camaronesa na direção leste. Encontrando, aí, terras férteis e regime de chuvas propício à agricultura sedentária que já praticavam, esses povos fixaram-se na região. Como consequência desses assentamentos bantos, as populações autóctones foram sendo assimiladas e as provenientes do Vale do Nilo, em geral dedicadas à pastorícia, foram buscando pastagens ao sul e a oeste. Essas ocorrências foram dando nascimento, ao redor dos lagos e ao longo dos séculos, a unidades étnicas e políticas diversificadas. Delas, surgiram, entre os séculos XIII e XV d.C., os reinos de

Ankole, Buganda, Bunioro, Karagwe e Ruanda (q.v.).

GRÃO FULO. Nome atribuído pelos textos portugueses e espanhóis a um poderoso Estado fula que exerceu hegemonia na região do Futa Toro, na bacia do médio Rio Senegal, em território correspondente ao do Reino de Kingi. Ver DENIANQUÉ, KOLI TENGUELA, KINGI, Reino de.

GREAT RIFT VALLEY. Ver RIFT, Vale do.

GRIGRI (*Grisgris, gris-gris*). Espécie de amuleto empregado usualmente na África Magrebina e subsaariana para atrair boa sorte e afastar os maus espíritos e influências. Entre os adeptos do islamismo, seus exemplares, em geral contendo textos sagrados do Alcorão, costumam ser levados em recipientes de couro, tecido ou metal. No final do século XVI, o jesuíta Baltasar Barreira denominava tais artefatos de "nôminas". Quanto ao vocábulo "grigri", sua origem poderia estar em uma das línguas do grupo *kwa*, num termo correlato ao iorubá *gíri*, fechado, compactado, em alusão à forma desse tipo de amuleto: uma espécie de saquinho muito bem fechado. Ver MARABUTO.

GRIÔ (*Griot*). Poeta, cantor, conselheiro do rei e historiador tradicional africano, integrante de corporações hereditárias importantes para a vida social, sendo por isso mencionado também como "animador público" (BÂ, 2003, p. 110, nota 5). Depositário da tradição oral, é o genealogista das famílias reais e difusor das gestas e epopeias de seu povo. Sua presença é mais notória na África Ocidental, no seio de povos como os mandingas, entre os quais os griôs (*djalis, djelis*) chegam a constituir uma categoria específica, exercendo uma atividade hereditária. Entre os uolofes são chamados *gewel*. – A origem da palavra é ainda obscura. Não obstante, vejamos no francês, o termo *griot*, o qual tem, em primeiro lugar, a acepção de "farinha de segunda", de má qualidade; e, depois, a de "feiticeiro africano" (CARVALHO, 1980, p. 376). A origem provavelmente estaria no verbo *griller*, assar, tostar, torrar, queimar (p. 375); ou em *grillot*, variante de *grillet*, grilo (p. 375). No francês popular, este *grillot* é também usado na acepção de "indivíduo que seduz a mulher de outro" (LAROUSSE – Le dictionnaire de L'Argot, 2010, p. 413). A extensão de sentido, para aplicar o termo ao poeta e cantor tradicional africano teria nascido com intenção depreciativa, na época colonial. Veja-se também o francês *grillon*, grilo. Ver *DJELI*; MANDINGAS; UOLOFES.

GRÚNCIS. Povo oeste-africano, também referido, em português, como grunce, gruncí ou gurunci. Foi um dos povos constituintes da população original do território da atual República de Burkina Faso, lá estabelecida já no século XIII, antes da chegada dos ancestrais do atual povo mossi. Var. *grunsi* (do inglês); *gurunsi* (do francês *gourounsi*); *grusi*; *grounshi*. Houaiss *et al.* (2001) registra "gurunxe", mas dá como forma preferível "grunxe". Ver MOSSIS.

GUANCHES. População nativa das ilhas Canárias à época da chegada de castelhanos, a partir de 1291. Seus indivíduos seriam prováveis descendentes de populações berberes migradas do Norte da África. A ocupação militar de seu território se intensificou a partir de 1402, quando o cavaleiro Jean de Bethencourt liderou uma expedição marítima nas Canárias a serviço do rei Carlos VI da França, tornando-se o "Rei das Canárias". A resistência aos invasores se prolongou até 1496, quando se completou o extermínio dos guanches, sendo sua língua e cultura erradicadas pelos conquistadores.

GUARDAS NEGRAS. Um dos modos de utilização da força de trabalho de africanos em diversas áreas do mundo muçulmano foi o serviço em corpo militares ou de guarda. Na historiografia árabo-muçulmana, como acentua M'Bokolo (2011, p. 228-230), a "guarda negra" é um tema recorrente, desde a Arábia pré-islâmica. No século IX, uma célebre insurreição de escravos negros no Iraque mostrou a importância da vocação militar dos africanos nela envolvidos; no século seguinte, o fundador da dinastia dos aglabidas, Ibrahim ibn a-Aghlab organizava a sua "força negra" e com ela dominava a Ifríquia (p. 228). Ainda pela mesma época, no Egito, o líder Ahmed ibn Tulun, fundador da dinastia do tulunidas, mantinha um exército negro cujo efetivo era estimado em até 40 mil homens (p. 229). E essa presença negro-africana, do mesmo modo, foi notória nas campanhas de aiúbidas, fatímidas e mamelucos (q.v.) do Egito até pelo menos o século XV.

GUDIT. Legendária personagem da História da Etiópia, de existência polêmica. Segundo M'Bokolo (2009, p. 114), Gudit, dita "a monstruosa", e cujo nome foi também transliterado como "Judite", teria sido um dos personagens mais enigmáticos da História da Etiópia. De identidade e origens incertas, é tanto referida como filha de um dos últimos reis axumitas – Delnaode, Dilnaod ou Del Naade, segundo diversas transliterações (Mekouria, 2010, HGA, III, p. 661) – ou neta de outro rei (Silva, 1996); como soberana ou simples líder rebelde de um reino periférico, talvez localizado em território da atual Somália. É por vezes mencionada como pertencente ao povo dos Banu al-Hamwiyya, sobre o qual não se dispõe de informações mais precisas. Algumas tradições tratam-na como uma rainha falacha, ou de Damote (Silva, 1996, p. 297). O que parece mais certo a seu respeito é que, no século X, atacou Axum, fazendo com que o rei axumita, por intermédio do rei Jorge da Núbia, solicitasse ajuda ao patriarca de Alexandria, que enviou, em seu socorro, um bispo, provavelmente como mediador. Mas a mediação parece ter sido vã, já que diversas fontes informam a morte do rei etíope, intitulado "Hadâni" (Mekouria, 2010, HGA, III). Segundo a tradição histórica, tomando o trono já esfacelado de Axum, Judite colocou-se em agressiva oposição ao poder legítimo, destruindo igrejas e promovendo massacres da população, num reinado que se teria estendido por quatro décadas. Em seu reinado, o que as cronologias dinásticas parecem confirmar, o poder fraccionou-se entre as várias províncias, propiciando o florescimento de principados, principalmente muçulmanos, localizados nas montanhas, dando ensejo, por exemplo, ao advento dos zagués, oriundos de Lasta. Uma outra hipótese a respeito da legendária personagem é que ela seria soberana do Sultanato de Damote, unidade política que se somava a outras florescidas e expandidas em torno do poder decadente de Axum, como Xoa, Roha e Ifat. No século X, em Roha, cidade mais tarde rebatizada como Lalibela, nome de seu governante mais notável, uma nova dinastia alcança o poder. Sua denominação "ZAGUÉ", teria se originado do nome original de seu fundador, entronizado com o nome real "Mara Takla Haymanot" ou "Marara" (M'Bokolo, 2009, p. 118). Ver DAMOTE; FALACHAS; JORGE DA NÚBIA; JUDITE, Rainha; LALIBELA; LASTA.

GUEÊS (*Ge'ez*). Língua etíope antiga, clássica, da época de Axum, que sobreviveu através dos tempos, mas apenas como expressão litúrgica e erudita. Os textos manuscritos mais antigos que dela se conhece, datam do século XIII. Var. Guês, Gueze.

GUELWAR. Dinastia governante nos reinos sereres de Sinê e Salum, do atual Senegal. Surgida no século XIV, sua origem é atribuída a relações de casamento entre membros das elites sereres e mandingas, motivo pelo qual seus integrantes consideravam-se descendentes de Sundiata Keita e de Tiramakan Traorê, fundador do antigo Estado do Kaabu no século XIII. Ver GABU; MANDINGAS; SERERES; SUNDIATA KEITA; TIRAMAKAN TRAORÊ.

GUEVARA, Diego de. Ver JUDER PAXÁ.

GUIDIMAKA (*Guidimakha*). Região no extremo sul do território da atual Mauritânia. No século XI, com o enfraquecimento do Gana, foi, por breve tempo, parte do domínio de berberes muçulmanos. E serviu de refúgio a um importante grupo de soninqués, liderados por Makha Male Douo Soumaré. O nome, certamente surgido após esse evento histórico, provém, segundo N'Diaye (1970a, p. 180), do soninqué: *Guidi-Makha*, "montanha de Makha".

GUINÉ. Denominação arbitrária outrora atribuída, no ocidente africano, a toda a região que se estendia da Senegâmbia ao Congo, distinguindo-se, aí, a Alta Guiné, Guiné Superior ou Setentrional (até a foz do Rio Congo) e a Baixa Guiné, Guiné Inferior ou Meridional (até o extremo sul do continente ou Cafraria). Costa da Guiné. À época dos descobrimentos portugueses, assim chamou-se à região estendida de Ceuta ao Cabo Padrão, atual Cabo Cross, na Namíbia. A ela é que refere o título "Senhor da Guiné" conferido ao rei Dom João II em 1486. Baixa Guiné. Na atualidade, a expressão "Baixa Guiné" designa uma região da República da Guiné ou Guiné Conacri. Importância histórica. Entre os séculos XI e XIII d.C. grandes movimentos populacionais e eventos ocorreram em todo o litoral ocidental africano identificado como "Guiné". Assim, muitos dos aspectos socioculturais que definem os modernos países foram estabelecidos a partir dessa época, por força de acontecimentos como os que envolveram os antigos Estados de Gana, Mali e Songai; como as guerras de conquistas protagonizadas por almôadas e almorávidas. O entrelaçamento histórico de todos esses eventos originou a formação de unidades políticas importantes, como os Estados dos povos *akan*, iorubá, ewe-fon, etc. – Segundo alguns autores a origem da palavra "Guiné" estaria no berbere *akal-n-iguinawen*, significando "país dos negros". Observe-se, ainda, que a língua do povo dogon, da moderna República do Mali, registra um termo, *gine*, com o significado de terra ou

G

território (Barros, 2004, p. 29). Ver ALMÔADAS; ALMORÁVIDAS; DOGONS; GANA, Antigo; MALI, Antigo; SONGAI.

GUINÉ EQUATORIAL, República da. País do centro-oeste africano, limitado pelas repúblicas de Camarões (norte), Gabão (sul e leste) e pelo Oceano Atlântico (oeste). Em 1470, navegadores portugueses chegam às ilhas de Annobón e Fernando Pó (hoje Bioko), mais tarde ocupadas por espanhóis e ingleses. O grupo étnico dominante na região é o do povo banto fang ou pahouin, sobre o qual parece não se ter registros históricos consistentes, além de sua animosidade permanente em relação aos pigmeus locais. Ver PIGMEUS.

GUINÉ, Golfo da. Denominação da região litorânea oeste-africana que se estende do Cabo Lopez, no atual Gabão, ao Cabo Palmas, na fronteira entre Costa do Marfim e Libéria. Compreende a Baía de Benim; e as ilhas de São Tomé e Príncipe, entre outros acidentes geográficos importantes ao conteúdo deste dicionário. Ver BENIM; COSTA DO MARFIM, República da; GABÃO; LIBÉRIA.

GUINÉ-BISSAU, República da. País litorâneo da África Ocidental, localizado a noroeste da República da Guiné e ao sul do Senegal. Segundo Ham *et al.* (2009), na primeira metade do século XIII d.C., um subgrupo do povo mandinga chegou ao atual território do país, comandado por Tiramakan Traorê. Parte da região, então, tornou-se um posto avançado do Império do Mali, de onde o surgimento do reino do Gabu. Ver MANDINGAS; MALI, Antigo; TIRAMAKAN TRAORÊ.

GUINÉ CONACRI. Forma usual de referência à República da Guiné, para diferenciá-la da Guiné-Bissau. Nessa porção territorial foi que em 1235 se travou, segundo Ham *et al.* (2009, p. 396), o legendário confronto entre Sumaoro Kantê, rei do povo sosso e Sundiata, fundador do Império do Mali, conhecido como a Batalha de Kirina. Ver MALI, Antigo; SOSSOS; SUMAORO KANTÊ; SUNDIATA KEITA.

GUMATI FANÊ (*Goumati Fané*). Líder do povo sosso, fundador da dinastia soninqué ou saracolé a que legou seu nome, submetendo temporariamente o Mali por volta de 1224. Governou durante trinta e cinco anos, proporcionando grande expansão ao Estado Sosso (Pedrals, 1949, p. 152). Ver SOSSOS.

GUR. Grupo linguístico composto pelas línguas mossi-dagomba (mamprussi, dagamboa e mossi), grúnci ou grunce (oriental, ocidental e setentrional) e gurma. Ver MOSSIS; DAGOMBA.

GURMA (*Gourma, Gurmanche*). Grupo étnico da África Ocidental, localizado a partir de Fada N'Gurma, no leste do atual território de Burkina Faso. São falantes do gur, idioma do grupo linguístico Níger-Congo. Alguns de seus ancestrais são tidos como integrantes do contingente de migrantes que, vindo do norte do atual território de Gana, fundaram em Tenkodogo, o primeiro dos reinos mossis. Outros, teriam prosseguido para nordeste, fixando-se no *habitat* atual sob a liderança do filho mais novo de Uedraogo (Cornevin, 1972, p. 225). Ver MOSSIS; UEDRAOGO.

H

HABASHI. Na Índia, gentílico que designa o abexim, natural da Abissínia ou Etiópia. Var.: *habshi, hubshi, hubshee.*

HABASHI MEHED AGHA. Eunuco abissínio. Em 1582, tornou-se o primeiro negro, em sua condição, a assumir a administração geral do palácio do Império Otomano, em Constantinopla. Sua nomeação contribuiu para promover diversos outros eunucos negros, em ambientes em que brancos eram reduzidos a funções subalternas (M'BOKOLO, 2009, p. 226-227). Ver OTOMANO, Império.

HÁDIA. Pequeno estado muçulmano constituído no século XIII, ao sul do Rio Hawash, na Etiópia. Foi uma das principais fontes supridoras de escravos de alto preço, inclusive eunucos, vendidos para a Arábia e a Índia. No século XIV, foi submetido por Ámeda-Sion (SILVA, 1996, p. 571; 575). Ver AMANO; ÁMEDA-SION; ETIÓPIA, República Federal Democrática da; SABREDIM.

HADJ. Peregrinação a Meca, que deve ser feita pelo muçulmano pelo menos uma vez na vida. O termo pertence ao gênero masculino: "o" *hadj*. Ver MECA.

HAFÉSSIDAS (*Hafsida*). Dinastia berbere governante na Ifríquia entre 1229 e 1574. Uma das mais poderosas do norte africano, foi fundada por Abu Zakaria Ihaya, em oposição aos almôadas de Marraquexe. Ver ALMÔADAS; IFRÍQUIA.

HAIDERA. Rei de Dauaro, derrotado por Ámeda-Sion no cerco a seu reino, c. 1332 (SILVA, 1996, p. 576). Ver ÁMEDA-SION; DAUARO.

HAKIM BI-AMR ALLAH, Al. Sexto califa da dinastia fatímida do Egito. Seu governo (985-1021) foi marcado pela intensa promoção de crenças xiitas e pela perseguição aos "infiéis", no caso, judeus e cristãos. Ver FATÍMIDAS.

HAMMADIDAS. Linhagem berbere reinante no território da atual Argélia (1014-1052), fundada por Hammad ibn Buluggin, que alcançou posições de poder no período final da dinastia dos príncipes zíridas (q.v.). Ver BERBERES; ZÍRIDAS.

HAQUEDIM (*Haq ad-Din*). Sultão de Ifat. Guerreou contra o sultananto mameluco do Egito à época do abissínio Ámeda-Sion. Foi morto pelas tropas deste, após invasão de seu sultanato (SILVA, 1996, p. 573). Ver ÁMEDA-SION; IFAT, Sultanato de; MAMELUCO, Sultanato.

HARAR. Denominação assumida pelo sultanato de Ifat em 1520 (M'BOKOLO, 2009, p. 116). Ver IFAT, Sultanato de.

HARATINOS. Denominação de um povo berbere do Saara, modernamente localizado principalmente no sul do Marrocos e na Mauritânia, cujos indivíduos são normalmente mencionados como "berberes negros" em contraposição aos "berberes brancos" (amazigues). O termo *haratin* tem provável origem no berbere *ahardan*, "cor escura", correlato ao tamaxeque *achardan*, usado pelos tuaregues para designar o indivíduo mulato ou negro, em oposição a *amazigh*, branco (El Hamel, 2004, p. 28). Tidos como descendentes de grupos subsaarianos que migraram para o norte em busca de melhores condições de vida, adotando a cultura local, eles seriam, por isso, tratados como inferiores. Entretanto, segundo D. Gersi (1974, p. 66), eles se encontrariam no Saara antes da chegada dos tuaregues, constituindo, talvez, os últimos vestígios de antigas civilizações negras lá florescidas. Em reforço a essa tese, trazemos de Medeiros (2010, HGA, III, p. 155) a informação de que, em época pré-islâmica, populações indubitavelmente negras dominavam algumas áreas setentrionais do continente africano, como o Tagant, o Aukar (*Awkar*), o Hodh (*Howd*), o Tiris e o Hadar. Isso permite situar, no Tagant e no Hodh, os soninqués mais antigos, bem como ancestrais dos atuais sereres e fulas em partes da atual Mauritânia. Na região mais meridional do Saara, segundo a mesma fonte, a população é majoritariamente negra, contando-se entre eles o povo conhecido como Iklan. Em Kalchikov (1984, p. 188) lê-se que os haratinos são também referidos como "mouros negros", e que viviam, à época da publicação, em Oualo, junto ao Lago de Guiers, no norte do Senegal, com um modo de vida em nada diferente do levado pelos uolofes. Segundo El Hamel (2004, p. 30), quando o islã chegou à terra dos berberes, ensinou-lhes que o "país dos negros" era terra de "infiéis" ou "pagãos". "O status marginalizado dos negros foi reduzido ainda mais até tornar-se o status de escravo". E essa categorização era a justificativa para que fossem escravizados. Daí a vinculação entre cor da pele e escravidão, reforçada pelas diferenças de aparência física. Então, a antiga rivalidade entre berberes nômades e negro-africanos sedentários ganhou também um componente religioso após a conversão dos berberes ao islamismo durante os séculos VII e VIII. Ver BERBERES; TAMAXEQUE; TUAREGUES; UOLOFES.

HASSAN IBN ALI. Personagem de origem persa, tido como filho do sultão de Xiraz com uma escrava abissínia. Entre os anos 960 e 1000, teria velejado de sua terra até o litoral africano do Índico, com seus seis filhos, e fundado algumas comunidades suaílis, como as de Comores, Quíloa e Mombaça (q.v.).

HAUÇÁ BOKOI. Denominação das primeiras unidades políticas dos hauçás. A expressão que as nomeia, traduzida como "os sete Hauçás" ou "os sete verdadeiros estados hauçás" destaca o pioneirismo delas em relação às que nasceram depois. Ver BANZA BOKOI.

HAUÇÁ-FULÂNI. Relativo ou pertencente a hauçás e fulas (fulânis) ou composto de elementos pertencentes às culturas desses dois povos.

HAUÇÁS. Conjunto de povos, de remotas e distintas origens, falantes da língua denominada hauçá, modernamente incluída no grupo afro-asiático chádico (M'bokolo, 2009, p. 72). Seu ambiente histórico é a região que se estende, no sentido norte-sul, do Maciço do AIR, na República do Níger, às bordas setentrionais do planalto de JOS, na Nigéria; e, na direção leste-oeste, da fronteira do antigo BORNU até o vale do Rio Níger. Segundo Gordon (2003, p. 32), os hauçás constituiriam uma mistura de povos diversos. Esses povos, em algum momento, passaram a servir-se de mitos de origem, em busca de um sentido de identidade comum, apontando a existência de um mesmo ancestral, localizado num ponto fixo do passado. **Origens.** Em tempos anteriores ao século X d.C., povos vizinhos, como tuaregues, fulas e djermas, penetraram na região e se impuseram a populações autóctones, que habitavam povoados abertos. Erguendo cidades muradas, esses adventícios lideraram – provavelmente a partir do décimo século da Era Cristã, nos vales dos rios Sokoto, afluente do Níger, e Hadejia, afluente do Chade – a criação de unidades políticas depois reconhecidas como Estados monárquicos. Algumas tradições locais, num mito tardio (M'Bokolo, 2009, p. 542), associam a criação desses estados a um chefe chamado "Bayajidda", cujo nome remete ao líder berbere Abu Yazid. Assim, fica rejeitada a antiga teoria que dava a cidade persa de Bagdá como núcleo de origem dos hauçás; embora uma outra proponha origem autóctone para todo o conjunto de povos que compõem esse universo (Adamu, 2010, HGA, IV, p. 300-301). Acrescente-se que assim como os iorubás, os hauçás constituem um conjunto de povos distintos que, a partir de determinado momento histórico, usaram seus mitos de origem para criar um sentido de identidade comum através da descendência de um mesmo ancestral (Gordon, 2003, p. 32). Também como os iorubas, os hauçás nunca foram um povo unificado nem constituíram um Estado uno. **O País Hauçá ou Hauçalândia.** Assim considerado provavelmente a partir do século XII, o chamado "País Hauçá" cresceu ao redor das vias comerciais que ligavam, pelo oeste, Trípoli e Egito à floresta tropical; e, pelo leste, o Rio Níger ao alto vale do Nilo, através do Darfur. Suas primeiras unidades políticas foram as cidades de Daura, Kano, Gobir, Katsina, Zaria, Biram e Rano, cujo conjunto forma o que a História conheceu como os Hauçá Bokoi, ou seja, os "Sete Verdadeiros Estados Hauçás". A elas, mais tarde, vieram somar-se Kororofa ou Kwarafar, Ilorin, Nupê, Zamfara e Kebbi (Ki-Zerbo, 1972, I, p. 192), sendo que a elas, consideradas ilegítimas, autores como Adamu (HGA, IV, 2010, p. 313) acrescenta *Yoruba* (certamente Ilê-Ifé e *Yawuri*). As sete primeiras, destacadas como cidades-estado, cumpriam, cada uma, uma função específica: Gobir cuidava da defesa, principalmente com relação aos ímpetos expansionistas de Mali e, depois, Songai; Kano e Rano se ocupavam basicamente da extração mineral e da produção agrícola; Daura e Katsina eram essencialmente praças de comércio; e Zaria vivia mais da atividade escravista. Desses Estados, a história que melhor se conhece é a de Kano, escrita por ordem de um de seus soberanos. Situada entre o Rio Níger e o Lago Chade. Como as demais, seu desabrochar remonta ao século XI, quando teria sido fundada, segundo a lenda, por descendentes dos sao, um povo mitológico, de gigantes dotados de uma força extraordinária. **As cidades.** De início, os diversos segmentos integrantes do conjunto hauçá, viviam em aldeias, agrupados por origens parentais comuns. A partir do século XIII, essas aldeias deram lugar aos *birane* (pl. de *birni*, "cidade", Robinson, 1925 I), cada uma liderada por um *sarki*, rei,

H

que se cercava de uma elaborada corte, praticando rituais legitimadores de seu poder. Em sua rotina extrapalaciana, o *sarki* presidia atividades externas, ouvindo reivindicações de assembleias, bem como referendando ou vetando decisões de tribunais. As cidades eram protegidas por muralhas e guardadas por um exército, que incluía um corpo de cavalaria, vigilante na cidade e ao redor dela. Cada cidade tinha sua guarnição militar e cada uma destas tinha seu destacamento policial, para manter a lei e a ordem. Após a introdução do islã, as cidades tinham uma mesquita central e um mercado; cada guarnição tinha sua própria mesquita, escola e mercado também (Gordon, 2003, p. 30). As cidades muradas controlavam a periferia, agrícola e pastoril. ***A Crônica de Kano.*** Em toda a África, no período focalizado neste livro, o povo hauçá era um dos poucos a ter uma História escrita; e isto se devia ao fato de que cada uma das cidades mantinha seus próprios registros. Por volta de 1500 d.C., essas transcrições eram feitas com a utilização da escrita arábica modificada conhecida como *ajami*. Através dela, os principais soberanos fizeram escrever as crônicas de seus Estados, em documentos históricos de valor inestimável. Mas a maior parte delas foi destruída, no século XIX, durante guerras internas; salvando-se apenas a *Crônica de Kano*. Através dela, é possível estabelecer, por exemplo, parte da cronologia, como a primeira conversão de um *sarki* ao islamismo, por obra de religiosos e mercadores originários do Mali, bem como a sequência de governantes, pelo menos a partir de Kananeji, filho de Yaji, que reinou em Kano de 1390 a 1410; além de outros eventos importantes. No século seguinte, com Mohammed Rimfa (1463-1499), Kano conhece um esplendor admirável e luta contra as outras cidades, principalmente Katsina e Zaria Entre 1450 e 1550, o País Hauçá ou Hauçalândia tornou-se o elo de comunicação entre o Bornu e o Songai. No século XVI é invadido pela onda conquistadora dos Songai. **Islamização.** Com suas aristocracias convertidas ao islã a partir do século XIII, pela ação de marabus FULAS procedentes do Mali, principalmente durante o reinado, lá, do Mansa Suleiman (1341-1360), as cidades hauçás ganharam prestígio, cresceram e se tornaram potência, constituindo-se em Estados. Segundo Gordon (2003, p. 32-33), o impacto do islã sobre os hauçás foi significativo, mas limitado, já que os que adotaram a nova fé e as práticas a ela associadas, como orações cinco vezes por dia e o uso de véus pelas mulheres, foram quase que apenas os governantes e habitantes citadinos. Além disso, a adoção do islã tinha motivação econômica, como a redução de não muçulmanos à condição de escravos, por serem "pagãos". Assim, as populações tipicamente rurais, que eram maioria, permaneceram fiéis às suas crenças tradicionais, numa situação que perdurou até o século XVIII. **A cultura hauçá-fulâni.** A penetração de pastores fulas no território dos hauçás, no século XIII redundou em trocas culturais significativas que acabaram dando nascimento a uma cultura mista, HAUÇÁ-FULÂNI. Essa cultura é altamente responsável pela reintrodução do islã e seu triunfo em todo o norte da atual (Gordon, 2003, p. 30), o que mais tarde se potencializa pela ação de comerciantes e mestres muçulmanos vindos do Kanem (Boahen, 1992, p. 34-35). Ver ABU YAZID; ÁFRICA; AL-MAGHILI; AMINA; ARABIZAÇÃO; AXÂNTIS; BAGAUDA; AIAJIDA; BAKWA; BANZA BOKOI; BAZAO-TURUNKU; BELLA; BEXERIM; BIRAM; BORI; BORNU; BUZU; CAMARÕES, República dos; CIDADES; *CRÔNICA DE KANO*; DAURA; DJERMAS; ESTADOS; FULAS; GOBIR; HAUÇÁ BOKOI; HAUÇÁ-FULÂNI; IDRIS ALOMA; ILORIN; IORUBÁS; KANANEJI; KANEM; KANEM-BORNU; KANO; KATSINA; KEBBI; KONG; KOROROFA; KUFENA; *MAI*; MOSSIS; MUHAMAD RUMFA; NÍGER, República do; NIGÉRIA, República Federal da; MALI; NUPÊ; RANO; REILIGIÃO; SAO; *SARKI*; SERPENTE, Culto; SONGAI; SULTÃO; *TARIKH*; TUAREGUES; TURUNKU; UALATA; ZAMFARA; ZARIA.

HAWWARA. Grupo berbere originário da Tripolitânia. Para escapar da conquista árabe, movimentou-se na direção oeste, através do Magrebe, participando de diversos levantes contra os conquistadores, inclusive aderindo ao caridjismo (Medeiros, 2010, HGA, III, p. 148).

HÉGIRA. Termo, derivado do árabe *al-higrah* ou *hijra*, fuga, êxodo, que designa a emigração do profeta Maomé, de Meca para Medina, em 622 d.C., ano inicial do calendário muçulmano.

HELENA DA ETIÓPIA, Rainha. Ver ELENI.

HERÓIS FUNDADORES. A História da África reserva aos heróis de seu passado, notabilizados por feitos civilizatórios, lugares especiais na memória coletiva, com a lembrança de seus feitos sendo transmitida pela tradição. Ao longo deste dicionário, são verbetizados diversos heróis fundadores de unidades políticas, como cidades, reinos e Estados, alguns deles dando origem a impérios. Ver BAIAJIDA; KIBINDA, ILUNGA; KINGÚRI; KINTU; KONGOLO; MALANDELA; NDIADIANE NDIAYE; SITOBO; SONI ALI; SUNDIATA; TOAZIÊ.

HI-KOY. No Estado songai, designação do alto dignitário da corte a quem cabia o controle das atividades relacionadas com a pesca. Era escolhido entre os membros de uma importante linhagem, a do clã de pescadores sorkos. Tb. Ho-Koy. Ver SONGAI.

HILÁLIOS. Povo árabe nômade originário da região de Nadj, também mencionado como Beni Hilal ou Banu Hilal, ou seja, "tribo de Hilal". No século VIII, emigraram para a região do Delta do Nilo, sendo deportados para o Alto Egito no século seguinte. No século XI teriam sido incentivados, pelo poder fatímida, a marchar para o oeste, juntamente com outros grupos nômades, para desestabilizar os berberes independentes, principalmente os zíridas da Ifríquia. Essa invasão, caracterizada pela devastação dos campos e destruição dos sistemas de irrigação, teve graves consequências em todo o MAGREBE, pois permitiu a esses nômades o controle das planícies do interior (Larousse, 1998, p. 2974). Por ela, os hilálios foram referidos por Ibn Khaldum como "nuvem de gafanhotos" (Howatt, 1973, p. 143, verbete "Banu Hilil"; Cornevin, 1972, p. 148). Esse juízo, entretanto, é rechaçado por parte da moderna historiografia. Em Hourani (2006, p. 146), por exemplo, lê-se não parecer "que a tribo de Banu Hillal fosse hostil à vida organizada como tal", pois mantinha boas relações com "outras dinastias" que não a dos zíridas. – O elemento "*beni*", que compõe o etnônimo Beni Hilal, tem o significado de "filhos de"; e é transliterado também como *bani* e *banu*. Ver ÁRABES (item "Penetração na África"; BERBERES; FATÍMIDAS; IFRÍQUIA; MAGREBE; ZÍRIDAS.

HOGGAR, Maciço de. Cadeia de montanhas situada a oeste de Tamanrasset (Tamanghasset), na atual Argélia, a cerca de 1.500 km da cidade de Argel. Também mencionada como Montanhas Ahaggar, é, há vários séculos, o *habitat* dos tuaregues (q.v.) do povo *imuhagh* ou *kel ahaggar*.

HOMBORI. Pequena cidade na atual República do Mali, ao sul de Gao. Seu território fez parte do Songai (q.v.), no auge do império.

HOMENS COM RABO. Ocorrência mitológica, difundida por alguns visitantes da África, ainda na época focalizada neste livro. Resultou do hábito, cultivado por alguns povos de caçadores, de usar peles inteiras de animais, inclusive com caudas, vestidas como capas (SILVA, 2012, p. 107).

HORÉ FARIMA. No Estado songai, designação do grande sacerdote a quem estava reservada a organização do culto aos ancestrais e dos espíritos.

HOTENTOTES. Etnônimo outrora usado para designar o povo de pastores da África Austral falante do *khoi*. Deriva do holandês *hotteren-totteren*, expressivo de tartamudeio ou gagueira, em razão da sonoridade de sua fala, caracterizada por cliques (HEATH, Elizabeth *in* APPIAH; GATES, 1999, p. 968). O termo é hoje rejeitado, por seu caráter pejorativo. Ver *KHOIKHOI*.

HUEDÁ. Transliteração do nome *Xwedá*, da língua fongbé, falada no antigo Daomé e na atual República do Benim, designativo de um povo e do reino por ele fundado. Ver AJUDÁ; UIDÁ.

HUMA. Ver UMÉ.

HUTUS (*Bahutu, Wahutu*). Ver RUANDA, República de.

I

IAGBA-SION (*Agbaceon, Yagba-Syon, Yagbe'a Syon*). Negus da Abissínia no século XIII, sucessor de Iekuno-Amlak. Sua política de tolerância para com os muçulmanos favoreceu o sultanato de Ifat, que então estendeu sua influência (Silva, 1996, p. 572). Ver ABISSÍNIA; IEKUNO-AMLAK; IFAT, Sultanato de.

IAO. Povo de Moçambique. Ver *WAYAO*.

IATENGA (*Wahiguya, Yatenga*). Antiga cidade-estado, integrante do conjunto dos Estados mossi. Situada a norte de Dagomba, no atual território de Burkina Faso, provavelmente na mesma localização da província que mantém seu nome. Seu surgimento é atribuído à ação de Iadega (*Yadega*), descendente de Wubri. Ver BURKINA FASO; DAGOMBA; MOSSIS; WUBRI.

IBADITAS. Um dos ramos do caridjismo, seita difundida pelo Norte da África e pelo Saara desde os primórdios da islamização do Magrebe. No século XIV podiam-se encontrar ibaditas entre os mercadores da cidade de Zagari, no Vale do Níger (Cuoq, 1985, p. 297), e entre mercadores da região do Kanem, localizado a partir da cidade de Zawila. Por sua posição privilegiada, eles participavam das atividades comerciais, inclusive do tráfico de escravos, funcionando como uma espécie de "correia de transmissão" entre sua região e as áreas tanto ao sul quanto ao norte do Saara (Medeiros, 2010, HGA, III, p. 149). Ver CARIDJITAS; ISLAMIZAÇÃO; MAGREBE; NÍGER, RIO.

IBN. Elemento que entra na composição de antropônimos de origem árabe, para significar "filho de". Ex.: *Abdallah ibn Yasin* (Abdala, filho de Yasin); Iusuf ibn Tachufin, etc. Corresponde ao hebraico "*ben*".

IBN ABBAS, Firna. Ver FIRNA IBN ABBAS.

IBN BATTUTA, Abdala Muhamad. Explorador, jurista e poeta berbere nascido em Tânger, Marrocos (1304-1368). Depois de viajar através do Oriente Médio, Índia e China, empreendeu longa expedição através da África Ocidental, do que produziu um dos mais importantes registros históricos sobre a região, inclusive focalizando em minúcias o antigo Império do Mali (q.v.).

IBN FARTUA, Ahmed. Erudito muçulmano autor da biografia do *mai* Idris Aluma, que governou o reino de Kanem-Bornu entre os anos 1571-1602. O texto retrata a luta contra o paganismo e as alterações ocorridas com a adoção islã nos doze primeiros anos do reinado de Idris Aluma (q.v.).

IBN KHALDUN, Abd al-Rahman. Erudito e filósofo tunisino, servidor do soberano de Túnis, falecido no Egito (1332-1406). Autor de *Kitab al-Ibar* ou *Muqaddimmah* (Introdução à História Universal), é considerado o fundador da sociologia no mundo muçulmano

(Larousse, 1998, p. 3055). Ver CAM, Maldição de; FONTES HISTORIOGRÁFICAS.

IBN SHAYKH AL LABAN. Letrado muçulmano. Segundo relato de Ibn Battuta datado de 1352, ensinava os preceitos do Alcorão no Império do Mali (Cuoq, 1985, p. 310).

IBN TACHUFIN. Ver IUSUF IBN TACHUFIN.

I

IBN TUMART, Muhamad. Líder berbere e reformador muçulmano nascido no Marrocos (c. 1080-1130). Foi o fundador da dinastia dos almôadas (q.v.).

IBN YASIN, Abdala (ou Abdula). Sábio berbere, descendente de membros da Confederação Sanhaja e ativo pregador islâmico. Vivendo na segunda metade do século XI, entre 1042 e 1059 fundou as primeiras comunidades de seguidores em locais de observância estrita do islã, chamados *ribat*, em território do atual Senegal. Ali se formou um movimento militante em defesa do rigorismo inicial do islã, cujos adeptos não hesitaram em mover uma *Jihad* (Guerra Santa) contra os infiéis e islâmicos relaxados em suas práticas religiosas, que esteve na origem do Estado Almorávida. Ver ALMORÁVIDAS; SANHAJA, Confederação.

IBOS (Igbo). Conjunto de povos falantes do idioma ibo, habitantes, desde época muito recuada, no sudeste da atual Nigéria, entre a floresta equatorial, ao sul, e a savana ao norte. Como regra geral, viviam em comunidades sem o controle de um poder central, sendo as decisões políticas e os negócios públicos resolvidos em reuniões abertas à participação do povo de cada uma delas. Ver IGBO-UKWU.

ICHAQUE (*Yishaq, Yeshaq*). Negus da Abissínia (q.v.), reinante entre 1423 e 1430.

IDADE DO FERRO. Estágio tecnológico e cultural do desenvolvimento humano em que o fabrico de utensílios e artefatos passou a utilizar preferencialmente o ferro fundido em lugar do bronze. Segundo Balandier e Maquet (1968, p. 174), quase toda a África ao sul do Saara teria passado diretamente da idade da pedra para a do ferro, não conhecendo, como a Europa, as idades do bronze e do cobre. As exceções, segundo os autores mencionados seriam as atuais regiões de Núbia e Mauritânia, onde a arqueologia teria encontrado evidências desses estágios intermediários. Ver METALURGIA, KWALE.

IDADE MÉDIA. Período da História da Europa situado entre a queda do Império Romano do Ocidente (476 d.C.) e a queda de Constantinopla (1453) ou a descoberta da América (1492). Diz respeito única e exclusivamente à História dos povos europeus, já que o desenvolvimento histórico africano obedeceu a outras determinantes sendo, portanto, estudado com base em periodização distinta. Assim, enunciações como "Idade Média na África" ou "Impérios Negros da Idade Média", com referência aos antigos Gana, Mali, Songai, etc. constituem equívoco. Acrescente-se que, no período, sob certos aspectos, as sociedades europeias não se distinguiam muito das oeste-africanas mais conhecidas. Tanto num quanto noutro continente, os países da atualidade não existiam. Em seus atuais limites territoriais coexistiam ou se confrontavam muitas unidades étnicas diversas, em diversos graus de desenvolvimento, organizadas como cidades-estado ou não. A título de comparação, veja-se que, por volta do ano 1300, a Península Itálica estava dividida em cerca de 250 cidades-estado, como Veneza, Florença, Roma e Milão; e, na África, pela mesma época, o Império Etíope, exerceu autoridade sobre um conjunto de cidades-estado, de feição monárquica, que compreendia mais de noventa etnias. Da mesma forma, foram multiétnicos e multinacionais o Gana, o Mali, o Songai e outros Estados.

IDRIS ALUMA (*Idris Alawoma*). Soberano (*mai*) do Kanem-Bornu (c. 1564-1596). Integrante da dinastia dos sefauas, em seu reinado, o Estado atingiu o auge. Assim, é lembrado por suas estratégias militares, pelas reformas administrativas que introduziu e pelo seu apego ao islã. Seus principais adversários foram os hauçás a oeste, os tuaregues e tubus ao norte, e os bulalas a leste. Seu exército utilizava acampamentos fixos, com muros; e suas campanhas militares contaram com o engajamento de cameleiros berberes, barqueiros do povo Kotoko, mosqueteiros com armaduras, treinados por guerreiros turcos. Como diplomata, estabeleceu relações amistosas com Trípoli, Egito e o Império Otomano. Sob o seu reinado, o Kanem-Bornu foi forte, bem organizado e próspero. Ver KANEM-BORNU; IBN FARTUA, Ahmed.

IDRIS I. Governante muçulmano do Marrocos, fundador da dinastia dos idrísidas. Exilado do Oriente Médio em 786, após uma malograda resistência contra a dinastia dos abácidas, fixou residência na pequena comunidade de Walila de onde empreendeu uma série de conquistas militares entre 789 e 791, quando morreu. Segundo a tradição, teria lançado as primeiras fundações da cidade de Fez, à margem direita do Rio Jawhar, enquanto seu filho teria mandado construir um assentamento na margem oposta, em 808. Em sua homenagem, a cidade de Walila, que abriga seu túmulo, é hoje conhecida pelo nome de Mulay Idris Walila. Ver ABÁCIDAS; IDRÍSIDAS.

IDRIS II. Governante do Marrocos (791-828), filho e sucessor de Idris I e sua mulher Kenza, que pertencia a uma importante linhagem local. Deu continuidade à obra do pai, afirmando a liderança da família sobre as tribos do Marrocos. A ele é atribuída a fundação, em 808, da cidade de Fez, onde se encontra seu túmulo, um importante centro de visitação ainda no momento deste livro.

IDRÍSIDAS. Dinastia governante no Marrocos entre 789 e 985 d.C. Primeira dinastia árabe no país, foi fundada por Idris I e entrou em declínio após a morte de Idris II, em 828. Embora vencidos pelos fatímidas, que conquistaram a cidade de Fez em 917, reinaram por mais seis décadas.

IDRIS KATAGARMABÉ (*Idris Katakarmabi*). Soberano do Kanem-Bornu entre c. 1497 e 1519, como sucessor de Ali Ghadji Deni sendo responsável pela reconquista da cidade de Djimi aos bulalas, só derrotados na segunda metade do século seguinte por Idris Aluma (Lange, 2010b, p. 293). Ver IDRIS ALUMA; KANEM-BORNU.

IEKUNO-AMLAK (*Yekuno Amlak, Yikunno Amlak*). Rei abexim da Etiópia cristã (c. 1270-1285). Tido como descendente de Del Naad, e referido também como filho de um chefe dos amharas e mãe escrava, foi instruído em uma escola monástica autoproclamada como a casa que legitimava o poder salomônico (M'BOKOLO, 2009, p. 121). Colocando-se contra as pretensões do mosteiro de Debre Libanos, base ideológica da dinastia dos zagués, foi o restaurador da dinastia salomônica ou dos salomônidas. Deu à Etiópia um período de grande esplendor, embora marcado pela luta contra os seguidores das religiões autóctones, os judeus e os muçulmanos. Nessa guerra, atacou o Damote e expulsou seus exércitos do planalto de XOA, ampliando o território de seu reino e assumindo o controle das rotas de comércio. Entretanto, não conseguiu domínio total sobre o inimigo, o que só foi conseguido no século seguinte por Ámeda-Sion (SILVA, 1996, p. 572). Ver ABEXIM; AMHARAS; ÁMEDA-SION; DAMOTE; DEBRE LIBANOS; DEL NAAD; SALOMÔNICA, dinastia; XOA; ZAGUÉS.

IELALA (*Yelala*), Inscrição de. Expressão que designa o texto gravado em três grandes rochas, na região de Ielala, na margem direita do Rio Congo em local de difícil acesso. A inscrição registra a chegada do português Diogo Cão e membros de sua segunda expedição ao local em 1485 (RATELBAND, 2003, p. 25).

IEMEREANA CRISTOS (*Imraheme Chistos, Yemrehana Krestos, Yimrha-Kristos*). Soberano da Etiópia cristã, entre os séculos XI e XII.

IENENGA (*Yennenga*). Heroína do povo mossi, cujo período de existência é localizado, segundo cronologia em Izard (2010, HGA, IV, p. 248), entre 1405 e 1450 d.C. Segundo a tradição, bela amazona, foi violentada por um caçador de elefantes, do qual teve um filho, Uedraogo, mais tarde fundador do reino Tengodogo, semente remota do futuro reino de Uagadugu (*Wogodogo*). Ver MOSSIS; UEDRAOGO.

IETBARAQUE (*Yitbarak*). Soberano da Etiópia cristã, no século XIII. Filho do célebre Lalibela, usurpou o poder a Neacueto Leabe, conseguindo manter-se no trono apenas por curto período. Ver NEACUETO LEABE.

IFAT (*Ifat*), Sultanato de. Estado muçulmano, existente na região central da antiga Etiópia, nas férteis terras altas do leste de Xoa (*Shewa*), entre 1285 e 1415 d.C. Antes um reino independente, foi aos poucos caindo sob a influência do sultanato de Xoa, com o qual fazia fronteira. No processo dessa dependência, o reino, também acossado pelo reino de Damote, foi ocupado e anexado, nascendo daí o Estado, que acabou por se tornar o mais perigoso adversário dos abexins, os cristãos etíopes (SILVA, 1996, p. 292). Em 1520, passou-se a chamar-se Sultanato de Harar. Ver ADAL, Sultanato de; DAMOTE; ETIÓPIA, República Federal Democrática da; XOA.

IFÉ. Ver ILÉ IFÉ; IORUBÁS.

IFRAN BANU. Ver BANU IFRAN.

IFRÍQUIA (*Ifriqiyya*). Antigo nome de parte da atual Tunísia, provavelmente por corruptela do latim *Africa*, *-ae*, "uma das três partes do mundo", usado também para denominar "a província de Cartago", segundo Plínio (SARAIVA, 2000, p. 29). Antigo estabelecimento fenício e mais tarde província romana, era assim denominada ainda à época da conquista árabe do Magrebe. No século V, um exército do povo germânico Vândalo ataca e devasta a região; e dois séculos depois ocorre a conquista árabe e o início do processo de islamização. Conforme consignado em Larousse (1998, p. 5792), a conquista árabe recolocou a Ifríquia, então decadente, no universo econômico do Mediterrâneo, com a construção de fortificações no litoral e aldeamentos para pouso nas rotas de caravanas. No século IX, sob os abácidas, o governador Ibn al-Arhlab funda sua própria dinastia (Arlábidas), que é eliminada pelos fatímidas em 909. Com estes, Cairuão (Kairwan), a cidade principal, torna-se um importante centro de ensino islâmico e passa a influenciar todo o Magrebe, além de se destacar como prospero centro de comércio. Entretanto, em 969 ocorria a retirada dos fatímidas; e, no século seguinte, segundo a mesma fonte, as invasões dos HILÁLIOS arruinaram o país, que acabou por se separar definitivamente do comando oriental. Mais tarde, os almôadas assumiram o governo, mas foram contestados em sua autoridade pelos haféssidas, que governaram a partir de Túnis. Ver ABÁCIDAS; ALMÔADAS; FATÍMIDAS; HAFÉSSIDAS; HILÁLIOS; ISLAMIZAÇÃO; MAGREBE.

IGBO-UKWU. Sítio arqueológico no centro-sul da atual Nigéria, território dos povos do grupo ibo (igbo). Nele, inspeções arqueológicas encontraram cerca de 800 peças de bronze, cobre, ferro e cerâmica, mais de 150 mil contas de pedra e de vidro, restos de tecidos e outras evidências da cultura material. Distinto do estilo artístico desenvolvido no Antigo Benim e em Ifé, todo esse material foi criado em data muito recuada, que remonta, segundo alguns especialistas, aos séculos VIII-XI, e segundo outros, aos séculos XIV-XV (Silva, 1996, p. 497). Caso se admita a datação do período mais recuado, isto implicaria não apenas em reconhecer a anterioridade da cultura ibo, mas uma hipotética influência sobre as outras culturas vizinhas que a ela se impuseram nos séculos posteriores. O certo é que a partir de tais evidências é possível afirmar que Igbo-Ukwu tenha sido a capital de um Estado governado por um líder, talvez um rei-sacerdote, referido pelo título *eze ndi*, "rei do país" (Awde; Wambu, 1999). Nos séculos XV-XVI as comunidades ibos encontravam-se sob dominação dos obás do Benim. Observe-se que o elemento *ukwu*, do idioma ibo, traduz-se em português como "grande" e também como "cintura" (Awde; Wambu, 1999, p. 58. Ver IBOS.

IGREJA COPTA. Ver COPTAS.

IGREJAS RUPESTRES da Etiópia. Edificações religiosas etíopes construídas entre os séculos IV e XVII, em geral utilizando pedra, ou cavadas diretamente na rocha. Em geral, estão classificadas em três tipos principais: a) igrejas-cavernas, construídas com pedra e madeira no interior de cavernas ou formações rochosas, de modo a aproveitar os espaços naturais ali existentes; b) igrejas hipogeus, ou subterrâneas, resultantes de escavações feitas em grandes rachaduras de falésias, tornando-se assim subterrâneas; c) igrejas monolíticas, inteiramente esculpidas em grandes formações rochosas (Sauter, 1963, p. 215; 223-226). Ver ARQUITETURA.

IJEBU (*Geebu, Jebu*). Antigo reino da chamada "Iorubalândia", no sudoeste do território da atual Nigéria. Segundo uma tradição, teria sido fundado, cerca do século XV, por Obanitá de Ile Ifé, seguindo determinação do obá do Antigo Benim. O reino, um dos mais desenvolvidos da região, tinha capital em Ijebu Ode, de onde reinava o Awujale (rei sagrado), com seu poder contrabalançado pela assembleia Osubgo, conhecida como Ogboni em outras áreas iorubás. Eredo Sungbo. Antes, porém, da época estabelecida como a da fundação do reino, no século X o povo de Ijebu teria erguido o célebre Eredo Sungbo, sistema monumental de muralhas e fossos, destacado como uma das grandes realizações da arquitetura tradicional africana (Ham *et al.*, 2009, p. 614). No século XIV, o expansionismo de Oyó encontrou forte resistência por parte do Ijebu. Ver ARQUITETURA; OYÓ.

IJEXÁS (*Ijesà*). Povo da "Iorubalândia", localizado a partir da cidade de Ilexá. Governado pelo owá Ilexá, opôs resistência ao expansionismo de Oyó (q.v.) no século XIV.

ILÉ (*Ilè*). Elemento da língua iorubá presente na designação de unidades políticas iorubanas, tais como Ilé Ifé e Oyé Ilé. Deve ser pronunciado com "é" aberto, pois é traduzido como "terra", "chão". O homógrafo *ilé*, abrasileirado como "ilê", tem o significado de "casa".

ILÉ IFÉ. O mesmo que Ifé: "Terra de Ifé"; "país de Ifé". Ver IFÉ; IORUBÁS.

ILORIN. Uma das quatro cidades-estado hauçás tidas como ilegítimas, talvez por terem sido fundadas por migrantes fulas. Ver HAUÇÁS.

IMAZIGHEN. Forma plural de *amazigh*, gentílico pelo qual os berberes do norte da África se autorreferem. É correspondente ao termo *imohag*, usado pelos berberes tuaregues. Note-se que o termo equivale a "berbere", sendo este na origem a designação dada pelos romanos, e depois pelos árabes, equivalente a "bárbaros", isto é, "estrangeiros". Ver *IMOHAG*.

IMBANGALAS (*M'Bangalas, Mbangala*). Antiga denominação restrita a um conjunto de povos da África Centro-Ocidental, formado pelos ancestrais dos atuais lundas, lubas, ovimbundos e ambundos (Vansina, 2010a, HGA, IV, p. 627). Segundo este autor, a etnia imbangala só se constituiu como um grupo diferenciado no século XVI. **O Estado Imbangala.** Parreira (1990, p. 59) menciona o Reino Imbangala, formado no vale do Rio Cuango, nos atuais territórios de Angola e República Democrática do Congo, vizinho a Matamba, entendendo, a partir de outros autores, que os imbangalas fossem um subgrupo dos lundas. Ver AMBUNDOS; JAGAS; LUBAS; LUNDAS; OVIMBUNDOS.

IMOHAG. Gentílico pelo qual se autodefine cada um dos berberes tuaregues (Vazquez-Figueroa, 1981, p. 11, n.r.). Ver *IMAZIGHEN*.

IMPÉRIO. Denominação aplicada à unidade política caracterizada por vasto território ou inúmeros territórios descontínuos, que abriguem povos distintos mas reunidos sob a autoridade de um único poder soberano (Houaiss *et al.* 2001, p. 1580; Silva, 1986, p. 576).

IMPÉRIO FUNJ. Ver FUNJES.

IMPÉRIOS DAS SAVANAS. Expressão usada para designar a área de influência de poderosos Estados florescidos, aproximadamente desde o século VII, no Sudão ocidental, na região da Bacia do Níger, tais como Gana, Mali, Songai, etc. Ver SAVANA.

IMPÉRIOS PAGÃOS. Expressão usada em M'Bokolo (2009, p. 543) para designar Estados, como os reinos dos povos bambara e mossi, entre outros, que se mantiveram fiéis as suas crenças tradicionais ou retornaram a elas durante a escalada do islã no oeste africano, a partir do século XI d.C. Após a derrocada sucessiva dos grandes impérios sudaneses e a desintegração do Songai de Gao, eles se multiplicaram e afirmaram sua força. Ver ESTADO; BAMBARAS; GAO; MOSSIS; SONGAI.

INARIA (*Innarya*). Região da Etiópia, ao sul de Damote. Dela provinha a maior parte do ouro que abastecia o poder dos axumitas (Silva, 1996, p. 571). Ver DAMOTE.

ÍNDIA, Presença africana na. Ver ÁSIA, Africanos na.

***INELESMEN*.** Palavra de origem tuaregue que designa os "homens santos", indivíduos respeitados e venerados, equivalentes aos marabus (marabutos) do Magrebe (q.v.) e da área subsaariana.

INFIBULAÇÃO. Ver EXCISÃO CLITORIDIANA.

INIANGA (Inyanga), Montes. Cadeia de montanhas no território da atual República do Zimbábue, próxima à fronteira de Moçambique. Seu ponto culminante é o Monte Nyangani ou Inyangani, com cerca de 2.600 m de altitude. Notabiliza-se a região pela presença de restos de cidades de pedra com terraços preparados para a agricultura, indicadores da presença de uma civilização banto, que manteve relações com o litoral (Deschamps, 1976, p. 107). Ver ZIMBÁBUE.

INTERLACUSTRE, Região. O mesmo que região dos Grandes Lagos (q.v.).

INTERTA. Província na região etíope de Tigré. Embora integrante do Império Etíope, seu governador comportava-se como um rei independente, já no tempo de Iagba-Sion. Sob o *negáchi* Ámeda-Sion, a província foi atacada e o governante deposto, sendo colocados em seu lugar, primeiro uma das esposas do conquistador, Bilém Sabá, e depois, em 1328, o filho, Bar Seguede (Silva, 1996, p. 573). Ver ÁMEDA-SION; BAR SEGUEDE; IAGBA-SION; TIGRÉ.

IORUBÁ. Língua falada, com variantes locais, pelos diversos povos do sudoeste das atuais repúblicas de Nigéria e Benim, agrupados sob denominação iorubás (q.v.). Relativo aos iorubás. Tb. Ioruba.

IORUBALÂNDIA (*Yorubaland*). Designação comumente empregada para designar a área ocupada pelos povos falantes da língua iorubá.

IORUBÁS. Denominação adotada pelos colonizadores ingleses, no século XIX, para unificar e designar o conjunto de povos aparentados localizados principalmente no sudoeste do território da atual República da Nigéria e na poção nordeste do atual Benim. Segundo algumas fontes, o nome adviria de um designativo, provavelmente derrogatório, usado pelos fulas e hauçás para referirem o povo de Oyó Ilé ou simplesmente Oyó. Têm como vizinhos os povos aja, edo, ibo e nupê. **Origens.** Os mais remotos antepassados dos falantes do iorubá viviam, principalmente, numa vasta e fértil região de floresta a sudoeste do curso do Rio Níger. Tempos depois, migrantes provenientes do norte dominaram esses autóctones e, já miscigenados a eles e tendo desenvolvido uma língua comum, introduziram nova forma de governo. **Nok.** Segundo algumas versões, a Civilização de Nok, florescida e desenvolvida nesse ambiente – a confluência dos rios Níger e Benuê – entre os séculos V a.C. e II d.C., teria sido o centro de origem do que hoje conhecemos como "iorubás". Habitando em pântanos e lagos ou nas florestas ao longo da costa, como também nas savanas no interior da curva do Níger, essas populações eram essencialmente agrícolas. Desse modo, desenvolveram instituições políticas baseadas em laços e tradições familiares. Assim, por volta do século XI d.C., esses primeiros iorubás começaram a formar cidades-estado, as quais, lideradas por chefias dinásticas, foram-se fortalecendo. **Ilé Ifé e Oyó.** A história dos iorubás está principalmente ligada à fundação de dois importantes reinos da costa atlântica da Baixa Guiné: Ilé Ifé e Oyó. O primeiro foi governado pelo herói mítico Odudua, que o teria fundado entre os séculos IX e XII d.C., aparecendo, assim, como um dos mais antigos reinos criados no sul da região do Sahel. Nele, o poder do soberano tinha por base a ocupação comunal do território, a obediência às mesmas leis e a submissão de todas as unidades políticas à autoridade do mesmo rei. As cidades-estado que constituíam o reino eram organizadas em torno da cidade sede do poder central. Já o reino de Oyó, tido como fundado por outro herói mítico, o filho de Odudua, Oraniã, também fundador do Benim, foi outro centro importante. Lá, os iorubás comerciavam com povos do Sahel e da floresta; e a atividade comercial foi decisiva para o apogeu vivenciado mais tarde. Enquanto Ilé Ifé ganhou proeminência como centro emanador do poder religioso dos diversos grupos falantes do iorubá, Oyó destacou-se como força militar e política, mas também reverente ao *oni* (senhor) de Ifé. Assim, tornou-se a grande representação do poder no norte e no este da Iorubalândia, desempenhando papel importante nas relações com povos vizinhos, como nupês (ou tapas) e borgus (ou baribas). Prováveis relações com os hauçás teriam levado os iorubás de Oyó a participarem do comércio transaariano, já no século XIV. Nesse intercambio, Oyó comerciava noz-de-cola, manteiga de caritê outros produtos naturais e adquiria cavalos, e sal em pedra, provenientes do norte (Alagoa, 2010, HGA, V, p. 528). **Unificação e centralização.** Os reinos iorubás não constituíam Estados centralizados. As cidades, mesmo fazendo parte de um reino maior, mostravam-se como entidades independentes. O principal governante de Oyó, por exemplo, era o alafim (senhor do palácio), visto como um rei divino. Por isso, os reinos e cidades subordinados eram governados indiretamente, através de representantes políticos locais que gozavam de larga autonomia (Gordon, 2003, p. 27). Ver ALAFIM;

BENIM, Antigo; BENUÊ, Rio; BORGU; CAVALARIA; IJEBUS; IJEXÁS; ILÉ IFÉ; NOK; NUPÊS; ODUDUA; OYÓ; ORANIÃ; SAHEL.

IORUBO. Topônimo empregado por Silva (1996), em substituição ao usual Iorubalândia (*Yorubaland*).

IQUÍXIDA. Qualificativo dos descendentes de Muhamad Ibn Tuchj al-Ikhshid, que governaram o Egito até 969. Ele foi agraciado com o título de *Ikhshid* quando assumiu o governo provincial em nome do califado Abássida no ano de 935.

ISHAQ I, Ásquia. Filho do Ásquia Muhamad I, governou o Império Songai de 1539 A 1549, após a queda de seu primo, Muhamad Bencan em 1537. Durante seu governo, entrou em conflito militar contra o sultão Muhamad Saadi I, do Marrocos, numa disputa pelo controle das minas de sal de Tegaza. Ver ÁSQUIA.

ISLÃ. A civilização dos muçulmanos, centrada na prática da doutrina islâmica ou islamismo. Ver MAOMÉ.

ISLAMITA. Relativo ao islã; seguidor da doutrina islâmica, muçulmano.

ISLAMIZAÇÃO. O processo de integração do continente africano ao mundo dito muçulmano, maometano ou islâmico marca profundamente o período estudado neste livro. **Antecedentes.** O norte do continente africano mantém relações com as civilizações mediterrâneas, da Europa e da Ásia, desde tempos remotos. Esse relacionamento, facilitado pela proximidade geográfica (e pela não expansão do poder do Egito faraônico em direção ao oeste) fez com que, desde logo também, europeus e asiáticos cobiçassem as riquezas e as promessas de mercados existentes do outro lado do Mediterrâneo. Enquanto as investidas se limitaram ao estabelecimento de feitorias comerciais no litoral, as populações locais as receberam de bom grado. Quando, porém, as investidas passaram a ter como objetivo a conquista e o controle de territórios mais amplos, a resistência foi encarniçada. E o grande exemplo disto foram as guerras envolvendo Cartago, Numídia e Roma, o inimigo comum, entre os séculos III e I a.C. Da mesma forma que no Mediterrâneo, as relações com a Arábia datam igualmente de tempos bastante recuados. E esse relacionamento se efetivava não só através da península do Sinai como pelo Mar Vermelho e pelo Oceano Índico. **O islã.** No século VII d.C., época em que os impérios Bizantino e Sassânida dominavam o mundo ocidental conhecido, respectivamente, a partir da antigas Turquia e Pérsia, surgia na região do Hedjaz, na Arábia, o movimento político-religioso denominado islã, liderado por MAOMÉ. Em torno desse movimento, as muitas tribos locais se uniram dando nascimento ao Estado muçulmano. Após a morte de Maomé, seus sucessores, chamados "califas", com o fito de consolidar a unificação, empreenderam conquista às regiões vizinhas, tomando grande parte dos domínios sassânidas e bizantinos, estendendo seu poder até o centro da Ásia e a Península Ibérica, numa forma monárquica de governo denominada "califado". Com o centro do poder deslocado da Arábia para a Síria, o primeiro califado foi o de Damasco, constituído pela dinastia dos omíadas. Mais tarde, com sede em Bagdá, no atual Iraque, o processo de conquista e islamização foi conduzido pela dinastia dos abácidas (Hourani, 2006, p. 22). **Do Egito ao Magrebe.** Em 642, sob o governo do califa Omar, os exércitos árabes muçulmanos invadem o Egito e, em cerca de cinco anos, chegam à Líbia e à Tunísia. Nesse momento, entretanto, esbarram na resistência dos berberes da região dos Aurés, no leste da atual Argélia. Liderada pela legendária rainha e chefe religiosa KAHINA, essa resistência impede o avanço árabe por cerca de quarenta anos, no litoral, e por quase um século no interior (Guia, 1988, p. 535). Vencida a resistência, os exércitos árabes ocupam a Ifríquia, atual Tunísia, onde o chefe militar Uqbah ibn Nafi funda a cidade de Cairuão (*Kairwan*). Primeiro estabelecimento do islã no ocidente, Cairuão torna-se uma cabeça de ponte para novas expedições e um marco na rota entre o Egito e o Magrebe. Desse posto avançado, Ibn Nafi dirige uma grande cavalgada em direção ao Atlântico. No caminho, promove uma campanha de humilhação contra os chefes berberes capturados, até mesmo aqueles já islamizados, para que sejam tratados como dependentes, pagando tributo, o que provoca grande turbulência. No retorno, Uqba é morto, na Batalha de Biskra. Santificado como mártir, seu tumulo torna-se o primeiro monumento muçulmano no Magrebe. Considerando que seus principais inimigos eram os bizantinos e não os berberes, o sucessor de Uqba, Abu-al-Mujahid, decide implementar uma efetiva política de islamização destes africanos, o que realiza, mesmo encontrando forte resistência, como a liderada pela já mencionada Kahina, romanticamente celebrizada como a "Joana d'Arc berbere". Com o apoio dos convertidos, em geral escravos (que logo, também, por suas reivindicações de igualdade fermentam turbulência), os árabes conquistam os últimos redutos dominados pelos bizantinos, como Trípoli, Cartago e Tânger. Assegurada afinal a conquista, com o Mediterraneo transformado num mar essencialmente muçulmano, por força de uma presença que perdura até a atualidade, os primeiros contingentes árabo-berberes dirigem-se à Península Ibérica, através do estreito de Gibraltar. Entretanto, em 750 Córdova passa a ser a sede de um emirado independente dos califas orientais, sob a liderança de Abd al-Rahman. Enquanto isso, o Norte da África viu-se dividido em várias pequenas unidades autônomas, governadas por linhagens berberes distintas. **Abaixo do Saara.** Na África subsaariana foram, principalmente, caravanas de mercadores e não exércitos montados que difundiram a mensagem islâmica a partir do século VIII. Essas caravanas, conduzidas por nômades do deserto levavam sal, açúcar, tecidos, utensílios, etc. para as cidades; e retornaram com preciosas cargas de ouro, marfim e escravos. De um modo geral, a chegada desse islã certamente causou curiosidade, perplexidade e confusão; mas quase nunca hostilidade. E isto tanto por causa da novidade, quanto por conta do pequeno número dos inicialmente envolvidos, em geral membros da aristocracia. A chegada estimulava a formação de comunidades mercantis ao longo das rotas de comércio, as quais cresciam em tamanho e influência, atraindo adeptos nas populações locais. Esses neoconvertidos continuaram a praticar suas antigas religiões, porque não viam nenhum conflito entre elas e o islamismo. Só com o passar do tempo o islã foi se impondo junto às populações, mas assim mesmo muitos convertidos continuaram a observar os costumes de sua tradição (SANNEH, Lamine *in* APPIAH; GATES, 1999, p. 1003). Mas três séculos depois, já no século XI despontava no Marrocos uma dinastia de muçulmanos rigorosos, os almorávidas, sob o comando dos quais o islã cresceu novamente, com a reconquista da África do norte, da Espanha e do Antigo Gana. E essa hegemonia perdura até a conquista de Ceuta pelos portugueses, em 1415. Segundo Coquery-Vidrovitch (1981, p. 33-34), a islamização do continente africano propiciou o surgimento de uma elite de muçulmanos negros capazes de adaptar as sociedades agrícolas então existentes a um sistema político e comercial eficaz. **Na África Oriental.** Como salienta Albert N'Goma (1950, p. 333-343), a integração dos africanos ao mundo muçulmano se deu através de dois vetores bastante distintos: esse que chegou por terra, acima do Saara e se espalhou pela África subsaariana; e aquele que chegou pelo mar e se espalhou pela costa oriental do continente até quase Moçambique. Ao oeste africano, o islã chegou, então, pelo Saara, "montado a cavalo", como interpretou Ali A. Mazrui, principalmente como parte do comércio de bens entre as sociedades do norte do continente e as ocidentais. Já ao leste, o islã chegou em barcos, impulsionado pelas monções – ventos que sopram, ora do mar para a terra, ora da terra para o mar, em ciclos periódicos de vários meses; e pela ação de mercadores muçulmanos que eram também missionários e proselitistas informais (MAZRUI, 1986, p. 136). **Diálogo intercultural.** No livro *Geography of Sub-Saharan Africa*, de 1997, o professor Ian E. A. Yeboah chama atenção para o fato de que, na África, embora o islã tenha influenciado as culturas nativas em vários aspectos (religioso, linguístico, educacional, alimentar, de vestuário, etc.), estas culturas também contribuíram com seus traços específicos na formatação de um islamismo africano, como no caso específico da uolofização (*Wolofisation*) da religião no Senegal. Além disso, destaca que o relacionamento do islã com as culturas nativas foi mais de diálogo que dominação (YEBOAH, 1997, p. 71). Ver ABÁCIDAS; ALMORÁVIDAS; ÁRABES; BERBERES; CALIFADO; EGITO, República Árabe do; GIBRALTAR; IFRÍQUIA; ISLÃ; KAHINA; MAOMÉ; OMÍADAS; SENEGAL, República do; UOLOFIZAÇÃO; ZANDJ.

ITSEKIRI. Reino estabelecido a oeste do delta do Níger, na atual Nigéria, em meados do século XIV, sob a influência do Antigo Benim (q.v.).

IUSUF IBN TACHUFIN (Yusuf Ibn Tashfin). Líder berbere, primeiro governante da dinastia dos almorávidas, entre 1061 e 1106. Excelente general, além de muçulmano ascético e devoto, inspirou seus seguidores pelo exemplo pessoal. Comandou decisivas batalhas e transformou a ofensiva militar dos adeptos do movimento religioso criado por Ibn Yasin num estado organizado, estruturado e politicamente hegemônico. Logo que assumiu a liderança, transferiu a sede de governo da aldeia de Agmat, nos Montes Atlas, para outra povoação fortificada que, com as devidas ampliações e reformas, deu origem a cidade de Marraquexe. Dali teve início a expansão político-militar rumo ao norte do Marrocos, a Argélia e Al-Andalus. Com a sua morte, o poderio almorávida perdeu força. Ver ALMORÁVIDAS; BERBERE; IBN YASIN; MONTES ATLAS.

J

JACÓ, Abuná. Chefe da igreja Copta que, em 1377, chegando à Etiópia, como representante do patriarca de Alexandria, entrou em rota de colisão com o imperador Ámeda-Sion, principalmente em razão da poligamia por este praticada (SILVA, 1996, p. 579). Ver ABUNÁ; ALEXANDRIA; ÁMEDA-SION; COPTA; ETIÓPIA, República Federal Democrática da.

JAGAS. Denominação aplicada a um grande grupo de guerreiros nômades surgido no território da atual Angola no início do século XVI. São referidos como canibais e dedicados à rapina, bem como pelo costume de capturar jovens do sexo masculino e integrá-los às suas hostes, além de matar todas as crianças recém-nascidas em seus acampamentos. **Os jagas no Congo.** Consoante informado em Cornevin (1972, p. 265-266), entre 1568 e 1571, os jagas dominaram o Congo, tendo o rei Álvaro I abandonado sua capital, localizada em território atualmente angolano, para refugiar-se com sua corte em uma das ilhas do Rio Congo. Os habitantes do reino refugiaram-se nas montanhas e em lugares desertos; e o resultado da destruição levada a feito pelos invasores foi de miséria e doenças. Em socorro do reino, Portugal enviou uma expedição comandado por certo Francisco Gouveia, portador de uma ordem para que os portugueses estabelecidos na Ilha de São Tomé lhe fornecessem barcos, víveres e tudo o mais de que necessitasse. Devidamente equipado, Gouveia liberta o rei do Congo e parte para a guerra aos jagas, que só é vencida depois de um ano e meio de combates em campo aberto. A vitória, ainda segundo Cornevin, deveu-se mais ao troar dos arcabuzes, cujo rimbombo aterrorizava os jagas, do que ao desempenho das tropas portuguesas (CORNEVIN, 1972, p. 267). **Denominações e etnicidade.** Em antigas fontes, o nome "jaga" é utilizado como nome étnico e sinônimo de "imbangala". A confusão parece derivar do fato de os antigos monarcas imbangalas usarem o título "jaga", traduzido como "rei". Segundo algumas opiniões, as pesquisas da historiadora Anne Hilton (1981, p. 191-202) teriam resolvido a questão. Suas investigações permitiram esclarecer que *jaga* era um designativo cuja acepção não se vinculava a uma identidade étnica particular, mas tinha sua raiz etimológica no vocábulo *aka*, do quimbundo, que designaria simplesmente o "outro", isto é, o "estrangeiro", o "atacante", o "salteador". Podia, portanto, ser aplicado a diferentes grupos de forasteiros no Congo, como os povos tio do norte do Zaire, os imbangalas, e os *mayaka* ou maiacas, que migraram do leste e parece terem sido os atacantes de Mbanza Congo em 1568, a partir *de Mbata*. Como auxílio à pesquisa, observe-se, ainda, no quicongo, a ocorrência do vocábulo *yaka*, "um grande homem; macho" (Laman, 1964, p. 1111) e o correlato *zaka*, gordo (p. 1151). Segundo Parreira (1990, p. 53), os jagas eram também conhecidos como "aicas, jagas, nsidos, njudos, jacas, ngajacas, quimbangalas, giavas, guingas, agag, gallas, zimbas, cembas, imbangalas, iages, yakas, muzimbos, etc.". Vansina (2010a, HGA, IV, p. 627) informa que a denominação "imbangalas" foi outrora aplicada a um conjunto de povos; e que a etnia imbangala só no século XVI se constitui como um grupo distinto. Essa formulação soluciona boa parte da polêmica gerada em torno das duas denominações. Ver IMBANGALAS; MAIACAS; YAKA.

JALA DIÁ. Designação dada pelos administradores-etnógrafos franceses aos antigos exploradores de ouro das minas situadas nos domínios de Gana, Mali e Songai (q.v.).

JALOFO. Ver JOLOF.

JAMALDIM. Nobre muçulmano da família real de Ifat, irmão do sultão SABREDIM. Refém na corte do *negáchi* Ámeda-Sion, no século XIV, foi entronizado pro este como governante do sultanato. Entretanto, aliado aos chefes islamitas de Mora e Adal e a vários chefes de tribos nômades insurgiu-se contra o Império Etíope, sendo, porém, derrotado (Silva, 1996, p. 576). Ver ADAL; ÁMEDA-SION; ETIÓPIA, República Federal Democrática da; IFAT, Sultanato de; MORA.

JARAAF (*Jagaraf*). Na área cultural uolofe-serere, título designativo de cada um dos mais destacados participantes da monarquia, os quais atuavam como mestres de iniciação nas atividades físicas e intelectuais. Na corte, o Grande Jaaraf desempenhava o papel de mestre de cerimônias e interlocutor do soberano, sendo também um dos seus eleitores (Barry, 1988, p. 78). Ver UOLOFES; SERERES.

JAUBEN. Subgrupo do povo *akan* (q.v.).

JAZULI, Muhamad al. Líder religioso marroquino morto em 1465. Grande conhecedor de mística muçulmana, conquistou adeptos e discípulos em Fez, Azemmour e Safim, onde foi reconhecido como erudito e homem santo. Deixou para a posteridade uma coleção de orações ao Profeta, intitulada *Dala'il al-Khayrat* (O guia das obras de Deus).

JENNE-JENO. Antiga povoação situada entre Tombuctu e Djenê. Começou a constituir-se no século III a.C. e expandiu-se entre 400 e 900 d.C. (M'Bokolo, 2009, p. 142). Ver DJENÊ.

JIHAD. Vocábulo da língua árabe que, em sentido estrito, significa "empenho", "esforço" em nome da religião muçulmana. Pode ser entendido como uma "luta" do indivíduo para alcançar a fé perfeita. Com o tempo, passou a ser empregado para designar a modalidade islâmica de "guerra justa", e no Ocidente tornou-se equivocadamente sinônimo de "Guerra Santa" empreendida pelos muçulmanos em defesa de sua fé ou com o fim de expandir o domínio do islã. O termo foi empregado com esta última acepção por almorávidas e almôadas nos séculos XI-XII; pelo sultão Ahmad Gran, em 1527, em guerra contra a dinastia salomônica na Etiópia; e recomendada em 1496 por Al-Maghili ao Ásquia Muhamad I em sua luta contra os povos pagãos adversários do Império SONGAI no princípio do século XVI. Ver AHMAD GRAN; AL-MAGHILI; ALMÔADAS;

ALMORÁVIDAS; ISLÃ; MUHAMAD I, Ásquia; SALOMÔNICA, dinastia.

JIL IBN SIKUMA. Líder do povo bulala. No século XIV, durante o reinado de Daúde no Kanem, conquistou esse reino, já inimigo pelo menos desde a época de Dunama II. Ver BULALAS; DAÚDE; DUNAMA II, KANEM.

JOÃO BEMOIN. Ver BEMOI GILEN.

JOGOMAY. No reino de Ualô (q.v.), título reservado ao alto dignitário que compartilhava a autoridade soberana na condição de "senhor das águas" (Barry, 1988, p. 82).

JOGOS. Ver MANCALA.

JOLOF (*Djolof*). Reino fundador da União ou Confederação Uolofe, constituída pelo povo outrora também mencionado em português como "jalofos". **O Estado.** Localizado na África Ocidental em partes dos atuais territórios das repúblicas do Senegal e da Mauritânia, o Jolof tem a história de sua origem fixada em três épocas prováveis: entre os anos 1212-1256; entre 1280 e 1296, ou entre 1309-1325; mas sempre associada ao aparecimento de um líder-fundador com capacidades extraordinárias, mencionado como Ndiadiane Ndiaye (Boulegue, 1987, p. 24-27). Segundo Ham *et al.* (2009, p. 29), a estruturação do Jolof como um império teria ocorrido, a partir do atual território da cidade de Dakar, no vácuo formado pelo declínio do Antigo Mali. Expandindo-se, e englobando unidades políticas de sua periferia, na primeira metade do século XVI, sua liderança engendrou a coalisão denominada Grande Jolof, Grão Jolof ou Confederação (ou Federação) Jolof ou Uolofe, reunindo os pequenos estados Baol, Cajor (Kayor), Futa, Sinê, Salum e Ualô. Na origem, o Jolof teria vínculos históricos com o Império do Mali, de onde vieram seus primeiros governantes, do clã Ndiaye. O último a quem se atribuiu o título de bur ou *buurba*, que assinalava a posição distintiva do governante do Grande Jolof foi Lele Fouli Fak Ndiaye, morto na Batalha de Danki em 1549. **O Grande Jolof.** Com a chegada dos primeiros navegantes portugueses aos estuários dos rios Senegal e Gâmbia, o Grande Jolof expressa claramente a vocação atlântica da Senegâmbia: as trocas antes voltadas para o norte, através do Saara, e para os territórios a leste, voltam-se para o comércio marítimo. Nessa conjuntura, entretanto, as unidades componentes da federação vão ganhando autonomia e assumindo suas próprias periferias, até o desmembramento do Estado que os unificava (Boulegue, 1997, p. 89-94). Ver BAOL, BEMOI GILEM; KAYOR, CONFEDERAÇÃO; FUTA; MALI, Antigo; NDIADIANE NDIAYE; SENEGAL, República do; SINÊ, SALUM; UALÔ; UOLOFES.

JONYA. Designação geral para a condição de servidão imposta aos vencidos em guerra na vasta região situada entre o Níger e o Chade, oriunda da língua fulâni (Taylor, 1995, p. 103). Com alguma pequena variação de nomenclatura, um *jon*, que equivalia grosso modo ao indivíduo qualificado como *dyon*, na língua bambara; *jaam* no uolofe; *maccudo* na língua *pulaar*; e *bawa* na língua hauçá, era um escravo ligado a uma linhagem. Ver ESCRAVIDÃO.

JORGE DA NÚBIA. Nome pelo qual são mencionados em algumas fontes dois reis núbios sediados em Old Dongola. O primeiro deles, Georgios I, ou Djirdjis, era filho do rei Zacharia, e liderou em 835-837 uma embaixada junto ao califado Abássida para renegociar os termos do tratado Baqt, antes de assumir o poder no ano de 856. Com resultado das negociações, o tributo devido em escravos foi renegociado, passando a ser cumprido a cada três anos e não mais anualmente. O outro, Georgios II, aproveitando-se do enfraquecimento da autoridade dos iquíxidas e da crise que resultou na tomada de poder pelo califado fatímida, declarou em 956 guerra ao Egito, atacando e pilhando Assuã e outras localidades situadas às margens do Nilo em 969. Tais investidas levaram a que os governantes núbios fossem admitidos como protetores oficiais do patriarca de Alexandria, indicando com isso autonomia dos cristãos em face da maioria muçulmana (HGA, III, p. 249-252). Este mesmo governante intermediou o pedido do rei da Etiópia, que solicitava ajuda ao patriarca no combate à rainha Judite ou Gudit. Ver ABÁCIDAS; ALEXANDRIA; BAQ; EGITO, República Árabe do; ETIÓPIA, República Federal Democrática da; FATÍMIDA; IQUÍXIDAS; JUDITE, Rainha; OLD DONGOLA.

JOS, Planalto de. Elevação localizada na região central da atual República da Nigéria (q.v.).

JUBA (*Jubba*). Rio da África Oriental, no sul do território da atual República da Somália. Nasce na fronteira da Somália com a Etiópia, no encontro dos rios Dawa e Ganale Dorya, e corre para o sul, unindo-se as águas do Shebelle, para desembocar no Oceano Índico, próximo a Kismayo.

JUDÁ. Ver AJUDÁ.

JUDAICA, Presença. O etnônimo "judeu" (ingl.: *jew*; fr.: *juif*) refere-se, neste dicionário, ao indivíduo praticante do judaísmo ou relacionado pelo nascimento aos antigos povos de Israel; a ele corresponde o adjetivo "judaico". No continente africano, a presença judaica é assinalada desde os tempos bíblicos; e embora na Bíblia a palavra "África" não seja mencionada, os topônimos Líbia, Egito, Etiópia e a "terra de Cuche" merecem citações. **África do Norte.** Os mais antigos estabelecimentos judaicos na África ocorreram nos atuais territórios de Egito, Tunísia e Marrocos. A partir do século VII, com a expansão muçulmana, grupos de origem judaica estabeleceram-se no norte do continente, vindo a constituir comunidades em cidades magrebinas como Bijaia, Djerba, Fez, Marraquexe, Sijilmassa, Tafilalet, Tahert e Tlemcen. Sobre o Cairo, o historiador Basil Davidson, informou ter tido, no curso de seus estudos, acesso a milhares de cartas comerciais e contratos datados do ano 1000, aproximadamente, e encontrados em uma sinagoga e um cemitério da capital egípcia, em locais conhecidos como Genizá ou Ghenizá. Esses documentos comprovavam a participação de mercadores judeus em uma importante rede comercial operada principalmente por berberes (DAVIDSON, 1978, p. 60). O vocábulo hebraico *Genizá* significa, literalmente, "esconderijo", e é o nome dado a uma sala ou local onde são armazenados textos sagrados e páginas contendo o nome de Deus, pois segundo a tradição judaica, a santidade dos nomes divinos deve ser respeitada e os documentos que os contêm não podem ser destruídos (Unterman, 1992, p. 109). As cartas contêm informações sobre as comunidades judaicas e indicações comerciais, como demanda, oferta e oscilações dos preços das mercadorias. Existem ainda documentos que podem ser consideradas seculares, tratando especificamente de assuntos ligados à vida prática, como coleta de taxas, contratos de casamento, notícias de correligionários distantes, relatos comerciais e assuntos legais. Ainda no Egito, Page (2005, p. 147) localiza, a antiga comunidade de Al-Fustat, no atual Cairo, na qual viveu, como médico da corte dos aiúbidas, falecendo em 1204, o célebre filosofo e talmudista Moisés Maimonides ou Mussa ibn Maimon, nascido em Córdoba. No Marrocos, sob Idris II, no início século IX, foi concedido aos judeus, mediante pagamento, segundo algumas fontes, o direito de edificar um bairro na recém-fundada capital Fez (de cuja fundação teria participado um membro da comunidade). Nascia aí o Mellah, um bairro exclusivo, onde a população recebeu incremento após o século XIII, quando muitos antigos moradores retornaram ao Marrocos e à Tunísia em decorrência das sucessivas vitórias dos cristãos na Península Ibérica por ocasião da Reconquista. O bairro, localizado ao sul do palácio real, concentrava profissionais dedicados às atividades de ouriversaria, prataria e joalheria (Page, 2005, p. 77). Em 1450, o célebre humanista flamengo Nicolau Clenardo (Nicolas Cleynaerts), procedente de Portugal, onde fora mestre do infante Dom Henrique, visita o bairro, onde teria sofrido grande hostilidade por conta de sua condição de sacerdote católico (Cornevin, 1972, p. 281). Entre 1576 e 1578, o judeu marroquino Samuel ben Sa'Dya ibn Danan, fez um relato circunstanciado sobre a "Batalha dos Três Reis" em Alcácer-Quibir, o qual traduz um ponto de vista israelita sobre esse importante evento da História do Marrocos (p. 283). África Ociden tal. No século XV, muitos mouros e judeus, fugindo à perseguição na Espanha, migraram para a área de Tombuctu, então parte do Império do Songai. Entre eles estavam os membros da família fundadora das aldeias de Kirshamba, Haybomo e Kongougara, até hoje existentes. Em 1402, segundo Mahmud Kati, no *Tarik al-Fatash*, a comunidade Bani Israel, estabelecida em Tendirma, no atual Mali, possuía 333 poços de água e mantinha um exército de 1.500 homens. No final do século XV, o Ásquia Muhamad I, assumindo o poder, torna o judaísmo ilegal no Mali. Segundo textos de autores muçulmanos, ao leste do Saara, entre as cidades de Karafun e Gao, haveria uma tribo composta de gente que seguia os preceitos do judaísmo; e outras comunidades encontrar-se-iam localizadas nos territórios do Império do Gana e, mais tarde, no Antigo Mali (Cuoq, 1985, p. 122; 145-157; 171). Observe que as informações a respeito da presença judaica no oeste africano devem-se inclusive a eruditos judeus, como o cartógrafo Abraão Cresques, de Maiorca (Davidson, 1979, p. 77-78). **África Oriental e Austral.** Na Etiópia, a presença do judaísmo entre a comunidade dos Beta Israel é bastante conhecida; sendo que no século X, uma rainha judia, de nome Judith reinou no país. Na Somália, o pequeno clã dos Yibbir ou Yahhar são mencionados como magos e adivinhos, tendo previsto a chegada do islã ao seu território. No

Zimbábue, os lembas (*lembaa*, subgrupo do povo venda), autoproclamados como de origem judaica, destacam-se até a atualidade como comerciantes e ferreiros de sua área cultural, com usos e costumes que os ligariam a antigos judeus, árabes, fenícios, etc. **Impacto cultural.** Mazrui (1986, p. 81-82; 87; 296) destaca o impacto judaico na identidade africana, traduzido principalmente, no que toca à época estudada neste dicionário, na absorção de conteúdos advindos do judaísmo. Ressalta ele que o cristianismo etíope, por exemplo, é efetivamente judaico cristão, pois constitui uma reminiscência da religião dos cristãos de Jerusalém no primeiro século da Era Cristã que mantinha muitas práticas do judaísmo. Diz mais o autor que muitas sociedades africanas tradicionais traçaram sua ancestralidade a partir de mitos judaicos, como os do Gênesis bíblico. Assim, na língua suaíli, a palavra que corresponde a "ser humano" é *mwanadamu* (Perrot, 2010, p. 86) que, decomposta, se traduz como "filho de Adão". Ver AIÚBIDAS; ALCÁCER-QUIBIR; ÁRABE; ÁSQUIA; BANI ISRAEL; BERBERES; BETA ISRAEL; FEZ; GANA; JUDITH; KHAINA; MALI, Antigo; MARROCOS, Reino do; MUHAMAD I, Ásquia; RECONQUISTA; SEFARDITA; SUAÍLI; TOMBUCTU.

JUDALAS. Clã berbere, integrante da Confederação Sanhaja (q.v.). O mesmo que Djodalas.

JUDER PAXÁ (*Djouder, Judar Pasha*). Cognome de Diego de Guevara, explorador e comandante militar de origem moura, nascido em Granada, na atual Espanha. É mencionado em algumas fontes como "renegado espanhol", pois cresceu na corte do rei do Marrocos, Mulay Ahmed. A soldo deste, que ambicionava assenhorear-se das riquezas do Sudão Ocidental, conquistou o Songai em 1591, vindo a falecer em Marraquexe em 1605. Ver MARRAQUEXE; MARROCOS, Reino do; PAXÁ; SONGAI.

JUDITE, Rainha. Ver GUDIT.

JULIÃO, Conde. Personagem semilendário considerado costumeiramente como o derradeiro governante provincial bizantino do Norte da África, com residência em Ceuta. Teria apoiado o comandante muçulmano Tarique ibn Ziyad, representante do califado omíada, na travessia do Estreito de Gibraltar e ocupação do reino visigodo na Península Ibérica no ano 711, visto como o ponto de partida da constituição de Al-Andalus (q.v).

JURAMENTO. Termo usado em fontes portuguesas para denominar o ordálio (prova judiciária penal) a que eram submetidos os réus em antigas sociedades africanas. Feita a prova com utilização de elementos da natureza, o resultado era tido como um julgamento divino. Na prática, consistia, geralmente, em ingestão de beberagens, mastigação de ervas, frutas ou cascas de árvores consideradas venenosas, além de outras provações. A culpabilidade era determinada pela capacidade de resistência diante da dor; ou de recuperação dos eventuais ferimentos. Ver DIREITO COSTUMEIRO.

K

KAABU. Ver GABU.

KABASA. Ver CABAÇA.

KADÍRIA (*Qadiriyya*). Confraria ou ordem de dervixes do islã, fundada por Abd al-Kadir al-Jilani (1078-1166) em Bagdá e introduzida a partir de 1450 no Marrocos, de onde começou a ganhar adeptos abaixo do Saara. Tornou-se a mais importante confraria entre os marabutos da Bacia do Níger e de parte da área de circulação dos tuaregues. A denominação é também transliterada como *Qadri*, *Qadriya*, *Aladray*, *Alkadrie*, *Adray*, *Elkadri*, *Elkadry*, *Kadray*, *Kadri*, *Qadiri*, *Qadr*, *Quadri*, etc.

KAFFA, Reino de. Antigo Estado monárquico outrora localizado na parte meridional do Maciço da Etiópia. Foi o berço da cafeicultura, de onde o café (*Coffea arabica*) era exportado para a Península Arábica.

KAFUR, Abul Misk. Ver ABUL MISK KAFUR; CAFÉ; ETIÓPIA, República Federal Democrática da.

KAHINA. Legendária princesa e profetisa berbere. Filha do rei Tabet, das Montanhas Aurès, liderou a resistência berbere contra a conquista árabe do leste do Magrebe no século VII. Segundo Schwartz (1997, II, p. 107), "tendo-se convertido ao judaísmo, liderou por 35 anos as tribos judaicas do norte da África". É referida em algumas fontes como falecida na Tunísia em 703 d.C.; e mencionada também pelo nome Dahlia (ou Dahia Al Kahina), sendo Kahina ou Al-Kahinat, para alguns, um epíteto que lhe foi atribuído pelos árabes, com o significado de "feiticeira". Compare-se, entretanto, no verbete "BRANCOS, Escravos", o nome *kayna*, traduzido como "cantora". Ver BERBERES; BRANCOS, Escravos; ISLAMIZAÇÂO (item "Do Egito ao Magrebe"); MAGREBE.

KAIRUAN (*Qairouan*). Capital da antiga Ifríquia, localizada na atual Tunísia. Fundada como um campo militar árabe em 670, adquiriu importância como grande centro cultural e comercial sob os arlábidas, e depois de ser altamente prestigiada pelos omíadas e abácidas foi abandonada pelos fatímidas. Em 1057 foi destruída pelos hilálios (LAROUSSE, 1998, p. 3393). Entretanto, na atualidade, certamente reerguida e revitalizada, a cidade é destacada como importante centro histórico e religioso. Alguns autores consignam seu nome aportuguesado: Cairuão. Ver ABÁCIDAS; ARLÁBIDAS; FATÍMIDAS; HILÁLIOS; IFRÍQUIA; OMÍADAS.

KALAARI. Vasta região desértica ocupando quase todo o território de Botsuana, parte do leste da Namíbia e a maior parte da província do Cabo, na África do Sul. No sudoeste, confunde-se com o Namibe, porção litorânea do Deserto da Namíbia. Ver BOTSUANA, República de; NAMÍBIA.

KALALA ILUNGA. Soberano do povo luba, entre c. 1500 e 1550. Mencionado como caçador e mago, após eliminar seu tio Kongolo, assumiu o trono do Bena Kalunduwe (OBENGA; SOUINDOULA, 1991, p. 145). Ver BENA KALUNDWE; LUBAS.

KALEB. Governante de Axum no período situado entre 519-531, também conhecido como Ella Asbeha, aportuguesado para Elesbão. Notabilizou-se como chefe militar e articulador político, tendo estabelecido boas relações com Bizâncio, o que lhe conferiu autoridade para atravessar o Mar Vermelho e, nos anos de 523-525, conquistar o reino de Himiar, no atual Iêmen, no sul da Península Arábica, impondo aí temporariamente o cristianismo. Venerado como santo na Igreja Ortodoxa e na Igreja Católica com o nome de Santo Elesbão, é representado como um rei negro da Etiópia. Seu culto teve grande difusão no Brasil durante o período colonial, entre os escravos africanos e afrodescendentes. Ver ÁRABES; AXUM; BIZÂNCIO; ETIÓPIA, República Federal Democrática da; VERMELHO, Mar.

KALIDURAT. Rei de Macúria. Passou à História como o soberano que, em 652, assinou com os líderes muçulmanos do Egito o célebre tratado conhecido como Baqt. Ver BAQT; EGITO, República Árabe do; MACÚRIA.

KANANEJI. Soberano muçulmano da cidade-estado hauçá de KANO, mencionado como o décimo terceiro *sarki* (rei), reinante após seu pai Yaji (1390-1410). Engajou-se em várias guerras de conquista, tendo imposto vassalagem a Kororofa (Kawararafa) e introduziu diversas inovações, como armaduras metálicas, para maior eficiência de seus exércitos. Ver KOROROFA; YAJI.

KANDA (*nkanda*). Na tradição dos bacongos, termo que designa o agrupamento de pessoas aparentadas entre si e possuindo um território comum. A kanda era dona das florestas, dos rios, das fontes de água, das pastagens e dos terrenos lavrados; não o sendo, entretanto, dos instrumentos e ferramentas de trabalho, que eram de propriedade individual. O pertencimento a uma kanda é definido pela linha matrilinear, por isso difere do lúmbu, que agrupa os parentes da parte do pai. Essa diferenciação foi extremamente importante na sucessão dos governantes do reino do Congo. Ver BACONGOS; CLÃ; CONGO, Reino do; LINHAGEM.

KANEM. Antigo reino localizado a nordeste do Lago Chade, em território da atual República do Chade. Criado por lideranças dos antigos zagauas (*zaghaouas*, *zaghawa*) no século VII, depois emergiu como o mais poderoso entre os diversos pequenos reinos de sua região. Enfraquecido por guerras internas, foi anexado por um desses pequenos reinos, o Bornu, no século XIV, dando surgimento ao Kanem-Bornu. Segundo Page (2005, p. 60), o vocábulo *kanem* seria uma denominação geográfica, significando "sul", na língua canúri. Entretanto, algumas fontes referem o Bornu como, originalmente, uma província do sul do Kanem. Ver BORNU; KANEM-BORNU; CANÚRI; ZAGAUAS.

KANEM-BORNU. Denominação do Estado formado na região a nordeste do Lago Chade, em partes dos atuais territórios de Chade, Líbia, Níger, Nigéria, Camarões, depois da provável anexação do reino do Kanem pelo de Bornu no século XIV. Entretanto, fontes da época referem o soberano kanembu como "rei do Kanem e senhor do Bornu". Segundo Lange (2010, HGA, IV, p. 269) é difícil determinar com precisão a natureza das relações entre os dois reinos, sendo certo apenas que do século XIII ao final do seguinte o Bornu cresceu em importância. **Origens.** Desde antes do século VIII, povos nômades saídos dos confins da Abissínia, do Vale do Nilo, da Tripolitânia e da Cirenaica chegaram à região do Lago Chade. Continuando por vários séculos, essa movimentação provavelmente contou com a participação de berberes, acossados pelos árabes, e dos hilálios, em suas sucessivas movimentações no continente africano. Esse foi certamente o ambiente de formação dos povos kanembu, tubu, teda, etc., e da mais antiga das dinastias locais, a dos zagauas. Segundo algumas tradições, os zagauas (*zaghawa*) teriam chegado à região, vindos do leste africano através do Saara entre os anos 700 e 800 (cf. Boakye, 1982, p. 47), e unificado, sob seu comando, alguns grupos locais. Segundo outras fontes, no século IX, Seif (príncipe vindo do Iêmen ou um líder local, do povo tubu, da região do Tibesti) teria reunido seu povo, os locais e os canúris (do Bornu), sob sua autoridade, criando o Estado e fixando sua capital em Djimi ou Njimé, entre Mao e Yagoubré (Pedrals, 1949, p. 136). Mas essa autoridade foi algumas vezes contestada ou dividida; e assim vemos, por longo tempo, os zagauas dominando a região saheliana do atual Chade. Observe-se que a unificação procedida por Seif resultou também em miscigenação entre as elites dos povos envolvidos, o que muitas vezes influiu no processo de sucessão. Na versão consignada em Silva (2012, p. 42), o Bornu teria nascido por volta do século XIV, quando a linhagem real do Kanem, os sefauas, seguida por seu povo, transferiu-se da região a sudoeste do Lago Chade. **Islamização e expansão.** No século XI, época dos fatímidas no Egito, um descendente de Seif, o *mai* (soberano) Umé, instalado em Njimé (Ki-Zerbo, 1972, II, p. 440) converte-se ao islã, transformando o Kanem em grande núcleo irradiador do islamismo na região. No final do século XII, a dinastia sefaua é apeada do poder por Salmana ben Abdala, enfaticamente descrito pelos cronistas árabes como um negro. Certamente fruto daquela espécie de miscigenação referida linhas atrás, esse governante é, entretanto, vencido por Dunama Dibalemi, que restabelece o poder e realiza, segundo a tradição, três peregrinações a Meca, com grande importância política e comercial para o reino. Com o *mai* Dunama II, sob a influência dos haféssidas de Túnis, o reino demonstra grande poderio bélico e experimenta grande expansão. Mantendo uma guerra de sete anos contra o povo tubu, esse governante levou seu poder até as proximidades da Fezânia, na tentativa de assumir o controle do comércio com Trípoli. Dunama II governou um território que se estendia, ao norte, das margens do Lago Chade até a Líbia; a oeste, até o país Hauçá; e a leste até Uadai, na fronteira do atual Sudão. No século XIV, no reinado de Daúde, ocorre a revolta e a consequente invasão do povo bulala, a qual redunda em nova querela dinástica. Então, enquanto que os membros sefauas mais antigos permanecem em Djimi, integrantes de dois clãs mais recentes se separam, uns indo para a região do Rio Chari, outros para o Lago Fitri. **Bornu.** Baseados nesse novo sítio, os dissidentes sefauas, aliados a bulalas e tedas, conseguem vencer o *mai* Umar ben Idris que foge para o território do povo canúri onde, neutralizando as investidas de árabes, berberes e hauçás, funda um novo Estado, o Bornu. Em meados do século XV, com Ali Ghaji, que transfere sua capital para Gassari, a 75 km do Chari, constitui-se o denominado "segundo império canúri", esse período é destacado pelas vitórias militares contra diversos povos vizinhos, mas também pelo restabelecimento da paz interna, cimentando as bases para o reino do *mai* Idris Aluma (1564-1596), considerado o mais importante período da história do Kanem-Bornu. **Poder militar.** Vestindo armaduras semelhantes às dos cavaleiros medievais europeus, a cavalaria do Bornu aterrorizou o Sudão Central por mais de duzentos anos, atacando em formação fechada ao som de trombetas de guerra. Já no início do século XVI, europeus mencionaram os constantes ataques do Bornu contra vizinhos mais fracos, como os do povo bulala (Davidson, 1967, p. 30). Ver BORNU; BULALAS; DAÚDE; FATÍMIDAS; FEZÂNIA; HAFÉSSIDAS; HAUÇÁ; HILÁLIOS; IDRIS ALUMA; KANEM; SEFAUAS; TEDAS; TRÍPOLI.

Kanem-Bornu – Governantes				
Governante	**Período**	**Dinastia**	**Capital**	**Fato relevante**
Seif (Saf, Sef)		Sefaua		
Dugu Bremi	c. 800			
?	?	?	?	
Bulu	1007-1023			
Arku	1023-1067			
Hawwa (rainha ?)	1067-1071			Mencionado em algumas fontes como primeiro rei muçulmano da região.
Abd al-Djalil	1071-1075	Duguwa	Manan	
Umé (Hummay) ou Umé Jilmi	1075-1086	Zagaua	Njimi	Oriundo da dinastia sefaua, derrota os remanescentes da dinastia duguwa e funda seu próprio ramo dinástico.
				Ki-Zerbo (1972 I, p. 197) dá como sucessor de Umé (1085-1097) "seu filho" Dunama I (1097-1150).
Abdala Bakaru	1116-1182			
Salmana ben Abdala	1182-1210	Nova dinastia		Negro muçulmano que assume o título de *mai*.
Dunama Dibaleni	1210-1248			Apogeu do reino. Em Ki-Zerbo (1972, I) o período 1221-1259 é ocupado por Dunama II referido como Dabalemi ibn Salma.

Kanem-Bornu – Governantes				
Governante	**Período**	**Dinastia**	**Capital**	**Fato relevante**
Kaday ben Dunama	1248-1277			
Bir ben Dunama	1277-1296			
Ibrahim ben Bir Nikale	1296-1315			Sublevação dos bulalas.
Abdala ben Kaday	1315-1335			
Salmana	1335-1339			
Idris ben Ibrahim Nikale	1342-1366	Sefaua		
Dawud ben Ibrahim Nikale	1366-1376			
Umar ben Idris	1382-1387			Bulalas aliados aos tedas combatem o reino.
Kaday Afnu ben Idris	1388-1389			
Bir ben Idris	1389-1421			
Uthman Kalnama ben Dawud	1421-1422			O poder já não era mais da dinastia sefaua, e sim de alguns ministros do reino.
Dunama ben Umar	1422-1424			
Abdal ben Umar	1424-1431			
Ibrahim ben Uthman	1431-1439			
Dunama ben Bir	1440-1444			
Muhamad ben Kaday	1445-1449			
Ghadji ben Imata	1449-1454			
Uthman ben Kaday	1454-1459			
Ali Ghadji Deni	1465-1497		Gassaro (ou Birni)	Mencionado em Ki-Zerbo (1972, I, p. 201), como Ali ibn Dunama (1472-1504), chamado Al-Ghazi, o conquistador.
Idris Katakarmabi (ou Katagarmabé)	1497-1519			
Muhamad benIdris	1519-1538			
Mai Idris Aluma	1580-1617			

Fonte: Lange (2010, HGA, III – Id. IV). Obs: As datações disponíveis estabelecem períodos de governo aproximados, geral de três décadas. Mas as localizações divergem, às vezes, até em um século. Assim, tomamos por base as de Dierke Lange (2010, HGA, III); reforçando as informações com as de outros autores.

KANEMBUS. Povo da região a norte do Lago Chade, falante da língua de mesmo nome, mencionado em Homburger (1957, p. 40) como uma variante dialetal da língua canúri. Sua história liga-se intimamente às dos reinos de Kanem e Kanem-Bornu. Ver KANEM; KANEM-BORNU; CANÚRI.

KANGABAS. Povo oeste-africano, pertencente ao grupo mandê e provável subgrupo dos sossos. Ver KANGABA.

KANGABA. Região da África Ocidental; pequeno reino nela localizado. Foi o local a partir do qual Sundiata Keita, após vencer Sumaoro Kantê, rei do povo sosso, em 1235, estabeleceu as bases para a expansão dos mandingas e a consolidação do Império do Mali. Segundo Furé (1997, p. 24), o islamismo teria penetrado na região a partir do século XI. **O reino.** Fundado no século VIII pelo povo sosso, permaneceu até o século XI sob domínio de Gana. Daí em diante foi governado por duas linhagens soninqué: a dos Diarisso (1076-1180) e a dos Kantê (1180-1235). Após a Batalha de Kirina, em que Sundiata Keita venceu Sumaoro Kantê, o reino caiu sob domínio do Império do Mali. – Por metonímia, a expressão "reino mandinga de Kangaba", passou a denominar a unidade política: "o Kangaba", também mencionado em algumas fontes como "Kaniaga". Ver MALI, Antigo; SOSSOS; SUMAORO KANTÊ; SUNDIATA KEITA.

KANIAGA. Outro nome usado em menções ao reino de Kangaba (q.v.).

KANKAN. Região localizada no leste do território da atual República da Guiné. Fez parte do Songai, no auge do Império.

KANKAN MUSAA. Grafia para o nome Kanku Mussá consignada em Dramé (2003, p. 122). Ver KANKU MUSSÁ.

KANKU MUSSÁ. Imperador do Mali, também mencionado como *mansa* Kanku Mussa; Mansa Musa e Gongo Mussa. Ver MALI; *MANSA*; MANSA KANKU MUSSÁ.

KANO. Uma das primeiras cidades-estado dos hauçás (q.v.). Consoante a tradição, a antiga cidade teria surgido como sede do culto de uma divindade local, adorada em um alto rochedo, conhecido como Dala. Ainda conforme as fontes tradicionais, entre os séculos X e XI, uma expedição berbere vinda do norte teria destruído o santuário e deposto os sacerdotes governantes, dando à cidade cunho eminentemente comercial (Gordon, 2003, p. 13). Segundo a *Crônica de Kano*, o reino foi fundado em 999 d.C., no planalto de Jos, como um dos Hauçá Bokoi, por Bagauda, neto de Bayajida ou Abuyazidu (provavelmente, Abu Yazid), legendário herói fundador do povo hauçá. No reinado de Gajemasu a sede do reino foi transferida para Sheme onde hoje se ergue a Kano moderna, no norte da atual República da Nigéria. Na década de 1340, o islã chegou à região, levado por eruditos mandingas do Império do Mali. Nessa ocasião, o soberano Yaji, teria se tornado o primeiro rei hauçá a abraçar a fé muçulmana. Por volta de 1400, com a derrota de Kano diante de Zaria, o islã foi abandonado, só recuperando sua influência cinquenta anos depois, com a chegada de novos mestres mandingas. No reinado de Daúde (1421-1438), o reino tornou-se dependente do Bornu; para recuperar sua força no reinado de Muhamad Runfa

(1463-1499), celebrado como o maior dos soberanos hauçás de Kano. Ver ABU YAZID; BAGAUDA; BORNU; *CRÔNICA DE KANO*; DAÚDE; HAUÇÁ BOKOI; HAUÇÁS; ZARIA.

KANTA. Título do soberano de um pequeno Estado tributário do Songai, no século XVI. Era obrigado a fornecer tropas e participar das expedições de guerra, mas sem direito aos botins, o que provocava insatisfação, sanada com um tratado de paz em 1553. Assim como ocorreu com o Gana, o título *kanta* designou também o reino (Tymowski, 2005, p. 217).

Kantê (*Kanté*). Clã do povo sosso. Reinou dinasticamente no pequeno reino de Kangaba ou Kaniaga entre 1180-1235. No longo período de governo de Sumaoro Kantê (1200-1235), exerceu hegemonia sobre as áreas anteriormente dominadas pelo Gana-Uagadu, apoderando-se de Cumbi ou Cumbi-Salé entre 1203-1204. Ver CUMBI-SALÉ; GANA, Antigo; KANGABA; MALI; SUMAORO KANTÊ; SUNDIATA KEITA.

KANURI. Ver CANÚRI.

KARAGÚÉ (*Karagwe*). Reino leste-africano florescido na região dos Grande Lagos, entre os séculos XIII e XIV. Fundado pelo povo que lhe deu o nome, localizava-se a oeste do Lago Vitória, no extremo noroeste da atual Tanzânia, fronteira com Uganda. No século XIV, o reino era considerado parte do complexo de Quitara, liderado pela dinastia dos cuézi, a qual, no século seguinte foi destronada por invasores do povo luo. Ver GRANDES LAGOS; LUOS; QUITARA; TANZÂNIA; UGANDA, República de.

KARAMOJONG. Ver CARAMOJONGUES.

KARIMIS. Nas cidades do litoral do Índico, sobretudo em Quíloa e Mogadixo, denominação dos mercadores afro-muçulmanos anteriores ao século XV, Observe-se que o léxico da língua suaíli registra o adjetivo *karimu*, generoso, magnânimo (Perrot, 2010, p. 62). Ver MOGADIXO; QUÍLOA; SUAÍLI.

KAROUINE (*Al Qarawiyyin*). Denominação da madraça fundada na cidade marroquina de Fez no ano de 859, como escola corânica associada à Mesquita de mesmo nome. É considerada a mais antiga instituição de ensino em funcionamento do mundo, uma vez que desde 1963 encontra-se integrada ao sistema de ensino universitário do Marrocos. Em sua biblioteca há significativo acervo de manuscritos árabes que remontam aos séculos XIII-XV da Era Cristã, entre eles textos de autoria do tunisino Ibn Khaldun. Ver MADRAÇA.

KASA. Nas antigas tradições do Mali, título privativo da primeira-esposa do *mansa*, equivalente a "rainha-mãe". Tinha poder e prestígio como o marido, e gozava de poder de governo, estando encarregada diretamente da administração de Djenê. Como o *mansa*, dispunha de uma escolta formada de escravos e escravas, e se devia a ela a mesma deferência protocolar em audiências públicas (Pala; Ly, 1982, p. 208).

KASSON. Antigo reino do território do atual Senegal, limitado a leste pelo reino de Galam, ao meio pelo de Bambuque, a oeste pelo Karta e a norte pelo Saara. Ver SENEGAL, República.

KASSONQUÉ (*Kasonke, Kasso, Kasson, Xasonga*, etc.). Povo do atual Senegal, localizado na região de Tambacounda.

Seus ancestrais foram os construtores do antigo reino de Kasson (q.v.).

KATANGA. Região na atual República Democrática do Congo, denominada Shaba entre 1972 e 1997. É limitada a leste pelo Lago Tanganica; ao sul, por Zâmbia e a oeste por Angola. O vocábulo "Shaba" com que a região foi conhecida após o fim do domínio colonial belga, é o termo da língua suaíli correspondente ao português "cobre", metal largamente encontrado no território, também rico em cobalto, urânio, zinco, cádmio, prata, manganês e ouro. Segundo David W. Phillipson (1977 *apud* Obenga, 1985, p. 99), a povoação de sua porção oriental começou a se dar com a chegada de, entre os anos 400 e 500 d.C., de povos falantes de idiomas bantos provenientes do leste do continente, tendo outras correntes migratórias atingido a região, respectivamente, entre 500 e 1000; e entre 1000 e 1100 d.C. Quanto à parte meridional, teria sido, até c. 1500, habitada apenas por pigmeus, empurrados para as terras altas com a chegada de migrantes bantos. A partir daí, movimentos migratórios entre os rios Lufira e Luapula provocaram novos assentamentos populacionais na região. Ver ANGOLA, República de; CONGO, República Democrática; ZÂMBIA, República de.

KATSINA. Uma das primeiras cidades-estado dos hauçás, rival de Kano, na disputa pelo comércio transaariano. Nasceu entre os séculos XIII e XIV, a partir da chefatura de Durbi-ta-Kusheyi, tendo alcançado estabilidade sob Ibrahim Sura, no século XV (Adamu, 2010, HGA, IV, p. 307-308). Ver CHEFATURA; KANO.

KATUNGA. KATUNGA. Denominação da antiga cidade-estado de Oyó, também referida como "Kàtanga" (Abraham, 1981, p. 360). Ver OYÓ.

KAW KAW. Antiga denominação atribuída cumulativamente, em fontes diversas, às históricas cidades songais de Gao e Kukya (q.v.).

KAYA MAGAN CISSÊ (*Khaya Maghan Cissé, Qaia Magha*). Nome pelo qual passou à História, o líder Cissé Tunkará do povo soninqué, fundador de importante dinastia do Antigo Gana. É mencionado como o primeiro soberano negro desse Estado (Delafosse, M. 1912 *apud* Cornevin, 1972, p. 152), por ter, por volta de 790 d.C. destronado a dinastia de origem berbere então reinante. Órfão de pai na infância, sua criação teria sido orientada no sentido de vingar a morte do genitor, assassinado a mando da liderança reinante, por motivo injusto. Feito adulto, consegue seu intento e toma o poder, expulsando os berberes, que partem em várias direções. Assume o poder, proclamando-se rei do Uagadu e promovendo a expansão de seu território, fazendo com que os limites do Gana-Uagadu logo atingissem as regiões nas quais os berberes tinham-se alojado, o que provocou forte resistência (*op. cit*). O Kaya Magan Cissê Tuncará unificou os soninqués e deu o impulso inicial para a construção do Império do Gana, tendo sua dinastia permanecido no poder até o século XI. – A expressão "Kaya Magan" (*khaya maghan*) define um título de soberania, traduzido em algumas fontes como "rei do ouro". O nome real "Cissé Tunkará" remete ao clã do pai do soberano, *Kará* (*op. cit.*)

e ao título de soberania *tunka*. Ver GANA, Antigo; *TUNKA*.

KAYOR. Pequeno Estado no território do atual Senegal, surgido no século XIV, na órbita do Grande Jolof (q.v.) e considerado o mais importante entre os que formaram a confederação por ele liderada. Os eventos mais importantes de sua História ocorreram após o século XV.

KEBBI. Uma das quatro cidades-estado hauçás tidas como ilegítimas, talvez por terem sido fundadas por migrantes. Ver HAUÇÁS.

KEITA. Dinastia de *mansa* do Antigo Mali. Remonta à fundação do reino, no século VIII, procedendo-se a sucessão de seus membros pela linha masculina. Segundo os tradicionalistas, seu fundador teria sido Bilali Bunama, descendente de Bilal ibn Rabah, o primeiro *muezim* na tradição islâmica. Os dois mais importantes participantes da dinastia, que projetaram internacionalmente o Mali, elevando-o a condição de império, foram Sundiata Keita, entre os séculos XII-XIII e Kanku Mussá, no início do século XIV. Na atualidade, seus integrantes se mantém na como chefes de província, governando na cidade de Kangaba, que desde o século XVII continua a ser seu local de resi dência (Niane, 1959, p. 4). Ver BILAL IBN RABAH; KANGABA; KANKU MUSSÁ; MALI, Antigo; SUNDIATA KEITA.

KERENBES. Rei núbio, também referido como *Kudanbes*. Último soberano cristão de Dongola (q.v.), foi deposto em 1315, em razão de uma elaborada intriga palaciana.

KHARIJISMO. Ver CARIDJISMO.

KHOIKHOI. Conjunto de povos da África Meridional, falantes de línguas do grupo coissã (*khoisan*), também referidos como *khoe khoe*, *khoi*, *namaqua* e, principalmente, "hotentotes", termo hoje rejeitado por conotação pejorativa. Pastores seminômades, são remanescentes de um antigo povo, migrado da Etiópia para o território da atual Namíbia e mais tarde para a região do Cabo da Boa Esperança, na atual África do Sul (Page, 2005, p. 124). São tidos como descendentes diretos dos mais antigos membros da espécie humana, o que parece comprovar a tese de sua migração gradativa do nordeste para o sudeste africano. Segundo L. D. Ngcongco, entre os anos 1000 e 1500 d.C., os *khoikhoi* tornaram-se criadores de gado, inclusive bois e vacas de grande porte, que montavam e usavam em transporte de cargas, além de ovelhas de cauda grossa. Assim, espalharam-se por vasta área, numa expansão que deixou marcas profundas, tanto sob o aspecto linguístico, quanto do ponto de vista da miscigenação, em grande parte da África Meridional, em terras hoje pertencentes a África do Sul, Angola, Botsuana, Namíbia e Zimbábue. Em 1510, na região do Cabo da Boa Esperança, o português Dom Francisco de Almeida é morto com outros fidalgos no decorrer de uma "expedição punitiva" (Almeida, 1978, p. 91). O ilustre falecido era vice-rei das Índias e sua morte ocorreu em confronto com um grupamento *khoikhoi*, que fez, além dele, mais 60 vítimas fatais. O fato comprova o grau de organização desses africanos, capazes de, apenas com seus arcos e flechas, infligir essa fragorosa derrota a uma coluna portuguesa, munida de armas

K

de fogo (Ngcongco, 2010, HGA, V, p. 656-657). Ver ÁFRICA DO SUL, República da; ANGOLA, República de; BOTSUANA, República de; ETIÓPIA, República Federal Democrática da; NAMAQUALÂNDIA; NAMÍBIA; ZIMBÁBUE.

KHOISAN. Ver COISSÃ; *KHOIKHOI.*

KIBINDA ILUNGA. Herói fundador do povo luba ou baluba. Grande caçador, certo dia, segundo a tradição, perseguindo um elefante com seu grupo, foi ter no território do povo lunda. Lá, pediu abrigo e encantou a bela Luêji, sucessora de um chefe recém-falecido. Repudiando o marido para casar-se com o estrangeiro e investindo-o cerimonialmente na condição de chefe, Luêji provocou revolta em seu povo. A cisão provocada no seio do grupo fez com que Tshinguli ou Kingúri, irmão da jovem princesa fosse para o oeste, onde, no Alto Cuango, deu origem à primeira linhagem do povo imbangala. No sul, na nascente do Rio Zambeze, outro irmão, Kinyama, deu origem ao povo luena; e, a oeste, um sobrinho deles fundou a linhagem inicial do povo quioco (*chokwe*). A história do povo quioco confirma a formação de sua nação a partir de um pequeno grupo de guerreiros dissidentes vindos da Lunda que se uniram a mulheres autóctones e, posteriormente, pela assimilação de grupos vizinhos, como lubas, pendes, luluas e mesmo lundas. Esses eventos estão provavelmente ligados a sucessivas migrações de povos bantos que, vindos do leste, segundo Phillipson (1977 *apud* Obenga, 1985, p. 99-100), atingiram a região de Shaba, de 400 a 1100 d.C. Ver LUBAS.

KILOMBO. Ver QUILOMBO.

KINGI, Reino de. Por vezes também grafado como Reino de Quingi ou Quinji. Estado criado no Futa Toro pelo líder Koli Tenguelá em 1532 e governado pela dinastia denianqué até o século XVIII. Na documentação portuguesa e castelhana é identificado pelo nome "Grão-Fulo" (q.v.).

KINGÚRI (*Tshingúli*). Herói fundador do povo imbangala. Nobre de origem lunda, era irmão da princesa Luêji. Ver KIBINDA ILUNGA; LUNDAS.

KINTAMPO, Cultura de. Denominação pela qual se tornou conhecida a civilização urbana florescida por volta de 1500 a.C. na região das Montanhas Boyasi, próximo à atual Kumasi, em Gana. A origem da agricultura na África Ocidental subsaariana tem sido associada a essa civilização, cujas origens se devem às migrações motivadas pela dessecação do Saara. Esses migrantes desenvolveram o plantio de milhete e sorgo na savana, além do cultivo de inhame, dendezeiros e outras espécies na região da floresta.

KINTU. Herói fundador do povo ganda. Ver BUGANDA.

KINYARUANDA (*Kinyarwanda*). Língua do grupo banto interlacustre compartilhada pelos povos hutus e tútsis das atuais Repúblicas de Ruanda e Burundi. Em Obenga (1985, p. 28) é denominada apenas como *rwanda*. Seus falantes são referidos conjuntamente como "baniaruanda" (*banyaruanda*).

KIRI. Uma das pequenas unidades políticas que, juntamente com Dakadyala e Dogudu, foram unificadas, no século XIII, para formar o Império do Mali.

KIRINA, Batalha de. Confronto militar ocorrido em 1235 na cidade mencionada, localizada na região de Koulikoro, no território da atual República do Mali. Nela, enfrentaram-se as tropas leais a Sumaoro Kantê, rei dos sossos, e as de Sundiata Keita e seus aliados. A vitória deste teve como principal consequência a fundação do Império do Mali. As circunstâncias do combate foram transmitidas por tradicionalistas mandingas, e registradas no início da década de 1960 no livro narrado pelo griô Mamadu Kouyatê e anotado pelo historiador Djibril Tamsir Niane, intitulado *Sundiata ou a epopeia mandinga* (q.v. Bibliografia). Ver SUMAORO KANTÊ; SUNDIATA KEITA.

KISALE-A-SANGA. Sítio arqueológico situado região de Katanga ou Shaba, na atual República Democrática do Congo. Na opinião de Phillipson (1977 *apud* OBENGA 1985, p. 99-100), a povoação local começou a se estabelecer com a chegada, entre o sétimo e o 11º século d.C., de povos bantos vindos do leste do continente.

KISALE, Lago. Extensão do Rio Lualaba, que ocorre ao norte do Lago Upemba na região de Katanga, República Democrática do Congo. Ver LUALABA.

KITARA. Ver QUITARA.

KOLI TENGUELÁ. Chefe militar e governante dos fulas, nos séculos XV-XVI, fundador da dinastia denianqué. Ver TENGUELÁ.

KOMO. Sociedade iniciática bambara, uma das mais importantes do Antigo Mali, voltada para o culto da força espiritual de mesmo nome. A palavra designa, também, o grupo, o saber secreto que lhe é próprio, e a máscara sagrada que é seu suporte. Seus mais distintos mestres provinham do grupo dos ferreiros; e seus princípios foram difundidos e seguidos no seio dos maiores grupos étnicos do Antigo Mali, como bambaras, mandingas, fulas, etc. À época de Kanku Mussá, a Komo renegou a autoridade do *mansa*, para se manter fiel à religião tradicional (NIANE, 2010b, HGA, IV, p. 170). Na Costa do Marfim, entre os senufos, sociedade iniciática de mesma natureza recebia o nome de Poro (BÂ, 2003, p. 134). Ver KANKU MUSSÁ; RELIGIÃO TRADICIONAL.

KONATÊ (*Konaté*). Uma das dinastias formadoras do Império do Mali. Habitava a região de Kiri e tinha como cidade principal Dakadiale (AZIZ, 1978, p. 255). Ver MALI, Antigo.

KONG. Antiga cidade no norte da atual Costa do Marfim, onde preferencialmente se estabeleceu o povo diúla. Desfrutando de grande prosperidade, desde o fim do século XV, graças à exploração comercial de suas minas de ouro, atraía à sua região mercadores de variadas procedências, como hauçás, mossis e mandês, Entre os séculos XVIII e XIX, fora do âmbito temporal deste livro, a região sediou o Império de Kong, cujo fundador, Sekou Ouattara, tinha ancestrais na família de Sundiata Keita, fundador do Antigo Mali (LOUCOU, 1984, p. 93). Ver COSTA DO MARFIM, República da; DIÚLAS; MALI, Antigo; OURO; SUNDIATA KEITA.

KONGOLO. Herói fundador do povo luba, de etnia songuê. Por volta de 1420, estabeleceu seu reino em Muibele, próximo ao Lago Boya. Foi sucedido pelo sobrinho Kalala que o destronou e, no poder, conquistou vários grupos vizinhos. Ver LUBAS.

KOREY-FARIMA. No Estado songai, designação reservada ao alto dignitário da corte, responsável pelos contatos com os "brancos", isto é, os mercadores ou indivíduos provenientes do Magrebe ou do Egito (Ki-Zerbo, 1972, I, p. 134). Ver MAGREBE; SONGAI.

KOROROFA (*Kwarafar*). Cidade-estado hauçá fundada após as sete primeiras. Ver HAUÇÁS.

KOTOKO. Grupo étnico localizado nas cercanias do Lago Chade, no norte da atual República dos Camarões, e em partes de Nigéria e Chade. Tidos como descendentes do povo sao, constituíram no século XIV um Estado importante, cujo apogeu se estendeu por duas centúrias. Data desse tempo a divisão do reino em principados independentes como Goulfeil, Makari, Afadé, Woulki e Kouda (cf. Lebeuf; Detourbet, 1950, p. 168). Ver CAMARÕES, República dos; CHADE, Lago; SAO.

K

KOURA, Lago de. Nome atribuído ao Lago Chade por antigas fontes árabes (Coquery-Vidrovitch, 1981, p. 34).

KUFENA. Antiga cidade dos hauçás. Ver ZARIA.

KUKYA. A mais antiga cidade do povo Songai, localizada no curso do Rio Níger. Também mencionada em algumas fontes como Kaw Kaw (da mesma forma que Gao, talvez pela proximidade), foi a capital dos songais até c. 1000-1100, quando a administração do império transferiu-se para Gao. Mas com a queda desta ante o Império do Mali, o governo do combalido Estado retornou à antiga capital, lá permanecendo até 1400 quando, derrotando o Mali, os songais recuperaram Gao. Ver GAO; MALI, Antigo; NIGÉRIA, República Federal da; SONGAI.

KURUKAN FUGA (*Kurukan-Fugan*). Sítio histórico no território da atual República do Mali, situada numa planície, dois quilômetros ao norte de Kangaba. Um dos lugares mais célebres na História do Império do Mali, foi o palco da cerimônia de investidura de Sundiata Keita, após sua vitória sobre Sumaoro Kantê, rei do Sosso, na Batalha de Kirina, em 1325. A Carta de Kurukan Fuga. Segundo os tradicionalistas, após a vitória sobre o temível adversário, Sundiata reuniu-se numa grande assembleia com chefes dos dezesseis clãs dos povos mandingas e seus aliados em Kurukan Fuga. Ali teriam sido fixadas as leis e normas gerais, num total de 44 decisões que enfeixavam a base constitucional (jurídica, ética e moral) do Império do Mali, consignadas num documento. Segundo o historiador Djibril Tamsir Niane, os principais traços que distinguem esse documento, hoje conhecido como a *Carta de Kurukan Fuga* são: o respeito à vida e à dignidade humanas; o respeito aos direitos da pessoa humana; o respeito à mulher e a busca de soluções para a resolução de conflitos (Niane, 2010b, HGA, IV, p. 151-152). Devido ao seu alcance e significação, o documento tem suscitado grande discussão acadêmica, e alimenta uma controvérsia entre especialistas africanos e não africanos, alguns deles julgando tratar-se de uma "invenção historiográfica". Sua autenticidade foi amplamente debatida num congresso em Bamako no ano de 2004, de onde se chegou a um livro intitulado *La charte de Kurukan Fuga: Aux sources d'une pensée politique en Afrique*, publicado em Paris (2008). No ano seguinte, o documento, também referido como a *Carta do Mandê* ou "*do Mandinga*", foi considerado Patrimônio Cultural Imaterial da Humanidade, pela Unesco. Observe-se que o léxico da língua bambara, considerada a variante mais importante do idioma mandinga, consigna o termo *fouga*, com o significado de "deserto" ou "estepe" (SAUVANT, 1926, p. 26).

KUSAYLA, Ibn Lemtem. Líder das tribos do oeste dos Montes Aurès, com grande influência na região de Tlemcen, desde 670. Comandou seus guerreiros numa coalisão de tribos berberes com tropas bizantinas contra o avanço dos muçulmanos numa batalha em Biskra (683), e depois foi vencido e morto num confronto em Kairuan (690) pelas tropas a serviço do califa Abd al-Malik. Ver TLEMCEN.

KWALE. Denominação de um distrito e sua capital, no moderno Quênia, a sudoeste de Mombaça. Foi palco do desenvolvimento de uma cultura da Idade do ferro, reconhecida como banta, florescida entre os séculos III e IX d.C., cuja área de influência se estendia do interior de Mombaça até o Monte Quilimanjaro (OBENGA, 1991, p. 133). Ver MOMBAÇA; QUÊNIA, República do.

KWAMINA ANSA. Governante do povo fânti (*efutu*), responsável pela negociação que permitiu aos portugueses a construção do castelo de São Jorge da Mina, na Costa do Ouro, em 1482. Seu nome é mencionado em algumas fontes como "Caramansa" (BRIGGS, 2008, p. 10). Ver SÃO JORGE DA MINA.

K

LALIBELA, Complexo Monumental de. Ver ARQUITETURA; BETA GYORGIS; BETA MARIAN; Igrejas RUPESTRES; LALIBELA.

LALIBELA. Nome pelo qual passou à História o soberano Gabra Maskal Lalibela, negus da Etiópia (c. 1185-1225), na dinastia zagué. Durante seu reinado, construiu apreciados onze templos monumentais escavados em pedra, na cidade de Roha, sede de seu poder, que mais tarde ganhou seu nome. Lembrado por sua piedade, sabedoria, justiça e retidão na fé, diz uma lenda recolhida pelos monges etíopes que, na ocasião de seu nascimento apareceu um enxame de abelhas e cercou a criança, à semelhança de uma guarda em torno de um rei. Prevendo a grandeza futura do filho, a mãe teria lhe dado o nome de Lalibela, que em gueês significa "*A abelha reconheceu sua graça*" (PERRUCHON, 1892, p. 78). Ver ETIÓPIA, República Federal Democrática da; GUEÊS; ROHA; ZAGUÉS.

LALIBELA (*Lalibala*). Cidade monástica no norte da Etiópia, antiga capital da dinastia zagué, cujo nome evoca o governante que a mandou construir. Antes, chamava-se Roha. Ver LALIBELA, Complexo Monumental de; Roha.

***LAMAN*.** No antigo reino de Ualô (q.v.), título conferido aos primeiros governantes da região do Futa Toro, posteriormente incorporada ao reino. O Lamanato. Nesse regime de governo, designado como "lamanato" e vigente a partir da segunda metade do século XV, os governantes de maior prestígio, gozando da posição de "senhores da terra", detinham certas prerrogativas sobre a gestão fundiária mas viam sua autoridade política ser partilhada pelos membros de um conselho de eleitores. Observe-se que o léxico da língua fulâni, contempla o verbo *lãma*, reinar, governar, dele derivando vários vocábulos dentro desse campo semântico (TAYLOR, 1995, p. 119).

LAM LAM. Nome pelo qual textos de autores muçulmanos anteriores ao século XVI denominam certos povos pagãos, situados ao sul do Império do Mali, tidos como antropófagos. Ibn Battuta diz ter visto um grupo deles apresentar-se ao Mansa Suleiman em 1352, "Eles usam brincos enormes, cada um deles passando por um buraco na orelha de meio palmo de tamanho, e se enrolam em panos de seda.". Em suas terras estariam situadas as minas de ouro (SILVA, 2012, p. 57). Ver CANIBALISMO.

LAMTUNAS (*Lemtouna*). Clã berbere integrante da Confederação Sanhaja. Referidos na forma aportuguesada "lantuna", são localizados em Silva (1996, p. 259) no Adrar mauritano e no Tagante. Ver SANHAJAS.

LANÇADOS. Na África colonial, denominação aplicada aos portugueses reconhecidos como pioneiros da penetração europeia no continente. Mesmo instalados em condições miseráveis e considerados como uma espécie de ralé – por amancebarem-se com africanas, assimilarem costumes nativos e sujeitarem-se à autoridade dos chefes locais – foram intermediários entre os interesses coloniais e os dos povos colonizados. Segundo Havik (1997, p. 167), muitos foram vistos como hereges e traidores.

LANDUMAS (*Landoma, Landuman*). Povo de agricultores atualmente localizado na Guiné Conacri, ao longo da fronteira com a Guiné-Bissau. Majoritariamente muçulmano, é referido em Silva (1996, p. 617) no mesmo contexto dos balantas, diolas e povos vizinhos.

LANTAS (*Lamtas*). Antigo povo berbere. Constituindo um subgrupo dos azenegues ou sanhajas, localizam-se abaixo dos oásis do sul do Marrocos (Silva, 1996, p. 259). Ver AZENEGUES; BERBERES; SANHAJAS.

LASTA. Antiga região no planalto central da Etiópia. Após a queda de Axum, povos falantes do amárico, como os amharas, constituíram, na região o reino ou principado no qual mais tarde nasceria a dinastia dos zagués (African Encyclopedia, 1974, p. 55). No século XIII, junto com Tigré, Angote e Amhara, a região integrava os domínios do *negáchi* Iekuno-Amlak, que se intitulava "o Senhor de Lasta". Ver AMHARAS; AMÁRICO; AXUM; ETIÓPIA, República Federal Democrática da; IEKUNO-AMLAK; ZAGUÉS.

LEBUS (Lebou). Povo oeste-africano. À época do Império de Gana, seus indivíduos viviam no mesmo contexto de sereres, fulas, tuculeres, mandingas e uolofes. Com estes, compartilham afinidades linguísticas, embora constituam um grupo étnico à parte.

LELÊ FULU FAK MBENG. Lendário líder uolofe, mencionado como anterior à unificação promovida por Ndiadiane Ndiaye (q.v.) no século XIII.

LEMTAS. Grupo berbere de tradição nômade, fixado na região de Adrar dos Iforas após a conquista árabe do Magrebe. São mencionados em Baumann e Westermannn (1948, p. 408) como conquistadores de Gao aos songais, antes da tomada da cidade por Kanku Mussá em 1335. Possivelmente, o mesmo que Lantas. Ver ADRAR DOS IFORAS; BERBERES; MAGREBE.

LEMTUNAS. O mesmo que lamtunas (q.v.).

LEOPARD'S KOPJE. Expressão, significando "Montanha do Leopardo", que designa o acidente geográfico situado nas proximidades de cidade de Bulawayo, na atual República do Zimbábue. Nela, pesquisas arqueológicas localizaram vestígios de cerâmica e ferro produzidos por sociedades que antecederam as primeiras formações estatais centralizadas na região, vinculadas à cultura xona. Por extensão, a expressão dá nome à tradição estilística e ornamental dos artefatos encontrados, datados aproximadamente dos séculos VIII-XI. Ver FERRO; GRANDE ZIMBÁBUE, MAPUNGÚBUE; XONAS.

LESOTO, Reino de. Pequeno Estado monárquico da África Austral. Seu território está encravado nas encostas dos Montes Drakensberg, na República da África do Sul. Outrora chamado Basutolândia, foi criado pelo povo soto (*sotho*) ou basuto, sendo habitado por populações do grupo coissã (*khoisan*). Ver ÁFRICA DO SUL, República da; COISSÃ.

LIBÉRIA, República da. País da África Ocidental, limitado ao norte pela República da Guiné; ao sul, pelo Oceano Atlântico; a leste, pela Costa do Marfim; e a oeste, pela República de Serra Leoa. A população nativa compreendia principalmente indivíduos dos povos kpele, bassa e kru (*Krou*), sendo, provavelmente, os primeiros povoadores ancestrais dos atuais kissis, krus e golas. No século XV chegaram povos de fala mandê, entre eles indivíduos do povo vai, oriundos do território do Antigo Mali. Em 1461, a expedição do português Pedro de Sintra marcava a chegada dos primeiros europeus (Page, 2005, p. 142). Ver ÁFRICA; COSTA DO MARFIM, República da; SERRA LEOA; COSTA DOS GRÃOS; ESCRAVIDÃO; GUINÉ, República; MANDÊ; SERRA LEOA; SUDÃO; VAI.

LÍBIA, Deserto da. Grande região desértica, estendida, no sentido norte-leste, entre os territórios das atuais repúblicas de Líbia, Egito e Sudão. Ver ZAGAUAS.

LÍBIA, Grande República Árabe Socialista Popular da [denominação vigente à época de Muammar Kadhafi]. País da África Setentrional limitado ao norte pelo Mar Mediterrâneo; a leste por Egito e Sudão; ao sul por Chade e Níger; a oeste pela Argélia; e a noroeste pela Tunísia. – Antigo e próspero reduto no Mediterrâneo, ainda sob o domínio bizantino a Líbia era dividida em duas províncias: Tripolitânia, no oeste, e Cirenaica, no leste. Arruinadas pelos vândalos em 429, a partir de 642, ambas as províncias caem sob o domínio árabe: a primeira fica sob o controle do governo de Túnis; e a segunda sob o poder dos governantes do Egito. Ver *AKAN*; ÁFRICA; ÁRABES; ARGÉLIA; BARBÁRICOS, Estados; BERBERES; BIZANTINO; CALIFADOS; CHADE, República do; CIRENAICA; EGITO, República Árabe do; FEZÂNIA; ISLAMIZAÇÃO; CANÚRI; MAKNASSA; MARÍNIDAS; MEDITERRÂNEAS, Regiões; NÍGER, República do; NILO-SAARIANO; ROTAS DE COMÉRCIO; SAARA; SUDÃO, República do; TRIPOLITÂNIA; TUNÍSIA, República da; ZAGAUAS.

LIBOLO. Região do antigo reino do Dongo (q.v.), atravessada pelo Rio Cuanza. Foi grande produtora de atividade agropecuária diversificada (Parreira, 1990, p. 155).

LIBOLOS. Povo da região de Libolo (q.v.), na América escravista mencionados como "rebolos" ou "lubolos".

LIMPOPO. Rio do leste da África Austral. Com 1.600 km de curso, deságua no Oceano Índico e marca as fronteiras entre Botsuana, Zimbábue e África do Sul. Na sua margem direita, na província sul-africana do Transvaal, localiza-se o importante sítio arqueológico de Mapungúbue.

LINHAGEM. Nas sociedades tradicionais africanas, forma de grupamento social baseada na descendência de um ancestral comum, por linha materna ou paterna. Esses descendentes são em geral unidos por uma espécie de pacto de solidariedade recíproca. Embora alguns autores entendam a linhagem como uma subdivisão do clã, a maior parte observa que os clãs são grupos estáveis cujo número permanece constante dentro de uma sociedade. Já as linhagens tendem a se multiplicar através das gerações (Balandier; Maquet, 1968, p. 107).

LOMA, Montes. Cordilheira no território da atual República de Serra Leoa, estendida por cerca de 32 km na direção norte-sul, a oeste da nascente do Rio Níger. Entre os séculos XIII e XV, a região foi parte do Império do Mali. Ver MALI, Antigo; SERRA LEOA.

LOZI. Conjunto de povos atualmente localizados na porção ocidental do território da Zâmbia. Originalmente conhecidos como aluyi, são também referidos como barotse e balozi. Os antigos lozis tomaram parte na grande migração do povo luba que atingiu o nordeste da atual Zâmbia. No sudoeste, no curso superior do Rio Zambeze, num vale amplo e fértil, eles ergueram um importante reino (Obenga, 1985, p. 124-126) mas já no século XVII. Ver LUBAS; ZAMBEZE.

LUALABA. Denominação que recebe o curso superior do Rio Congo, de sua nascente até Kisangani, na linha do equador. Ver CONGO, Rio.

LUANDA. Cidade litorânea do centro-oeste africano, capital da moderna República de Angola. Também foi mencionada como Porto de Angola, tendo recebido em 1575 o nome de São Paulo de Luanda e, mais tarde, de São Paulo de Assunção de Luanda – o nome *luanda*, significando "tributo" em quimbundo, refere-se à situação de dependência dos povos vizinhos aos senhores do Dongo (Parreira, 1990, p. 156). Ver ANGOLA, República.

LUANGO. Antigo Estado litorâneo, formado antes do século XV, a norte de Cacongo, na porção litorânea das atuais Repúblicas do Congo e do Gabão. Ocupava um vasto território compreendo os atuais Cabinda, no norte de Angola, e partes das atuais repúblicas de Congo, Congo Kinshasa e Gabão. Dependente do reino do Congo, foi notável pela exportação, principalmente para o Dongo, de cobre, marfim, tecidos de ráfia, pau-tacula, ostras defumadas, etc. (Parreira, 1990, p. 157). Ver CACONGO; CONGO, Reino do; DONGO; GABÃO; QUIÇAMA.

LUBA, Reino. Estado constituído pelo povo luba na região de Catanga (*Katanga*) na atual República Democrática do Congo. Um dos primeiros grupos a dominar a metalurgia do ferro na África Central, os ancestrais dos lubas teriam, segundo algumas versões, ocupado a região do Lago Kisale (expansão do Rio Lualaba, ao norte do Rio Upemba) por volta do século IV. Segundo Obenga (1991, p. 145), por volta do ano 800, já haveria, de muito tempo, no país luba, uma densa população de agricultores e pescadores trabalhando o ferro e o cobre e o comerciando, em regime de escambo, com distantes povos vizinhos. Essa antiga economia, de base agrometalúrgica, daria sustentação ao Estado que os lubas viriam a constituir no século XVI. Consoante outras fontes, a atividade dos lubas teria resultado, entre os séculos X e XV, na extração de 100 mil toneladas de minério de cobre, fato que cimentou a estruturação de um protoestado e transmitiu seus efeitos a outros grupos bantos da região, como lundas e ambundos, chegando até a foz do Rio Congo

L

(Guia do Terceiro Mundo, 1988, p. 128). Segundo Ndaywel è Nziem (2010, HGA, V, p. 699), nenhuma dessas populações vivia isolada, pois eram ligadas pelo comércio e provavelmente por uniões matrimoniais. Em suas trocas de gêneros e riquezas, figuravam o cobre e o sal, provenientes do sul; o óleo extraído da planta *mbafu*, do centro; a ráfia e o azeite de dendê, vindos do norte; o peixe, extraído do Rio Lualaba. Com exceção do cobre, a rota de comércio dessas riquezas seguia, em geral, de norte para o sul, desde os confins da floresta equatorial até o território da atual Zâmbia, sendo que a importância dessas trocas acabou por determinar a criação de moedas, antes do ano 1000 d.C. Consoante algumas tradições históricas, o Estado Luba seria resultado da fusão de diversos reinos sob a autoridade de um chefe único, chamado Kongolo, antes de 1500 (Vansina, HGA, IV, 2010a, p. 641). Já no século XVI, provavelmente, o reino, expandindo-se para oeste, assumiu o controle das minas de cobre, da pesca no Lago Kisale e da indústria de óleo de palma na região, advindo daí sua prosperidade e liderança. Ver LUBAS; KONGOLO; ZÂMBIA, República de.

LUBAS. Povo banto da região de Catanga (*Katanga* ou *Shaba*) na atual República Democrática do Congo, também referido como Baluba. Essencialmente agricultores, suas comunidades aos poucos foram desenvolvendo também atividades comerciais. Entre os séculos XIII e XIV, estiveram sob o governo da dinastia nkongolo, a qual, por sua vez, foi destronada, no início do século seguinte, por Ilunga Kalala ou Kalala Ilunga, personagem mencionado pela tradição oral como um destemido caçador e feiticeiro poderoso. Este novo soberano, expandiu as fronteiras do reino, identificado em Obenga (1991, p. 145) como "Bena Kalundwe". A partir daí, assumiu o controle das minas de cobre e as rotas de comércio com o leste. Por volta do início dos anos 1500, membros da aristocracia rumam para o oeste, estendendo seu poder até o território dos lundas e lançando as bases do futuro Reino da Lunda (Page, 2005, p. 144). Ver IMBANGALAS; LUNDA.

LÚMBU. Entre os bacongos, grupo de parentesco definido pela linha patrilinear. Ver KANDA.

LUNDA. Região do nordeste do território da atual Angola, próxima à fronteira com a República Democrática do Congo e o curso inferior do Rio Cassai. O início da povoação local deu-se provavelmente em consequência de correntes migratórias provenientes do Baixo Congo c. 100 a.C. No início do século XVI membros da aristocracia dos lubas de Katanga, invadem o território lunda e impõem seu poder, legitimando-o através de uniões conjugais. De início não fazem mudanças nas estruturas políticas, limitando-se à cobrança de tributos. Mas aos pouco vão centralizando sua autoridade, pavimentando o caminho para o surgimento do Império Lunda, no fim do século XVI. Ver ANGOLA, República de; LUBAS; KATANGA.

LUNDAS. Gentílico que identifica os povos da região da Lunda, geralmente agrupados como populações Lunda-Tchokwe ou Chokwe-Lunda, incluindo os povos chócue ou quioco, lunda ou *ruund*, luimbi, ambuela (*mbwela*) e ganguela (*ngangwela*), lucazi ou luchaze, luena ou luvale; mbunda, nyengo, ndembu e songo (Obenga, 1985, p. 25). Ver CONGO, Bacia do; IMBANGALAS; LUBA, Reino; LUNDA, Planalto; MUATIÂNVUA, Reino do; KIBINDA ILUNGA; QUIOCOS; ZÂMBIA, República de.

LUOS. Povo leste-africano da região dos Grandes Lagos, falante do luo, língua da família nilo-saariana. Dedicados a pastorícia, por volta do século XIV, seus indivíduos empreenderam grande migração na direção norte, durante a qual invadiu o reino Karagúé, destronando a dinastia reinante. Ver KARAGÚÉ; GRANDES LAGOS, Região.

M

MACINÁ (*Macina*). Região no território da atual República do Mali, situada entre a curva do Rio Níger e as nascentes do Rio Volta. Por volta do século XV, depois de muitos anos migrando em várias direções, grupos de fulas (q.v.) estabeleceram-se na região, onde formaram unidades políticas significativas.

MACUAS (*Makua*). Grupo étnico de Moçambique, localizado entre os rios Rovuma e Lúrio. Dominou parte do território ao norte do Rio Zambeze; e, entre 1580 e 1590, suas forças guerreiras opuseram firme resistência ao domínio português. Em um texto colonial português sobre a feitoria da Ilha de Moçambique no século XVI, é dito que, por sua natureza insular, o estabelecimento estava a salvo "dos assaltos dos indomáveis macuas da terra firme" (Galvão; Selvagem, 1953, p. 25). Ver MOÇAMBIQUE; ZAMBEZE.

MACÚRIA (*Makuria, al-Muqurra*). Antigo reino núbio, localizado em território hoje integrante do sul do Egito e do norte da República do Sudão. Foi cristianizado no século VI e, no século seguinte, foi anexado à Nobácia sob um mesmo rei, Kalidurat, que governou a partir de Dongola, em seu território. Ver BAQT; DONGOLA; KALIDURAT; NOBÁCIA; NÚBIA; SUDÃO, República do.

MADAGASCAR, República de. País insular da África Oriental, localizado no Oceano Índico, em território separado do continente africano pelo canal de Moçambique. Sua população atual é resultado de antiga miscigenação de africanos bantos com migrantes malaio-polinésios, ocorrida desde antes da Era Cristã. Segundo Domenichini-Ramiaramanana (2010, HGA, III, p. 815-823) os habitantes nativos tiveram contato com persas e indonésios antes do advento do islã. Estas relações envolviam produtos de origem animal, especialmente marinhos, e vegetal, principalmente pimenta ("culeba"), mel de abelha benjoim (*Scaptotrigona postica*), incenso e canela, sendo que a extração de minério de ferro também se inseria nesse âmbito. Entre o fim do século VII e o início do seguinte, aproveitando-se das turbulências que ocorriam no sul da Arábia, habitantes de Madagascar e da vizinha Comores lançaram-se à conquista de Aden (p. 820), certamente com o objetivo de conservar as relações mercantis que mantinham com os locais. É de admitir-se, então, que as navegações de procedência indonésia ocorressem antes do século XIII, e que dessas navegações e contatos entre o sudeste asiático e a África tivessem aparecido os primeiros povoadores da ilha. Nesse complexo de trocas e relações, os povos de língua malgaxe seriam o resultado da miscigenação entre indonésios provenientes de Java, Sumatra e Malásia, por um lado, e de povos negros falantes de línguas do grupo banto, dos quais teriam provindo os grupos étnicos vazimba e sakalava, que habitavam o interior da ilha entre os séculos XIII e XV. Em 1506, exploradores portugueses conhecem a ilha que denominam "Ilha de São Lourenço". Nela, em 1507, enfrentaram forte resistência dos nativos, mencionados nas fontes históricas como "mouros". Ver ÁFRICA; ANDRIANANITRA; ANTALAUTRAS; ANTEIMORO; COMORES, República Federal Islâmica de; MALGAXE; NAVEGAÇÃO; SUAÍLI.

MADRAÇA. Estabelecimento de ensino islâmico ortodoxo, tradicional; no mundo muçulmano, edifício destinado a estudo científico (LAROUSSE, 1998, p. 3724). Escola em geral associada a uma mesquita e servindo também de residência a estudantes e mestres. Do árabe *madrasa*, escola. Tb. madraçal (HOUAISS *et al.* 2001; VARGENS, 2007, p. 181). Na África, o mais antigo estabelecimento dessa natureza é a Madraça Al-Karaouine, fundada em Fez em 859, e que é considerada a mais antiga universidade do mundo em funcionamento, bem como a de Sankore, no atual Mali, datada do século XIV. Na primeira, de modo geral, o ensino era transmitido por sábios eruditos a seus discípulos, segundo as regras da ciência islâmica. O estudo englobava dois níveis de conhecimento: o primeiro abrangia a interpretação do corão, a tradição relativa a Maomé, jurisprudência e fontes da lei muçulmana, e era reservado aos melhores estudantes; o segundo abrangia os campos da gramática, estilo literário e retórica, lógica e teologia doutrinal. Também eram objeto de estudo a história, astronomia, medicina e matemática. Devido a essa ampla formação, aqueles centros de estudo serviram como local de formação de servidores dos estados, de onde o estudo de saberes outros que não de natureza propriamente religiosa. Após a conquista do Egito aos fatímidas, em 1171, o sultão Saladino mandou construir diversas madraças no Cairo para educar os seus súditos na doutrina sunita e preparar parte deles ao serviço de sua dinastia. Segundo alguns, foi da experiência das madraças egípcias que o imperador germânico Frederico II de Hohenstaufen tirou o modelo para a fundação da Universidade de Nápoles, em 1224, o primeiro estabelecimento estatal europeu destinado a formação de servidores leais ao Estado (NEWBY, 2004, p. 213-214). Mas a maior e mais importante madraça egípcia é a do sultão Hassan, edificada em 1356, notável por sua forma e estilo arquitetônico inovador e pela diversidade de temas de estudo, de modo a dar conta das questões da tradição muçulmana das diferentes escolas de interpretação da lei corânica. Com a difusão do islã na área subsaariana, a edificação de mesquitas e madraças ganhou impulso sobretudo a partir dos séculos XIII-XIV, atraindo sábios provenientes do Egito e do Magrebe, e formando outros nascidos nos próprios locais. Os cronistas Al-Umari e Al-Makrizi informam que os gover nantes de Kanem mandaram construir no Cairo, em 1242, uma madraça para os estudantes provenientes de seus domínios que pretendessem aprender os princípios da lei malequita. Quanto ao Mali, data do retorno da peregrinação que Kanku Mussá fez a Meca, em 1324, a construção de grande número de mesquitas e madraças nas cidades de Tombuctu, Gao e Djenê, onde passaram a ensinar mestres versados em diferentes campos do conhecimento. No final do século XV Tombuctu abrigava já número expressivo de eruditos, que vieram a fornecer os elementos essenciais para a formação de letrados e servidores do Império Songai. Ver CORÃO; FATÍMIDAS; MAGREBE; MALI, República do; SANKORE; SONGAI; SULTÃO.

MAGHAN. Vocábulo da língua soninqué correspondente ao mandê *mansa*, imperador, rei dos reis (NIANE, 2010b, HGA, IV, p. 151). Algumas fontes referem com este nome o filho e sucessor do célebre Mansa Kanku Mussá, reinante no Mali por cinco anos no século XIV (M'BOKOLO, 2009, p. 163). Ver KANKU MUSSÁ; KAYA MAGHAN CISSÊ.

MAGHRAWA. Uma das maiores e mais antigas linhagens berberes da Confederação Zanata, da atual Argélia, cuja atuação remonta ao período da conquista muçulmana do Norte da África. Alguns de seus integrantes tiveram papel de destaque na dinastia dos idrísidas, no califado fatímida do Egito e mesmo em Al-Andalus (q.v.). Ver BERBERES; FATÍMIDAS; ZANATAS.

MAGIA. Prática ou conjuntos de práticas rituais utilizadas com o objetivo de controlar ou influenciar os processos naturais do Universo, a magia era parte integrante do cotidiano das sociedades estudadas neste dicionário, sendo utilizada pelas cortes e pelo povo, tanto para fins terapêuticos quanto nos negócios de Estado (LOPES, 2011, p. 186). Ditas sociedades, porém, souberam distinguir entre a magia, prática social, e a feitiçaria, prática antissocial, desagregadora. Assim, por exemplo, entre os ambundos, o mago era e é chamado *nganga* e o feiticeiro *ndoki*. Acrescente-se que alguns reis verbetizados neste livro, como Sundiata Keita, Sumaoro Kantê e Soni Ali (q.v.), notabilizaram-se não só como estadistas mas também como magos. Ver DIVINATÓRIOS, Sistemas; RELIGIÃO TRADICIONAL.

MAGREBE (*Maghreb*). Denominação da região mais setentrional do continente africano (atuais Marrocos, Argélia e Tunísia) – Do árabe *Marhrib*, o poente; ocidente.

Magrebe – Dinastias governantes			
Dinastia	**Período**	**Capital (sede)**	**Fato relevante**
Almorávidas	1061-1147	Magrebe/Al-Andalus	Conquista de Marraquexe pelos almorávidas põe fim ao Império Almorávida do Magrebe.
Almôadas	1121-1268	Magrebe/Al-Andalus; Magrebe	
Marínidas	1258-1465	Marrocos	
Ziânidas (Abd al-Wadis)	1235-1550	Argélia	
Haféssidas	1229-1569	Túnis e leste da Argélia	Conquista otomana em 1543.

Fonte: LÓPEZ-DAVALILLO (2003, p. 223).

MAHMUD KATI. Tb. Historiador soninqué de Tombuctu (q.v.), nascido em 1468. Foi o iniciador da redação do *Tarik al-Fatash* (Crônica do buscador), escrito a partir de 1520 e atualizado por um parente seu c. 1600 (Ki-Zerbo, 1972, I, p. 16).

MAHMUD. Uma das transliterações do nome árabe *Muhamad*, em português "Maomé" (q.v.).

MAI. Título monárquico dos governantes do Kanem. Usado, na mesma região do Chade, também na forma *mé* (Lebeuf; Detourbet, 1950, p. 183-184). Ver IDRIS ALUMA.

MAIACAS (*Yaka*). Povo banto localizado entre os atuais territórios de Angola e da República Democrática do Congo (Congo Kinshasa), e incluído entre os "bantos do centro" por Obenga (1985, p. 24). Segundo Balandier e Maquet (1968, p. 438) são descendentes de indivíduos integrantes das hordas de invasores celebrizados sob a denominação "jagas" a partir do século XVI. Segundo a tradição colonial portuguesa, seriam resultado de miscigenação entre indivíduos congos e lundas. Ver JAGAS; YAKA, Reino.

MAKELI. Modalidade da religião tradicional africana praticada na Argélia. Ver BORI; DIWAN; GNAWA; RELIGIÃO TRADICIONAL.

MAKHA MALE DOUO SOUMARÉ. Líder do povo soninqué, após a queda do Gana. Ver GUIDIMAKA; SONINQUÉS.

MAKNASSA. Importante linhagem da Confederação Zanata. Nos tempos pré-islâmicos migrou da Líbia e Ifríquia para a Argélia, fixando-se na cidade de Tahert. Alguns de seus integrantes, após a conquista muçulmana de 695, tomaram parte da conquista da Península Ibérica e da criação de Al-Andalus, a partir de 711. Outros tiveram participação decisiva na história dos primeiros tempos do islã magrebino, como Masala ibn Habus, fundador de Sijilmassa em 757. A influência da linhagem diminuiu após a formação do Império Almorávida, no século XI. Ver ZANATAS.

MAKOKO. O mesmo que Anzinkana, país do povo anzico, teke ou tio. Vansina (2010a, p. 647) refere o "Grande Makoko" reino do povo tio ou dos bateques. Ver ANZICOS.

MALÁFU. Bebida de baixo teor alcoólico produzida no antigo reino do Congo a partir de seiva de palmeira, equivalente ao "vinho de palmeira" ou "vinho de palma". O vocábulo (do quicongo *malàfu*, *malàvu*, "vinho de palma" - Laman, 1964) está na origem do banto-brasileiro "marafo", aguardente.

MALANDELA. Herói dos povos ngúnis da África Meridional. Ver NGÚNIS.

MALÁUI, República de. País da África Austral, outrora chamado "Niassalândia", porque localizado na margem ocidental e meridional do Lago Maláui, tradicionalmente denominado Niassa. Limita-se com Zâmbia, a oeste e noroeste; Moçambique, a sudeste; e Tanzânia, a leste e norte. Durante as seculares migrações dos bantos, grupos dessa filiação etnolinguística foram penetrando no território da atual República e se miscigenando aos povos autóctones. Em torno do século XII, indivíduos do povo marave ou maravi, provenientes do território do atual Zambeze (Page, 2005, p. 148) completaram o painel etnocultural existente no período estudado neste livro. Observe-se que, na língua cinianja (cinyanja ou chinyanja), do povo local, o nome *malawi* traduz em português como "chama" ou "chama de fogo". Já "Niassa" parece ser corruptela de *nyanja*, lago, pois nessa língua, o homófono *nyaza*, é um verbo, que se traduz como "envergonhar" (Dicionário Português-Cinyanja, 1964; VERMEULLEN, 1979). Ver ÁFRICA; BANTOS; MARAVES; NIASSA; ZÂMBIA, República de.

MALEBO, Lago. (*Malebo Pool*). Espécie de reservatório natural formado no curso do Rio Congo, localizado entre as atuais capitais da República Democrática do Congo (Kinshasa) e República do Congo (Brazzaville). Outrora denominado Stanley Pool, mas referido pelos nativos como Lago Nkunda, sua existência foi de vital importância para o desenvolvimento da região onde se situa, na qual floresceu a civilização dos bateques, entre outros povos. Em Vansina (2010a, HGA, IV, p. 654), o acidente é mencionado como "Cataratas de Malebo" Ver ANZINKANA; BAREQUES; MAKOKO.

MALGAXE. Língua malaio-polinésia falada em Madagascar (q.v.).

MALGAXES. Etnônimo que designa o conjunto de povos que utiliza o malgaxe como língua principal; e tudo o mais que se relacione a Madagascar (q.v.).

MALI, Antigo. Estado criado por lideranças do povo mandinga (*malinké, mandingo, mandé*), em território da atual Guiné Conacri, antes do século XIII d.C. Divididos em doze clãs (keita, traorê, konatê, etc.), os líderes desses grupos formavam um conselho responsável pela eleição do governante geral, intitulado *mansa* (Ham *et al.*, 2009, p. 75-76), o qual tinha como sede de seu governo, nos tempos iniciais, a cidade de Niani. Segundo Silva (2012, p. 42), os domínios desses clãs constituíam microestados que se aglutinaram formando o reino que mais tarde tornou-se um império. O nome *Mali* (significando "hipopótamo" em uma das línguas locais, o bambara) provavelmente foi atribuído por ser esse animal um totem dos mandingas ou de um dos clãs. E o Império do Mali foi resultado, principalmente, da atuação do maior dos soberanos mandingas, o legendário Sundiata Keita. **Origens.** Antes do advento do islã, acredita-se que caçadores reunidos em confrarias ligadas pelos mesmos ritos e celebrações da religião tradicional, afeitas todas à prática e ao uso da magia e dos encantamentos, fundaram os núcleos que deram origem ao Mali. Tanto que os primeiros chefes usavam o título de *simbon*, ou seja, mestre caçador (Ki-Zerbo, 1972, I, p. 164). A prática da religião ancestral veio até bem depois do advento do islã, já que, segundo relatos da época, os griôs (*dyeli*) da corte praticavam ritos "pagãos" paramentados com máscaras de aves, e mantinham no palácio dois carneiros, para neutralizar as influências maléficas (id. p. 175). Desse tempo, registra-se a existência de dois reinos distintos, habitados e dirigidos por clãs mandingas como o dos traorê, konatê e keita. Os primeiros, tinham como líder Nofin Tiraura, o qual teria recebido o nome "traorê" depois de converter-se ao islamismo. Além dele, os outros cabeças de linhagem desse legendário império são mencionados como Guimba Konatê e Kabala Keita. Segundo outro relato tradicional, certamente difundido pela propaganda islâmica, num tempo em que a seca assolava Niani, reduto dos Keita, o soberano local, aconselhado por pregadores almorávidas tornou-se muçulmano, adotando o nome Alakoi Keita. Logo após sua conversão, teria começado a chover copiosamente. Então, passados os efeitos da seca, o rei, em agradecimento, teria realizado peregrinação a Meca, de lá voltando com o título de sultão, em 1050. A primazia da conversão ao islamismo é reivindicada por várias linhagens. Entretanto, a fundação do Estado, com a unificação das várias unidades políticas, é majoritariamente reconhecida como tendo ocorrido no século XIII, quando os keita, aliados aos traorê, submetem os konatê, já ligados aos primeiros por força de um casamento real. Aí, por volta de 1218, o keita Narê Fa Magan torna-se *mansa* (soberano) do Mali, tendo como rainha uma mulher konatê. **O Império**. Crescendo sob as lideranças sucessivas de Narê Famagan e Dangaran Tuma, o Mali, principalmente por controlar as grandes jazidas auríferas de Bambuque e Burem, desperta a cobiça dos vizinhos. Ressalte-se que a vizinhança do país era assim distribuída: ao norte, os berberes do Saara e os marínidas do Marrocos; ao sul, a região das minas de ouro e a floresta densa, alegadamente habitada por antropófagos; a leste, os Estados hauçás e o Bornu. Sua única saída para o mar eram as terras da atual Senegâmbia; mas as embarcações então existentes não possibilitavam viagens mais longas, como as das caravelas portuguesas, um século mais tarde (Monod, 1950, p. 109). Assim, em 1230, o Mali é conquistado por Sumaoro Kantê, rei do povo sosso. Objetivando consolidar seu domínio, Sumaoro faz executar toda a família real de Niani (com exceção do jovem príncipe Sundiata Keita, que, segundo a tradição, era aleijado. O assassinato em massa cimentou a reação, fazendo com que o único keita sobrevivente se dedicasse vários anos à tarefa de construir uma forte confederação entre o povo mandinga. Concretizando esse intento, Sundiata fez do Mali um Estado altamente eficiente tanto do ponto de vista político quanto pelos aspectos militar e econômico. Segundo Boakye (1982, p. 7), Sundiata teria sido o criador do primeiro exército profissional no antigo Sudão ocidental, sendo suas tropas o principal instrumento da expansão territorial do Mali. Sendo ele próprio um soldado, é a ele creditada a manutenção da lei e da ordem no império que criou: por seu próprio exemplo de dedicação ao governo e à guerra, inspirava profunda confiança em seus comandados. **Política e economia**. Após a vitória sobre os sossos e a anexação de seu território, Sundiata edificou uma nova capital, Niani, nas proximidades do Rio Níger. Em seu governo, utilizou padrões administrativos que passaram a ser seguidos por outras governantes do Sudão ocidental, tais como divisão do império em provinciais e a colocação delas sob o comando de homens de sua confiança. No plano econômico, Sundiata incentivou a agricultura e o artesanato, com o cultivo e o beneficiamento do algodão, por exemplo. Também estimulou grandemente o comércio, por sua conquista e controle da produção de ouro nas áreas de Bambuque e Uangará. Além disso,

M

empregou seu exército na abertura de rotas de comércio e no policiamento contra salteadores. A partir desses argumentos, consoante Boakye (1982, p. 7-8), pode-se afirmar que Sundiata foi quem lançou as bases da prosperidade desfrutada pelo Mali no reinado de Kanku Mussá. Após sua morte, seus domínios estendiam-se do Atlântico à curva do Rio Níger, e das florestas equatoriais ao deserto do Saara, incluindo os atuais Senegal, Gâmbia, Guiné-Bissau, norte da Guiné (Conacri), metade da Mauritânia, sul da Argélia e todo o Mali (exceto sua extremidade oriental, que só seria incorporada em 1325). As cidades de Niani no extremo sul, Djenê no centro e Tombuctu no norte converteram-se em importantes centros comerciais, especialmente a última, onde terminava a rota do deserto mais frequentada na época (Guia, 1988, p. 379). **Kanku Mussá**. O mais conhecido dos sucessores de Sundiata foi o Mansa Kanku Mussá, estudado em verbete específico. Comparando o governo do Mansa Mussá com o de Sundiata, J. Boakye (182, p. 15-16) consigna o seguinte: Mussá, ao contrário de Sundiata, não foi um soldado, mas seus hábeis generais trabalharam incansavelmente para expandir o império, conquistando Ualata, Tombuctu e Gao; assim como Sundiata, o Mansa Mussá estabeleceu um forte governo central, mas diferente dele estabeleceu boas relações diplomáticas particularmente com o Marrocos e o Egito – o que Sundiata, por não ser muçulmano, pouco se preocupou em fazer – e instituiu um sistema de concessão de honrarias que estimulava a eficiência da máquina administrativa. Ao tempo de Kanku Mussá, o Mali era dividido em províncias (como Tombuctu, Djenê e Gao) e em reinos tributários (como o Songai, o Diarrá e o Sosso), que eram nada mais nada menos que fragmentos do Antigo Gana separados quando da conquista almorávida. As províncias eram chefiadas por um *farban* ou *farba* escolhido pelo *mansa*. E os reinos eram governados por dependentes políticos que se sucediam segundo as tradições de seus povos mas que juravam fidelidade ao *mansa* e tinham deveres para com ele: pagavam impostos, forneciam soldados e mandavam seus filhos para serem treinados na corte. Do ponto de vista econômico, Mansa Kanku Mussá seguiu o caminho trilhado por Sundiata, realizando um governo de prosperidade e paz. **Decadência e ocaso**. Na segunda metade do século XIV o Império do Mali entrou num lento processo de enfraquecimento, devido às dificuldades em manter por muito tempo área de influência tão vasta. Já no período de governo de *mansa* Maghan (1332-1336), Tombuctu tinha sido atacada pelos povos mossis. Sob Mansa Suleiman (1340-1360) o prestígio foi restituído, mas ele teve que enfrentar diversas rebeliões locais e mesmo algumas sedições no palácio. Seu sucessor, Mari Djata, morreu vitimado pela "doença do sono", transmitida pela mosca tsé-tsé, em 1374. Depois dele, Mansa Mussá II (1374-1387) perdeu o controle do governo para seus ministros, que o mantiveram encerrado no palácio enquanto lideravam eles próprios exércitos contra os tuaregues. Sucederam rivalidades palacianas resolvidas muitas vezes com assassinatos que contribuíram para diminuir ainda mais a autoridade dos últimos *mansa*.

O enfraquecimento deveu-se também ao aparecimento de novos poderes no cenário político da África Ocidental. Entre 1480 e 1514, os povos Fulas ampliaram sua rede de relações e alcançaram vitórias militares significativas, expandindo-se para a região do Futa Toro, impondo-se na Senegâmbia, na região de Futa Jalom e do Bondu, que pertenciam antes ao Mali. Pela mesma época, formava-se a partir de Gao o Estado Songai, que se tornou a mais importante unidade política da Bacia do Rio Níger e conquistou as mais poderosas cidades mandingas. Observe-se que o Mali foi referido, em antigas fontes, diversamente como *Mallé*, *Mandé*, *Mandeng*, *Mander*, *Mandi*, *Manding*, *Mani*, *Mel*, *Melli* e *Mellit* (Konaré, 1981, p. 130). Ver ALMORÁVIDAS; BAMBUQUE; BERBERES; BUREM; FARBA; FULAS; GAO; GUINÉ CONACRI; HAUÇÁS; KANKU MUSSÁ; MANDINGAS; MARÍNIDAS; MOSSIS; SONGAI; SUMAORO KANTÊ; SUNDIATA KEITA; UANGARÁ.

Antigo Mali – Governantes (*mansa*)				
Governante	**Período**	**Dinastia**	**Capital**	**Fatos Relevantes**
Sundiata Keita	1235-1255	O Império do Mali foi formado pelas dinastias keita, traorê e konatê.	O império teve duas capitais, Niani e Dyeriba	O Estado já existia no século XI. Ibn Kaldun cita um rei, Barmandana, que teria sido o primeiro a abraçar o islamismo (Aziz, 1978, p. 253).
Ulé	1255-1270			
Uali	1270-1274			
Kalifa	1274			
Abu Bakar	1275-1285			
Sakura	1285-1300			
Gao	1300-1305			
Mamadu	1305-1310			
Abu Bakar II	1310-1312			
Kanku Mussá	1312-1337			Mansa Kanku Mussá, célebre por sua fabulosa peregrinação a Meca.
Magan I	1337-1340			
Suleiman	1341-1369			
Kassa	1360?			
Mari Diata	1360-1374			
Mussa II	1374-1378			

Fonte: Niane (1959).

MALI, República do. Moderno país oeste-africano limitado por Argélia, a nordeste; Níger, a leste; Burkina Faso, a sudeste; Costa do Marfim e Guiné, ao sul; Senegal, a sudoeste; e Mauritânia, a oeste. Seu território foi outrora habitado por grupos berberes e árabo-berberes no norte, bem como soninqués, mandingas e songais, entre outros, no sul. Ver ADRAR DOS IFORAS; ÁFRICA; BAMBARAS; CUMBI-SALÉ; DOGONS; ESCRITAS AFRICANAS; MACINÁ; MADRAÇA; MALI, Antigo; MANDÊ; MANUSCRITOS DE TOMBUCTU; MOSSIS; NÍGER, República do; NÍGER, Rio; TADMEKKA; TAUDENI; TUCULERES.

M

MALIK. Antropônimo arábico com o significado de "rei" (BELHASSEN, 2009, p. 82).

MALINDE (*Malindi*). Cidade da costa oriental africana, em território da atual República do QUÊNIA. Ver SUAÍLI.

MALINQUÉ (*Malinké*). O mesmo que MANDINGA: "Habitante do Mali".

MALIQUITA (Malikita). Relativo aos intérpretes da doutrina jurídica muçulmana estabelecida por Malik ibn Anas (715-795). Registre-se que tal interpretação teve significativo acolhimento entre os doutores da lei (ulemás) e cadis (juízes, aplicadores da lei) no Magrebe e em Al-Andalus desde pelo menos meados do século XIII, após a derrocada do movimento dos almôadas. Ver ALMÔADAS; AL-ANDALUS; MAGREBE.

MALUNDA. Segundo o pesquisador Joseph Miller, nas tradições dos povos do reino de Ngola, designa-se pela palavra *malunda* (singular, *lunda*) os episódios narrativos recolhidos da oralidade (MILLER, 1995, p. 16). A denominação provém do quimbundo *-lunda*, arquivar (MAIA, 1964, p. 50), correlato ao chócue *lunda*, acervo (BARBOSA, 1989, p. 292).

MAMBO. Designação reservada a cada um dos governantes dos reinos incorporados ao Império do Monomotapa nos séculos XV-XVII. O termo tem origem no xona: *mambo*, chefe, governante.

MAMELUCO, Sultanato. Governo de sultões, que vigorou no Egito, como também na Síria e no Hedjaz, entre 1250 e 1517. Sua origem está na arregimentação de soldados mercenários turcos, adquiridos como escravos pelos sultões da dinastia aiúbida que reinou no Egito entre 1171 e 1250. Esses serviçais, chamados *mamluk* (em português, "mamelucos"), termo que em árabe tem exatamente o significado de "escravo", foram, por suas proclamadas força e valentia, ocupados como guardas pessoais pelos governantes, acabando por se constituírem em uma força guerreira especial. Sob a dinastia dos aiúbidas, eles tiveram atuação destacada contra os cruzados cristãos que atacaram as partes muçulmanas da Palestina. Crescendo em importância e poder, seus líderes passaram a rivalizar com o sultão, acabando por assassiná-lo em 1250. Então, o mameluco Aibek assume o poder, sendo sucedido por quarenta e sete outros governantes, que reinaram no Egito, além de parte da Síria. Na primeira metade do século XIV, os sultões mamelucos fizeram do Estado egípcio grande potência militar e comercial, dominando o Mar Vermelho e parte do litoral do Índico. Cem anos depois, o país encontrava-se em plena expansão territorial e comercial em direção ao sul, apesar da resistência dos cristãos abissínios (LOPEZ-DAVALILLO, 2003, p. 128). Em 1517, entretanto, sob

Qansuh al-Ghawri, reinante desde 1501, o sultanato cai em poder dos otomanos e o Egito torna-se uma espécie de província do império turco. Ver AIÚBIDAS; EGITO, República Árabe do; OTOMANOS.

MAMPONG. Subgrupo do povo *akan* (q.v.).

MAMPRUSSI *(Mamproussis, Mamprusi)*. Antiga cidade-estado criada por uma facção do povo mossi, com capital em Gambaga. Localizava-se na área entre os rios Volta Branco e Nasia, no norte do atual território da República de Gana. Era habitada pelos ancestrais do povo de mesmo nome, falante de um dialeto do grupo linguístico gur, localizados na atualidade também no norte da República do Togo. Surgido, segundo a tradição, a partir de uma povoação fundada pelo líder Na Bawa, teria sido o primeiro dos Estados Mole-Dagbâni a emergir. Ver DAGOMBA; GUR; MOLE-DAGBÂNI; MOSSIS; NA BAWA; SITOBO.

MANCALA. Uma das denominações de um jogo de inteligência e estratégia, similar ao xadrez, difundido, com variantes (mas sempre com a movimentação de peças sobre um tabuleiro), em diversas regiões africanas. Evidências iconográficas e arqueológicas comprovam a existência de jogos desse tipo no Egito, desde pelo menos o Novo Império (1580-1085 a.C.). É provável que daí as práticas dos jogos de quadrícula, com tabuleiros esculpidos em madeira, ou na própria rocha, tenham migrado para toda a África Oriental, Central, Austral, e Ocidental, em momentos variados ao longo dos séculos. Os locais dos jogos foram identificados por pesquisadores no Quênia, desde o período Neolítico, na área de influência de Bunioro, Buganda e do Congo. Várias quadrículas de duas linhas foram identificadas próximas do sítio de Mapúngubue, ao Sul do Grande Zimbábue, o que significa que o jogo pode ter sido ali praticado entre os séculos XI e XIII d.C. Na atualidade, segundo a African Encyclopedia (1974, p. 324), a versão mais comum do jogo, em toda a África Ocidental é a chamada *wari*, conhecida como *adi* no Benim e em Gana; na Nigéria, *ayò* entre os iorubas, e *dãra* entre os hauçás. Na Etiópia, segundo a mesma fonte, subsiste uma versão chamada *gabata*, conhecida no Quênia como *kiuthi*, *guehe* e *intotoi*, etc. De nossa parte, a partir do bundo *mangala*, "brincar, folgar, divertir-se" (ALVES, 1961), levantamos a possibilidade de o nome *mancala* ter origem em língua do grupo banto. Ver BUNIORO; CONGO; GRANDE ZIMBÁBUE.

MANCANHAS. Povo localizado no atual território da República da Guiné-Bissau. Ver BRAMES; BURAMOS.

MANDÊ (*Manden*). Região situada no curso inferior do Rio Níger, em território da atual República do Mali, berço dos povos falantes da família linguística de mesmo nome, que se espraiaram por um vasto território, estendido para o sul até a atual Costa do Marfim e para o leste até os limites da atual República do Níger. O nome designa também o conjunto dessas populações, bem como o grupo de línguas por elas faladas, além de denominar o antigo Estado mais conhecido como Mali. **Povos e línguas**. Os mandês se dividem em dois grandes subgrupos: mandês do norte (mande-tan) e do sul (mande-fu). Do primeiro fazem parte os mandingas propriamente ditos (*malinké*, *mandenka*, *maninka*); os saracolés e os bambaras (*bamana*). Quanto às línguas, o grupo mande-tan, do norte, compreende: soninqué ou saracolé; marka; bozo; diúla; bambara; kassonqué; kagoro e o malinqué (*malinké*). As do sul (mande-fu) compreendem, entre outras, o sosso ou sussu e o dialonqué. Ver GANA; MALI; SONINQUÉ; SUNDIATA KEITA.

MANDEN, Império. O mesmo que Império do Mali, é forma de referência ao Antigo Mali consignada em Ly-Tall (2010, p. 195).

MANDINKA. Denominação da variante da língua mandinga falada na atualidade em partes dos atuais territórios de Gâmbia, Senegal e Guiné-Bissau, num todo correspondente, em dimensões aproximadas, ao do antigo reino do Gabu (Kaabu). Ver MANDINGAS.

M

MANDINGAS (*Malinké, Maninka, Mandenka*). Denominação de um dos povos da África Ocidental, falantes do maninca ou maninqué, língua do grupo mandê. Em português, o etnônimo "mandinga" (em inglês, *mandingo*; em francês, *mandingue*), fora do âmbito científico, designa indistintamente todos os falantes de línguas da família Mandê. A localização histórica desses povos ocorre, principalmente, em territórios das atuais rep*ú*blicas de Mali, Guiné, Guiné-Bissau, Senegal, Costa do Marfim, Libéria, Serra Leoa e Gâmbia. Os mandingas ganham maior proeminência na História no século XIII, com Sundiata Keita, o criador do Império do Mali. Utilizando a força expansionista do islamismo, este dominou e converteu populações de um vastíssimo espaço, conquistando as importantes cidades de Ualatá, Tombuctu, Djenê e Gao. O máximo poder do império foi atingido no século XIV, com o Mansa Kanku Mussá. E o declínio veio com a reconquista de Gao pelos Songais na centúria seguinte. Ver ÁRVORES SIMBÓLICAS; BIMENDE; CAÇADORES; COMÉRCIO MUDO; COSTA DOS GRÃOS; DAKADYALA; DJENÊ; GANA, Antigo; GRIÔ; GUELWAR; GUINÉ-BISSAU; GABU; KANKU MUSSÁ, KANO; KIRINA, Batalha de; *CARTA DO MANDINGA*; MALI, Antigo; MALI, República do; MALINQUÉ; MANDÊ; MANINCA; MANINQUÉ; MANSAIA; MATRILINIARIDADE; NALUS; NOZ DE COLA; SARACOLÉS; SENEGÂMBIA; SERPENTE, Culto da; SONINQUÉS; SONGAI; SOSSOS; SUNDIATA KEITA; TECELAGEM; UANGARÁ; ULÉ, Mansa.

MANÉ (*Mane, Maneh, Mani*). Antigo povo oeste africano, localizado, provavelmente, na faixa litorânea das atuais repúblicas de Serra Leoa, Libéria e em parte da atual Gana em meados do século XVI. A julgar pelas pesquisas de Walter Rodney (1970, p. 43-57), a chefia militar coube a pessoas provenientes da área de influência do Império do Mali, então em declínio. As incursões dos manés levaram a uma reconfiguração dos poderes locais em Serra Leoa e a imposição militar sobre a população local, composta pelos povos sapes. Na atualidade, o subgrupo étnico balanta-mané da Guiné-Bissau parece compreender indivíduos remanescentes desse antigo povo. Ver BALANTAS.

MANHIQUENE (*Manyikeni*). Sítio arqueológico na atual província de Inhambane, a 50 km da Baía de Vilanculos, na costa de Moçambique, também mencionado como "Manicuene". Consta de muralhas e cercas edificadas em pedra datados do período situado entre 1200-1500, e apresenta vestígios de atividades como criação de gado, fundição de ferro e fiação de algodão. Costuma ser considerado um posto avançado do "Grande Zimbábue", localizado cerca de 450 km para o interior.

MANICA. Região no interior da zona central do território da atual República de Moçambique (q.v.), a qual sedia, na atualidade, uma das províncias do país. Foi ponto importante no trafego de riquezas entre o interior e o litoral índico, sendo mencionada em algumas fontes como a capital do Reino do Monomotapa (q.v.).

MANICONGO. Deturpação da expressão *mwene-e-kongo*, designativa do governante máximo do Congo. Traduzia-se em português como "senhor do Congo"; e tinha como sinônimo o vocábulo *ntotela* ou *Ntotila*, título de soberania, significando "rei", "monarca". Ver BAIXO CONGO; CONGO, Rio.

MANILHAS. Designação dada a adornos de tornozelo e braço feitos de cobre ou de latão em vários tipos (abertos ou fechados) e formas (circular ou elíptica), trabalhadas ou lisas, com peso e espessura variáveis, amplamente utilizadas na África bantófona como referencial de troca (RODRIGUES, 2002, p. 33). Em quimbundo, *malunga*, argolas; em quicongo *mu-lungu*, bracelete.

MANINCA. O mesmo que maninqué (q.v.).

MANINQUÉ. Língua do grupo mandê (q.v.).

MANJACOS (*Mandyako*). Antigo grupo étnico localizado no atual território da Guiné-Bissau. Identificado em documentos portugueses do século XVI, viviam próximos dos brames e papéis.

MANSA. No Antigo MALI, designação reservada ao governante máximo, equivalente, mas não igual, ao conceito de "rei" no mundo europeu e "sultão" no mundo árabe. O termo provém do mandinga e corresponde ao bambara *massa*, rei (SAUVANT, 1926, p. 528). Os *mansa* eram tidos como a personificação dos ancestrais; ligados à figura mítica dos caçadores, reconheciam-se neles poderes excepcionais, capacidade de dominar a natureza e os seres humanos devido ao seu grande conhecimento e a poderes ocultos que lhe eram atribuídos. Suas aparições públicas eram cercadas de cerimonial complexo, e ninguém podia dirigir-lhes diretamente a palavra, a não ser o seu intérprete autorizado, chamado *dugha*, pessoa de grande distinção social, e os griôs, os guardiões da memória das linhagens e dos clãs. Assim, falando do Mali em 1352, Ibn Battuta escreveu: "Os negros são, entre todos os povos, os que demonstram a maior submissão a um rei e os que mais se humilham diante dele, tendo inclusive o hábito de jurar por seu nome" (KONARÉ, 1981, p. 145). Segundo Diagne (1981, p. 28), *mansa* é o título político mais antigo e prestigioso do mundo negro, tendo sido adotado após o advento de Sundiata e sendo privativo da linhagem dos Keita (KONARÉ, 1981, p. 141). Ver IBN BATTUTA; MALI, Antigo; SUNDIATA KEITA.

MANSA KANKU MUSSÁ. Uma das formas de referência ao *mansa* (soberano) do Antigo MALI, reinante entre 1307 e 1337, também mencionado como Mansa Kankan Mussá. Esta forma, transliterada através do francês *Kankan-Moussa*, é consignada na tradução do *Tarik al-Fattash*, de autoria de Mahmoud Kati, constante em Cornevin (1972, p. 208). Entretanto, a mesma fonte usa também a forma *Kankou Moussa*, citando o nome da mãe do monarca como *Nâna-Kankan*, vindo daí a hipótese que traduz o nome completo do *mansa* como "Mussá Filho de Kankan". Observe-se, todavia, a existência de uma localidade denominada *Kankan* no ambiente geo-histórico do personagem, o que poderia ser um indicativo da origem de sua mãe. Controvérsias à parte, o Mansa Kanku Mussá destacou-se, juntamente com Sundiata Keita, como um dos governantes mais influentes do Antigo Mali. As inovações de seu governo, embora talvez ampliadas pela pena dos escritores muçulmanos que as descreveram, não obstante fortaleceram seu domínio político no plano interno e o tornaram célebre no cenário internacional. Sob suas ordens, Ualata, Tombuctu e Gao foram conquistadas, a influência dos *mansa* passou a predominar em toda a Bacia do Níger (Boakye, 1982, p. 15-16), e boas relações diplomáticas se estabeleceram com o Marrocos e o Egito. Atribui-se a ele a instituição de um sistema de concessão de honrarias que, para fortalecer as bases de poder, estimulava a eficiência da máquina administrativa. **Peregrinação a Meca**. A decisão de realizar a célebre peregrinação a Meca, em 1325, teve implicações religiosas e políticas de longa duração, tendo contribuído decisivamente para reforçar o processo de islamização ao Sul do Saara. Na sua passagem pelo Egito, mandou fundar uma casa para abrigar os peregrinos provenientes do *Bilad al-Sudan*, e causou forte impressão devido as toneladas de ouro que levava consigo numa comitiva integrada por milhares de pessoas e centenas de camelos. O *mansa* foi recebido formalmente pelo sultão do Cairo, estabeleceu negociações com comerciantes locais, e sua prodigalidade e gastos pessoais, pagos em ouro, eram tamanhos que provocaram uma desvalorização monetária. Segundo o cronista Al-Umari, ele teria inundado o Cairo com sua generosidade, e não restou um emir, parentes ou altos ministros do sultão que não tivessem recebido algum tanto de ouro: "os habitantes do Cairo ganharam muito com ele com o seu séquito, comprando, vendendo e emprestando, de modo incalculável. Essas pessoas receberam tanto ouro, que o próprio valor do metal ficou depreciado" (Cuoq, 1985, p. 278). No retorno da peregrinação, levou para o Mali sábios e arquitetos, como o célebre andaluz Ishaq EI Tuedjin, conhecido como Al-Sahili, a quem encarregou do projeto e da construção em Tombuctu da grande mesquita de Djingereber, e do palácio real. **Notoriedade internacional.** Seus feitos estão registrados nos textos dos magrebinos Ibn Battuta e Ibn Khaldun, e sua imagem ganhou notoriedade até mesmo na longínqua Europa. Data de 1385 a elaboração do Atlas Catalan de Abrahan Cresques, detalhado mapa das rotas comerciais elaborado em Maiorca oferecido pelo rei de Aragão a Carlos V da França, atualmente preservado na Bibliothèque Nationale de France, em Paris. Aí encontra-se retratado um rei negro, vestido e apresentado à moda europeia, denominado Mussa Melli, com a seguinte legenda: "Este senhor negro é chamado Mussa

Melli, senhor dos negros da Guiné. Este rei é o mais rico e o mais nobre senhor de toda esta parte pela quantidade de ouro que se recolhe em sua terra". Sua fama projetou-se bem além do período de esplendor do Império do Mali, e nos séculos XVI-XVII ele continuava a ser lembrado como modelo de governante muçulmano, piedoso, justo e bondoso, no capítulo a ele dedicado por Mahmud Kati, em seu *Tarikh al-Fattash*. Segundo descrição em Monod (1950, p. 110), o *mansa* era um homem jovem, de cor morena, fisionomia agradável e bela aparência, instruído no rito maliquita. Ver AL-SAHILI; BILAD AL-SUDAN; GAO; MALI, Antigo; MALIQUITA; SULTÃO; SUNDIATA KEITA; TOMBUCTU; UALATA.

MANSA MUSA. Uma das transliterações do nome de Kanku Mussá ou Mansa Kanku Mussá (q.v.).

MANSA SULEIMAN. Soberano do Antigo Mali (1341-1360), mencionado como irmão do Mansa Kanku Mussá. Sob seu reinado, a hegemonia do Mali se exerceu de novo sobre o rei Songai de Gao.

MANSA ULÉ. Soberano do Antigo Mali (1255-1270), filho e sucessor de Sundiata Keita (q.v.).

MANSAIA. Vocábulo, relacionado ao bambara *massaya*, realeza (SAUVANT, 1926, p. 530) usado na historiografia sobre a África Ocidental para designar o sistema de poder originário dos mandingas, vigente na Bacia do Níger durante o período de formação do Império do Mali, e nas formações sociais mandingas do Gabu nos séculos XVI-XVIII. Tal poder, expresso na autoridade reconhecida dos *mansa*, não se assentava necessariamente numa base de legitimação territorial, uma vez que as fronteiras fixas e a territorialidade não constituíam, em si, indicativos necessários para o exercício do poder. Este se baseava parcialmente no potencial bélico detido pelos governantes, em sua capacidade de imposição de tributos a povos submetidos ou mantidos como aliados, na eficácia da distribuição e aplicação da justiça e, sobretudo, no prestígio que rodeava a figura dos *mansa* e no apoio prestado a eles pela casta dos homens livres (*horonw*), constituídos por guerreiros ou "portadores de arco e flecha" (*tuntigiw*) e "poderosos" (*fantanw*) (KONARÉ, 1981, p. 134-135). A gradual afirmação do islã descaracterizou as instituições da mansaia, que acabaram enfraquecidas. Do ponto de vista da organização social, as regras de sucessão na liderança dos clãs e na linhagem principal tenderam a ser estabelecidas em linha masculina, segundo um princípio patrilinear, mas originalmente ocorriam em linha matrilinear, isto é, por via de descendência feminina. Além disso, no princípio a ascensão ao governo era feita por aclamação dos principais chefes de linhagem de acordo com o princípio da colateralidade, ou seja, o poder era delegado ao irmão consanguíneo mais velho do governante anterior, e na ausência deste, ao seu filho mais velho ou um de seus sobrinhos. Outra particularidade dizia respeito à natureza compartilhada do poder. Em vez de monarquia, seria preferível qualificar o exercício do poder da mansaia como uma diarquia, uma vez que tal poder estava distribuído em dois polos: um, masculino, representado pelo *mansa*; outro, feminino, representado pela primeira-esposa dele, intitulada *kasa*, a quem competia determinadas

M

prerrogativas e o governo exclusivo da comunidade de Djenné (PALA; LY, 1982, p. 208). Ver DINASTIA; GABU; MANDINGAS; MONARQUIA.

MANUSCRITOS DE TOMBUCTU. Designação dada ao vastíssimo conjunto de textos escritos, em árabe e em língua local, de forma narrativa e epigráfica, por indivíduos pertencentes às sociedades da Bacia do Níger, nas áreas saheliana e saariana, entre os séculos XII e XIX. Tal produção diz respeito a temas comerciais, administrativos, geográficos, cronísticos e sobretudo de natureza religiosa, guardados no interior de madraças ou em outros locais. Seu acervo, compreendendo mais de 200 mil manuscritos, tem sido recuperado por pesquisadores vinculados à Unesco, já que, por seu inestimável valor histórico, foi considerado Patrimônio da Humanidade. A parte principal deles encontra-se na Biblioteca de Manuscritos Mamma Haidara, no Institut des Hautes Études et de Recherches Islamiques Ahmed Baba e na Biblioteca de Manuscritos Al Wangara, na República do Mali. Ver ESCRITAS AFRICANAS, FONTES HISTORIOGRÁFICAS; MADRAÇA; *TARIKH*; TOMBUCTU.

M

MAOMÉ. Forma em português do nome árabe *Muhammad*, que identifica o líder religioso e político árabe fundador do islã ou islamismo, a religião dos muçulmanos, codificada no Alcorão ou Corão. Nascido em Meca, c. 570 d.C., em 622, Maomé empreendeu a Hégira, a partir da qual organizou um Estado e uma sociedade regidos pela *charia*, a lei corânica, i.e., emanada do Corão. Falecido em 632, dez anos depois, seguidores de sua doutrina, liderados pelo califa Omar iniciam a conquista muçulmana do norte da África, a partir do Egito. – O nome tem diversas transliterações, a partir de *Muhammad*, sendo as mais usuais *Mohammed*, em inglês; *Mahoma*, em espanhol; e *Mahomet*, em francês, da qual veio a forma Maomé. Ver ÁFRICA; ALCORÃO; ÁRABES; HÉGIRA; ISLAMIZAÇÃO.

MAPUNGÚBUE (*Mapungubwe, Mapoungouboué*). Unidade política florescida na margem direita do Rio Limpopo, no nordeste do Transvaal, África do Sul, entre os séculos XI e XII. Primeiro centro da civilização xona, seus criadores foram migrantes bantófonos provenientes das terras altas a oeste do Lago Niassa. Capital do antigo Zimbábue, entre 1075 e 1220 (HUFFMAN, 2010, HGA, III, p. 792), seus fundadores, na Idade do Ferro quando lá estabelecidos, desenvolveram uma economia baseada na atividade agropastoril, na produção de víveres e bens de consumo. Além disso, por longo tempo, estabeleceram relações com mercadores do litoral (id. ib.). Como prova, buscas revelaram a presença, no local, de restos arqueológicos de miçangas, além de objetos e utensílios feitos de ouro e marfim. A povoação foi abandonada com o apogeu do Grande Zimbábue. Ver LIMPOPO; NIASSA; TRANSVAAL; XONAS; ZIMBÁBUE.

MAQÂM. Termo empregado no Magrebe para designar o túmulo de um asceta, "homem santo"; de um marabuto vinculado às doutrinas místicas do sufismo. Do árabe, significando originalmente "lugar", "sítio". Ver MARABUTO; SUFISMO.

MARA TAKLA HAYMANOT. Ver ZAGUÉS.

MARABUTO. Sacerdote muçulmano de vida ascética, venerado em vida e honrado como santo após a morte; personagem santo, fundador de uma confraria islâmica. No âmbito deste dicionário, a partir de Dramani-Issifou (2010, HGA, III, p. 117), o título é aplicado a qualquer personagem versado nos ensinamentos do Corão e de outros textos sagrados muçulmanos e que utiliza esse conhecimento para atuar como intercessor entre o crente e Alá. Utilizando-se da fonte divinatória tradicional e dos talismãs, ele atua como mágico e curandeiro. Tb. Marabu; morabita; marabuto. Ver SUFISMO.

MARARA. O mesmo que Mara Takla Haymanot, fundador da dinastia zagué (q.v.).

MARAVES. Denominação genérica ou arbitrária aplicada pelos portugueses aos nativos habitantes da ampla região limitada a oeste pelo Rio Luangua; a leste pelo Lago Maláui e o Rio Chire; e ao sul pelo Rio Zambeze (Silva, 2012, p. 317). A denominação abrangeria os povos nianja, xoa (chewa), tonga e tumbuka, entre outros (Enciclopédia Do Mundo Contemporâneo, 2000, p. 397). Segundo algumas fontes, os povos maraves teriam origem em contingentes de migrantes vindos do noroeste, os quais, entre os séculos XII e XIII, teriam formado Estados relativamente importantes. Ver MALÁUI, República de; ZAMBEZE, Rio; *WAYAO*.

MARFIM. Substância óssea de que são constituídas as presas do elefante. Sua utilização em trabalhos artísticos de entalhe, em diversas partes do mundo então conhecido, remonta à alta Antiguidade. Assim, foi, juntamente com o ouro (q.v.), inicialmente através do Vale do Nilo e das rotas transaarianas, a principal mercadoria africana de exportação.

MARI DJATA. Soberano do Antigo Mali. Por volta de 1380, chefiou uma expedição militar ao Bornu (Ki-Zerbo, 1972, II, p. 442). Ver BORNU; MALI, Antigo.

MARÍNIDAS (*Mérinides*). Dinastia berbere reinante no Marrocos após a queda dos almôadas, em 1269. Surgiu entre berberes do grupo zanata, a partir da tomada da cidade de Fez em 1248 e consolidada pela conquista de Marraquexe por Abu Yusuf dez anos depois. A dinastia reinou por dois séculos; e findou-se com a fragmentação do país em dois reinos, Fez e Marraquexe, agravada pela ocupação de lugares estratégicos pelos portugueses, como foram: Ceuta, em 1415; Tânger, 1471; e Melila, 1497. O nome da dinastia (em inglês *Marinids*, Howatt, 1973) remeteria, segundo algumas fontes, a *Mrin* localidade no deserto da Líbia. Var. Merínidas. Ver ABU AL-HASSAN; ALMÔADAS; MARROCOS, Reino do.

MARMÁRICA (*Marmarica*). Antiga região litorânea do norte da África, entre o Egito e a Cirenaica.

MARRAQUEXE (*Marrakech, Marrakesh*). Cidade do Marrocos. Originou-se da aldeia fortificada para onde Iusuf ibn Tachufin transferiu o poder dos almorávidas em meados do século XI. Nos dois séculos posteriores, foi, seguidamente, capital dos almôadas e dos marínidas, que a trocaram por Fez, mais ao norte. Ver ALMÔADAS; ALMORÁVIDAS; FEZ; IUSUF IBN-TACHUFIN; MARÍNIDAS; MARROCOS, Reino do.

MARRIM (*Mahis, Maxi*). Povo da África Ocidental, localizado a partir do centro da atual República do Benim, e expandido na direção norte, falante da língua fongbé ou fon. Pertence ao conjunto de povos ewe. Ver EWE; FON; FONGBÉ.

MARROCOS, Reino do (*Maroque, Morocco*). País da África Setentrional, localizado na região do Magrebe, limitado a oeste pelo Oceano Atlântico; a leste pela Argélia e ao sul por Saara Ocidental e Mauritânia. **Domínio Bizantino.** À época da conquista árabe, o atual território do Marrocos era um domínio do Império Bizantino, sucessor do Império Romano do Oriente. Entretanto, esse domínio era parcial: apesar de expulsos os vândalos, invasores da região no século V d.C., os bizantinos só mantinham controle sobre as cidades de Tânger e Ceuta. Sua população, miscigenada desde a Antiguidade mas com predominância de berberes, constituía o que se convencionou denominar civilização mauritana ou neopúnica, fusão das culturas berbere e fenícia (Larousse, 1998, p. 3835). A conquista árabo-muçulmana deu-se entre os anos 700 e 710, apesar da resistência berbere, a qual levou a sua adesão a seitas dissidentes, como a dos caridjitas. Outra dissidência deu nascimento à dinastia dos idrísidas, atuante a partir da cidade de Fez, e submetidos pelos almorávidas, no século XI. No século XV, a guerra com a Espanha fechou o Mediterrâneo e o Atlânticos aos marroquinos, o que resultou no enfraquecimento de sua economia e de seu poder. **Denominação.** O nome "Marrocos" parece derivar de *Murakuc*, nome berbere da cidade de Marraquexe. Ver ABD AL-MUMIN; ABU AL-HASSAN; ABU SAID UTHMAN; ÁFRICA; AL-KAIRAOUINE; AL-MARRAKUSHI; ALAUÍTAS; ALMÔADAS; ALMORÁVIDAS; ANDALUZ; ÁRABES; ARGÉLIA; ÁSQUIA; ATLAS, Montes; BARBÁRICOS, Estados; BARGHWATA; BERBERES; CARIDJITA; CEUTA E MELILLA; CHELLAH; COBRE; FEZ; HARATINOS; IBN BATTUTA; IBN TUMART; IDRIS I; IDRIS II; IDRÍSIDAS; IUSUF IBN TACHUFIN; JUDER PAXÁ; JUDAICA, Presença; AL-KAIRAOUINE; MADRAÇA; MAGREBE; MALI, Antigo; MARÍNIDAS; MARRAQUEXE; AL-HASANI; MAURITÂNIA, República Islâmica da (item "Antiga Mauritânia"); MAYSARA AL-MATGHARI; METALURGIA; *MULAY*; NILO-SAARIANO; QADIRIYA; RABAT; ROTAS DE COMÉRCIO; SAARA; SAARA OCIDENTAL; SONGAI; TAFILALET; TAUDENI; TONDIBI, Batalha de; VOLUBILIS; ZAFUM; ZANATAS.

MASHISH IBN ABD-SALAM. Ver AL-HASANI, Mashish Ibn Abd-Salam.

MASIN. Província do Antigo Gana, importante centro do comércio de sal. Ver AWGHAN; GANA, ANTIGO; SAL.

MASMUDAS. Clã berbere no seio do qual surgiu a dinastia dos almôadas. Junto com os zanatas e sanhajas, constituiu a terceira maior confederação de tribos berberes do Norte da África. Na metade do século XII, a união de seus chefes em torno da pregação de Ibn Tumart garantiu a supremacia militar dos almôadas em sua expansão pelo Marrocos a partir dos Montes Atlas. Ver ALMÔADAS; BERBERES.

MASSAI. Ver MASSAIANO.

MASSAIANO. Cada um dos grupos nilóticos orientais aparentados linguisticamente ao povo massai, os quais, por volta de 1400, habitavam em aldeias ao longo do Vale do Rio Kerio, na atual província do Vale do Rift, Quênia. Expandiram-se até os montes Quilimanjaro e Taita, interagindo ao longo do caminho com outros grupos de origem nilótica e cuchita, e com povos de origem banta. Ver CUCHITA; NILÓTICO.

MASSAUA (*Massawa*). Cidade litorânea às margens do Mar Vermelho, no litoral da atual Eritreia, no extremo norte do Golfo de Zeila, próximo ao arquipélago de Dahlak. Na época estudada neste livro, seu porto era um dos mais importantes do Chifre da África. Ver CHIFRE DA ÁFRICA; ERITREIA, Mar da; VERMELHO, Mar.

MASSUFAS (*Masufa*). Clã berbere, integrante da Confederação Sanhaja. Também referido como messufas. Ver BERBERES; SANHAJAS.

MASUBORI. Sociedade mágico-religiosa semissecreta, vista como superficialmente islamizada, existente entre os hauçás. Segundo Gromiko (1987, p. 93) de práticas semelhantes a outras associações observadas modernamente em países como Líbia, Tunísia e Sudão. Liderada por uma mulher que carrega o título de "rainha-mãe", entre outros, conserva em sua estrutura uma espécie de corte, com músicos, mensageiros e dançarinas. Segundo o autor citado, as práticas desta Masubori remeteriam às de uma sociedade outrora existente no antigo reino de Gobir. O léxico da língua hauçá registra: *masu-bori* (*masu-boli*), "pessoas possuídas por espírito diabólico; em estado de frenesi ou êxtase" (ROBINSON, 1925, I, p. 46). Ver GOBIR.

MATAMBA. Região situada entre os rios Kwale, Cuango, Cambo e Lucala. No vale do Cuango, nos atuais territórios de República Democrática do Congo e Angola, provavelmente no século XIV, formou-se o Reino de Matamba, Estado fundado pelo povo imbangala. A região foi também importante centro de comércio. Ver BANTOS; KATANGA.

MATOPE. Soberano do povo xona, no século XV. Filho de Mutota, é também referido como Mutope, tendo governado juntamente com a irmã, Niambita. Ver MUTOTA; XONAS.

MATRIARCADO. Regime em que a autoridade de um grupo social é exercida por mulheres. Ver MATRILINEARIDADE; MULHERES.

MATRILINEARIDADE. Em etnologia, característica do sistema de filiação e organização em que os direitos e deveres de um grupo transmitem-se pela linha materna. Nele, o homem mais velho de uma família tem, como tio materno, autoridade sobre os filhos de suas irmãs. Difere do princípio de descendência patrilinear, em que a descendência de uma mulher está associada à comunidade do esposo reconhecido desta, e a filiação é estabelecida na linha pai-filho (MEILLASSOUX, 1976, p. 48). Ver DINASTIA; MULHERES.

MAURÍCIO, República de. País insular da África Oriental, situado do Oceano Índico, a leste de Madagascar, constituído pela ilha que lhe dá o nome e por outras menores. No século X, navegadores árabes atingiram o território, mais tarde mencionado em mapas com o nome "*Dina Arobi*", sem estabelecer nenhum núcleo, o que só ocorreu no século XVI, com os portugueses (PAGE, 2005). Ver MADAGASCAR, República de.

MAURITÂNIA, República Islâmica da. País saariano da África Ocidental, limitado a oeste pelo Oceano Atlântico e pelo Saara Ocidental, ao norte pelo Marrocos, a nordeste pela Argélia, a leste e ao sul pelo Mali e a sudoeste pelo Senegal. **A Antiga Mauritânia.** Na Antiguidade, o território do país chamado "Mauritânia" correspondia, aproximadamente ao do atual Marrocos e a parte da moderna Argélia. A denominação lhe foi dada em alusão aos habitantes autóctones da região, berberes chamados *mauri* (plural de *maurus*) pelos romanos, numa adjetivação genérica para os africanos, notadamente os do litoral oeste e tudo o que lhes dissesse respeito (Saraiva, 2000, p. 719). A partir do século III d.C., os berberes locais estabeleceram rotas de comércio por toda a porção ocidental do Saara. Cerca de oito ou nove séculos depois, o comércio de ouro e o de escravos, propiciaram o surgimento do primeiro grande império do oeste africano, o império soninqué do Gana, cuja capital acredita-se ter-se localizado no sítio histórico da atual Cumbi-Salé, no sudeste do território da República. Após a expansão do islã, na segunda metade do século XI, os almorávidas estabeleceram sua capital em Marraquexe, de onde governaram todo o norte do continente e também o sul da Espanha. Em 1076, eles fustigaram o sul e, com a ajuda de líderes berberes locais, destruíram o Império do Gana. A partir do fim do século XII, a Mauritânia meridional tornou-se, seguidamente, uma dependência do Império do Mali e, depois, do Império Songai de Gao. No século XIV, as rotas entre o Rio Níger e o Magrebe possibilitavam a exploração das salinas de Tegazza e a expansão da pequena cidade de Ualata. No século seguinte, chegaram os primeiros navegadores portugueses; e quase ao mesmo tempo, as tribos dos hassanes, vindas do Alto Egito, ocupavam o território do atual Saara Ocidental e o norte da Mauritânia, sendo, entretanto, submetidos pelos berberes locais. Ver ÁFRICA; ALMÔADAS; ALMORÁVIDAS; ARGUIM; AUKAR; AUDAGOST; BAFUR; BAMBARAS; BUBU; CUMBI-SALÉ; ERG; ESCRAVIDÃO; FUTA TORO; FUTA; GANA, Antigo; GOUNDAM; HARATINOS; IDADE DO FERRO; MAGREBE; MALI, Antigo; MALI, República do; MARROCOS, Reino do; MOUROS; NILO-SAARIANO; PORTUGAL NA ÁFRICA; RELIGIÃO; ROTAS DE COMÉRCIO; SAARA; SAARA OCIDENTAL; SAHEL; SENEGAL, RIO; SENEGAL, República do; SERERES; SONI ALI, SONINQUÉ; SUDÃO; TAGAZZA; TOMBUCTU; UALATÁ; UANGARÁ; UOLOFES; UALÔ.

MAURITANO(A). Relativo(a) à Mauritânia. Ex.: A expressão "civilização mauritana" define o complexo civilizatório desenvolvido na Mauritânia antiga, cujo território correspondia aproximadamente ao do atual Marrocos e a parte da moderna Argélia. Ver MAURITÂNIA, República Islâmica da.

MAYSARA AL-MATGHARI. Ver AL-MATGHARI, Maysara; BARGHWATA.

MBAJI-A-EKONGO. Outra forma de denominação para a *Mbanza Kongo*, capital do reino do Congo, proposta em Ratelband (2003, p. 26, nota 4). Apoia-se, certamente, em corruptela do vocábulo quicongo *mbázi*, praça principal de uma cidade, onde se discutem os interesses públicos e se processam os julgamentos (Laman, 1964, p. 525). Ver BANZA CONGO.

MBANG. Título conferido aos primeiros governantes do reino ou sultanado de Baguirmi, da região do Lago Chade (q.v.).

MBANZA-A-KONGO. Expressão, na língua quicongo, que designa a povoação principal do reino do Congo, local de residência do *ntotila*; a sede de governo dos antigos manicongos, soberanos bacongos, ao final do século XV. A palavra *mbanza* tem, em quicongo, entre outros, o significado de "aldeia principal", "residência do chefe", "a capital" (LAMAN, 1964, p. 523). Então, assim se denominava a capital referida pelos portugueses como "Cidade de São Salvador", cujo nome era também estropiado como "Banza Congo". Segundo Parreira (1990, p. 161), situava-se na confluência das regiões de Mpemba, Kiova e Nsundi, em território da moderna Angola, sendo também importante centro comercial. A povoação era também denominada Mbaji-a-Ekongo, Mbaji-a-Nkano e Ekongo-dia-Ngúngu. Conforme Duarte Lopes e Filipo Pigafetta, no livro *Relação do reino do Congo e suas terras circunvizinhas*, situava-se no alto de uma grande montanha na região de Pemba. Com a gradual influência dos portugueses, a denominação São Salvador do Congo prevaleceu. Ver CONGO; *NTOTILA*.

MBANZA MPUMBU. Antiga localidade, localizada na região de Nsundi, no reino do Congo, principal ponto do comércio local de escravos no século XVI (MPLA, 1975, p. 77). Parreira (1990, p. 1964) menciona Mpumbu como região de intenso comércio, que se chamou posteriormente Stanley Pool. O topônimo, referido em Laman (1964, p. 588) é visto, por algumas fontes, como origem do substantivo "pombeiro" (q.v.).

MBATA. Região do reino do Congo, fronteiriça a Mpangu, Makoko, Barbela e Súndi (q.v.).

MBULA MATADI. Personagem da história angolana no século XVI. Membro da aristocracia do reino do Congo, em 1570 rebelou-se contra o domínio português. Seu movimento de resistência alastrou-se por todo o reino e territórios avassalados. Entretanto, as armas dos portugueses e o colaboracionismo do rei Álvaro I selaram sua derrota. Ver MPANZU; MPANZU-A-NZINGA.

MECA (*Makka*). Cidade da atual Arábia Saudita, na província de Hedjaz. Local de nascimento do profeta Maomé (q.v.), sedia o santuário da Grande Mesquita, constituindo-se no principal centro religioso do mundo muçulmano.

MEDITERRÂNEAS, Regiões. Denominação do conjunto de territórios que circundam o Mar Mediterrâneo. Na África compreende as porções litorâneas de Magrebe, Líbia e Egito, bem como da antiga Ifríquia, nas atuais Argélia e Tunísia. Nelas, os estabelecimentos portuários de Alexandria, Barca (*Barqah*), Ceuta, Trípoli e Túnis desempenharam importante papel nas trocas comerciais entre o continente africano e os continentes europeu e asiático. Nessas relações, a África participou decisivamente com o ouro de sua região ocidental; com tecidos de algodão de ótima qualidade (SILVA, 2008, p. 30) fabricado principalmente no norte da atual Nigéria; com o tipo de couro conhecido como "marroquim", etc. Ver ALEXANDRIA; BARCA; CEUTA; EGITO, República Árabe do; IFRÍQUIA; LÍBIA; MAGREBE; OURO; TÚNIS.

MELINDE. Var. Malinde (q.v.).

MERCÚRIOS (*Merkurios*). Rei núbio de Macúria (q.v.), governante entre 697 e c. 722

d.C. Cristão, desempenhou importante papel político e religioso.

MERÍNIDAS. Ver MARÍNIDAS.

MÉROE. Antiga cidade-estado da Núbia, capital do reino de Cuche entre os séculos VI a.C. e IV d.C. Localizava-se à margem direita do Nilo Azul, a cerca de 200 km a norte da atual Cartum. Suas instituições políticas e militares inspiraram quase todas as grandes civilizações africanas posteriores, sendo que escrita meroítica é ainda presente na grafia da língua mencionada em Lopes (2011, p. 198) como Velho Núbio (q.v.).

MEROÍTICO. Relativo a Méroe (q.v.).

MESQUITA. Templo muçulmano. – Do árabe *Masgid*, lugar de oração.

MESSUFAS. Ver MASSUFAS.

METALURGIA. Conjunto de técnicas utilizadas no aproveitamento dos metais, para sua transformação em utensílios e artefatos. **Desenvolvimento.** Conhecida no continente africano desde a Antiguidade, a metalurgia, sobretudo a do ferro, desenvolveu-se em várias partes da África ao mesmo tempo. Entretanto, acredita-se que a expansão tenha se dado da África Centro-Ocidental para a região interlacustre, chegando à África Oriental e daí até a parte austral do continente. Em abono a essa difusão das atividades metalúrgicas, desde tempos remotos, veja-se em Medeiros (2010, HGA, III, p. 166) a afirmação de que desde os primeiros séculos da Era Cristã, o ferro era produzido tanto na curva do Rio Senegal, no oeste africano, quanto na do Limpopo, no leste da África Meridional **Importância.** O trabalho do ferro otimizou a produção agrícola, graças ao aperfeiçoamento de ferramentas, e permitindo, por exemplo, aos bantos estabelecer seu domínio sobre os povos das regiões nas quais se instalaram em suas seculares migrações. **Difusão.** Segundo informação em Ehret (2010, HGA, III, p. 742-743), entre os séculos VIII e X, um povo habitante do centro do Quênia, falante de uma língua afro-asiática meridional, fabricava instrumentos e utensílios de ferro. Na costa, segundo Masao e Mutoro (2010, HGA, III, p. 715), quase pela mesma época, Malinde e Mombaça constituíram grandes centros de produção de ferro. **Exportação.** Acrescente-se que o ferro africano desempenhou papel importante no desenvolvimento de um dos ramos do artesanato indiano: a fabricação de lâminas de aço. E, neste caso, consoante Hrbek (2010a, HGA, III, p. 30), não era simplesmente o mineral que se exportava, e sim, provavelmente, segundo se depreende de relatos de cronistas árabes, o ferro já tratado, em forma de gusas. Segundo o mesmo autor (p. 10) quando, entre os séculos X e XII, os fatímidas começaram a desenvolver relações comerciais com os países do Oceano Índico, os estabelecimentos da costa oriental africana foram chamados a desempenhar um papel ainda mais importante com suas exportações de ouro, ferro, peles e outros produtos. **Disputas.** Segundo Hrbek e Devisse (2010b, HGA, III, p. 427), entre os séculos XI e XII, na região montanhosa do Marrocos, o controle das minas de ferro e de outros metais foi uma das razões do confronto entre almorávidas e almôadas. **Fonte de poder.** Em muitas zonas, os relatos referentes ao poder associam estreitamente os mestres de fundição e os ferreiros à autoridade real. O ferreiro é um personagem ligado à magia, à perigosa potência dos mestres do ferro; sob o domínio muçulmano, os marabutos deviam eliminar a influência do ferreiro (Dramani-Issifou, 2010, HGA, III, p. 124-125). Em outra direção, estudos recentes vêm buscando relacionar a importância do ferro com a constituição dos grandes estados sudaneses [...] O ferro é um instrumento de poderio militar que confere àquele que o possui uma superioridade técnica sobre os outros. Na África Ocidental, o papel dos exércitos foi determinante na formação dos Estados, tanto no Kanem quanto no Antigo Gana (Medeiros, 2010, HGA, III, p. 159). Ver ALMÔADAS; ALMORÁVIDAS; BANTOS; FATÍMIDAS; FERREIRO; GANA, Antigo; IDADE DO FERRO, KANEM; KWALE; MALINDE; MARROCOS, Reino do; MOMBAÇA; QUÊNIA, República do.

MIÇANGAS. Pequenas contas coloridas de massa de vidro. Em francês, *verroterie*; em inglês, *beads*. Do radical banto *sanga* e variantes (quimbundo: *misanga*, contas de vidro; quicongo: *mu-sanga*; suaíli: *ushanga*). Segundo Balandier e Maquet (1968, p. 323), além de pérolas de coral, a África sempre admirou e buscou joias de pedra dura, quartzo, calcedônia, cornalina ou de massa de vidro. E consoante a mesma fonte, o fabrico desse último tipo de ornamento era, desde muito tempo, um segredo guardado por Veneza que exportava para o Oriente miçangas ansiosamente procuradas pelos africanos (p. 324). Daí as miçangas terem-se tornado mercadoria importante nas relações comerciais entre Ásia Europa e África.

MINA, Castelo da. Ver SÃO JORGE DA MINA.

MINA, Costa da. Ver COSTA DA MINA.

MINARETE. Nas mesquitas, torre de onde o muezim (q.v.) convoca os fiéis à oração.

MITUMBA, Montes. Cordilheira situada no leste do território da atual República Democrática do Congo e a oeste do Lago Tanganica (q.v.).

MOÇAMBIQUE, Ilha de. Localizada, no Oceano Índico, na porção nordeste do atual território moçambicano, a Ilha de Moçambique foi ponto estratégico na rota das "grandes navegações" e núcleo inicial da colonização portuguesa. À época da chegada dos portugueses, era subordinada ao sultão de Zanzibar. Ver MOÇAMBIQUE, República de.

MOÇAMBIQUE, República de. País litorâneo da África Oriental, limitado a leste pelo Oceano Índico, ao norte pela Tanzânia, a oeste por Maláui, Zâmbia e Zimbábue; a ao sul e a sudoeste pela África do Sul. **Origens.** Desenvolvido a partir da ilha de mesmo nome, o território do atual Moçambique foi inicialmente habitado por grupos dispersos de caçadores, coletores e pastores dos povos coissã; e a partir do século III d.C. povoado por antepassados dos atuais bantos locais, dedicados à agricultura e à pastorícia, até a chegada dos primeiros mercadores árabes, no século VIII. Entretanto durante o período pré-colonial, Moçambique não existiu como uma unidade política centralizada e, sim, como uma região onde coexistiram vários reinos. A área entre os dois grandes rios locais, Zambeze e Limpopo, foi dominada pelo reino xona: ao norte do primeiro, lideravam os reinos macua, yao e maravi; e ao sul do segundo, dominavam diversas unidades políticas do povo tonga. Com a chegada dos árabes, a região, compreendendo também parte do atual Zimbábue, começou a receber produtos do Oriente Médio, como contas e objetos de cerâmica e de vidro, além de tecidos e sal, que eram trocados por ouro, marfim e chifres de rinocerontes. No caminho aberto pelos árabes, vieram, da Pérsia, os xirazes que, no século X, fundaram a cidade-estado de Sofala (*Al-Sufyala*). Assim, o comércio árabo-persa dominou por todo o século XV a economia ao longo do curso do Rio Zambeze; enquanto que no interior a hegemonia pertencia à economia aurífera da civilização do Zimbábue construída pelas lideranças do povo caranga, subgrupo dos xonas. O ouro era trocado com mercadores estabelecidos principalmente em Sofala, mas também em Pemba, Quelimane, etc. Então, vivendo sob a influência das poderosas vertentes econômicas representadas pela cultura comercial e muçulmana da costa e a metalúrgica e animista do interior, a região experimentou um grande surto de desenvolvimento. **Presença portuguesa.** Segundo Isaacman (1976, p. 25-26), atingindo em 1505 o porto de Sofala, cerca de cinquenta anos depois os portugueses controlavam uma vasta extensão no vale do Zambeze, desde o Oceano Índico até o Zumbo, entre os rios Aruangua e Matamboa. Aí, estabeleceram vários centros comerciais e administrativos, principalmente os de Sena e Tete. A partir dessas bases foram tomando dos muçulmanos o controle do comércio de ouro, visando chegar até as minas do Zimbábue. Com esse objetivo, em 1572 suas forças militares entraram em choque com forças locais, numa sequência de embates que durou três anos, sem sucesso. Apenas três séculos mais tarde os portugueses alcançavam seus objetivos coloniais na região. Ver ÁFRICA; ÁFRICA DO SUL, República da; ANGOCHE; ÁSIA, Africanos na; COMORES, República Federal Islâmica de; GRANDES LAGOS; IAO; ILSLAMIZAÇÃO; MACUAS; MADAGASCAR, República de; MALÁUI, República de; MANHIQUENE; PEMBA; RIFT, Vale do; SOFALA; SUAÍLI; TONGAS; TRÁFICO ÍNDICO; XONAS; ZAMBEZE; ZÂMBIA, República de; ZIMBÁBUE.

MOGADIXO. Cidade-estado da costa oriental africana, em território da atual Somália. Segundo Silva (2012, p. 49), sua origem remonta a uma época anterior a 1.000 a.C.; e no século XIII era a cidade mais cosmopolita, importante e rica da África Índica. A grafia aqui utilizada para esse topônimo é a adotada em Silva (1996, p. 327-28); e nos parece mais coerente que a convencional, forma discutivelmente aportuguesada de *Mogadishu*, grafia inglesa e francesa. Ver SUAÍLIS.

MOGHO NAABA. Título de soberania conferido aos governantes do conjunto de povos mossi. A expressão é frequentemente traduzida como "grande rei". O título estendeu-se a uma das denominações do Estado imperial constituído pelos mossis: "Império do Mogho Naba". Ver MOSSIS.

MOGHO. Denominação histórica do "país dos mossis". Segundo M'Bokolo (2009, p. 547), aplica-se especificamente aos chamados "neomossis", da bacia do Rio Volta, diversos dos "protomossis", situados na curva do Níger. Ver MOSSIS.

MOLE-DAGBÂNI. Denominação de base linguística aplicada ao conjunto de povos localizados em território da atual República de Gana, que compreende os mamprussis, mossis, dagombas, nanumbas e gonjas. Historicamente, a expressão designa os antigos Estados mossis Mamprussi, Dagomba e Gonja. Ver DAGBÂNI; MOSSIS.

MOMBAÇA. Cidade-estado da costa oriental africana, em território da atual República do Quênia. Ocupada por comerciantes árabes já no início do século X, ostentou grande prosperidade e brilho no século seguinte, sob o reinado de líderes xirazes. O viajante marroquino Ibn Battuta (*apud* SILVA, 2012, p. 51) localiza a cidade em uma "grande ilha" de mesmo nome; entretanto, a Mombaça atual tem seu núcleo em uma pequena ilha a 800 m da costa, estendendo-se até o continente (LAROUSSE, 1998, 4045-4046). Ver QUÊNIA, República do; SUAÍLI.

MONARQUIA. Forma de governo em que o governante ou chefe do Estado tem o título de rei, rainha ou equivalente, sendo-lhe atribuída a importância simbólica e/ou religiosa correspondente. A ideia de que algumas unidades políticas estudadas nesta obra não se caracterizariam como "reinos", no sentido europeu do termo, por terem se constituído em monarquias não hereditárias, é levantada por autores; como faz Gonçalves (2005, p. 29), em relação ao Congo. Em contraposição, observe-se que a sucessão hereditária é apenas uma das formas – além da eleição, da nomeação pelo antecessor e da escolha por sorte ou vaticínio – entre as quais a condição monárquica pode ser alcançada (SILVA *et al.*, 1986, p. 778).

MONÇÕES. Sistema de ventos sazonais alternados que sopram, em latitudes tropicais, do mar para o continente no verão e do continente para o mar no inverno. Por extensão, no singular (monção), época ou vento favorável à navegação. O termo tem origem no árabe *mawsim*, temporada, estação do ano (VARGENS, 2007, p. 187).

MONOFISISTA. Adepto do monofisismo, doutrina cristã que refutava a ideia ortodoxa defendida no Concílio de Calcedônia, em 451, da dupla natureza de Jesus Cristo, só admitindo a natureza divina, que teria absorvido a humana após sua encarnação. Essa concepção foi considerada uma heresia. As igrejas coptas são monofisistas. Ver COPTA.

MONOMOTAPA, Império do. Denominação pela qual foi celebrizado o Estado desenvolvido ao norte do planalto do Zimbábue, junto ao vale do Zambeze, na sucessão do Grande Zimbábue, no século XV d.C. Os portugueses, subindo o Rio Zambeze, instalaram-se em Sena e Tete, c. 1531; daí atingindo o reino "Monomotapa". A denominação resultara da aglutinação do título *muene mutapa*, "senhor das minas", "senhor da terra" (ou "rei da pilhagem", segundo Fagan [1970, p. 130]), adotado pelo soberano do povo xona. Nesse momento, a capital do reino dos construtores do Grande Zimbábue tinha sido deslocada do sul, onde se estabelecera uma outra elite governante, a qual teria acrescentado novas edificações ao celebrado conjunto arquitetônico erguido pelos antecessores (MAQUET, 1962, p. 168). Ver MATOPE; MUTOTA; ZIMBÁBUE, Grande; XONAS.

MONTANHA DOS REIS. Epíteto com que era designado, na Etiópia dos séculos XIV-XV, o Monte Geshen. A razão era que, durante a dinastia dos salomônidas, para evitar as frequentes disputas sucessorais, os governantes mantinham reclusos no Monte todos os descendentes do sexo masculino. Ver DINASTIA.

MONTES DA LUA. Denominação das montanhas da "Alta Etiópia", anotada em registros do século XVI. Eram tidos como o local da nascente do Rio Nilo (q.v.), pelo grande estrondo feito, lá, pelo rio, entre duas cataratas.

MORARA (*Mera, Merara*). Transliteração usada em Silva (1996, p. 281) para o nome de Mara Takla Haymanot (q.v.).

MORÉ. Língua dos mossis (q.v.), segundo Homburger (1957, p. 148).

MOSLIM. O mesmo que muçulmano (SILVA, 1996, p. 572). Do árabe *muslim* (em inglês, *moslem*).

M

MOSSIS (*Moshe, Moose, Mohe, Mosi*). Povo oeste-africano localizado em partes da bacia do Rio Volta e da curva do Rio Níger, nos atuais territórios de Burkina Faso, Costa do Marfim, Gana, Togo e Benim. Eles fundaram um poderoso reino outrora situado no Burkina Faso, que a tradição atribui ao herói Uedraogo, c. 1050 d.C. **História**. O nome "mossis" historicamente designa um importante conjunto de povos da África Ocidental. Seu espaço histórico, o Mogho ou "país mossi" situava-se nas rotas de comércio do ouro e da noz-de-cola que ligavam os países florestais do Golfo da Guiné aos da curva do Níger (M'BOKOLO, 2009, p. 548), compreendendo principalmente partes dos atuais territórios de Gana, Burkina Faso e Mali. No entendimento de M'Bokolo, as formações políticas do Mogho constituíram-se a partir de fins do século XV e, reforçando suas estruturas, conseguiram preservar sua independência diante de impérios expansionistas (M'BOKOLO, 2009, p. 546), como o Songai de Gao. No período histórico anterior, algumas fontes referem outras unidades mossis, alegadamente formadas a partir do século XII. Tal dissonância encontra apoio na tese da existência de dois grupamentos de origens distintas: os mossis da grande curva do Rio Níger, no território do atual Mali, e os da bacia do Volta, na atual Burkina Faso. Ki-Zerbo (1972, I, 316-317) distinguiu os mossis do Níger, que denominou "protomossis", daqueles do Volta, "neomossis", julgando não haver entre eles continuidade histórica nem espacial. Segundo esse historiador, a fundação de reinos como Uagadugu, Iatenga e Fada N'Gurma, seria obra de neomossis, ou seja, de grupos descendentes dos mossis originais, mas organizados em espaço e tempo diferentes. Além disso, em Silva (2002, p. 509), vemos que a tese da origem não autóctone dos protomossis, afirmada por certa corrente historiográfica, seria um artifício inventado pelos fundadores para revestirem-se da aura de superioridade e semidivindade que a condição de "estrangeiros" lhes daria. Ver BONA; BURKINA FASO, República de; CAVALARIA; DAGOMBA; ESTADOS; FADA N'GURMA; GONJA; GRÚNCIS; GUR; GURMA; IATENGA; IENENGA; IMPÉRIOS NASSERÊ; NÍGER, Rio; NYAGSE; OURO; PAGÃOS; RELIGIÃO TRADICIONAL; KONG; MAMPRUSSI; MOLE-DAGBÂNI; MORHO NABA; NASSERÊ; NYAGSE; OURO; RELIGIÃO TRADICIONAL; SITOBO; SONGAI; TENKODOGO; TOAZIÊ; TOMBUCTU; UAGADUGU; UEDRAOGO; VOLTA, Rio.

MOTELAMI. Soberano do Damote à época de Iekuno-Amlak. Exercia controle sobre o planalto de Xoa, sob constante antagonismo e pressão dos cristãos de amhara (Silva, 1996, p. 571). Ver AMHARA; DAMOTE; IEKUNO-AMLAK.

MOUROS. O vocábulo "mouro" (em latim *maurus, -i*; em inglês *moor* ou *moorish*; em francês, *maure*) nasceu como a denominação aplicada pelos romanos aos habitantes da antiga MAURITÂNIA. Após a conquista árabe, foi em certas áreas e em certos escritos usados como sinônimo de "muçulmano" ou "sarraceno", inclusive no leste africano. Em muitas referências, os mouros são incluídos no conjuntos dos povos BERBERES; entretanto, em N'Diaye (1970a, p. 37-57), eles são estudados como um dos grupos étnicos da atual República do Mali, assim como, por exemplo, os tuaregues, os fulas, os mandingas, os soninqués, etc. Sobre esses mouros malineses, o mencionado autor os separa em subgrupos como *Lakhtal, Oulad Nacer, Oulad M'barké, Mechdouf, Ladoum*, etc. E acrescenta, todavia, que a história dos mouros localizados no norte do país, essencialmente pastores e naturalmente nômades e guerreiros, se confunde, de certa forma com a dos tuaregues e a dos songais. **Sidi El Mokhtar**. Segundo N'Diaye (1970a, p. 41), um dos personagens mais importantes da História dos mouros malineses foi o herói Sidi El Mokhtar ben-Ahmaed ben-Ali Bakar, do subgrupo Kounta. Nascido em 1142, possuía uma influência religiosa sem limites; e assim se tornou arbitro inconteste nos conflitos que desde muito tempo opunham os diversos subgrupos. **Mouros na Europa**. A conquista árabo-africana da Península Ibérica, no século VIII d.C., ocorreu num entrecho histórico em que o território do "país dos mouros", correspondia, aproximadamente ao do atual Marrocos e a parte da moderna Argélia. Essa circunstância, entretanto, não elimina a possibilidade de participação de mouros do território hoje pertencente à República do Mali, notadamente da porção norte dessas terras, nessa guerra de conquista, assim como em outros episódios históricos ou mesmo do cotidiano de cidades como, por exemplo, Florença e acima de tudo Veneza, cenário ficcional da tragédia de *Otelo*, o "mouro" shakespeariano. Ver BERBERES; BERBERES NEGROS; MAURITÂNIA, República Islâmica da.

MOUROS NEGROS. Ver HARATINOS.

MOZABITAS. Comunidade de berberes muçulmanos adeptos da doutrina caridjita, localizada nas proximidades de Tahert, atual Argélia, em meados do século XI. Foi também conhecida como Banu Mzab ou simplesmente Mzab. Ver BERBERES; CARIDJITA; TAHERT.

MPANGU. Ver PANGO.

MPANZU. Forma pela qual é referido, em Setas (2011, p. 347), o rei do Congo, de nome cristão Álvaro I, reinante entre 1568-1587 e sucedido por Ne Mpanzu-A-Nimi (q.v.). Seu reinado, marcado pela instabilidade política face à hostilidade dos povos imbangala, caracterizou-se, principalmente pela vassalagem que prestou a Portugal, como paga pela ajuda no combate a esses invasores.

MPANZU-A-KITINU. Membro da aristocracia do Congo no século XVI. Foi rival de Mvemba-a-Nzinga com quem disputou, em 1507, a sucessão de Nzinga-a-Nkuvu, Dom João I, seu tio. O elemento *kitinu*, que compõe seu nome, é título de autoridade, tal como a de governador ou prefeito (Laman, 1964, p. 239). Ver CONGO; MVEMBA-A-NZINGA NZINGA-A-NKUVU.

MPANZU-A-NZINGA. Membro da aristocracia do reino do Congo, rebelado contra os portugueses em 1491, quando, sob o reinado de Nzinga-a-Nkuwu recusou-se a receber o batismo católico. Ver MBULA-MATADI; NZINGA-A-NKUWU.

MUÁRI (*Mwari*). Denominação do Ser Supremo entre os xonas do Zimbábue. Entre os vestígios materiais do sítio do Grande Zimbábue estão esculturas feitas em pedra-sabão de uma ave de asas fechadas, a que os povos xonas davam dois nomes: *Shirichena* (A ave de plumagem brilhante) e *Shiri ya Mwari* (A ave de Deus). Em torno de Muári desenvolveu-se um complexo culto religioso controlado por sacerdotes, que atuavam junto aos governantes e interpretavam os desígnios divinos de acordo com os significados do canto da ave sagrada. (Davidson, 1981, p. 155-156). Ver ZIMBÁBUE, Grande; XONAS.

MUATIÂNVUA, Reino do. Ver LUNDA.

MUCHINGA, Montes. Cordilheira em território da atual República da Zâmbia, paralela ao vale do Rio Luangwa. Ver ZÂMBIA, República de.

MUEZIM. Nas comunidades muçulmanas, dignitário encarregado de conclamar os fiéis, do alto do minarete, às orações cotidianas.

MUFLIH, O NEGRO. Personagem da história da diáspora africana na Ásia. Favorito de Al-Radi, califa abácida de Bagdá (934-940), era o estrategista encarregado de formular a política do Estado (Talib, 2010, HGA, III, p. 849). Ver ABÁCIDAS; ÁSIA, Africanos na.

MUHAMAD I, Ásquia. Ver ÁSQUIA.

MUHAMAD RUNFA (*Mohamman Rumfa, Muhamad Rinfa*). Rei hauçá de Kano (1463-1499), filho do *sarki* Iacúbu. Destacado como o maior governante de seu reino, foi construtor e guerreiro, tendo como ferrenha rival no comércio transaariano a cidade de Katsina, contra a qual empreendeu uma série de guerras. Sob seu reinado, a escrita árabe foi reintroduzida e a administração foi codificada dentro das leis islâmicas (Silva, 1996, p. 445). Ver KANO; KATSINA.

MULAY (*Moulay*). Título atribuído aos sultões marroquinos da dinastia dos alauítas (Larousse, 1998, p. 4116). Ver ALAUITAS; IDRÍSIDAS.

MULEMBA. *Ficus doliaria.* Árvore da família das moráceas, conhecida no Brasil como gameleira ou figueira-brava. Plantada à frente das aldeias, simbolizava a autoridade do chefe e a ligação entre os ancestrais e os vivos. Na moderna Luanda, o sítio histórico e religioso chamado Mulemba Waxa Ngola, marcado por uma dessas árvores centenárias, é local de culto à memória do primeiro Ngola-a-Kiluanje, grande ancestral dos ambundos. Ver ÁRVORES SIMBÓLICAS.

MULHERES. Uma história das mulheres nas antigas sociedades africanas, levando em conta a diversidade de situações, cronologias, contextos, com a multiplicidade de enfoques que o tema exige, ainda está para ser escrita. O pouco que até agora foi dito, são geralmente relatos que expressam um foco narrativo eminentemente masculino, produzidos por não africanos – viajantes, geógrafos, missionários, etc. Nesse conjunto, observam-se interpretações que, ao procurarem retratar as formas de inserção das mulheres na História africana fizeram-no a partir de referenciais externos, eurocêntricos, colonialistas, condicionados por parâmetros masculinos. Há que se reconhecer o valor informativo de trabalhos pioneiros, como os de David Sweeterman (1988), Henrich Loth (1988). Entretanto, nessas obras o enfoque se restringe basicamente às biografias de personagens femininas exemplares ou em posição de poder. Pouco ou nenhum espaço, até aqui, ganharam reflexões ou discussões sobre os traços particulares das formas de organização das mulheres comuns, recaindo em abordagens generalizantes ou essencializadas – como a ideia limitadora de uma suposta "mulher africana" atemporal, deslocada das realidades socioculturais específicas do tempo e lugar em que viveram. Em sentido inverso, o excesso de teorização produziu igualmente perspectivas de abordagem muito genéricas e engessadas. Nelas, as mulheres aparecem conceitualmente aprisionadas, na condição de "força de trabalho" e de reprodutoras dessa força, no modelo marxista do "modo de produção doméstico"; modelo esse gerado pela violência do rapto e da inserção feminina em sociedades cujos valores se baseiam na caça e na guerra, atividades de que são enfaticamente excluídas. Como ressaltado em Balandier e Maquet (1968, p. 172), as interpretações que reduzem o papel da mulher, na África, a um estado geral de alienação e exploração por parte dos homens contém, sim, um fundo de verdade; mas trata-se de uma situação historicamente recente, devida principalmente às consequências econômicas da colonização. **Matriarcado e matrilinearidade.** No livro *L'Unité culturelle de l'Afrique Noire* (1959), Cheikh Anta Diop identificou o modelo matriarcal como traço distintivo geral da África Negra, opondo-o ao modelo patriarcal da Europa. Essa identificação é controversa; e a própria ideia de um tipo de sociedade em que as mulheres sejam ou tenham sido chefes ou dirigentes é atualmente rejeitada pela maior parte dos antropólogos como hipotética e ultrapassada (Silva, 1986, p. 730). O que efetivamente existiram e existem são sociedades em que o caráter ou a condição do sistema de parentesco e organização social é matrilinear. Esse sistema, em que apenas a ascendência materna é levada em conta no que concerne à transmissão do nome e dos privilégios e à condição de pertencimento a um clã, ocorreu e ainda ocorre em diversas sociedades africanas. Tal ocorria, por exemplo, entre tuaregues, soninquês, mandingas e uolofes; e entre alguns grupos da Bacia do Congo. Em algumas sociedades antigas, foram observadas potencializações da influência feminina. Um dos casos mais conhecidos é o dos bijagós, povo da atual Guiné-Bissau, entre os quais as mulhe res desempenhavam e desempenham papéis de chefia e posições de poder na constituição familiar e na organização social, inclusive tendo a faculdade de escolher os maridos. **Senioridade.** Entre os antigos iorubás de Oyó, por exemplo, a divisão sexual ou mesmo a identidade de gênero sexual parece não terem sido princípios estruturadores fundamentais. Nessa sociedade, as caracterizações "homem" e "mulher" não se restringiam ao gênero sexual, e a própria expressão linguística das diferenças entre masculino e feminino mostrava-se ambígua. Nela, segundo algumas interpretações, não prevaleciam nem um dimorfismo sexual e nem relações hierárquicas determinadas pela identificação anatômica dos sexos: as posições de prestígio vinculavam-se à origem familiar e, sobretudo, à senioridade. Num outro exemplo, vamos ver que, na tradição dos axântis da moderna República de Gana, entre os vivos de uma família a pessoa mais importante é a mulher mais idosa. Essa mulher, seja como mãe, avó, tia, etc., é vista como detentora da maior capacidade para aconselhar e arbitrar conflitos. Mesmo um homem poderoso na esfera civil ou militar não deve tomar grandes decisões sem consultar a mulher mais idosa de sua família (Hafner, 2000, p. 56). Nas antigas tradições orais mandingas relativas ao herói fundador Sundiata Keita, lê-se que este, quando convidado a retornar do exílio em que estava e voltar ao Mandê, viu-se dividido entre a obrigação com a coletividade e com sua mãe, Sogolon Kedju, que se encontrava enferma, à beira da morte. Sundiata não seguiu os emissários do Mandê antes de cumprir com suas obrigações nos momentos finais de sua genitora, assegurando-lhe cuidado, atenção e um sepultamento digno (Pala; Ly, 1982, p. 185). As relações de tipo matrilinear não implicavam em superioridade sociopolítica para as mulheres. Entretanto, conferiam a elas uma posição de prestígio, baseada na ideia de solidariedade e respeito; e sobretudo no reconhecimento da experiência da idade. Contudo, nas sociedades gradualmente influenciadas pelo islã ou pelo cristianismo, a reconfiguração em moldes patriarcais fez com que as mulheres perdessem parcialmente o prestígio de que desfrutavam (Coquery-Vidrovich, 1986, p. 24). Nesse sentido, o relato da viagem de Ibn Battuta ao Antigo Mali em 1352-1353 testemunha o choque cultural entre os preceitos islâmicos que estavam sendo difundidos na área saariana e subsaariana e os costumes locais. Quando passou pela cidade de Ualata, o sábio marroquino percebeu, como coisa "curiosa e estranha, "que os homens não se ligam à descendência do pai, mas à do tio materno, herdando os filhos da irmã e não seus próprios filhos". Além do mais, indignou-se por descobrir que os homens não tinham qualquer ciúme de suas esposas, que agiam com grande liberdade em relação aos seus parceiros (Cuoq, 1985, p. 295-296). O que Ibn Battuta considerou "anormal" e sintoma de relaxamento dos costumes era percebido de outra forma fora das premissas patriarcais do islã. Inclusive, porque, na época, a doutrina muçulmana estava ainda em fase de implantação e atingia apenas parcialmente as sociedades africanas. Semelhante estranhamento demonstraram escritores do mundo cristão no fim do século XVI diante da vigência da matrilinearidade entre os uolofes, mandingas e fulas da região da Senegâmbia (Almada, 1964, p. 9-10). Esses já estavam parcialmente doutrinados pelo islamismo, mas ainda não totalmente desvinculados de seus antigos costumes. Ao longo do tempo, a História registrou algum protagonismo feminino, como nos casos das hauçás Amina, Bazao-Turunku, Kahina, etc. Entretanto, é em épocas anteriores, como as do Egito faraônico e do período de domínio romano, pela existência de mais fontes escritas, e também posterior, certamente pelo número mais avultado de crônicas e relatos de viajantes, que aparece mais o protagonismo feminino na História da África. **Rainhas-mães.** O prestígio e poder conferido às consortes dos governantes é, nas sociedades africanas, um traço que remonta à Antiguidade. Tal foi o caso das kandaces da antiga Méroe que governaram junto com os seus parceiros ou sozinhas, ocupando posição de grande destaque político. No antigo Monomotapa, a rainha-mãe, considerada "mãe de todos os reis", tinha voz na corte e no conselho real (Coquery-Vidrovitch, 1986, p. 36). Da mesma forma, na área congo, as rainhas-mães eram respeitadas e reverenciadas, servindo de mediadoras ou atuando diretamente na esfera política, embora nunca se tenha admitido que elas fossem chefes de Estado (Thornton, 2006, p. 437-460). No Antigo Mali, a preeminência da primeira esposa do *mansa*, chamada *kasa*, de papel equivalente ao de "rainha-mãe", era tal que ela dividia com o marido a representação do poder e governava pessoalmente a província de Djenê. Além dela, a favorita do *mansa*, referida como *baramuso*, era a confidente, a quem ele não ocultava nada, nem os segredos que pudessem comprometer sua vida. A influência dela era disputada por todos os interessados em se aproximar, se aliar ou se opor ao governante. Segundo parece, em épocas muito recuadas os povos *nono* eram governados por mulheres, algo que ainda ocorria em 1470, quando foram incorporados ao Império Songai por Soni Ali. Com a islamização do Mali, este protagonismo feminino diminuiu, mas em certos locais indícios sugerem a continuidade dos costumes ancestrais. Na região de Segu, até o século XX mantinha-se o costume de obediência a dois reis que partilhavam o poder: um "rei da guerra" (*kelemasa*) e um "rei da paz" (*deelikemasa*). Enquanto o primeiro representava a força e a violência, o outro detinha a influência da palavra e era chamado a intervir em situações de negociação e conflito, representando o polo feminino do poder. Por isso, os homens que desempenhavam essa função eram castrados, vestiam-se e ornamentavam-se parcialmente como mulheres, cobrindo-se com turbante ou portando um véu sobre a boca e a fronte (Bazin, 1988, p. 375-441). Ver AMINA; AXÂNTIS; BAZAO-TURUNKU; BIJAGÓS; CONGO; ELENI; IORUBÁS; JUDITE, Rainha; KAHINA MANDINGAS; MATRIARCADO; MATRILINEARIDADE; OYÓ; KIBINDA ILUNGA; SONIN QUÉS; SUNDIATA KEITA; TUAREGUES; UALATA; UOLOFES.

MUNÉ. Representação dos ancestrais venerada pelo povo kanembu no século XIII, também referida como *moni*. Sua profanação, levada a efeito por Dunama II, rei muçulmano, desencadeou uma guerra, incitada pelos inimigos bulalas, e que aprofundou ainda mais a rivalidade interna. Ver DUNAMA II; KANEMBUS.

MUQADDIMMAH. Título de uma célebre obra escrita por Ibn Khaldun. Inicialmente, era apenas a introdução do livro de História Universal (*Kitab al-Ibar*, o "Livro de conselhos") planejado pelo sábio; mas ganhou vida autônoma.

Surgido em 1377, registra a visão do autor sobre a História do mundo em sua época. O livro transcende o âmbito histórico, abordando além de temas do campo das ciências sociais, outros da área das ciências físicas e químicas e até mesmo das ciências naturais. Ver IBN KHALDUN.

MUSENDO. Termo que em tradições orais de Angola designa um modo básico de representação do passado mediante a descrição de narrativas breves com as genealogias das linhagens principais. Tais genealogias históricas consistem em conjuntos de nomes pessoais ligados entre si por relações convencionais de filiação e afinidade: pais com filhos, maridos com esposas, irmãos, filhas e sobrinhos, o que acaba por dar origem a árvores genealógicas recitadas pelos tradicionalistas (Miller, 1995, p. 17). O emprego sistemático dessas fontes, até pouco tempo desprezadas pelos historiadores, permite que se recomponha a estrutura e o funcionamento das linhagens, bem como as instituições sociais políticas associadas a elas. – O termo parece ter origem no quicongo *mu-sengo*, natureza, espécie, do mesmo campo semântico de *mu-sèngi*, raça, família. No quimbundo, um termo homófono é *musendu*, prêmio, prenda.

MUSHAS. Comunidades de aldeias no antigo Império do Monomotapa.

MÚSICA E DANÇA. Desde os primeiros relatos de cronistas árabes e afro-muçulmanos sobre os costumes das sociedades com que travaram conhecimento no *Bilad al-Sudan* (país dos negros), instrumentos e dotes musicais dos habitantes da África são observados e noticiados. Sabe-se, entretanto, que já na Antiguidade europeia negros originários do continente eram empregados como músicos, conforme mencionado, por exemplo em Balandier e Maquet (1968, p. 287). Efetivamente, entre as manifestações artísticas desenvolvidas na África tradicional, a música e a dança parece terem sempre estado presentes em todos os momentos, ocasiões e ambientes da vida em sociedade. Os tambores, por exemplo, tiveram e têm seus toques utilizados com as mais variadas funções e em diversas circunstâncias: tanto no divertimento, inclusive em representações teatrais, como em cerimônias religiosas (propiciatórias e de agradecimento) compreendendo os ritos de passagem, além de servirem como veículo de comunicação e também como expressão do poder político. Neste caso, observemos que, no Antigo Gana, segundo Al-Bakri, a abertura das audiências públicas reais era "assinalada pelo som de uma espécie de tambor formado por um pedaço de tronco oco [...] chamado *deba*" (Coquery-Vidrovitch, 1981, p. 43). No Antigo Mali, segundo D. T. Niane (1982, p. 63), Balla Fasseké, o griô de Sundiata Keita, feito prisioneiro do soberano do povo SOSSO, procurava alegrá-lo e encantá-lo com a música do seu *balafon* (espécie de xilofone) e a magia de sua voz. Da mesma forma que, nos primeiros tempos do islã, o etíope Bilal Ibn-Rabah, criado do profeta Maomé, por seus dotes vocais, teria sido escolhido como o primeiro muezim, aquele que do alto do minarete conclama os muçulmanos à oração. Com efeito, indubitavelmente, como afirmou Bebey (1975, p. 115), a voz humana é o instrumento musical mais largamente usado pelos africanos ao longo dos tempos. Entre o povo Songai, no âmbito da seita mencionada como *Holé-tam*, Boulnois e Hama (1954, p. 133) referem uma orquestra tradicional de tocadores de tambor, violonistas, cantores e dançarinos, de ambos os sexos, provavelmente relacionada ao império que irradiou seu poder a partir da cidade-estado de Gao. Assinalemos que em 1491, no Congo, durante o batismo cristão dos primeiros membros da aristocracia local, segundo Pigafetta e Duarte Lopes, os portugueses foram saudados por nativos "cantando e tocando trombetas, pandeiros e outros instrumentos daquelas terras" (Coquery-Vidrovitch, 1981, p. 90). **Instrumentos tradicionais.** A tradição musical africana engloba uma vasta gama de instrumentos, como diversas espécies de tambores, inclusive os de fricção, ancestrais da cuíca brasileira, além de chocalhos, sinetas, gongos, xilofones; flautas, harpas; espécies de instrumentos friccionados com arco, como violinos ou rabecas; e arcos sonoros percutidos, como o berimbau, etc. Exemplo de historicidade é, na tradição mandinga, o *bolon*, instrumento de cordas com som grave como o de um contrabaixo, cuja origem é tida como anterior ao século XIII. É tocado em ocasiões especiais, de honra a pessoas importantes, de encorajamento nas batalhas (Niane, 1982, p. 79) e em festas de caçadores. **Dança.** Na ontologia africana, a música não deve ser somente uma arte do espírito e da alma, mas também uma arte do corpo. Ela deve expressar, no plano humano, a harmonia dos ritmos primordiais do Universo, identificando-se com eles e participando da ordem universal. Daí serem música e dança manifestações indissociáveis (Mbabi-Katana, 1977, p. 26-28 *apud* Lopes, 2005, p. 37). Ver AUDIÊNCIAS PÚBLICAS; BILAL IBN-RABAH; CONGO; CRONISTAS AFRO-MUÇULMANOS; GANA, Antigo; GAO; ISLÃ; GRIÔ; MANDINGAS; SONGAI; SOSSOS; SUNDIATA KEITA.

MUSSA IBN NOÇAIR. Governador e general muçulmano a serviço primeiro do governante muçulmano do Egito e depois dos califas omíadas. Alcançando o cargo de emir dos territórios da África do Norte em 698, em 711 encarregou Tariq Ibn Ziyad de atravessar o Mediterrâneo e ocupar o território da atual Península Ibérica. Ver EGITO, República Árabe do; OMÍADAS.

MUTOTA. Soberano do povo xona, falecido c. 1450, identificado como o fundador do Estado do Monomotapa (q.v.), nome derivado de seu título real: *Mwana Mutapa*. Por volta de 1440 empreendera poderosa campanha militar expansionista. Daí, adviria a tradução consignada em Fagan (1970, p. 130) para o título: "rei da pilhagem".

MUTUMES. Nome atribuído aos mensageiros do antigo Império do Monomotapa.

MUXICONGO. Indivíduo dos bacongos. Segundo Parreira (1990, p. 80) é o designativo de todos aqueles que "reivindicavam parentesco com as linhagens associadas a Mbanza Kongo". É a forma usada em quimbundo para designar o habitante do Congo (q.v.). Do quicongo *mw-issi*, habitante, indígena (Laman, 1964, p. 650).

MVEMBA-A-NZINGA. Nome pelo qual passaram à História dois reis do Congo. O primeiro, filho de Nzinga-a-Nkuwu (João I), reinou entre 1507 e 1543, com o nome cristão Afonso I. Foi considerado como usurpador do trono, que de direito caberia a Mpangu-a-Kitina, sobrinho do rei. Esse nobre recusara o batismo cristão e a aliança com os portugueses, tendo lutado sem sucesso por seu direito, morrendo c. 1506. Descrito em fontes portuguesas como "invulgarmente culto, fervoroso leitor das Escrituras e das Vidas dos Santos"., foi efetivo colaborador dos lusitanos, pelo que se diz dele ainda o seguinte: "perseguindo a idolatria e as grosseiras práticas do feiticismo, abrindo escolas, edificando igrejas, difundindo a aprendizagem de artes e ofícios, mandando a Portugal educar os seus filhos, os filhos dos seus nobres, dezenas de outros rapazes pretos para se ordenarem padres, se iniciarem na civilização europeia, se assimilarem quanto possível à gente portuguesa" (Galvão; Selvagem, 1952, p. 27). Por sua fidelidade a Portugal, este Mvemba-a-Nzinga teria contribuído efetivamente para o incremento da escravatura. Nesse intuito, teria guerreado vários povos vizinhos, como os teque ou tios, panzelungos, changalas, etc. Durante seu reinado, recolheu e isolou, em uma grande cubata, chamada pelos portugueses de "Casa dos Ídolos", todos os iteques (estatuetas) representativas das divindades cultuadas na corte, o que motivou uma rebelião exatamente denominada "Revolta da Casa dos Ídolos", chefiada por um líder chamado Dom Jorge Muxuabata (Mpla, 1975, p. 51-53). Segundo Cornevin (1972, p. 256), se tivesse vivido na Europa, esse Dom Afonso I provavelmente seria canonizado, certamente por sua fidelidade ao cristianismo e à aliança com os portugueses. Em outra linha de raciocínio, diz-se que as cartas por ele enviadas ao rei de Portugal, contendo reivindicações, pedidos de transferência de tecnologia e autonomia comercial, integrariam um contexto de afirmação intelectual no qual se incluiria a sagração do primeiro bispo negro da Igreja Católica (Gonçalves, 2005, p. 17). O segundo **Mvemba-a-Nzinga**, Dom Afonso II, teve efêmero reinado entre 1561 e 1562. – Observe-se, com Laman (1964, p. 633), que *Mvemba* é nome próprio aposto em albinos. Ver CONGO; NZINGA-A-NKUWU; TEKE.

MVITA. Nome suaíli da ilha e da cidade de Mombaça (q.v.). Var. Kimvita (Lenselaer, 1993, p. 339).

MWENEMUSHA. Nome atribuído a cada um dos senhores (*mwene*) das comunidades de aldeia (*musha*) dominadas pelo Império do Monomotapa.

MZAB. Ver MOZABITAS.

N

NAABA. Título de soberania usado pelos governantes do povo mossi (q.v.), usualmente traduzido como "rei" (BÂ, 2003, p. 81, n.r.).

NA BAWA. (*Naa Gbewa*). Primeiro rei do Mamprussi, com período de governo estimado entre c. 1380-1395 (IZARD, 2010, HGA, IV). Tido como neto de Toaziê, foi o fundador de uma povoação da qual emergiu seu poderoso Estado. Segundo a tradição, dele seus descendentes saíram, em épocas distintas, para fundar outros reinos. Ver MAMPRUSSI; TOAZIÊ.

NAGAST. O mesmo que negus (q.v.).

NAKUTO LAAB. Ver NEACUETO LAAB.

NALUS. População do litoral da atual Guiné-Bissau. Em meados do século XV habitava as regiões de Tômbali e Cacine, onde seus indivíduos foram pressionados por contingentes mandingas (q.v.).

NAMAQUALÂNDIA. Região da África Austral, estendida, na direção sul, desde as cercanias de Windhoek, na Namíbia até o norte da província do Cabo, na África do Sul; e, na direção leste, do deserto do Namibe até o Kalaari. O Rio Orange a divide em duas partes: Pequena Namaqualândia, em território sul-africano e Grande Namaqualândia, em território namibiano. É a "terra do povo Namaqua", um dos nomes com que se designam os indivíduos do povo *khoikhoi*. Ver ÁFRICA DO SUL, República da; KALAARI; *KHOIKHOI*; NAMIBE, Deserto do; NAMÍBIA, República da.

NAMIBE, Deserto do. Região litorânea da África Austral, estendida da região de mesmo nome, outrora denominada Moçâmedes, em território da atual Angola até a província do Cabo Ocidental, na República da África do Sul. Árido e quase inabitado, confunde-se com o Kalaari em sua porção meridional. Ver ANGOLA, República de; KALAARI.

NAMÍBIA, República da. País litorâneo da África Austral, limitado a oeste pelo Oceano Atlântico, ao norte por Angola, a oeste por Botsuana e em sua porção meridional pela África do Sul. Habitado por povos *KHOIKHOI*, desde tempos remotos, é marcado pela dureza de seu clima, determinada pela presença de dois grandes desertos, o Namibe, no litoral, e o Kalaari (Kalahari) no leste, o território abrigou grupos bantos como dahmaras, hereros e ovambos. Ver ÁFRICA; ÁFRICA DO SUL, República da; ANGOLA, República de; BOTSUANA, República de; CUBANGO; OVAMBO; OVIMBUNDOS; ZÂMBIA, República de.

NA NEDEGA. Rei do Dagomba (q.v.).

NAODE. Ver DELNAODE.

NARÉ FAMAGHAN. *Mansa* do Antigo Mali (1218-1230 d.C.), também referido como Maghan Kon Fatta. Ampliou os domínios do reino, pela submissão de povos vizinhos. Segundo a tradição, teve três mulheres e três filhos. A primeira, Sassuma Beretê, foi mãe do rei Dankaran Tuman e a segunda, Sogolon Konté ou Sogolon Kedju, foi mãe de Sundiata Keita (Niane, 1982, p. 15). Ver DANGARAN TUMAN; MALI, Antigo; *MANSA*; SUNDIATA KEITA.

NASSERÊ. Rei do povo mossi de Iatenga. No século XV, empreendeu uma expedição de conquista na direção norte, devastando tudo. Ao fim de três anos, chegou a Ualata, em território do sudeste da atual Mauritânia, saqueou a cidade e retornou para o sul. Nesse retorno, entretanto, em 1483, próximo a Djenê, sua marcha foi interrompida pelo Soni Ali, por quem foi morto. Ver DJENÊ; IATENGA; MAURITÂNIA, República Islâmica da; MOSSIS; SONI ALI; UALATA.

N

NAVEGAÇÕES AFRICANAS. Os africanos antigos, ao que consta, não desenvolveram tecnologias náuticas que lhes permitissem a exploração dos oceanos em viagens de longo curso. Entretanto, na África, antes do século XVI, muitas sociedades desenvolveram práticas de navegação costeira, com embarcações que lhes serviam de meio de transporte, veículo de trocas e equipamento bélico. No leste do continente, desde o Mar Vermelho até o extenso litoral do Índico, a secular experiência de contatos entre populações nilóticas, de matriz banto, com imigrantes de origem árabe, persa, indiana e indonésia levou a formação de uma cultura eminentemente marítima. Uma extensa área de contatos entre africanos e mercadores e navegadores árabo-persas encontrava-se aberta desde a Antiguidade desde o Chifre da África até o Cabo de Socotora, fato registrado nos mais conhecidos documentos sobre os contatos transoceânicos, como o tratado conhecido como *Périplo do Mar Eritreu* e a *Topografia cristã* de autoria do bizantino Cosmas Indicopleutes. Outra área de contatos abria-se a partir das cidades costeiras suaílis, com seus portos, sua navegação orientada pelos ventos das monções e seus experientes navegadores afro-persas, afro-árabes e mesmo afro-indianos que, a partir de Mogadixo e Quíloa frequentavam desde a costa do Índico até o Extremo Oriente. Os pesquisadores especializados em história marítima há muito reconheceram esse elemento diferencial das sociedades costeiras da África Oriental, não hesitando em afirmar: "A cultura suaíli é uma cultura marítima; o gênero de vida; a organização social; sua mentalidade e sua língua derivam das relações dos homens com o mar. Nisto, os emigrantes vindos da Ásia pelo oceano e seus descendentes contrastam com os africanos autóctones, que são eminentemente agricultores e pastores. Ainda assim essa oposição deve ser atenuada devido às influências recíprocas ocorridas forçosamente ao longo dos séculos" (Mollat, 1981, p. 35-53). Foram esses navegadores que, desde pelo menos o século XIII, estabeleceram relações com a Indonésia através de Madagascar, que visitavam periodicamente em suas viagens. No litoral magrebino e mediterrânico a atividade marítima feita por mercadores e piratas berberes remonta aos séculos VIII-IX, quando sua presença no sul da Itália (Apúlia, Calábria) e ao sul da Península Ibérica representava sério risco às autoridades cristãs, e só na segunda metade do século XIII os europeus passaram a exercer certa hegemonia no Mar Mediterrâneo. Mesmo nos Estados subsaarianos cuja autoridade se estendeu da Bacia do Níger ao litoral atlântico, o mar e seus segredos exerceram alguma atração. Segundo o cronista egípcio Al-Umari, quando Kanku Mussá, *mansa* do Mali, passou pela cidade do Cairo, em sua célebre peregrinação a Meca, teria dito que Abu Bakar II, o *mansa* que o antecedeu, não acreditando na impossibilidade de atravessar o grande oceano, teria enviado 200 embarcações com homens, ouro, água e provisões para realizar essa empreitada. Tempos depois, com o retorno de uma das embarcações, ele soube que os expedicionários teriam encontrado do outro lado do mar um grande rio, no qual teriam entrado sem regressar. O próprio *mansa* decidiu-se então por realizar a viagem, indo pessoalmente, com uma frota de 2 mil embarcações, para nunca mais voltar (Cuoq, 1985, p. 274-275). Quanto a navegações costeiras, porém, entre diversos povos do litoral atlântico, as atividades de navegação eram dinamizadas por complexos sistemas fluviais articulados ao sertão, bem conhecidos de algumas sociedades eminentemente marítimas. Tal foi o caso dos bijagós da Alta Guiné e dos krus da região de Serra Leoa, bons conhecedores dos estuários costeiros, enseadas e lagoas que formavam um sistema protegido e interconectado de percursos por água, facilitadores de seu deslocamento. Para esses povos, a almadia, uma espécie de canoa, foi o principal meio, tanto para a simples locomoção e as atividades de pesca, quanto para a guerra naval e os contatos com o interior. Ver ABU BAKAR II; COSMAS INDICOPLEUTES; KANKU MUSSÁ; MONÇÕES.

NAVEGAÇÕES EUROPEIAS. A expansão marítima dos portugueses, no século XV, deu causa ao advento do ciclo das Grandes Navegações, no qual, em busca de novas rotas comerciais, navegantes de outros países da Europa chegaram até o continente africano. Em meados do século XVI, ingleses aportavam na "Costa da Guiné", denominação aplicada, então, a boa parte do litoral oeste-africano; e no rastro deles, lá chegaram franceses e holandeses. Tal como no Brasil, a sanha exploratória motivou conflitos de todo gênero, nos quais governantes e populações nativas eram também envolvidos. E esses acontecimentos preparavam o caminho por onde viriam a escravidão comercial, o tráfico transatlântico de escravos, o colonialismo e a exploração da África até a exaustão. Ver PORTUGAL NA ÁFRICA; RELAÇÕES DIPLOMÁTICAS.

NDAURA KYARUBINDA. Ver BUNIORO.

NDONGO. Ver DONGO.

NDIADIANE NDIAYE. Um dos nomes pelos quais passou à História o líder, fundador, no século XIII, do Estado do Grande Jolof, também mencionado como Sabur Minguê Ndiaye e Burba Jolof. Segundo algumas versões, o nome que introduz este verbete seria na verdade um epíteto, dado a Amadu Bubacar, com o sentido de "extraordinário". E a expressão "Buurba Jolof" advém do título "bur" (*bour*), atributivo de "rei", na língua uolofe, e se traduz como "rei do Jolof". Em 1186, foi o proclamador da independência do Walô, unidade política que governou até 1202, quando foi derrubado por um complô. Então, refugiou-se no Jolof, que era comandado pelo chefe Lelê Fulu Fak Mbeng. Este, reconhecendo sua importância social e sua inteligência, renunciou a seu favor, pelo que, mais tarde, depois de unificados os uolofes e solidificado o império, o "Burba Jolof" deu a um filho o nome "Lelê Fulu Fak" em reconhecimento ao gesto do antigo líder (Cornevin, 1972, p. 216). Segundo Ki-Zerbo (1972, II, p. 442), Ndiadiane Ndiaye era um marabu de etnia tuculer. Ver BEMOI GILEM; GRANDE JOLOF; TUCULER; UOLOFES; WALÔ.

NE MPANZU-A-NIMI. Rei do Congo (1587-1614), chamado Álvaro II. Destacou-se por sua inteligência e pela independência em relação aos portugueses, que acabou por expulsar. Devolveu a autonomia ao reino que, durante seu reinado, foi dividido em "ducados, marquesados e condados" (Almeida, 1978, I, p. 178). Sua estratégia de contenção do tráfico de escravos, fez com que os portugueses deslocassem seu centro de poder para o Dongo, a futura Angola. A partícula "ne" que antecede a enunciação de seu nome é denotativa de nobreza, sendo provável redução de *inene*, grande. Ver ANGOLA, República de; CONGO; DONGO.

NEACUETO-LEABE (*Na' akuto-La'ab*). Governante da Etiópia cristã, entre 1220 e 1230 aproximadamente. Era neto de Lalibela (q.v.). Ver ETIÓPIA, República Federal Democrática da.

NECRÓPOLE DE CHELLAH. Ver CHELLAH.

NEGÁCHI. Ver NEGUS.

NEGUS. Título do soberano da antiga Abissínia (q.v.), a Etiópia cristã, também transliterado como *nagast* e *negáchi*. Do amárico *negush*, rei (Houaiss *et al.* 2001, p. 2006).

NEHANDA. Ver NIAMBITA.

NEOMOSSIS. Denominação aplicada aos mossis da bacia do Rio Volta, em contraposição aos protomossis, da bacia do Níger. Ver MOSSIS.

NEOPÚNICA, Civilização. O mesmo que Civilização Mauritana, por alusão a "púnico, a", sinônimo de "cartaginês". Ver MAURITANO.

NERIKA-A-MPUDI. Rei do Congo (1567-1568), de nome cristão Henrique. – O nome parece resultar de africanização do antropônimo "Henrique", precedendo o topônimo Mpudi, de uma aldeia conguesa (Laman, 1964, p. 587), talvez local de origem do soberano.

NGANGA. Termo multilinguístico banto que designa o ritualista tradicional, encarregado das cerimônias comunitárias ou individuais propiciadoras de paz, estabilidade, saúde e bem-estar. Em Ndinga Mbo (2004, p. 157) a atividade dessa espécie de mago tradicional é ressaltada como método possível de conhecimento do meio natural, podendo ser vista como uma etapa da observação científica. Em quicongo, o termo *nganga*, com o sentido amplo de "sábio", "sacerdote", "mestre", etc., aplica-se a ritualistas de várias especialidades, inclusive a de supostamente provocar a chuva. Ver MAGIA; RELIGIÃO TRADICIONAL.

NGANGULA-A-KONGO. Título do herói civilizador do povo bacongo: o "forjador do Congo". Ver FERREIRO; NIMI-A-LUKENI.

NGOIO (*Ngoyo*). Antigo reino, também referido como "Angoi", formado na margem esquerda do Rio Congo, no interior do território da atual República do Congo, antes do século XV. Dependente do reino do Congo, foi um importante centro de comércio, onde uma das mercadorias mais procuradas era o pau-tacula, de uso similar ao do pau-brasil (PARREIRA, 1990, p. 168-169). Ver BANTOS; CONGO; KATANGA; KISSAMA.

NGOLA INENE. "O grande Ngola": título atribuído ao herói fundador do povo ambundo, no século XIV, Ngola-a-Nzinga (MPLA, 1975, p. 49). Ver AMBUNDOS.

NGOLA KILUANJE (*NGOLA-A-KILWANJI*) Título dos reis ambundos do antigo reino do Dongo, em território da atual República de Angola. Segundo a tradição, o primeiro a usar esse título, provavelmente Ngola-a-Nzinga ou Ngola-a-Kiluanje-kia-Samba, filho de Feti e Koya, teria recusado o poder no Estado ovimbundo de Huambo para fundar o Dongo. Entre os históricos, o mais celebrado deles foi o proclamador, em 1556, da independência do reino, até então dependente do Congo, no que teria sido apoiado pelos portugueses de São Tomé (ALMEIDA, 1978, p. 154). Cerca de vinte anos depois da independência, ocorreu a instalação, no litoral, do explorador Paulo Dias de Novais, à qual o *ngola* resistiu, sendo derrotado c. 1580. O revés lhe motivou reunir os Estados da região para a resistência, o que efetivamente aconteceu em uma coligação integrado pelo Dongo, os jagas de Matamba e forças do Congo. A guerra se estendeu por cerca de dez anos, com diversas batalhas vencidas pelos coligados, sendo que, numa delas, em 1594, o governador português Francisco de Almeida foi obrigado a fugir para o Brasil. Mas a coligação desfez-se por volta de 1600 (MPLA, 1975, p. 63-64). Pelo lapso de tempo transcorrido da independência até aí, é de presumir-se que o título Ngola Kiluanji se refira a dois soberanos dentro de uma só linha de sucessão. Oportuno acrescentar que o elemento *kiluanji*, do título real tem provável relação com o quicongo *iwanzi*, "homem-leopardo"; ou com o nome próprio *Ki-lwadi*, o "que fere", que ocorre na mesma língua (LAMAN, 1964). No quimbundo, veja-se *kilunji*, sabedoria (MAIA, 1961). Ver ANGOLA, República de; CONGO; DONGO; NGOLA-A-NZINGA.

NGOLA MUSUDI. Título do herói civilizador dos ambundos, Ngola Kiluanje, aqui traduzido do quimbundo como "rei ferreiro, forjador". VER FERREIRO.

***NGOLA*.** Antigo título, equivalente a "rei", da principal autoridade do povo ambundo. O termo está na origem do topônimo Angola.

NGOLA-A-ARI. Título de cada um dos principais chefes ambundos da região de Mpungo-a-Ndongo, mais tarde reconhecidos como soberanos do Dongo (q.v.).

NGOLA-A-NZINGA. Líder ao redor do qual, no século XIV d.C. ter-se-iam unido todos os subgrupos dos ambundos, para formar o reino de Dongo ou do Ngola. Ver AMBUNDOS; DONGO; QUIMBUNDOS.

NGÚNIS. Conjunto de povos bantos localizado na porção mais meridional do continente africano. Compreendem, hoje, entre outros grupos étnicos, os zulus (e os lalas, seus aparentados), ndebeles, xhosas (outrora chamados "cafres") e swazis. E receberam sua denominação do nome de um líder chamado Nguni que, aproximadamente entre 300 e 400 AD, teria comandado uma vaga migratória, em direção à região dos Grandes Lagos. A essa migração seguiu-se outra, passando pelas terras altas a oeste do Lago Niassa e alcançando o Transvaal. Por volta de 1000 d.C. grupos ngúnis, notadamente os lalas, motivados pelo crescimento populacional e de seus rebanhos, empreendiam novo movimento migratório, nas direções leste e sudeste, chegando às bordas do litoral do Índico, defrontando-se aí com o poder dos xonas e também com os povos *khoikhoi* vivendo ainda a Idade da Pedra. Contornados e acomodados os conflitos, alguns grupos fixaram-se nessa luxuriante e aprazível região e outros prosseguiram sempre em direção ao sul. No século XVI, outros grupos do povo Nguni chegam à região dos Montes Inianga, colocando o estilo de vida dos mencionados *khoikhoi* sob extrema pressão, o que os empurra para o deserto de Kalaari, e compelindo o povo Lala a se integrar ou afastar-se também. É nesse momento que surge a liderança que Malandela, cujo nome, em zulu moderno, parece significar "aquele que prossegue, que vai em frente". Indo, efetivamente, em frente, Malandela chega à região da atual província sul-africana de Natal, no extremo sudeste do continente. Ao fim de sua vida, segundo a tradição, seu filho, Zulu, um jovem de espírito forte e determinado, cujo nome significa "céu", fundava ali sua Kwazulu, a "terra do Céu" e dando seu nome ao povo, bastante conhecido, principalmente a partir do século XVIII, como umzulu ou zulu, o "povo do Céu". Ver KHOIKOI; XONAS.

NIAMBITA. Rainha dos xonas, reinante na segunda metade do século XV. Também referida como Nehanda (M'BOKOLO, 2009, p. 180), teria sido cogovernante com Matope, mencionado como seu irmão e marido. Ver MONOMOTAPA, Império do; MATOPE.

NIANCORE (*Nyankore*). Conjunto de povos do sudoeste da atual Uganda (q.v.).

NIANI. Cidade do Antigo Mali, localizada no nordeste do território da atual República da Guiné. Local de nascimento de Sundiata Keita (q.v.), foi, no século XIII, por ele reconstruída, embelezada e reurbanizada, para servir como capital do império. Alvo de ataques da cavalaria do Songai no início do século XV, a partir daí entrou em declínio. Na atualidade, a cidade de mesmo nome, cuja localização não é confirmada como o sítio da capital de Sundiata.

NIASSA. Lago do sudeste africano, também referido como Lago Maláui, localizado no moderno país de mesmo nome. Com cerca de 30.000 km^2 de superfície, é o terceiro maior do continente. Segundo Phillipson (1977 *apud* OBENGA, 1985), o povoamento de suas margens está ligado a correntes migratórias vindas da região do Lago Vitória, entre 300 e 400 d.C., em direção ao sul do continente.

NÍGER, República do. Estado africano contemporâneo localizado ao norte da Nigéria, ao sul da Líbia, a sudeste da Argélia e a leste do atual Mali. À época estudada neste dicionário, seu atual território era cortado por rotas do lucrativo comércio transaariano de ouro, sal e escravos. Com 2/3 de sua extensão ocupados pelo Saara, e sem saída para o mar, foi o núcleo do povo hauçá e fez parte dos impérios Songai e Bornu. Ver ÁFRICA; AGADEZ; ARGÉLIA; BORNU; BURKINA FASO, República de; CHADE, República do; DAMERGU; GOBIR; HAUÇÁS; CANÚRI; LÍBIA, Grande República Árabe Socialista Popular da; MALI, República do; NÍGER, Rio; NIGÉRIA, República Federal da; NILO-SAARIANO; SAARA; SONGAI.

NÍGER, Rio. Localizado na África Ocidental, nasce com o nome de Djolibá, no sopé dos Montes Tingi, na atual fronteira entre as repúblicas de Guiné e Serra Leoa. Daí, vai englobando diversos afluentes, correndo nas direções norte e nordeste, num trajeto sinuoso, passando por Bamako e Tombuctu, na República do Mali. Agora, fazendo uma curva de cerca de 4.160 km no rumo do sudeste, passa por Niamey, capital da República do Níger, chega ao Benim, e finalmente deságua no Atlântico na Baía de Biafra, ao sul do território da atual Nigéria. **Importância histórica.** Entre os séculos XI e XIII, suas margens e proximidades foram palco de importantes eventos geopolíticos, determinantes na História da região. Com cerca de 2.200.000 km2 de extensão, sua bacia constitui a maior e mais importante via fluvial e fonte de abastecimento de toda a África Ocidental, marcando a profunda alteração ambiental entre a área saariana, a savana e a floresta. Os Montes Tingi, no nascedouro do Rio Níger, são uma formação maciça antiquíssima na história geológica do planeta. Essa longevidade propiciou a formação de jazidas minerais economicamente importantes, sobretudo de minérios de ferro e alumínio, ouro e diamante. Daí ter sido uma das principais áreas de exploração mineral durante o apogeu dos antigos Estados de Gana, Mali e Songai, e de ter atraído a atenção dos mercadores portugueses no período da expansão marítima europeia. Durante muito tempo, nos textos dos autores árabes e europeus, o Rio Níger foi confundido com o Nilo, ou considerando uma parte dele. Só na primeira metade do século XIX, após as longas expedições organizadas por exploradores ou naturalistas europeus, como Mungo Park e outros é que sua configuração geográfica foi detalhadamente descrita e conhecida na Europa. Ver GANA, Antigo; GUINÉ; MALI, Antigo; MALI, República do; NÍGER, República do; OURO; SERRA LEOA; SONGAI.

NIGÉRIA, República Federal da. País da África Ocidental, localizado na região dos golfos da Guiné e do Benim, limitado pelas repúblicas de Níger (norte e noroeste). Chade (nordeste). Camarões (nordeste, leste, sudeste), Benim (oeste) e Oceano Atlântico (sul). **História.** O território da atual república abrigou centenas de grupo étnicos distintos, sem uma identidade primordial, cuja inter-relação dependia de circunstâncias políticas ocasionais ou resultantes de novas configurações, levando a misturas ou compartilhamento de expressões e práticas culturais. Logo, o norte do território foi fortemente influenciado pelo Kanem-Bornu, o primeiro grande Estado a surgir na região, por força das potencialidades do Lago Chade. Entre os séculos XI e XIV também floresceram alguns núcleos hauçás, centrados principalmente em torno das cidades-estado de Kano e Zaria, além do reino Nupê. No sul e no sudoeste, criaram-se várias pequenas unidades políticas. Uma das mais antigas foi Ijebu, fundada no século X e responsável pela construção da admirável obra do sistema de muralhas conhecido como Sungbo Eredo. A ele seguiram-se, nos séculos XIII-XV, Ifé, Oyó e o Antigo Benim, que se tornaram importantes centros de comércio. Na parte meridional do atual território nigeriano, o contato com os portugueses a partir do século XV levou os reinos litorâneos a se dedicarem prioritariamente ao comércio de escravos, mais lucrativo. Os Estados islâmicos do norte continuaram a mercadejar principalmente através do Saara, sofrendo a influência europeia apenas no século XIX. No sudoeste, os IGBOS e povos agricultores vizinhos jamais desenvolveram Estados centralizados. (Ham *et al.*, 2009, p. 616). Segundo Gordon (2003, p. 3), o nome "Nigéria" teria nascido, em 1897, de uma sugestão da mulher de Lord Frederick Lugard, governador colonial britânico, e adotado em 1914. Ver BENIM, Antigo; BENIM, República do; CAMARÕES; CHADE, Lago; GUINÉ; HAUÇÁS; IFÉ; IJEBU; KANEM-BORNU; NUPÊ; OYÓ; SAARA; SUNGBO EREDO.

NÍGERO-CHADIANO. Relativo à região entre o Rio Níger e o Lago Chade (q.v.).

NILO (*Al-Nil*). Rio africano, com 6.450 km de curso. Nasce num curso de água no Burundi, com o nome de Kagera e depois se lança no Lago Vitória, em Uganda. Atravessa o Lago Kioga e o Lago Rutanzige, recebe vários afluentes e penetra no Sudão. Depois, chega a Cartum onde encontra o Nilo Azul. **Vale do Nilo.** Na condição ímpar de único rio africano ligando o interior ao mar num curso navegável de mais de 6.000 km, o Nilo foi, por excelência, um vetor de civilização. Assim, da região de seu Vale, homens e mulheres atingiram, em sucessivas vagas migratórias, diferentes pontos do continente. Desde o neolítico, a cerâmica núbia chegou ao Egito, da mesma forma que ao Saara montanhoso, pelas savanas do Barh-el-Ghazal e do Chade. Esses focos culturais, quando devidamente mostrados, evidenciam e consolidam a unidade cultural dos negros da África. O Vale do Nilo, compreendendo a Núbia e o Egito faraônico, foi o grande berço das comunidades tradicionais negro-africanas.

NILO AZUL (*Al-Bahr al-Azraq*). Um dos formadores do Rio Nilo. Nasce no Lago Tana na Etiópia e corre aproximadamente 1.600 km até encontrar em Cartum o Nilo Branco e formar o Nilo propriamente dito.

NILO BRANCO (*Al-Bahr al-Abyad*). Nome que toma o Rio Nilo ao deixar as regiões pantanosas do Sudão meridional (entre o Lago Nô e sua confluência com o Nilo Azul).

NILO DOS NEGROS. Tradução de *Nil as Sudan*, expressão usada pelo sábio Ibn Khaldun (q.v.) para designar o Rio Senegal, em oposição ao Nilo do Egito, chamado *Nil Misr* (Silva, 2012, p. 59).

NILO-SAARIANO. Relativo ao conjunto de populações da parte setentrional do continente africano, no eixo entre o Vale do Nilo e o deserto de Saara, correspondente a partes dos atuais territórios de Sudão, Chade, Níger, Mali, Mauritânia, Saara Oriental, Marrocos, Argélia, Tunísia, Líbia e Egito.

NILÓTICO. Relativo ao Rio Nilo e ao que lhe é natural ou relativo. A denominação abrange particularmente as populações e culturas autóctones da bacia do Nilo Branco (q.v.). Por extensão, designa as expressões culturais nascidas em toda a vasta região ao longo do curso do rio, como outrora as línguas, modernamente referidas como "afro-asiáticas".

NIMBA, Montes. Cordilheira na África Ocidental, localizada na tríplice fronteira entre os atuais territórios de Guiné, Libéria e Costa do Marfim. Comumente mencionada como as "terras altas da Guiné" tem seu ponto culminante no Monte Nimba, de cerca de 1.750 m de altura. Ver COSTA DO MARFIM, República da; GUINÉ, República; LIBÉRIA.

NIMI-A-LUKENI. Chefe africano, também chamado Ntinu Uenê, sob cuja liderança, no século XIII d.C., todos os clãs e tribos dos bacongos se uniram para formar o reino do Congo. De alegada origem luba, aparece nas tradições locais como o *ngangula*, ferreiro primordial, que deu ao seu povo as armas de guerra e os utensílios agrícolas. Segundo uma tradição local, provavelmente nas últimas décadas do século XIII, na condição de dissidente do Império de Catanga, descia do norte do Maiombe para o curso inferior do Rio Congo, celebrava uma aliança com bacongos e bundos da região e fundava Mbanza-a-Kongo, sede do reino, tornando-se o primeiro Muene-e-Kongo. Segundo M'Bokolo (2009, p. 191-192), Nimi-a-Lukeni teria vindo do norte, da margem direita do Rio Congo mais provavelmente no século XIV. Ver BACONGOS; BUNDOS; CONGO, Rio; FERREIRO; LUBAS; MBANZA-A-CONGO; NTINU UENÊ.

NIOMINKA. Antigo povo oeste-africano, localizado em território da atual República da Gâmbia, também mencionado como Niúmi, em referência à sua região natal, Niúmi (*Niumi* + *nka*, habitante de Niúmi). No século XV, indivíduos desse povo teriam sido os responsáveis pela morte do explorador português Nuno Tristão, na foz do Rio Gâmbia, no ano de 1446, resistindo à captura como escravos. Na refrega, além de massacrarem Tristão e mais duas dezenas de portugueses, os nativos teriam se apoderado da caravela da expedição (ALMEIDA, 1978, p. 33). Seu líder é referido, em fontes portuguesas como "Niumimansa" ou "Mansa Niumi" (TINHORÃO, 1988, p. 66-67), expressões que ensejam tradução para "rei do povo Niúmi", haja vista o significado do termo *mansa* informado no verbete respectivo. Dez anos depois é, provavelmente, do mesmo povo, o "nobre senhor negro" que negocia com os italianos Antoniotto Usomidare e o Alvise de Cadamosto, numa operação de escambo em que oferece escravos e outros bens em troca de tecidos (ALMEIDA, 1978, p. 41), o que foi também relatado pelo navegador Diogo Gomes em suas memórias (TINHORÃO, 1988). Segundo algumas interpretações, a atitude primeiro hostil e depois amistosa das lideranças niúmis diante dos portugueses – como de outros governantes africanos – configuraria, tão somente, a busca de algum controle sobre seu próprio destino, através de suas escolhas econômicas, políticas e religiosas. Ver GÂMBIA, República da; GÂMBIA, Rio; *MANSA*.

NIUAJA-MARIAM (*Newayé Mariam*). Negus da Etiópia (q.v.). Governou entre 1370 e 1380, aproximadamente, sucedendo seu pai Saífa Arade (*Seif Arid*), e sendo sucedido por David I.

NIÚMI. Região no território da atual República de GAMBIA, a norte do Rio Gâmbia. Ver NIOMINKA.

NKANGA-A-MVEMBA. Rei do Congo (1543), de nome cristão Pedro I. Sobrinho e sucessor de Mvemba-a-Nzinga, foi apoiado pelos portugueses de São Tomé e por seu povo. Foi derrubado em meio a uma revolta liderada por Nkubi-a-Mpudi. Ver CONGO; MVEMBA-a-NZINGA; NKANGA-a-MVEMBA; SÃO TOMÉ.

NKISI. Vocábulo do idioma quicongo (q.v.), traduzido em Laman (1936; 1964, p. 720) como "fetiche, feitiçaria, enfeitiçamento, força mágica, sortilégio, encantamento", etc. Bentley (1895, p. 888) relacionou a palavra à possessão espiritual (como um "ataque epilético"). E Maia (1964, p. 296) traduziu literalmente como "feitiço". Entretanto, em Parreira (1990, p. 86), vemos definição mais apropriada: "Objeto sagrado fabricado pelo *nganga* (ritualista), receptáculo de um espírito protetor, que servia para neutralizar as intenções maléficas dos feiticeiros, que operavam através do *ndoki*". Dentro desse mesmo entendimento, Munanga (1986, p. 307) define os *bakishi* (plural de *mukishi*, variante dialetal de *nkisi*) como materialização das essências vitais dos "bons mortos", ou seja, dos espíritos dos guias ancestrais. **No reino do Congo**. Chegados ao Congo, os exploradores europeus conheceram os *nkisi* locais; mas, nos relatos, como os de Cavazzi e Van Wing, interpretaram suas serventias como idênticas às das imagens e relíquias dos santos católicos; e os qualificaram como "feitiços" (Balandier, 1965, p. 252-253). No Brasil contemporâneo, o termo, transliterado como "inquice" (Houaiss *et al.* 2001), vem sendo impropriamente usado como correspondente ao iorubano "orixá".

NKUBI-A-MPUDI. Rei do Congo (1544[5]-1561), de nome cristão Diogo I. Tido como neto de Afonso I, Mvemba-a-Nzinga, sucedeu Nkanga-a-Mvemba e perdeu o trono para o segundo Mbemba-a-Nzinga, o qual, imposto pelos portugueses, governou como Afonso II, sendo logo deposto. Ver CONGO; MVEMBA-A-NZINGA; NKANGA-A-MVEMBA.

NOBÁCIA. O mesmo que Nuba, antigo país dos nobatas, na Núbia. Sediou um poderoso reino, cristianizado no século VI, o qual no século seguinte anexou o vizinho reino de Macúria e estabeleceu sua capital em Dongola, no território anexado. Ver BAQT; DONGOLA; MACÚRIA; NÚBIA.

NOK, Civilização de. Ver IORUBÁS.

NÔMINAS. Envólucros, geralmente de couro ou tecido, para guarda de orações impressas, amuletos e talismãs (Houaiss *et al.* 2001, p. 2025). O termo, de origem latina (*nomina*, agrupamento de nomes ou palavras) estendeu seu significado ao conteúdo do recipiente, como sinônimo de grigri (q.v.).

NOZ-DE-COLA. Fruto da planta chamada coleira (*cola accuminata*), também conhecida no Brasil pelo nome "obi", originário da língua iorubá. O vocábulo "cola" tem origem na África Ocidental, ocorrendo entre os mandingas como *ko lo* e entre os temnes como *ko la*. De uso grandemente expandido pelo continente africano (como energético e em rituais religiosos), a noz-de-cola foi importante item econômico nas relações comerciais à época focalizada neste livro. Foi também usado como moeda, assim como o búzio. O hábito de mascar noz-de-cola na África Ocidental tem por finalidade a reposição de energia física, por ter esse vegetal caráter estimulante, sendo também usado em práticas rituais tradicionais. Ver BÚZIO.

NTINU UENE (*Ntinu Wene*). Um dos nomes ou títulos do herói fundador do Congo. O vocábulo *ntinu*, em quicongo, traduz-se como "rei"; e o outro elemento da expressão, *wéene ou wene* é título honorífico, de dignidade, correlato a *mwene*, senhor (LAMAN, 1964) e correspondendo certamente a algo como "sua majestade". Ver NGANGULA-A-KONGO.

NTOTILA. Forma para *ntóotila*, um dos títulos do rei do Congo.

NÚBIA CRISTÃ. Nome pelo qual é referido o conjunto dos três reinos da antiga Núbia, descendentes da civilização meroítica: Nobácia, ao norte; Macúria, no meio, e Alódia, ao sul. Ver JORGE DA NÚBIA.

NÚBIA. Região ao redor do Rio Nilo, entre as atuais localidades de Assuã, no Egito, e Dongola, na República do Sudão. Segundo Anta Diop, a Núbia teria sido um ponto de partida, tanto para a civilização egípcia quanto para os grandes impérios oeste-africanos florescidos a partir da Idade Média europeia, como os de Gana, Mali e o Songai de Gao. Com efeito, após os séculos obscuros que se seguiram à queda de Méroe, capital do reino bíblico de Cuche, diante dos etíopes de Axum no século IV d.C., emerge na Núbia uma nova civilização. Compõem-na reinos sucessores da antiga civilização meroítica: Nobácia (*Nuba*), ao norte; Macúria (*Maqurra, Mukurra*), ou "antigo Dongola" (*Dunkala al-Adjuz*), localizado no meio e assim mencionado em alusão ao nome de sua capital; e Alódia (*Alawa*), ao sul. **Cristianismo *versus* islamismo.** No século VI, sob a influência de Bizâncio e a ação direta de um monge mencionado como Juliano, os reinos de convertem à fé cristã ortodoxa (KI-ZERBO, I, 1972, p. 150). Na Nobácia, a partir da conversão do rei Silko (ou Selki), desenvolve-se uma brilhante civilização, expressa principalmente no poder emanado da cidade de Faras, seu principal centro político e religioso, onde se situava a catedral sede de seu bispado, inaugurada em 630 e toda em arenito vermelho (BRISSAUD, 1978, p. 305). 650 e 710, Nobácia e Macúria fundem-se em um só Estado, provavelmente sob o poder da primeira. Com a conquista árabo-islâmica do Egito, apesar da oposição monofisista dos núbios à ortodoxia dos cristãos de Bizâncio, e o relativo alinhamento com os conquistadores, essa ostentatória fé cristã, impulsionando o desenvolvimento núbio, é vista como ameaça pelo poder muçulmano. Daí as continuadas investidas militares, que culminaram no Baqt, o célebre e longevo acordo pelo qual, em 652, os núbios se obrigavam a fornecer ao califado egípcio quatrocentos escravos por ano, em troca de tecidos e cereais (KI-ZERBO, 1972, I), e a assegurar aos árabes o livre comércio, sem pagamento de impostos. Como contrapartida, os árabes garantiam a independência

N

do reino núbio e se obrigavam ao fornecimento de alimentos, tecidos e cavalos (GRANGUILLHOME, 1979, p. 95). **Apogeu e declínio**. Segundo Brissaud (KI-ZERBO, 1972, I, p. 315), esse pacto deu ensejo a uma "implantação" muçulmana em território núbio; e com seu momentâneo rompimento, deflagra-se uma guerra na qual a antiga Dongola é destruída. Nobácia e Macúria, então, decidem formar uma só unidade política; e, assim, o novo reino consegue resistir e impor sua força. Em meados do século seguinte, Ciriaco, o líder do reino unificado liberta o patriarca da Igreja Ortodoxa, preso em Alexandria. Na sequência das hostilidades, em 831, o califa abássida Al-Mamun, faz trucidar, no Egito, milhares de cristãos coptas e inibe a reação núbia. No século X, aproveitando-se da desordem reinante desde a morte do califa Harun al-Rashid, núbios de Dongola (provavelmente sob o comando de Jorge II, o Jorge da Núbia) tomam o Alto Egito, tornando-se guardiões do patriarca de Alexandria. Começa aí o período de apogeu dos reinos cristãos da Núbia, os quais, no fim do século XI, já são suficientemente fortes para impor aos fatímidas do Cairo uma política de tolerância para com os cristãos. Mas por causa das secas e do mal cultivo da terra, a região ficava cada vez mais pobre e fraca. Então, pouco a pouco o islã vai conquistando o norte da Núbia, num processo que se acelera com as imigrações árabes, principalmente de comerciantes e pastores, minando o poder cristão. Os reis de Dongola tentam, por repetidas vezes, romper o domínio egípcio, mas sem sucesso. Finalmente, em 1315, Kerenbes, último rei cristão de Dongola, foi deportado para o Cairo, sendo substituído por um muçulmano. Dois anos depois, a maior igreja de Dongola era transformada em mesquita. Pouco depois, chegavam à Núbia nômades caravaneiros do povo beja (ou bedja), passando pelo Vale do Nilo a caminho do Sudão central onde se instalariam (GRANGUILLHOME, 1979, p. 95-96). Sufocada pelo poder islâmico, no século XIII a Núbia cristã já está política e religiosamente isolada de Alexandria. Enfraquecida também por continuadas infiltrações muçulmanas, cada vez em maior número, com a queda de Dongola, a nova, em 1317, os caminhos se abrirão à conquista islâmica. Não obstante, o reino de Alodia, apesar de enfraquecido, resistiu até o início do século XVI (DESCHAMPS, 1976, p. 80). Ver AXUM; BAQT; BIZÂNCIO; DONGOLA; EGITO, República Árabe do; FATÍMIDAS; JORGE DA NÚBIA; KERENBES; MONOFISISTA; VELHO NÚBIO.

NUH, Ásquia. Ver ÁSQUIA (item Ásquia Nuh).

NUNEZ, Rio. Rio da Senegâmbia, um dos mais importantes da região. No período histórico abrangido por este dicionário, estava sob controle dos povos bagas, da atual República de Guiné-Bissau. Ver SENEGÂMBIA.

NUPÊ. Indivíduo dos nupês (q.v.); o falar desse povo. Também, denominação do reino por eles constituído no século XV d.C.

NUPÊS (*Nupe, Noupé*). Povo oeste-africano originariamente localizado na bacia formada pelos vales dos rios Níger e Kaduna, no noroeste do atual território da República da Nigéria. Chamados "tapas" (*tápà*) pelos IORUBÁS, são falantes do nupê, variante dialetal da língua hauçá. Têm importantes ligações históricas com os hauçás de Katsina e Kano, e também com o povo do Bornu. **O Reino Nupê**. Entre os séculos XV e XVI, os nupês, sob a liderança de Tsoede, também referido como Edegi, fundaram seu reino a partir de uma unidade política florescida c. 1352 (Ki-Zerbo, 1972, II, p. 442). Afirmando seu controle sobre sua base territorial, empreendeu a conquista de territórios vizinhos, conquistando parte da Iorubalândia, inclusive o poderoso Reino de Oyó (Oyó Ilé). Em 1591, durante uma de suas missões militares, Tsoede teria falecido. **Origem hauçá**. Segundo Adamu (2010, HGA, IV, p. 313), o Reino Nupê foi um dos Banza Bokoi, opostos aos "verdadeiros estados HAUÇÁS". Ver BANZA BOKOI; BORNU; HAUÇÁS; IORUBALÂNDIA; IORUBÁS; KANO; KATSINA; OYÓ ILÉ; TSOEDE.

NYAGSE. Líder do povo mossi de Dagomba, tido como filho do herói fundador Sitobo. Segundo Izard (2010, HGA, IV) teria reinado entre c. 1460-1500. Ver DAGOMBA; SITOBO; MOSSIS.

NZIMBU. Ver BÚZIO.

NZINGA-A-MVEMBA. Rei do Congo (1562-1567), de nome cristianizado como Dom Bernardo I. Ver CONGO.

NZINGA-A-NKUWU. Rei do Congo (1491-1507), de nome cristão Dom João I. Em 1482 tornava-se o primeiro soberano do centro-oeste africano a ter contato com os portugueses. Em seu reinado e com o seu batismo, celebrado em 1491 e no qual recebeu o nome João I, teve início a cristianização do reino, continuada por seu filho Mvemba-a-Nzinga, batizado como Afonso. Veja-se que, na língua quicongo, o nome *Nkuwu* tem o significado de "legítimo, legalmente constituído" (Laman, 1964, p. 737). Ver CONGO; MVEMBA-A-NZINGA.

O

OBÁ. Título do soberano do Antigo Benim (q.v.). O termo é correlato ao iorubá *ọba*, rei, monarca, soberano.

ODOMANKAMA. Nas tradições dos povos *akan*, uma das denominações da Divindade Suprema. Tb. Nyame, Onyame e Onyankopon. Ver RELIGIÃO TRADICIONAL (item "O Ente Supremo").

ODUDUA (*Odùduwà*). Herói fundador do povo iorubá, tido como fundador de Ilé Ifé entre os séculos IX e XII. Segundo C. L. Adéoyè (1979 *apud* Adèkòyà, 1999, p. 14), teria vindo do leste com seu povo, sendo, segundo a tradição, um príncipe do povo edo, no Antigo Benim, onde seu nome seria Idoduwal ou Ekaladerham. Consoante a tradição, cada um de seus filhos fundou um reino iorubano, entre os quais Ijebu Odé, Ilexá, Ondô, Akê, Akurê e Adô Ekiti. Odudua teria sido um lídimo representante do que a África conheceu, desde o Egito faraônico, como realeza divina. Segundo Costa e Silva, a ser real sua existência, teria sido o líder de um grupo, vindo provavelmente de oeste, do Borgu, que impôs sobre Ifé um novo regime político, de chefia centralizada e dinástica. Ver AGBONMIREGUN; BENIM, Antigo; IFÉ; IORUBÁS; MITOS E LENDAS.

OGADEN. Região árida no leste do território da atual República da Etiópia (q.v.). Inicialmente habitada por grupos do povo oromo ou gala, no século XVI, começou a ser ocupada pelos ancestrais dos pastores falantes de somali hoje predominantes em suas terras. Ver GALAS.

OGUISSO (*Ogiso*). Título dinástico usado por obás do Antigo Benim, entre os séculos XII e XIII, em época que antecedeu o reinado de Oraniã (q.v.). A tradição refere mais de trinta integrantes da dinastia, sendo alguns do século feminino. O primeiro teria sido Igodo, sucedido por seu filho Ere; e o último, Ouodo (Owodo) foi deposto e proscrito (Silva, 1996, p. 530-531).

OGUM. Ver EWUARE.

OGUOLÁ. Obá do Antigo Benim, na atual Nigéria, na segunda metade do século XIII. Sucessor de Ewedo, por volta do ano 1400 (Ki-Zerbo, 1972, II, p. 443), fez vir de Ifé mestres e artistas fundidores, pelo que a arte escultórica de seu reino, celebrizada nas refinadas esculturas em bronze, hoje incorporadas aos acervos de importantes museus internacionais, tornou-se sucessora da majestosa arte de Ifé. Ver BENIM, Antigo; BRONZE, Estatuária em; EWEDO.

OKAVANGO. O mesmo que Cubango (q.v.).

OLD DONGOLA. Expressão consagrada pela historiografia na designação da velha (em inglês, *old*) cidade núbia de Dongola, localizada na margem direita do Rio Nilo, em relação a outra de mesmo nome, edificada no século XIX, em território da atual República do Sudão, na outra margem do rio, a 100 km de distância. Ver DONGOLA; SUDÃO, República do; TRÁFICO DE ESCRAVOS – Rotas Transcontinentais.

OMANHENE. Título atribuído aos governantes dos estados *akan* de Eguafo e de Efutu, na Costa do Ouro do século XV. O vocábulo vem do léxico da língua tchiuí (*twi*) e compõe-se dos termos *oman* (nação, estado, território) e *hene* (chefe), para designar o "chefe do Estado" ou "chefe do parlamento" (Kotey, 1996, p. 123).

OMAR IBN IDRIS (*Umar ben Idris*). Soberano (*mai*) do Kanem no período entre 1382-1387. Diante da pressão militar dos povos bulala, vindos do leste, e da crescente ameaça decorrente de lutas entre as linhagens locais, deslocou-se com suas tropas e serviçais para Caiga, no Bornu, abrindo deste modo a longa trajetória histórica do reino de Kanem-Bornu, que subsistiria até o século XVIII. Ver BULALAS; KANEM; KANEM-BORNU.

OMAR UALASMA. Sultão de Ifat. Em 1285, anexou o sultanato de Xoa (Silva, 1996, p. 572). Ver IFAT, Sultanato de; XOA.

OMÍADAS. Var. omeíadas. Dinastia árabe instituidora do califado de Damasco, ou "do Oriente" (na antiga Síria, próximo ao Mediterrâneo) integrada por descendentes de um ancestral remoto, chamado *Umayya*, daí seu nome (Hourani, 2006, p. 48), reinou de 661 a 750 d.C. Seus exércitos estabeleceram importante base em Kairuan, na IFRÍQUIA, de onde avançaram para oeste, alcançando o litoral atlântico no fim do século VII. Abalado por crises frequentes, seu império terminou com a tomada do poder pelos abácidas, que determinaram o extermínio de toda a família omíada. Sobrevivente do massacre, Abd al-Raman I fundou o emirado omíada de Córdoba, que durou até 1031 (Larousse, 1998, p. 4310-4311). Ver ABÁCIDAS; ÁRABES; CALIFADOS.

***ONI*.** Título privativo do governante máximo da cidade de Ifé, o qual congregava em torno de si poderes políticos e religiosos. Sua ascendência espiritual era formalmente reconhecida pelos governantes de outras comunidades iorubás. Até pelo menos o século XV, quando ascendiam ao poder, os *obás* do Benim recebiam do *oni* de Ifé símbolos de autoridade moldados em bronze, entre os quais um bastão, uma cobertura de cabeça e uma cruzeta (Dias, 1992, p. 208), que usavam em momentos solenes e em cerimônias. *Oni* é elemento verbal usado antes de substantivo iniciado por consoante ou pela vogal "i", com o sentido de "dono, senhor de" (Abraham, 1981, p. 475).

ONOMÁSTICA. Ciência que estuda a história dos nomes próprios, ramificada em antroponímia (estudo dos nomes de pessoas) e toponímia (nomes de lugares). Ver TOPONÍMIA.

ORANIÃ (*Oranyan*). Segundo a tradição iorubana, filho mais novo de Odudua, avô do primeiro alafim, soberano de Oyó Ilé. É incluído entre os obás do Antigo Benim, governando no século XII, além de referido como alafim e *oni* (soberano) respectivamente de Oyó e Ilé Ifé. Em iorubá, seu nome é grafado *Òron yòn* ou *Òron mÍyòn* (Abraham, 1981, p. 526). Ver BENIM, Antigo; EDOS; IFÉ; ODUDUA; OYÓ.

OROMOS. Ver GALAS.

OTOMANO, Império. Denominação do conjunto de territórios sobre os quais os sultões da dinastia fundada por Osman I (*Uthman ou Otoman*) exerceram sua autoridade, desde o fim do século XIII. A conquista se deu a partir de uma JIHAD, expandida da "Ásia Menor", atual Turquia, na direção noroeste, a qual resultou na tomada da cidade de Constantinopla, sede do Império Bizantino, em 1453. Esse evento teve como consequência o domínio otomano sobre enorme vastidão de territórios, asiáticos e europeus. Na África, a dominação otomana se estendeu, no todo ou em parte, a Egito (1517), Ifríquia, Argélia (1529), Túnis e Tripolitânia (1551). Ver ÁRABES; ARGÉLIA; BARBÁRICOS, Estados; CIRENAICA; EGITO, República Árabe do; ERITREIA, República da; IFRÍQUIA; MAMELUCO, Sultanato; JUDER PAXÁ; PAXÁ; SULTÃO; TRIPOLITÂNIA; TÚNIS.

OUBRI. Ver WUBRI.

OURO. O comércio de ouro na África remonta à Antiguidade e foi, por muitos séculos o aspecto mais importante do comércio exterior africano, no qual o metal além de mercadoria altamente valorizada era também a mais aceita nas operações de troca; e um grande estímulo ao comércio de outros artigos e produtos. Nos tempos antigos, um dos maiores centros dos negócios envolvendo ouro era Méroe, na região da Núbia, ao sul do Egito. De lá, o ouro africano chegava ao Mediterrâneo. Na época focalizada neste livro, diversas regiões abrigavam o continente africano apresentava, em diversas regiões, importantes jazidas auríferas. **Na África Oriental.** No litoral do Índico, o geógrafo árabe Al-Masudi relatou o ambiente da cidade de Sofala, já no século X d.C., principalmente, como um lugar onde se trocavam tecidos e pérolas pelo ouro que vinha do interior. A fonte desse ouro estava no território do povo xona, no atual Zimbábue: os governantes locais estabeleceram o controle estatal do comércio de ouro, disponibilizado em troca de mercadorias asiáticas, como roupas, contas de vidro, miçangas, bebidas, etc. Pelos obstáculos naturais de acesso às minas de ouro, criavam-se postos de comércio em diversos pontos das rotas interioranas que levavam a elas. **África Ocidental.** Até a descoberta da América, o oeste africano foi a principal fonte do ouro que abasteceu a Europa. Nele se destacavam: as minas de Bambuque, situadas no antigo reino de Galam, ou Gajaaga, no Alto Senegal, nas proximidades do Rio Falemê; e a região do Burem (*Buré*), no curso superior do Rio Níger. Mais tarde, aventureiros se arriscaram indo até as regiões auríferas do Lobi, da Costa do Marfim e da Costa do Ouro. Os modos de extração eram em geral os mesmos: onde se achava o ouro em pó ou em pepitas, este era fundido e transformado em lingotes ou barras, utilizando-se trabalho cooperativo ou escravo, sob controle de mercadores especializados (Bathily, 1989, p. 175). De Cumbi, capital do Gana, a Niani, capital do Mali, a Gao, capital do Songai, os mercados se deslocavam à medida que as jazidas mudavam de dono. São bastante conhecidos os relatos de viajantes muçulmanos sobre a abundância de ouro, tanto na corte do Tunka Manin, do GANA, quanto no MALI, notadamente durante a faustosa época do mansa Kanku Mussá, no início do século XIV. Na metade do século seguinte, o Songai passou a deter grande vantagem sobre os vizinhos: por volta de 1450, novos carregamentos de ouro chegavam aos mercados provenientes de outras fontes. Junto com o sal e a noz-de-cola, o império movimentava um intenso e regular comércio de alcance regional e internacional controlado por mercadores do universo mandinga, conhecidos como uangarás, e noutras vezes, como diúlas. Por volta de 1500, as redes de contatos e os postos de comércio controlados por esses grupos de mercadores articulavam o escoamento do ouro para as seculares rotas do comércio transaariano. E, assim, passavam também a integrar as novas fontes de fornecimento aurífero, surgidas com a matéria-prima que agora chegava do país dos *akan*, no território da atual República de Gana (Bregand, 1998, p. 34-40). Nessa região, os *akan* passaram a lavar o ouro dos rios e a extraí-lo também das rochas. Nasceram, aí, novos mercados, como Begho, uma cidade-mercado controlada pelos diúlas ao norte das florestas dos *akan*. Outro, ainda mais importante, foi Jenê, no curso médio do Níger; e um terceiro foi Tombuctu, que agora começava a expandir-se com o incremento deste novo comércio. Foi através de Tombuctu que o ouro dos *akan* começou a ser enviado para o norte da África e para as regiões mediterrânicas, através das rotas caravaneiras do Saara. Exploradores portugueses. As notícias sobre a abundância do ouro africano e sua rota de escoamento até o Mediterrâneo despertou a cobiça dos exploradores europeus. Informados de que o ouro que chegava à Europa vinha da África Ocidental através do Saara, os portugueses lançaram-se à conquista do oeste africano, servindo-se inclusive de oportunidades criadas pelos próprios governantes, como no caso da ajuda solicitada pelo mansa do Mali, acossado pelos exércitos do reino mossi, na década de 1480. Veneza. Segundo Rodney (1975, p. 111), a Europa necessitava do ouro africano para cunhar moedas e, com elas, sustentar a nascente economia monetária capitalista. Graças principalmente a esse ouro, Veneza, cidade-estado no Mar Adriático, foi, entre c. 1100 e 1600, o mais rico Estado da área mediterrânica, numa hegemonia ameaçada pela chegada dos portugueses à Índia. A prosperidade de Veneza não se abalou nem diante da tragédia de grandes proporções que, com a terrível Peste Negra, se abateu sobre a Europa e boa parte do mundo a partir de 1347. Da mesma forma que a África Ocidental era preservada do flagelo pela barreira contra a propagação do mal que o Saara, naturalmente, representou. Veneza, politicamente organizada no século X, estabelecera entrepostos longínquos para seu comércio de longa distância. Florença. No século XIII, outra cidade do Mar Adriático, Florença, destacou-se como o principal centro econômico-financeiro da Europa. Possuindo casas bancárias, difundiu novas práticas mercantis, como o uso de letras de câmbio. Para tanto, contribuiu o ouro levado da África, pelos navios de Veneza, que possibilitou, inclusive, a cunhagem do "florim de ouro", adotado como moeda-padrão do Ocidente, a partir de 1252. No Atlântico. O grande objetivo dos portugueses era estabelecer contatos diretos com Tombuctu, então sob do domínio do Songai. Não conseguindo, restou-lhes negociar com os mercadores do litoral atlântico. Nessa parte da costa africana, os primeiros negócios regulares ocorreram a partir de 1482, quando foi fundado em território sob domínio dos reis de Eguafo, o castelo de São Jorge da Mina, para onde acorriam mercadores africanos de diversa procedência, sobretudo de origem mandinga, para trocar ouro por tecidos, barras de ferro e latão e escravos. Sob monopólio real, o ouro africano era enviado diretamente a Lisboa, sendo administrado pela Casa da Guiné. O período de maior importância deste comércio ocorreu entre 1480-1540, quando se resgatavam anualmente, em média, entre 300, 400 e mesmo 1.000 kg do metal. Na metade do século XVI, os portugueses perderam gradualmente a influência local para seus concorrentes franceses e ingleses, até verem a própria fortaleza cair sob controle holandês em 1637. Não obstante seus esforços, nunca tiveram acesso direto ao território dos Wassas, onde estavam as minas de ouro, pois dependiam de complicadas manobras diplomáticas. Nesse jogo, tinham que negociar com os controladores das rotas de comércio, agraciando os reis, seus familiares, intermediários e aliados a fim de apaziguar conflitos e garantir a segurança dos caminhos do sertão (Ballong-Wen-Mewuda, 1992, p. 93-97). Observe-se, por fim, que o comércio do ouro pelo Atlântico, embora tenha aberto novas perspectivas para a Europa e a América jamais substituiu as rotas transaarianas nem provocou a interrupção de sua atividade. Ver ABREM; *AKAN*; ÁFRICA; AKUMFI AMEYAW; ALMORÁVIDAS; ÁSIA, Africanos na; AUDAGOST; AUDIÊNCIAS PÚBLICAS; AXÂNTIS; BAMBUQUE; BERBERES; BONO; BUREM; CAPITALISMO; CARAVANAS; CATANGA; COBRE; COMÉRCIO MUDO; COSTA DO OURO; DAMATIGUI; DIÚLAS; ESCRAVIDÃO; FALEMÊ; FÂNTIS; FEZÂNIA; GABU; GALAM, Reino de; GANA, Antigo; INARIA; ISLAMIZAÇÃO; JALA DIÁ; KAYA MAGAN CISSÊ; KONG; LAM LAM; MALI, Antigo; MAPUNGÚBUE; MARGANICE; MAURITÂNIA, República Islâmica da; MEDITERRÂNEAS, Regiões; METALURGIA; MIÇANGAS; MOÇAMBIQUE, República de; NAVEGAÇÃO; NÍGER, Rio; MOSSIS; *OMANHENE*; PERSAS, Mercadores; PORTUGAL NA ÁFRICA; QUÊNIA, República do; ROTAS DE COMÉRCIO; SAL; SIJILMASSA; SOFALA; SONGAI; SUAÍLI; TUNKA MANIN; TWI; UANGARÁ; XONAS; ZAFUM; ZAMBEZE; ZÂMBIA, República de; ZIMBÁBUE, República do.

OVAMBO (*Wambu*). Antigo reino africano, no norte da atual Namíbia, ao sul do planalto angolano da Huíla. Seus construtores, indivíduos do povo ovambo, migrados da África Central, teriam chegado aos atuais territórios de Namíbia e Angola no século XIV. Anteriormente, entretanto, segundo Phillipson (1977 *apud* Obenga, 1985), a povoação banta da área, já habitada por povos coissã (*khoi-san*), começava a se estabelecer com a chegada, por volta de 100 a.C., de grupos provenientes da região entre os rios Cunene e Cubango, numa onda migratória iniciada no Baixo Congo. Os atuais ovambos, entretanto, consoante Lima (1977, p. 96), seriam provavelmente resultantes de caldeamento, ocorrido a partir do século XVI, no cenário convulso da ocupação portuguesa, entre indivíduos dos Jagas com os do povo ovimbundo. **Ovambolândia.** Na época colonial, o território do antigo reino foi denominado Ovambolândia (*Ovamboland*), a "terra dos ovambos". Ver COISSÃ; JAGAS; OVIMBUNDOS.

OVAMBOLÂNDIA (*Ovamboland*). Antiga denominação da região no norte da Namíbia, próxima à fronteira com Angola. Deve seu nome ao povo local, os ovambos (q.v.).

OVAMBOS. Povo da África Austral. Ver OVAMBO.

OVIMBUNDOS. Conjunto de povos bantos do sudoeste de Angola, falantes do idioma Umbundo, sendo por isso também mencionados como "umbundos". Historicamente dividido em subgrupos como os dos bailundos, bienos ou biés, seles, sumbes, mbuis, quissanjes, lumbos, dombes, hanhas, gambos, huambos, sombos, cacondos, xicumas e quiacas, constituíram, provavelmente antes do século XVI d.C., quatorze Estados entre o Rio Cuanza e o litoral atlântico (Vansina, 2010a, p. 645). Segundo a tradição todos os ovimbundos descendem de um herói mitológico, mencionado sob o nome "Feti". Os filhos dele teriam sido: Viye, fundador do reino do Bié e ancestral dos bienos; Ngola, fundador do Dongo; e Ndumba, que permaneceu no território primordial, chamado *Ngalangi* (Abranches, 1985, p. 275), que abrigou o primeiro dos reinos ovimbundos, provável origem da moderna cidade angolana de Galangue. Em abono à tese da existência real desse herói, registre-se a existência do imenso sítio arqueológico de Feti la Choya, situado na extremidade meridional do Planalto angolano, no encontro do Rio Cunhangama com o Cunene. Descoberto c. 1893, foi quase que totalmente destruído por conta de escavações grosseiras e da posterior construção de uma barragem hidrelétrica, no século XX. Entretanto, os instrumentos e artefatos lá encontrados (400 folhas de enxadas, parte delas com formato inusitado, e outros utensílios de ferro, como um martelo de ferreiro e um buril, bem como flechas de ferro, arcos de cobre, sinos, gongos, e a figura de um cão em metal) dão conta da importância da civilização ali desenvolvida. Tudo isso – e mais um baluarte de defesa de 10 a 12 km de comprimento, com 6 m de profundidade, entre os dois rios; de uma pirâmide de pedra de cerca de 5 m de altura por 15 m de largura; mais jazigos e objetos de cerâmica – aponta para a existência, no local, da capital de um primeiro reinado dos ovimbundos, o qual se poderá ter formado ao longo do século XIII e existido até ao século XVI. Outros estudos, consoante Alberto da Costa e Silva, entre outros autores, datam o sítio do século VIII, sendo a civilização local provavelmente caudatária das vagas migratórias que, segundo Phillipson (1977 *apud* Obenga, 1985), provenientes do Baixo Congo, alcançaram os atuais territórios de Angola e Namíbia a partir do primeiro século a.C. Observe-se que o vocábulo *feti* tem, segundo o *Dicionário Etimológico Bundo-Português*, do Padre Albino Alves (Lisboa, 1951), o significado de "começo", "início". Consoante Lima (1997, p. 97), no século XV, no fragor da penetração portuguesa, os "umbundos" ter-se-iam concentrado no litoral. Então, se autoproclamaram "umbundos", vocábulo traduzido como "vencedores", por informantes da autora. Entretanto, o radical *mbundu*, do idioma Umbundo está na composição do vocábulo *ochimbundu*, traduzido em português como "invasor" (Guennec; Valente, 1972, p. 353). Já no Bundo, língua da mesma família, esse significado aparece em referência aos povos ambundos, falantes do idioma quimbundo (Alves, 1951, p. 700). Então, é de crer-se, aí, em mais um dos muitos casos de etnônimos derrogatórios, atribuídos a determinados povos por adversários. Ver BAIXO CONGO; BANTOS; DONGO; FETI; GALANGUE.

OYÓ. Cidade-estado florescida na porção sudoeste do território da atual Nigéria por volta do século XIV d.C. e destacada como uma das principais unidades politicas constituídas dentro do conjunto de povos falantes da língua iorubá. Sua denominação é abreviação da expressão Oyó-Ilé (*Oyọ̀-Ilẹ́*, "terra de Oyó"), que designa a cidade principal, também referida como *Katunga* ou *Old Oyo*, i.e. "Antiga Oyó". Iniciativa de um importante grupo integrante do conjunto de falantes da língua iorubá, certamente o referido em Bascom (1969, p. 5) pelo etnônimo Oyo, teria sido fundada, segundo a tradição, por Oraniã, um dos filhos de Odudua. Segundo Adékòya (1999, p. 29), a fundação teria ocorrido a 30 milhas do Rio Níger, nas proximidades dos territórios dos nupês e borgus; e após isso Oraniã teria deixado o trabalho de consolidação do Estado nas mãos de seus filhos Ajaká e Xangô. O Estado destacou-se como força política e militar e, assim, tornou-se a grande representação do poder iorubano no norte e no oeste da chamada Iorubalândia, desempenhando papel importante nas relações com povos vizinhos, como nupês (ou tapas) e borgus (ou baribas). Prováveis relações com os hauçás teriam levado os iorubás de Oyó a participarem do comércio transaariano, já no século XIV. Nesse intercâmbio, comerciavam noz-de-cola, manteiga de caritê e outros produtos naturais, além de adquirir cavalos, potassa para o fabrico de sabão, e sal em pedra, provenientes do norte (Alagoa, 2010, HGA, V, p. 528). **Poder militar e econômico.** O reino de Oyó foi uma das grandes forças militares de sua região em seu tempo. Localizado no extremo da fronteira do "país iorubá", próximo ao Borgu, a norte e oeste; e ao reino Nupê, a oeste, situava-se mais na savana do que na floresta. Isto contribuiu decisivamente para que seu exército desenvolvesse uma formidável cavalaria, que se constituiu no principal fator de suas vitoriosas campanhas expansionistas contra povos vizinhos. Graças também a essa situação geográfica, o Estado pode tirar bons proveitos do lucrativo comércio desenvolvido ao longo do Sahel. Segundo Gordon (2003, p. 27), tanto esse comércio quanto as guerras agregaram poder, tecnologia, novas ideias e bens a Oyó e, através dela, a outras partes da Iorubalândia Mas a expansão foi detida pelos ijexás, habitantes da floresta, onde a cavalaria não podia penetrar. Da mesma forma, os ijebus, habitantes de terras escarpadas, e os equitis, também, por razões mesológicas, puderam escapar ao controle direto de Oyó O reino bini (Benim), a leste, constituiu também uma barreira à expansão; e, segundo a tradição, os dois Estados criaram uma fronteira de árvores, na cidade de Otun. Afora esses obstáculos, Oyó conseguiu criar uma rota comercial até a costa, através dos territórios dos egbás e egbados, a sudoeste da Iorubalândia e, por esse caminho, foi que se impôs ao Daomé. Por volta do século XIV, o reino de Oyó controlava uma área de mais de 10.000 milhas (20 km^2), exercendo poder inclusive sobre outros reinos "iorubás". No século XV os chefes de Oyó foram expulsos do antigo território mas, no exílio, se reorganizaram. No início da centúria seguinte, o poderoso Estado havia reconquistado seu território e rechaçado os nupês (Alagoa, 2010, HGA, V, p. 528). Data dessa época a reconstrução da cidade, em outro local, e a distinção entre a nova Oyó, a leste de Ibadan; e a antiga, que se localizava a noroeste de Ilorin. O topônimo "Oyó" foi também grafado, ao longo dos anos, nas formas Ailleaux, Aillot, Ayaux, Ayot, Eyeo e Eyo (Verger, 1987, p. 17). Ver BENIM, Antigo; IORUBÁS; ODUDUA; ORANIÃ; SAHEL; XANGÔ.

OZULUA. Obá do Antigo Benim no período edo, com governo situado entre 1481-1504, consolidador do expansionismo militar ocorrido durante o governo de Ewuare. Estabeleceu relações diplomáticas com os portugueses, inicialmente através do negociante João Afonso de Aveiro entre os anos 1484-1486. Ver BENIM, Antigo; EDOS; EWUARE.

PAGÃO. Designação aplicada por alguns autores, no âmbito desta obra, a cada um dos povos ou países não seguidores do islamismo, do cristianismo ou do judaísmo; e, sim, de formas da religião tradicional (q.v.). Nos textos árabes o vocábulo equivalente era *kaffir*, de onde cafre (q.v.), "infiel", "incrédulo".

PAGÃOS, Impérios. Ver IMPÉRIOS PAGÃOS.

PALÁCIO. Prédio que abriga a sede de um governo. No ambiente histórico deste livro, o termo não necessariamente conota fausto nem suntuosidade e, sim, a função.

PANGO (*Mpangu*). Região do reino do Congo, fronteiriça a Súndi, Mbata e Pemba, atravessada pelos rios Barbela, Bankari e Zaire; era também designada como Panguelunga (Parreira, 1990, p. 163). Sediou um pequeno Estado, existente desde cerca do século IV (Obenga, 1988, p. 7). Ver CONGO.

PAXÁ. No Império Otomano, título não hereditário de governadores e vizires. De origem persa. Ver JUDER PAXÁ.

PECUÁRIA. Atividade que envolve todos os aspectos da criação de rebanhos, inclusive o pastoreio, de todos os tipos de gado. **Origens.** A domesticação de gado bovino remonta à Antiguidade. No antigo Egito, o culto do boi Ápis, datando provavelmente da segunda dinastia faraônica, seria um reflexo dessa prática. Do Vale do Nilo, a criação de gado bovino teria se disseminado nas direções leste, centro e oeste do continente. Com efeito, entre os animais domésticos, valorizados pela utilização de suas peles e carnes, por seu leite e seu esterco, etc., os bovinos sempre tiveram, na África maior importância social e econômica. Daí terem se desenvolvido em várias regiões com características diversas, algumas vezes resultantes de cruzamento com outras raças, não autóctones. **História.** Na África contemporânea, os bovinos domésticos pertencem a dois tipos: os taurinos, análogos aos europeus, e os do tipo zebu (*bos indicus*), identificáveis pela corcova no dorso. Entretanto, esses zebus, embora apareçam em sítios rupestres como os do Enedi e do Hoggar, teriam chegado a esses locais no século X de nossa era ou depois (Balandier; Maquet 1968, p. 76-77). No início do século XI, grupos de fulas, pastores por excelência, para os quais o gado bovino é a razão maior da existência, levavam existência nômade no Futa Toro. A partir daí, Maquet (1962, p. 234) chama atenção para o fato de que pastores-guerreiros, em contato com grupos agrícolas, ou os pilhavam ou os dominavam para constituir sociedades à sua feição. No caso dos fulas, pastores por excelência, quando se sedentarizavam, tornavam os guardiões doa rebanhos dos cultivadores vizinhos. E assim foram-se tornando donos de riquezas consideráveis (p. 234-235). Sobre os fulas, diga-se, mais, que a procura de melhores pastos foi a causa principal das grandes migrações que os levaram a se deslocar desde o Maciná até o Futa e ao Gabu, e mesmo até o país dos hauçás. **Propriedade da terra e transumância.** Segundo Silva (1996, p. 31-34), a propriedade privada da terra existiu apenas em poucos lugares do continente africano. Nesses lugares, em que se praticava a agricultura permanentemente associada à criação de gado, o número de reses possuído era limitado ao tamanho das terras. Mas como a regra, entre os povos efetivamente criadores de gado era ampliar sempre o número de seus rebanhos, esse crescimento aliado à consequente deterioração dos pastos, exigia mobilidade. Vinha daí o deslocamento periódico de rebanhos em busca de melhores pastagens. Essa transumância facilitava os contatos e as trocas entre pastores e agricultores, numa aproximação que, em geral, resultava numa espécie de simbiose. Além disso, o gado não era apenas meio de troca (bem de consumo), mas também de reprodução e acumulação de riqueza (bem de capital). Com os gados compravam-se mulheres e se formavam famílias. Quem tinha muitos bois podia dar e emprestar; e inclusive propícias as divindades, oferecendo-os em sacrifícios religiosos. Sem contar que em alguns lugares, como entre os cuchitas e nilóticos da África Índica, desenvolveu-se, no curso de mais de dois milênios, o que se chamou de "culto do gado", que dominava todas as esferas da vida. Ver FULAS; MASSAIANO; SIRIKWA.

PEMBA. Ilha no Oceano Índico, no litoral da atual República da Tanzânia, a norte de Zanzibar. O nome designa também uma cidade litorânea em Moçambique. Ver SUAÍLI.

PENPI. No Antigo Mali, estrado de madeira ricamente ornamentado onde os *mansa* sentavam-se em situações solenes. Equivalente ao trono régio. Conforme o viajante Ibn Battuta (q.v.), seria um estrado com três degraus, "*recoberto de seda, arranjado com almofadas e coberto com um guarda-sol que forma uma grande cúpula de seda. Sobre o guarda-sol há uma ave de ouro do tamanho de um falcão*" (Battuta, 1987, p. 777).

PEQUENO ATLAS. Ver ATLAS, Montes.

PERSAS, Mercadores. Assim como os árabes, os antigos persas figuram entre os primeiros povoadores do litoral africano, tendo inclusive, no século VI a.C., tomado o Egito como parte do seu império. Ao longo da História, mercadores persas navegaram pelo Mediterrâneo até o Mar Vermelho, oferecendo tecidos, roupas, incenso e especiarias em troca de cativos, Ouro, marfim, ferro, chifres de rinocerontes e peles de animais. No início do século VII, o Império Persa incluía portos na Arábia e estendia sua dominação até o Golfo de Aden e o Oceano Índico. Na costa oriental africana, mercadores persas comerciavam intensamente com os zanjes, nome pelo qual eles denominavam os bantos locais. A partir principalmente do século X, membros do grupo dos xirazes, originários da Pérsia, foram-se miscigenando a indivíduos de famílias locais. Por volta do século XII essa mistura de povos já era determinante na formação da cultura suaíli que viria a dominar toda a costa oriental africana no século XV (Page, 2005, p. 179-180).

Ver ÁSIA, Africanos na; BANTOS; OURO; SUAÍLIS; XIRAZES; ZANJES.

PÉRSIA, Presença africana na. Ver ÁSIA, Africanos na.

PEÚLES. O mesmo que FULÂNIS.

PIGMEUS. Antigas populações africanas, habitantes principalmente das florestas dos atuais Congo, Congo Kinshasa, Gabão e Uganda, distintos de outros povos arcaicos, como os coissãs ou *khoikhoi*. Caracterizam-se por uma aparência física peculiar, com altura em geral não superior a 1,55 m e traços físicos definidos como acentuadamente arcaicos. Sua existência histórica, como uma população de baixa estatura, é atestada, na África Central, há milhares de anos; e sua saga registra, desde o fim da pré-história um constante movimento de fuga e isolamento, repelidos que foram por outros povos. Entre estes se incluem, na atualidade, os do povo batua, do sudoeste de Uganda, notabilizados por sua música refinada, certamente de origem ancestral. A propósito, registre-se que o poeta francês Blaise Cendrars incluiu em sua *Anthologie n*égre (Éditions de La Sirène, Paris, 1921, p. 289) um texto intitulado "Chant de pygmées" (Canto de pigmeus). Ver COISSÃ; *KHOIKHOI*.

PIMENTA-MALAGUETA. Fruto da pimenteira (*Capsicum frutescens*), planta da família das solanáceas. Também mencionado apenas como "malagueta". Distingue-se da pimenta-da-costa (*Xylopia aethiopica*) da família das anonáceas, também conhecida como "pimenta-da-África". Uma e outra foram itens da pauta africana de exportações no ambiente do comércio de especiarias, motivando o surgimento do topônimo Costa da Malagueta (q.v.). Ver ESPECIARIAS.

PODER FEMININO. Ver MULHERES.

POMBEIRO. Negociante ou emissário que atravessava os sertões africanos comerciando com chefes nativos ou a serviço de traficantes de escravos. Em função da importância econômica de seus negócios, forma classificados como "pombeiros descalços" e "pombeiros calçados" O vocábulo parece ter origem no quimbundo (*pombe*, mensageiro; *pombo*, espião), embora algumas fontes o relacionem ao topônimo Mbanza Mpumbu, do quicongo. Ver BANZA PUMBO.

PO-PA-LI, Terras de. Expressão usada em um livro chinês do século IX, para designar terras "muito áridas, percorridas por pastores nômades", que se alimentavam apenas de carne, leite e sangue bovino, o qual obtinham sugando-o diretamente de uma das veias. Pela descrição, essas terras, também mencionadas como "País de Bo-ba-li", foram localizadas, por probabilidade, na África Índica, "nas áreas vizinhas a Berbera ou de outros pontos da costa da Somália" (Silva, 1996, p. 329). Ver ÁSIA, Africanos na; BERBERA; SOMÁLIA.

PORTUGAL NA ÁFRICA. Na alegada busca por novas rotas marítimas, mais viáveis que as rotas comerciais terrestres então em uso, Portugal iniciou, após a tomada de Ceuta, em 1415, o período dos chamados "grandes descobrimentos". Os motivos invocados eram muitos, entre eles a defesa da fé cristã, ameaçada pelo islamismo; mas o que efetivamente impulsionou a saga portuguesa, como depois se viu, foram objetivos econômicos e políticos. A partir do século XV, a posição geográfica privilegiada de Portugal, potencializada pela preexistência de relações comerciais com o norte da África e a Ásia muçulmana, fez com que as naus lusitanas fossem marcando sua presença em vários pontos da costa africana, em eventos históricos que marcam o término da Antiguidade para algumas das regiões onde ocorreram, como seguinte: 1418, Canárias; 1420, Ilha da Madeira; 1444, Arguim, na atual Mauritânia; 1445, Península do Cabo Verde; 1446, Gâmbia; 1454, Senegal; 1470, São Tomé; 1471, Príncipe; 1472, Costa do Ouro, Golfo do Benim - Camarões e Gabão; 1482, Costa do Ouro; 1484, Golfo de Benim e Bacia do Congo; 1486, litoral de Angola; 1498, Cabo da Boa Esperança e costa oriental. Em 1505, os portugueses ergueram a fortaleza de Sofala; no ano seguinte, estabeleceram-se em Quíloa; em 1508, levantaram fortificação na Ilha de Moçambique, seu principal ponto de apoio; e, em 1593, saqueavam Mombaça e iniciavam a construção do Forte Jesus. Ressalta-se que, desde o primeiro momento, os muçulmanos que controlavam o comércio na costa oriental foram os maiores inimigos e o maior obstáculo à aventura portuguesa (Rodrigues, 1964, p. 12). Assim, a fundação de feitorias litorâneas e a penetração do continente africano buscavam solucionar os principais problemas que travavam a expansão do capitalismo nascente, tais como: a) o estabelecimento de uma rota para o Oriente fora do controle dos intermediários muçulmanos; b) o barateamento do custo de mercadorias orientais já essenciais para a Europa e cujo comércio era quase monopolizado pela cidade de Veneza; c) o aumento da circulação do ouro africano, para garantia do câmbio, impulso vital para a nascente economia capitalista (Ferreira, 1985, p. 18). Ver CABO VERDE, Península do; ESCRAVATURA; FORTE JESUS, ISLÃ; MOÇAMBIQUE, Ilha de; MOMBAÇA; NIOMINKA; OURO; PRESÍDIOS; QUÍLOA; SOFALA.

PRA. Rio da atual República de Gana. Nasce no planalto de Kwahu, e corre em direção ao sul, em território do povo *akan*, desembocando no Golfo da Guiné, na altura de Takoradi. Assim como o Rio Ankobra, a partir do século XV, desempenhou papel importante no escoamento das riquezas extraídas no interior e comercializadas na Costa do Ouro (q.v.).

PRATA. Metal sempre considerado valioso, a prata, em tempos e contextos passados, teve até mais valor que o ouro. E, assim, as notícias sobre a ocorrência de jazidas, foram um dos principais motivos das primeiras incursões portuguesas ao interior do continente africano. No território da atual Angola, a região de Cambambe (*Kambambi*), supostamente rica em minérios, principalmente de prata, foi, por isso, alvo de campanhas militares portuguesas c. 1575 (Parreira, 1990, p. 145). Ver CAMBAMBE.

PRAZOS, Sistema dos. Sistema de exploração fundiária instituído pelos portugueses em Moçambique a partir de fins do século XVI. Os chamados "prazos" eram grandes extensões de terras situadas ao longo do Rio Zambeze, conquistadas pelas armas ou ocupadas com consentimento de autoridades locais, e depois concedidas a pessoas provenientes de Portugal ou Goa, na Índia, em caráter hereditário até a terceira geração. A condição principal da concessão era que os beneficiados, os "prazeiros", casassem com pessoas vindas de Portugal, e assim criando núcleos familiares de colonizadores (História De Moçambique, 1978, p. 16). Ver MOÇAMBIQUE.

PRESÍDIOS. Na Angola quinhentista, designação dos estabelecimentos criados pelos portugueses para abrigar marginais da sociedade lusitana (malfeitores, vagabundos, aventureiros, etc.), de modo a que sua presença coletiva constituísse núcleos de povoações, úteis à ocupação colonial. Assim, os presídios seriam redutos tanto de defesa do litoral e das rotas de comércio, como de apoio ao trabalho nas minas. Como exemplo, veja-se que em 1583 foi construído o forte e presídio de Massangano, o qual, três décadas depois, já se constituía numa vila. No ano seguinte à abertura desse estabelecimento, acontecia a do presídio de Benguela-a-Velha (na atual Porto Amboim), destruído pela guerra várias vezes, até a fundação, no século XVII, de São Filipe de Benguela, origem da atual cidade de Benguela, localizada na província de mesmo nome (MPLA, 1975, p. 75-79). Seguiram-se os presídios de Muxima, Cambambe, Ambaca, Demba, Hango, Mapungo e Caconda (Ferreira, 1985, p. 24).

PRESTE JOÃO. Lendário soberano africano. Ver ETIÓPIA, República Federal Democrática da (item "A Etiópia mítica").

PROTOMOSSIS. Denominação aplicada aos mossis da bacia do Níger, em contraposição aos neomossis, da bacia do Volta. Ver MOSSIS.

PROVAS JUDICIÁRIAS. Ver JURAMENTO.

Q

QADIRIYA. Ver KADÍRIA.

QASR IBRIM. Ver KASR IBRIM.

QUÊNIA, República do. País da África Oriental, limítrofe às atuais Repúblicas de Sudão, Etiópia, Somália, Uganda e Tanzânia, banhado pelo Lago Vitória. Sua denominação originou-se, provavelmente, da expressão *Kere-Nyaga*, do idioma quicuio, que designa o Monte Quênia (Keniatta, 1985, p. 3), a mais importante elevação de seu território. Esse território, principalmente nas regiões do Vale do Rift e do Lago Tanganica, foi não só o berço do surgimento da espécie humana quanto o palco de encontros entre povos, como os que ocorreram entre os ancestrais dos atuais oromos e somalis com falante de línguas do grupo banto, ancestrais dos atuais quicuios, cambas (*kamba*), etc. O litoral, particularmente com a cidade de Malinde e os mercados de Mombaça e Zanzibar, sustentados pelo comércio de escravos, marfim e ouro, foi cenário do florescimento da pujante cultura zanje destruída por conquistadores portugueses no século XVI. Em 1585, os turcos otomanos apoiavam a rebeliões nativas contra os lusitanos, no norte do território e em Mombaça. Ver ÁFRICA; BANTOS; BITOS; CARAMAJONGUES-TESOS; ETIÓPIA, República Federal Democrática da; FONTES HISTORIOGRÁFICAS; FORTE JESUS; GALAS; GATUNGANGA; GEDI; GRANDES LAGOS; KWALE; MALINDE; MANCALA; MASSAIANO; METALURGIA; MOMBAÇA; OTOMANO, Império; QUICUIOS; RIFT, Vale; SOMÁLIA; SUAÍLI; TANGANICA; UGANDA, República de; ZANJE; ZANZIBAR.

QUIÇAMA (*Kisama*). Região na atual Angola, a oeste do Dongo e ao sul do Rio Cuanza. Lá, descendentes de migrantes vindos do Baixo Congo c. 100 a.C., foram-se organizando em pequenas unidades políticas até darem surgimento aos chamados "Estados Livres da Quiçama" (Muxima, Quitangombe, Quizua, Ngola Quicaíto, Cafúxi, etc.). Esses Estados eram independentes entre si, mas unidos pela oposição ao Congo e ao Dongo, desde antes da chegada dos portugueses na década de 1480 d.C. Local das famosas minas de sal de Ndemba, a região era também pródiga na produção de cera e mel de abelhas (Parreira, 1990, p. 151). Segundo Vansina (2010a, HGA, IV, p. 650), por volta de 1530, o rei do Congo ainda reclamava soberania sobre a região, bem como sobre Ngoyo, Cacongo, Luango e outras unidades menores. Ver ANGOLA, República de; CAGONGO; CONGO; DONGO; LUANGO; NGOYO.

QUICONGO (*Kikongo*). Língua do grupo banto, falada pelos diversos subgrupos do povo bacongo ou congo. Laman (1964, p. XL-LXXXIX) distribuiu os falares dos bacongos por doze áreas linguísticas, enfatizando que as formas faladas em cada uma dessas áreas ou zonas apresentam diferenças inclusive lexicais entre si. Ver BACONGOS.

QUICUIOS (*Kikuyu, Kikouyou*). Povo banto da atual República do Quênia, autodenominado *gekoyo* (KENYATTA, 1985, p. 320). Tradicionalmente organizado em nove clãs, não conheceu no passado nenhum poder político centralizado, sendo a autoridade exercida em seu meio por conselhos de anciãos. Ver GIKUYU; SENHORIDADE.

QUIJILA (*Kijila*). Vocábulo do quimbundo, traduzido em português como "proibição, interdição, tabu". No âmbito desta obra, denomina o código jurídico vigente nos quilombos da atual Angola, provavelmente desde o século XVI. (Parreira, 1990, p. 57). Ver QUILOMBO.

QUÍLOA (*Kilwa*). Ilha no Oceano Índico, no litoral da atual República da Tanzânia. Fundada por migrantes persas conhecidos como "xirazes", era uma feitoria muçulmana, aos poucos africanizada em razão dos intensos contatos, inclusive através de casamentos, com indivíduos nativos. À época focalizada neste livro, Quíloa, tinha contato com o interior da região através do porto de Sofala, ligado às minas auríferas do Grande Zimbábue por uma rota terrestre, advindo do controle sobre essa rota a prosperidade de que desfrutava (Mbwiliza, 1984, p. 27). Ver SOFALA; SUAÍLIS; XIRAZES; ZIMBÁBUE.

QUILOMBO (*Kilombo*). Vocábulo presente no léxico do quimbundo (*kilombo*) e do umbundo (*ochilombo*) com a acepção de "acampamento". Aparece na historiografia africana com duas acepções intercambiáveis: a de "arraial ou acampamento defensivo mais ou menos permanente, com finalidade militar"; a de "feira"; e, ainda, a de "instituição supratribal, capaz de aglomerar indivíduos de diversas origens étnicas", como amplamente difundido no Congo, Matamba, Ndongo e nos Estados ovimbundos do atual planalto central angolano, onde provavelmente teve a sua origem (Parreira, 1990, p. 58) Cunha (1982, p. 655), registra a entrada do vocábulo "quilombo" no léxico português no século XVI.

QUIMBUNDO (*Kimbundu*). A língua dos quimbundos. Ver MUXICONGO; NGOLA KILUANJE; NKISI; OVIMBUNDOS; POMBEIRO; QUIJILA.

QUIMBUNDOS. Denominação genérica (e talvez arbitrária) que abrange os povos bantos falantes do quimbundo (q.v.), atualmente localizados, no território da atual República de Angola, do Oceano Atlântico até o Rio Cuango. Compreende os ambundos, angolas (ngolas), bangalas, bondos, caris, dembos, hacos, holos, hungos, libolos, luandos, luangos, minungos, ntemos, punas, quibalas, quiçamas, sendes, songos e xinjes (Fituni, 1985, p. 43-44). Ver AMBUNDOS.

QUIOCOS (*Cokwe, Tchokués, Tchokwe*). Povo localizado na porção sul do território da atual República Democrática do Congo, do Rio Cuango ao Lualaba; no nordeste de Angola e no noroeste da Zâmbia. Tb. *chokwe* (ingl.); *tchokwé* (fr.). Ver CHÓCUES; LUNDA.

QUITARA (*Kitara*). Ver BUNIORO; UGANDA, República de.

R

RABAT. Cidade do Magrebe atual capital do Reino do Marrocos. Teria sido fundada em 1147, e servido na ocasião como acampamento militar dos soldados almôadas. Daí provém seu nome, uma adaptação do vocábulo "Ribat", que desde o tempo dos almorávidas designava uma área religiosa fortificada, com finalidade defensiva. Ver MAGREBE; MARROCOS, Reino do; RIBAT.

RABO, Homens com. Ver HOMENS COM RABO.

RAINHAS-MÃES. Ver MULHERES.

RANO. Uma das primeiras cidades-estado dos hauçás (q.v.). Constituiu, juntamente com Daura, Katsina, Kano, Zaria, Biram e Gobir o conjunto dos Hauçá Bokoi. Um de seus mais destacados governantes foi o *sarki* Kano Yagi (1349-1385).

REINOS. Ver MONARQUIA.

REIS. Título de origem árabe, usado tanto no singular quanto no plural, atribuído, entre os corsários dos Estados Barbáricos, a cada um dos capitães comandantes de navio. Ver BARBÁRICOS, Estados; SALIH REIS.

REIS DIVINOS. Em algumas culturas africanas, expressando uma instituição a que remontava à Antiguidade, o soberano era o detentor do poder absoluto, inclusive religioso, personificando seu povo ou sua nação. Assim, merecia total atenção à sua integridade física. Qualquer indício de debilidade ou envelhecimento de seu corpo corresponderia a uma ameaça de enfraquecimento do reino ou Estado. Além disso, o rei divino não podia ser portador de defeito físico ou qualquer incapacidade evidente; deveria ser versado em todas as artes, ofícios e atividades produtivas, agindo sempre como o representante de seu povo perante os espíritos dos ancestrais e as forças cultuadas, dirigindo os rituais e sacrifícios, na condição de guardião dos costumes e tradições por eles legados (Lopes, 2011, p. 253).

RELAÇÕES DIPLOMÁTICAS. As primeiras relações entre africanos e europeus, em nível de Estados, ocorreram no reino do Congo, a partir de 1490, sendo monarcas Nzinga-a-Nkuwu e Dom Manuel de Portugal. Estabeleceram-se aí relações epistolares de cunho diplomático, respeitosas e igualitárias, inclusive com a interveniência do Papa em Roma, como expresso em Coquery-Vidrovitch (1981, p. 93-94). Por volta de 1504, reinando no Antigo Benim o obá Esiguie, este enviou a Portugal um embaixador, recepcionado com homenagens festivas. Descrito como "um homem de bom falar e genuína sabedoria", esse diplomata foi portador de um "rico presente" enviado pelo soberano português ao seu rei. Durante algum tempo, o ambiente das relações entre Portugal e os reinos africanos a que seus exploradores chegavam foi esse. Mas à medida que os lusitanos foram se fortalecendo em terras africanas, a partir da Costa do Ouro onde, pela debilidade da ocupação litorânea (os Estados fortes estavam no interior) lhes foi permitido construir castelos e fortificações, as relações foram-se tornando cada vez mais complexas. O poder português, agora, semeava disputas, colocando-se do lado que melhor lhe conviesse. E assim o fizeram também, seguindo o exemplo, ingleses, franceses e holandeses (Davidson, 1977, p. 87-88). Ver CONGO; BENIM, Antigo; PORTUGAL NA ÁFRICA.

RELAÇÕES INTER-REGIONAIS. Entre os séculos VII e XI d.C. o continente africano experimentou um importante surto de desenvolvimento das relações entre diversas de suas regiões. As descrições das rotas, deixadas pelos geógrafos árabes, comprovam, nesse período, a expansão das trocas comerciais internas, bem como as efetuadas entre a África do norte e a Ásia ocidental (Bathily, 2010, HGA, III, p. 863). Esse desenvolvimento expressou-se, em quase toda a época repertoriada nesta obra, também na expansão dos meios de transporte, campo em que se buscaram aperfeiçoamentos através de experiências científicas, como as ocorridas no Marrocos, com bem-sucedidos cruzamentos de espécies de camelos para obtenção de planteis mais velozes. Igualmente, na navegação marítima, a construção de novos tipos de embarcações, a revitalização de portos, e a criação de novos de métodos de marinharia são consequência do desenvolvimento das relações inter-regionais (Bathily, 2010, HGA, III, p. 864). Ver CAMELO; MARROCOS, Reino do; ROTAS DE COMÉRCIO.

RELIGIÃO TRADICIONAL. A partir do século VII, no norte e no oeste do continente africano, as religiões autóctones, já antes submetidas, em algumas regiões, à forte influência do judaísmo e do cristianismo, receberam o decisivo impacto do islamismo. Entretanto, assim como as outras religiões mais antigas, o islã, na África, viu-se também como assimilador e assimilado, tendo seus princípios muitas vezes, e de várias formas, mesclados aos das crenças tradicionais, nas áreas onde chegou. **Princípios gerais.** O sistema que forma o conjunto de crenças e práticas objeto deste verbete é, desde 1961, por resolução de um congresso de estudos teológicos realizado em Abidjan, na Costa do Marfim, oficialmente denominado "religião tradicional africana" (Altuna, 1993, p. 369). Em linhas gerais, o sistema se baseia na crença em um Ente Supremo, criador do Universo e fonte da vida, que infunde respeito e temor; mas, por ser tão infinitamente superior e distante, não é objeto de culto, ou seja: não pode nem precisa ser agradado com preces nem oferendas. Além desse Ente Supremo situam-se, no sistema, seres imateriais livres e dotados de inteligência, os quais podem ser gênios ou espíritos. Os gênios são seres sem forma humana, protetores e guardiões de indivíduos, comunidades e lugares, podendo temporariamente habitar nos lugares e comunidades que guardam, e também no corpo das pessoas que protegem. Já os espíritos são almas de pessoas que tiveram vida terrena e, por isso, são imaginados com forma humana. Podem ser almas de antigos chefes e heróis, ancestrais ilustres e remotos da comunidade, ou antepassados próximos de uma família. Ao contrário do Ente Supremo, gênios e espíritos precisam ser cultuados, para que, felizes e satisfeitos, garantam aos vivos saúde, paz, estabilidade e desenvolvimento. Pois é deles, também, a incumbência de levar até o Ente Supremo as grandes questões dos seres humanos. Assim, já que contribuem também para a ordem do Universo, eles devem sempre ser lembrados, acarinhados e satisfeitos, através de práticas especiais. Essas práticas, que representam o culto em si, podem, quando simples, ser realizadas pelo próprio fiel. Mas quando complexas devem ser orientadas e dirigidas por um chefe de culto, um sacerdote. Outro aspecto que caracteriza a religião tradicional africana é a concepção segundo a qual todos os seres do Universo são dotados de energia ou força vital, integrando-se numa cadeia energética na qual, acima de tudo e de todos paira o Ser Supremo, que é a Força por si mesma e a origem de toda a energia vital. Abaixo dele se situam os outros seres e entidades, visíveis ou não, responsáveis pela pulsação do Universo. Acrescente-se que, para a religião tradicional africana, todo ser humano constitui um elo vivo, ativo e passivo, na cadeia das forças vitais, ligado, acima, aos vínculos de sua linhagem ascendente e sustentando abaixo de si a linhagem de sua descendência. Seguindo-se às forças humanas, vêm as forças animais, vegetais e minerais, também hierarquizadas segundo sua energia e considerados como prolongamentos daqueles a que pertencem. Além delas, cabe incluir as forças telúricas, ou seja, as energias presentes e atuantes em lugares determinados (montanhas, colinas, florestas, etc.), elementos naturais e fenômenos cósmicos (chuva, trovão, marés, etc.), das quais, na religião tradicional africana, algumas divindades, constituem representação. E como todas as forças estão inter-relacionadas, exercendo interações que obedecem a leis determinadas, o equilíbrio entre elas é obtido através ações rituais, de diversas ordens. **Antepassados e ancestrais.** Segundo alguns teóricos, não existe, no âmbito da religião tradicional africana, nenhum culto religioso especificamente voltado para os ancestrais ou familiares antepassados. O que existiria, segundo essa corrente de pensamento, já que os mortos familiares convivem nos seios de suas famílias, seria, na verdade, uma expressão particular de respeito aos mais velhos, sejam eles fisicamente vivos ou mortos; advindo daí as oferendas de comidas e bebidas (Gromiko, 1987, p. 62). **O Ente Supremo.** A ideia de um Ser Supremo, Criador, Incriado e Preexistente, tal como desenvolvida na tradição judaico-cristã e muçulmana era pouco difundido na África antes dos contatos com os árabes e os cristãos latinos, com exceção talvez das antigas culturas da Etiópia. Não obstante, a religião tradicional africana reconhece entidades criadoras do Universo, que o precederam e acima de tudo esse Ser Supremo. Entre os bambaras, Ele é *Massa Dambali*, o "Rei incriado", ou *Fen Bê Damba*, "Criador de todas as coisas" (Bâ, 1965, p. 10), entre outros 266 designativos ou qualificativos que se lhe atribuía. Entre os fulas, era chamado de Guenó, "O Eterno", o "Sem começo e nem fim". Já entre os dogons, podia ser denominado de *Amma*, entre os mossis, de *Wounnam*, entre o felupes

R

Emit, e entre os iorubás, de *Olorum* ou de *Olodumare* (LEITE, 2008, p. 127). Na zona de influência cultural banta ou bantu, todas as línguas servem-se de um vocábulo genérico para se referirem ao ente primordial, porque a própria enunciação do nome equivaleria a uma manipulação da essência divina. Contam-se pelo menos 23 nomes diferentes para a designação do ente supremo, e na região de Angola, o mais comum é o emprego da palavra *Nzambi*, em suas inúmeras variantes: *Nyambe*, *Njambe*, *Nzame*, *Nzama*, etc. (ALTUNA, 1993, p. 399). **História.** As informações mais antigas sobre aspectos da religião tradicional africana, segundo Gromiko (1987, p. 25-29) chegaram aos estudiosos através dos escritos de árabes como Ibn al-Faqi e Al-Masudi (c. 888-957 d.C.) e se referem aos zanjes, povo banto da África Oriental. Na primeira grande civilização conhecida do oeste africano, o Antigo Gana, segundo escritos árabes, a religião tradicional exteriorizava-se principalmente no culto a Uagadu-Bidá, a "serpente do Uagadu", este o nome vernáculo do país. Lá, segundo Al-Bakri, a residência do soberano era cercada por bosques sacralizados, onde se realizavam cerimônias de "cunho fetichista" (GROMIKO, 1987, p. 41). Já no Antigo Mali, sucessor do Gana como um dos principais Estados da África Ocidental em seu tempo, os costumes religiosos observados foram vistos como impregnados de "animismo". Por exemplo, em Casamansa, o *mansa* muçulmano tinha o hábito de solicitar ao imã que consultasse os adivinhos, antes de se engajar numa guerra. Também em Casamansa, o chefe muçulmano nunca bebia vinho ou *dolo* sem derramar algumas gotas no chão, como oferenda aos mortos. Nos campos, o culto agrário era poderosos e se exteriorizava nas estacas emplastradas com farinha de arroz e de milho, sangue de bode ou de vitela visando assegurar boas colheitas (LY-TALL, 2010, p. 200). Observe-se que Sundiata, o fundador do Mali era celebrado como grande caçador e grande mágico, iniciado nos mistérios das divindades da caça (GROMIKO, 1987, p. 43). No Estado songai de Gao, celebrizado como Império Songai, seu mais importante soberano, Soni Ali, depois de aderir ao islamismo, no século XIV, encontrou grandes dificuldades junto à aristocracia muçulmana, sendo descrito como um rei cruel, tirânico e libertino, o que, entretanto, estudos isentos desmentiram. As referências desairosas deveram-se, na verdade, ao fato de que grande líder nunca foi um bom muçulmano, pois jamais abandonou os cultos tradicionais de seu povo, o songai (CISSOKO, 2010, HGA, IV, p. 214), sendo inclusive mencionado como "adorador de pedras e realizador de sacrifícios" (GROMIKO, 1987, p. 41). No norte da atual Nigéria, onde no início do século X, instaurou-se a dinastia islâmica dos caridjitas, as crônicas dos hauçás relatam períodos de combate à religião tradicional alternados com outros em que a coexistência se acomodava. Segundo Adamu (2010, HGA, IV, p. 328-329) pode-se afirmar que, entre os séculos XII e XVI, o islã se integrou nos esquemas religiosos africanos porque não era considerado incompatível com a visão tradicional; e – o que é mais importante – porque a sociedade muçulmana não reivindicava exclusividade, mostrando-se disposta a acomodar muitos traços das crenças e costumes tradicionais. A partir do século XV, exploradores e missionários europeus colhem, entre povos bantos do centro-oeste dados sobre culto a espíritos da natureza (alguns mencionados como humanizados; outros, como bestas ferozes, monstros e demônios), culto a ancestrais, culto a antepassados de reis divinizados, etc. (Gromiko, 1987). Nos séculos XV e XVI, as populações contatadas pelos portugueses do litoral do atual Senegal até a Costa do Marfim e o Golfo de Benim eram adeptas da religião tradicional, sendo que os cronistas lusitanos desse momento notaram corretamente a base comum a todos os cultos encontrados ao longo da costa, notadamente nas atuais Guiné Conacri, Guiné-Bissau e Serra Leoa (Person, 2010, HGA, IV, p. 343-344). Nesse quadro, observemos que resistência à presença de estrangeiros foi, de uma forma ou de outra, motivada pela defesa do patrimônio religioso tradicional, legado pelos antepassados. **Oráculos.** Um aspecto também importante da religião tradicional africana era a consulta a oráculos nas atividades palacianas, notadamente no momento de decisões especiais, como foram os dos primeiros contatos externos. Nesse particular, chama a atenção a atividade dos babalaôs, altos sacerdotes oraculares do eixo Ifé-Benim, presentes na História africana desde pelo menos as proximidades do ano 500 a.C., conforme consignado em Page (2005, p. 26), embora algumas fontes mencionem essa tradição divinatória como de origem islâmica. **Fetichismo.** A classificação que indiscriminadamente atribui à religião tradicional africana como "fetichismo" parte da suposição de que elas envolvem adoração a seres inanimados tidos como dotados de espírito sobrenatural; nasceu da observação dos primeiros exploradores portugueses, nos séculos XV e XVI. Segundo eles, os africanos adorariam objetos manufaturados, fabricados, feitos; daí a primeira acepção da palavra "feitiço", como adjetivo: "não natural, artificial", do latim *factitio.* O termo acabou ganhando a acepção de bruxaria, sortilégio, etc. (Willoughby, 1928, p. 313). E entrou na língua francesa, como *fetiche*, retornando depois ao português e dando origem ao vocábulo "fetichismo". Veja-se, entretanto, que a religião tradicional africana apenas elege determinados objetos (ou seres da natureza) como morada simbólica de seres espirituais. Uma estatueta de um ancestral, por exemplo, é um símbolo que evoca sua presença e seus atos, e não o ancestral em si mesmo; da mesma forma que uma ferramenta ou uma pedra podem ser representações simbólicas de espíritos ou forças, signos que manifestam a presença espiritual deles entre os vivos. Em suma, o que se classifica como "fetiche" quase sempre é apenas um suporte material onde a força espiritual foi ritualisticamente fixada. Da mesma forma que outros objetos sacralizados presentes no cotidiano de religiões de maior prestígio. **Sacrifícios rituais.** Na religião tradicional africana, o sacrifício ritual tem como motivação a liberação de força vital: quanto mais importante for o animal sacrificado maior a energia vital oferecida à divindade, em agradecimento ou propiciação. Essa a lógica dos sacrifícios humanos, presente em todo o mundo antigo, onde em tempos de calamidade ou crise

R

profunda, os pais, para aplacar os deuses através de sua maior e mais preciosa oferenda, costumavam oferecer em holocausto os próprios filhos, como se lê em algumas passagens bíblicas. Na África, o sacrifício ritual de seres humanos foi usual, em algumas sociedades tradicionais. E ocorreu até mesmo no ambiente cristão de reis etíopes, como Baida-Mariam, historiado no verbete respectivo. Ver ÁFRICA; AL-BAKRI; BAIDA-MARIAM; CASAMANSA; DYÂNÂT; GANA, Antigo; MALI, Antigo; SOFALA; SONGAI; SONI ALI; STAMBALI; SUNDIATA KEITA; ZANJES.

RENEGADO. Indivíduo que abandona suas convicções religiosas para abraçar outra crença. No contexto deste dicionário, o termo, usado sempre com conotação desabonadora, designava, em geral, aqueles que abandonavam o cristianismo em favor do islamismo. Ver JUDER PAXÁ.

R

REPÚBLICA CENTRO-AFRICANA. País do centro da África, localizado entre Chade (N, NO), Sudão (NE), República Democrática do Congo (SE), Congo Brazzaville (S) e Camarões (O). Sua História, no período enfocado neste livro, confunde-se com a dos reinos da bacia do Rio Congo, do sudeste da atual República do Sudão, bem como das rotas de comércio que ligavam o centro do continente ao litoral índico e à região saariana. Ver ROTAS DE COMÉRCIO; SUDÃO; SUDÃO, República do.

REVOLTA DA CASA DOS ÍDOLOS. Rebelião ocorrida em Mbanza-a-Kongo no ano de 1514 sob a liderança de Dom Jorge Muxuebata, em protesto contra a proibição do culto aos ancestrais, materializados em imagens e objetos sacralizados, decretada pelo rei Mvemba-a-Nzinga (Afonso I). Em Abranches (1988, p. 68) são ressaltados o catolicismo fanático do rei e o fato de o nobre rebelado ser também católico, o que demonstraria a complexidade das razões do conflito. Ver NKISI; RELIGIÃO TRADICIONAL.

RIBAT. Termo de possível origem árabe que, no Magrebe dos séculos XI a XIII, ao tempo dos almorávidas e almôadas, designava cada uma das fortificações religiosas lá erguidas. Por extensão, designou também a instituição militar e mística que desenvolvida a partir delas, referindo toda a comunidade de fiéis muçulmanos que a ela associada. Em português, o nome teria dado origem ao vocábulo "rebato", na acepção de fortificação, fortaleza (Vargens, 2007, p. 197), bem como ao topônimo "Arrábida", de uma província religiosa portuguesa em Setúbal, originária de um convento; e ao gentílico "arrábido", dela originado (Houaiss *et al.* 2001, p. 295).

RIFT, Vale do (*Rift Valley*). Abreviação da expressão *Great Rift Valley* (Vale da Grande Depressão). Dá nome a uma fissura de 6.400 km na crosta terrestre, que se estende de Moçambique ao Líbano. No continente africano, do Mar Vermelho até o Lago Manyara, começando na depressão de Danakil e atravessando o Lago Turkana, tem seu trecho mais impressionante. Há muitos milhares de anos, grande parte do Vale do Rift, inclusive as regiões mais brutalmente hostis, como o deserto de Danaki, abrigam uma grande complexidade de grupos étnicos, falantes de idiomas bantos e afro-asiáticos. Daí sua grande importância nos estudos arqueológicos, sobretudo aqueles que informam sobre a anterioridade da presença humana em solo africano. Ver SIRIKWA, QUÊNIA, República do.

RITOS DE PASSAGEM. Expressão que designa, principalmente, as cerimônias que acompanham a passagem de um indivíduo de um status ou condição social para outro, no decorrer de sua vida. Nas sociedades tradicionais africanas, três são, em geral, os principais momentos desses ritos: o nascimento, a entrada na puberdade, o casamento e a morte. Com o nascimento, o indivíduo é apresentado e recebido como um novo membro do grupo em que nasceu; com a chegada à puberdade o jovem é ritualisticamente circuncisado (a moça é, em alguns grupos, submetida à excisão clitoridiana) para ingresso no seu grupo de adultos. Da mesma forma no casamento e na morte, quando o falecido continua a fazer parte da comunidade, mas em outra condição, não terrena. De qualquer modo, o mais importante em cada um dos ritos de passagem, é o estabelecimento de vínculos sociais indissolúveis do indivíduo com a sociedade a qual pertence e, principalmente, com o seu grupo de coetâneos, o que gera obrigações recíprocas de solidariedade e assistência para toda a vida.

ROHA. Cidade da Etiópia, sede do poder da dinastia salomônica (q.v.), mais tarde denominada Lalibela (q.v.).

ROTAS DA SEDA. Ver ÁSIA, Africanos na.

ROTAS DE COMÉRCIO. Desde a Antiguidade, a economia africana foi impulsionada pela existência de importantes rotas comerciais terrestres, ligando diversos pontos do continente. Segundo observado em Davidson (1981, p. 60), durante a IDADE MÉDIA europeia, os maiores centros de permuta e de finanças não estavam na Europa e sim na África; e isto porque, naquele momento de grande evolução civilizatória, nenhuma das novas cidades da Europa, podia se comparar, "em riqueza ou magnificência, no poder dos seus mercadores ou na qualidade das mercadorias manuseadas, com as principais cidades da África". **Em todas as direções.** Visto pelos europeus, durante o período colonial, como fator de isolamento dos povos da África tropical, o SAARA foi, pelo contrário, uma das mais importantes vias de passagem de pessoas, mercadorias, crenças e ideias, com forte papel na integração dos povos das florestas e das savanas com os do deserto e do litoral mediterrânico. Tal trânsito remonta pelo menos ao período de hegemonia cartaginesa e romana, quando a África Setentrional e a área situada abaixo do Saara passaram a figurar em escritos, mapas e roteiros – material criado para facilitar o conhecimento das localidades e produtos que interessavam ao comércio internacional, controlado por mercadores árabes e judeus. A partir do século VIII, com a gradual islamização do MAGREBE, o comércio caravaneiro foi aos poucos produzindo uma extensa rede de contatos e de negócios, em grandes rotas que cruzavam o Saara em diferentes direções. No sentido norte-sul, uma rota partia do atual Marrocos (Sijilmassa; Agmat) e terminava entre os atuais territórios de Mauritânia, Senegal e Mali; a outra partia das atuais Tunísia e Líbia, até a região da atual República do Chade. Uma terceira rota, por vezes denominada de

"Rota Tropical" cortava o continente em sentido oeste-leste, ligando a costa atlântica ao Nilo e ao litoral do Mar Vermelho, no Chifre da África – região perfeitamente integrada às rotas transcontinentais (Monès, 1968, p. 515). Vale acrescentar que a disseminação dessas rotas obedecia principalmente à dinâmica das relações internacionais do mundo muçulmano que, inclusive, articulava a circulação de produtos e riquezas entre o Ocidente e o Oriente. E que, nessa dinâmica, mercadores berberes convertidos, com suas caravanas comerciais, acabaram sendo os maiores responsáveis pela introdução do islã na África subsaariana. Na sequência desses eventos, a expansão das rotas de comércio não só levou o ouro do Sudão ocidental, notadamente do GANA, ao Mediterrâneo, como fez chegar ao Sudão o sal do SAARA. Assim, as trocas com a África subsaariana foram fundamentais na vida de todo o mundo muçulmano de então. Ver BERBERES; CHADE, República do; CHINA, CARAVANAS; IDADE MÉDIA; MAGREBE; SAARA; TAKSIF.

ROTSÉ. Ver BAROTSE.

RÓZUI (*Rozwi*). Estado criado na bacia do Rio Zambeze no século XV. Nasceu quando Changa, governador das províncias centrais e meridionais do Monomotapa, rebelou-se declarou sua independência, criando o reino rózui, mais tarde denominado Reino do Xangamire ou simplesmente Xangamire. Ver XANGAMIRE; MATOPE; XONAS; ZIMBÁBUE, Grande.

RUANDA, República de (ou República Ruandesa). País da África Central, limítrofe a República Democrática do Congo (de nordeste a sudoeste), Uganda (norte), Tanzânia (nordeste-leste) e Burundi (S). Segundo o conhecimento mais difundido, os primeiros habitantes da região teriam sido os ancestrais dos atuais povos twa ou batwa (batua). Após 1000 a.C., povos bantófonos, vindos da parte mais central do continente, teriam se estabelecido nos férteis planaltos dos atuais Ruanda e Burundi. Aos poucos, num longo processo de centralização política, esses povos teriam constituído o grupo étnico hutu. Por volta do fim do século XIV, segundo essa versão mais conhecida, teriam chegado, do leste e dominando técnicas mais avançadas, o povo hoje conhecido como tútsi, que estabeleceu na região uma monarquia centralizada, assimilando e avassalando os hutus. Entretanto, para outro grupo de historiadores, como visto, por exemplo, em Ogot (2010, HGA, IV, p. 559-90) e M'Bokolo (2009, p. 576), a teoria da origem estrangeira dos tútsis seria uma falácia histórica. Assim, segundo esse entendimento, os povos que tradicionalmente habitaram os territórios dos atuais Burundi e Ruanda compartilham uma mesma origem, vivenciando instituições políticas, tradições e um idioma o comum, o *kinyaruanda*, sendo todos, em conjunto, denominados *banyaruanda*. O poder dos tútsis, indedicados notadamente à pastorícia, sobre os hutus, principalmente agricultores, derivaria apenas de circunstâncias econômicas, fincadas na tradição do *ubuhake*, instituição tradicional segundo a qual uma pessoa de situação econômica inferior oferecia seus serviços a outra mais abastada em troca do usufruto de uma ou duas cabeças do rebanho bovino. No fim do século XV, segundo

R

Ogot (2010, HGA, IV, p. 583), os *banyaruanda* tinham conseguido formar um Estado centralizado, cujas instituições "incorporavam tanto pastores quanto agricultores". Era o reino de Ruanda, então, uma das importantes unidades políticas na região dos Grandes Lagos, a mais central do continente africano. O reino do Burundi foi fundado já no século XVII. Ver ÁFRICA; BANTOS; BURUNDI, República do; GRANDES LAGOS; UGANDA, República de.

RUTANZIGE. Lago na divisa dos atuais territórios de Uganda e Congo Kinshasa. Pertence à bacia do Nilo e recebe desse rio as águas do Lago Vitória. Ainda no século XX, foi chamado Lago Alberto.

RUVENZORI. Grupo de montanhas na atual fronteira de Uganda com o Congo Kinshasa, numa extensão de 130 km entre os lagos Eduardo e Rutanzige.

R

S

SAADIANOS. Dinastia reinante no Marrocos, após a dos marínidas. Originários do sul, após a ocupação pelos portugueses de lugares estratégicos como Ceuta (1415), Tânger (1471) e Melila (1497), seus líderes emergiram dentro do propósito de recuperar os territórios perdidos e unificar o Marrocos em torno de um governo central. Conquistaram Marraquexe em 1525, Fez em 1554 e derrotaram os portugueses na Batalha de Alcácer-Quibir em 1578. No início do século seguinte, a morte do rei Ahmed el Mansur selou o fim da dinastia. Ver MARROCOS; MARÍNIDAS.

SAARA OCIDENTAL. Região situada no litoral atlântico, respectivamente ao sul e a oeste dos atuais territórios de Marrocos e Mauritânia. Objeto de disputa política na atualidade, o território foi, no período focalizado nesta obra, habitado por indivíduos do povo Bafur, além de mouros e tuaregues, e vivenciou boa parte dos eventos históricos transcorridos nos territórios vizinhos. Ver BAFUR; MARROCOS, Reino do; MAURITÂNIA, República Islâmica da.

SAARA. Região desértica com mais de 8.000.000 km2, estendida do Atlântico ao Mar Vermelho e do Mediterrâneo à África tropical, o Saara cobre partes dos atuais territórios de Marrocos, Argélia, Tunísia, Líbia, Egito, Sudão, Chade, Níger, Mali e Mauritânia. Limitado ao norte pelo Atlas (cadeia de montanhas que chega até o Mediterrâneo na Líbia e no Egito) e ao sul pelo Sahel, em sua árida paisagem destacam-se o planalto de Tassili, a região do Hoggar; a planície de Tenerê, etc. Nos tempos antigos, por força de grandes e progressivas alterações climáticas, os habitantes da região passaram a migrar em busca de pastagens. Uns tomaram a direção norte, outros buscaram as margens do Mediterrâneo, outros permaneceram na região, como os berberes. Uma minoria desses remanescentes tornou-se comerciante, e, fixou-se em cidades, que evoluíram para Estados. **Importância histórica.** Apesar da aridez crescente, a região foi, desde tempos remotos, cruzada por inúmeras rotas de comércio, numa atividade facilitada com a introdução do camelo, no início da Era Cristã. Ao longo da História, consolidou-se como um eixo de articulação entre seus habitantes, as savanas e florestas ditas "subsaarianas" e os povos mediterrâneos. E assim cumpriu o mesmo papel dos mares e oceanos, com o trânsito, por suas areias, de pessoas, mercadorias, crenças, ideias, técnicas e tradições culturais (Macedo, 2013, p. 46). Ver BERBERES; SAHEL.

SABEUS. Denominação de um grupo de povos do sul da Arábia, no atual Iêmen, e por extensão, de sua língua e escrita. No período pré-islâmico sofreu acentuada influência judaica, de onde a figura legendária de Bilqis ou Makkeda, a "Rainha de Sabá", que, de acordo com as tradições judaico-cristãs e muçulmanas, teria visitado Salomão e lhe dado um filho, o rei Menelique I. Dos contatos históricos entre iemenitas e africanos das atuais Eritreia e Etiópia no período anterior à hegemonia de Axum há provas arqueológicas e evidências escritas. O próprio termo Abissínia, usado durante muito tempo para se referir a Etiópia, parece provir, por deformação e adaptação, de *Habashats*, o nome de um dos clãs do Iêmen cujos integrantes atravessaram o Mar Vermelho, através do Bab el-Mandeb, para se instalar nas encostas das montanhas do Tigré. Ver KALEB, rei de Axum. Ver AXUM; BAB EL-MANDEB; ERITREIA, República da; ETIÓPIA, República Federal Democrática da.

SABREDIM (*Sabra ad-Din*). Governante de IFAT, após DERADIR. Foi posto no governo por ÁMEDA-SION, na condição de tributário do Império Etíope, cristão. Após a queda de Hádia, liderou a formação de uma liga islâmica, congregando os sultanatos de Ifat, Dauaro, Adal, Bali, Xarca e Fatalgar, além de diversos xeques nômades somalis. Em 1332, seus liderados atacaram os abexins em três frentes, Angote, Amhara e Xoa; mas não conseguiram derrotar o império (SILVA, 1996, p. 573; 575). Ver ADAL, Sultanato de; AMHARA; ÁMEDA-SION; ANGOTE; BALI; DAUARO; DERADIR; ETÍOPE, Império; HÁDIA; IFAT, Sultanato de; SOMALIS; XARCA; XOA.

SABUR MINGUÉ. Herói civilizador do atual Senegal, de natureza provavelmente mítica, tido, pela tradição, como originário de Misra, o Egito, na época faraônica. Ver SENEGAL.

SACRIFÍCIOS HUMANOS. A prática dos sacrifícios humanos foi registrada em várias partes da África no período anterior e mesmo posterior ao século XVI. Para o antigo reino do Gana, o próprio nascimento do Estado está envolto no mito do sacrifício de jovens virgens a Bida, a Grande Serpente de Uagadu. Segundo Al-Bakri, por ocasião da morte dos governantes do Gana, sua sepultura era guarnecida com tecidos e tapetes, ornamentos, armas e objetos pessoais, comida e bebida, como também os seus cozinheiros e fabricantes de bebidas, que eram fechados no túmulo junto com eles para garantir-lhes o sustento (CUOQ, 1985, 100). Também há registros disto na área cultural dos povos mandingas, e na área cultural iorubá. Ao que se sabe, além da função consagratória da memória dos antepassados mortos, concretizada por ocasião dos ritos funerários, muitas vezes os sacrifícios tinham a finalidade de celebrar e honrar os princípios sagrados que dispensavam os vivos a fertilidade e a fecundidade. No Antigo Benim também era comum serem enterrados vivos serviçais para o obá, assim como a execução sacrificial de centenas de pessoas em memória do governante morto. Além disso, diversas outras situações envolviam sacrifícios de escravos: no aniversário da morte do pai do obá, quando uma dúzia de escravos eram abatidos, junto com uma dúzia de vacas, cabras, carneiros e galinhas; na cerimônia de consagração das miçangas do obá; na época das chuvas, se fossem excessivas, ou insuficientes; para prevenir doenças, a má-sorte ou qualquer tipo de ameaça que pairasse sobre o reino (AZIZ, 1978, p. 167-169;

S

Silva, 1996, p. 675). Observe-se que, na ontologia africana, o sangue animal é tido como veículo de força vital; e quanto maior ou mais potente for o animal sacrificado, maior será a energia liberada com seu derramamento. Esta é então a lógica dos sacrifícios humanos: compartilhamento, pelos circunstantes e pelo ambiente, da grande energia emanada do objeto do sacrifício. Ver BIDA; IORUBÁS; MANDINGAS; RELIGIÃO TRADICIONAL.

SADÔ. O mesmo que Tadô (q.v.), consoante Segurola e Rassinoux (2000, p. 402).

SAHEL. Designação da faixa territorial, de extensão variável, intermediária entre o deserto do Saara, acima, e a zona de savanas da África Tropical, abaixo do grande deserto. Com limites longitudinais que se alargam ou estreitam, de acordo com a precipitação, maior ou menor, de chuvas a cada ano. Cobre partes dos modernos territórios de Mauritânia, Senegal, Mali, Burkina Faso, Níger, Chade e Sudão (q.v.). **Sahel Mediterrâneo.** Segundo Larousse (1998, p. 5183), a denominação "Sahel" aplica-se também à região mediterrânea que engloba parte da Argélia e o norte da Tunísia. – O nome, também usado na forma "Sael", é árabe e tem o significado de "orla", "margem" ou "litoral".

SAÍFA ARADE (Sayfa-Arad). Rei da Etiópia (1344-1371), filho e sucessor de Ámeda-Sion, o maior soberano etíope de seu tempo. Seu reinado, sem o destaque do anterior, foi marcado pela disputa religiosa e a guerra contra os muçulmanos (Silva, 1996, p. 582). Ver ETIÓPIA, República Federal Democrática da.

SAIFAWA. Ver SEFAUAS.

SAKURA. Soberano do Mali (1285-1300), sucessor de Abubacar I. Grande soberano, reconquistou Gao aos songais, restabeleceu a ordem interna, ampliou os domínios e a esfera de influência do Mali. Foi morto por nômades do Saara quando retornava de sua peregrinação a Meca, sendo sucedido pelo *mansa* Gao, filho de Uli e neto de Sundiata Keita (Silva, 1996, p. 306). Ver MALI, Antigo.

SAL. Extraído de depósitos sedimentares nas regiões áridas ou obtido por evaporação de águas salgadas, o sal (cloreto de sódio), usado principalmente na conservação de alimentos, foi sempre riqueza fundamental e estratégica. Na África, escasso nas savanas e nas regiões de floresta, o sal era abundante principalmente em Tegaza, no Saara, e nas águas do Lago Chade. Assim, as unidades políticas que detinham o controle desses depósitos alimentavam sua economia principalmente fornecendo sal em troca de escravos, ouro, marfim, pimenta, noz-de-cola, alimentos, produtos manufaturados, etc. O comércio do sal, então, contribuiu grandemente para a estruturação de impérios como os antigos Gana, Mali e Songai, por exemplo. E até mesmo o poderio militar desses Estados foi assim acrescido, já que as caravanas que vinham do norte da África até as vastidões ao sul do Saara traziam os cavalos que aumentaram a força expansionista desses reinos. – No Sudão Ocidental, as cidades de Audagost, Bilma e Tegaza foram importantes centros de extração e comércio de sal fóssil. Da mesma forma, o reino do Bornu exportou em larga escala sal extraído das águas do Lago Chade; assim como, em terras da atual Angola, o reino da

Quiçama também foi notório nessa atividade. Ari Nave (*in* Appiah; Gates, 1999, p. 1661-1662) chama atenção para o fato de que o comércio de SAL, inclusive, colaborou para a expansão do islã na África Ocidental, já que os mercadores das rotas de caravanas foram, quase sempre, ao mesmo tempo comerciantes e pregadores da fé islâmica. O mesmo autor lembra que, segundo algumas fontes, o sal, em alguns momentos, por sua escassez, teve, nas savanas e nas regiões de floresta, valor equivalente ao do ouro, onde era abundante. Em resumo, vejamos com Davidson (1981, p. 71) que os africanos ocidentais, extremamente carentes de sal, não podiam produzi-lo em quantidade suficiente para suas necessidades vitais, pelo que o importavam do norte e do nordeste do Saara. Assim, o controle sobre o comércio e as exportações de sal, tanto quanto do ouro, foi fator preponderante na ascensão e no apogeu do Antigo Gana, o primeiro dos grandes impérios africanos. Ver AUDAGOST; BILMA; BORNU; CHADE, Lago; GANA; ISLÃ; MALI, Antigo; OURO; QUIÇAMA; SAARA; SONGAI; SUDÃO Ocidental; TEGAZA.

SALADINO (Salah ad-Din Yusuf ibn Ayyub). Chefe militar muçulmano de origem turca que, ao tornar-se sultão do Egito, em 1171, deu origem a dinastia dos aiúbidas. Seu maior feito foi reconquistar Jerusalém em 1189, reintegrando-a ao domínio muçulmano, após ter vencido os cristãos na Batalha de Hatin em 1187. Com a vitória, ganhou renome entre curdos, turcos, persas, sírios e árabes, e também entre os cristãos, onde devido a sua conduta reta, justa e piedosa passou a ser visto como modelo do cavaleiro ideal. Ver AIÚBIDAS; EGITO, República Árabe do; SULTÃO.

SALIH REIS. Corsário egípcio, atuante na região dos Estados Barbáricos, e falecido em 1556. Descrito como um homem corpulento e de pele escura, destacou-se, a partir de 1533, como um dos principais conselheiros de Kheireddin, almirante otomano em Constantinopla (Rogozinsky, 1997, p. 302). Ver BARBÁRICOS. Estados; REIS.

SALMANA BEN ABDALA. Governante do Kanem (c. 1182-1210), da dinastia sefaua ou *sefuwa*. O *Diwan Salatin Barnu*, livro de registros históricos do reino, datado do século XIII, destaca o fato de que era "muito escuro", e que até então "nenhum sultão nascera negro" desde o sultão Sayf, fundador da dinastia, pois todos eles eram "vermelhos como os árabes beduínos" (Lange, 2010, HGA, IV, p. 269). Segundo Silva (1996, p. 372) essa afirmação não deve ser levada muito a sério, pois no ambiente dos sudaneses islamizados, era comum mencionar como brancos os primeiros governantes, para vinculá-los mais de perto a Maomé. Ver KANEM.

SALOMÔNICA, dinastia. Série dinástica reinante na Etiópia do século XIII d.C. até os tempos modernos. É também mencionada como "dinastia dos salomônidas". Em 1270, no curso do governo da dinastia zagué, o neto de Lalibela, Na'akuto La'ab, abdicou em favor de Iekuno Amlak, um príncipe da província de Xoa, ao sul, que, afirmando ser descendente legítimo da Rainha de Sabá e do Rei Salomão, estabeleceu com isso a base de legitimidade de seus sucessores. A afirmação se fundamentava na antiga tradição de contato dos etíopes com o

Oriente Médio, principalmente com o antigo Israel, notoriamente expresso no episódio legendário da visita da Rainha de Sabá (reino separado da Etiópia apenas pelo Bab-el-Mandeb, e então sob forte influência abissínia) ao rei Salomão. A união da rainha com o rei judeu, segundo a tradição, teria dado nascimento a um filho, Menelique, tido como cabeça de uma dinastia etíope; assim, o cristianismo lá praticado assenta-se em preceitos do Velho Testamento e do judaísmo. O estabelecimento dessa dinastia marcou uma reviravolta na História da Etiópia. O centro do poder deslocou-se para Xoa, e a influência e o poder da Igreja foram enormemente aumentados, principalmente porque ela, segundo R. Pankhurst, passou a ser a maior proprietária das terras etíopes. Por esse tempo, segundo Silva (1996, p. 571) a estrutura de poder descendente e legatária de Axum abrangia as regiões de Tigré, Lasta, Angote, Amhara, e talvez parte de Bergender, chegando, na direção sul, até o planalto de Xoa; no rumo oeste, até o Lago Tana e o curso superior do Nilo Azul; e para leste, até as terras altas. Com Ámeda-Sion, neto de Amlak, governante de 1314 a 1344, a dinastia ganhou força e poder; e o neto dele, Zara Yaqob, por sua vez, reinando de 1434 a 1468, destacou-se como o maior governante da Etiópia desde Ezana. No século XV, a Etiópia foi seguidamente fustigada por ataques muçulmanos e, mais tarde, portugueses (PANKHURST, 1984, p. 52-57). Ver ÁMEDA-SION; AXUM; DINASTIA; ETIÓPIA, República Federal Democrática da; EZANA; IEKUNO-AMLAK; LALIBELA; MONTANHA DOS REIS; ZAGUÉS.

SALOMÔNIDA. Relativo ou pertencente à dinastia salomônica.

SALUM *(Saloum)*. Reino da Senegâmbia, fundado no final do século XV, segundo a tradição, por Mbegan Ndur, soberano do reino vizinho de Sinê; e bastante expandido no século XVI. Por volta de 1566, ocupava todo o norte do Rio Gâmbia e grande parte do Sinê. Na atualidade, a expressão denomina uma região natural, localizada em partes do norte da Gâmbia e do sul do Senegal.

SANHAJA, Confederação. Coalisão formada pelos clãs berberes dos lamtunas, massufas e judalas, entre os séculos X e XI, quando controlou grandes extensões do Saara. Destacados em Silva (2012, p. 53) como pastores nômades, os sanhajas ganharam poder pelo controle das rotas do comércio transaariano, sendo também senhores de inúmeros oásis. Sua denominações étnicas e variantes (azenegues, zenagas, sanhajas, etc.) originam-se no etnônimo *Iznagen* com que o povo se autodenomina. Ver JUDALAS; LAMTUNAS; MESSUFAS; SAARA; SANHAJAS.

SANHAJAS. Ver SANHAJA, Confederação.

SANKORE (*Sankoré*). Universidade da África Ocidental, escola corânica e a mais conhecida das madraças do Antigo Mali. Sua denominação deriva do nome de uma grande dama de Tombuctu que construiu em sua residência a mesquita que lhe deu origem. A construção, segundo algumas tradições, teria ocorrido entre 1325 e 1433. Para alguns autores, a edificação teria sido erguida após o retorno do Mansa Kanku Mussá de sua legendária peregrinação a Meca. Fora de dúvida é que foi importante centro de estudos corânicos, juntamente as mesquitas de Jingereber e a de Sidi Yaya. Segundo Al-Sadi, em seu *Tarikh al-Sudan*, durante o século XVI nela ensinaram importantes ulemás, doutores da lei, que tiveram influência no Império Songai. (Sissoko, 1974, p. 206). Ver CORÂNICO; KANKU MUSSÁ; MADRAÇA; MALI, Antigo; SONGAI.

SANTA HELENA, Arquipélago de. Dependência britânica no Atlântico Sul, localizada a cerca de 2.000 km do litoral de Angola, formada pelas ilhas de Santa Helena, Ascensão e Tristão da Cunha, desabitadas quando da chegada dos portugueses em 1502.

SAO-FARIMA. No Estado Songai, à época dos ásquias, designação do alto dignitário da corte, responsável pela inspeção e conservação das florestas, velando pelo corte da madeira usada nas construções e pela cobrança de imposto sobre os produtos da caça (Ki-Zerbo, 1972, I, p. 187). Ver ÁSQUIA; SONGAI.

SÃO JORGE DA MINA, Fortaleza de. Estabelecimento português na África Ocidental, fundado em 1482, no litoral da atual República de Gana. Conhecida popularmente, através dos tempos, como "Castelo da Mina", "Feitoria da Mina", "Fortaleza da Mina" ou apenas "Mina", recebeu também, nos mapas, o nome "Elmina", do qual proveio a expressão toponímica "Costa da Mina" (q.v.). Durante muitos anos foi o principal estabelecimento comercial europeu na costa atlântica africana, tornando-se célebre, também, como entreposto de africanos cativos que eram de lá embarcados para a escravidão nas Américas.

SÃO TOMÉ E PRÍNCIPE, República Democrática de. País insular da África Ocidental, localizado no Golfo da Guiné, a sudoeste da Ilha de Bioko. O território é formado pelas duas ilhas que lhe dão nome, mais as ilhotas de Pedras, Tinhosas, Rolas e Caroço, sendo o arquipélago, provavelmente desabitado, conquistado pelos portugueses a partir de 1470. História. Por sua posição estratégica, a 300 quilômetros do litoral dos atuais Gabão e Guiné Equatorial e por seus portos naturais, as ilhas foram usadas como "escala para o abastecimento de embarcações", servindo como base do tráfico escravista de Angola e Congo, principalmente para o Brasil. O governador local, com muita influência no Congo, buscava nesse reino a mão de obra para seus canaviais; mas os colonos chegaram a se insurgir contra o monopólio português sobre o cultivo da cana e o fabrico do açúcar. A população local se constituiu, principalmente, em função dessa circunstância, agregando e miscigenando africanos de diversas procedências, notadamente de Angola. A partir de São Tomé, os portugueses espalharam feitorias nos atuais territórios de Nigéria, Camarões e Gabão (Almeida, 1978, p. 51). Ver GUINÉ, Golfo; PORTUGAL NA ÁFRICA.

SAO. Antigo povo localizado na região a sudeste do Lago Chade, em território da atual República dos Camarões, chegados em levas sucessivas provenientes do norte. As ruínas de suas cidades, cercadas de muros edificados sobre outeiros semiartificiais, revelaram aos arqueólogos uma importante civilização desenvolvida a partir do século X. Segundo tradição local, seus habitantes seriam gigantes dotados de força prodigiosa, capazes, por isso, de realizarem essas construções em um ambiente desprovido de pedras, e dispondo de madeira suficiente apenas para a feitura de tetos e portas. Também segundo a tradição, teria sido um nativo desse povo o responsável pela construção das muralhas de Kano, a vizinha cidade-estado dos hauçás (MAQUET, 1962, p. 230-233). Os saos são mencionados em algumas fontes como ancestrais do atual povo kotoko. Ver CAMARÕES, República dos; CHADE, Lago; HAUÇÁS; KANO; KOTOKO.

SARA. Antigo povo autóctone da região do Lago Chade (q.v.), descrito como agricultor, caçador e animista.

SARACOLÉS. Uma das denominações étnicas dos soninqués. Segundo N'Diaye (1970, p. 178) esse nome seria derivado do berbere *seré-khoullé*, "homens brancos", em referência à alegada origem mestiça desse povo, fruto da miscigenação de berberes zenagas com indivíduos autóctones do Aukar, antes da fundação do Antigo Gana. Ver AUKAR; SONINQUÉS; ZENAGAS.

S

SARKI. Entre os hauçás, título privativo de cada um dos governantes das cidades principais de cada Estado. Do hauçá *sarki*, rei. Ver *CRÔNICA DE KANO.*

SÃS. Ver COISSÃS.

SAVANA. Formação vegetal caracterizada por uma cobertura de gramíneas em meio à qual crescem arvores e arbustos pouco numerosos e esparsos. Na África, esse tipo de formação ocorre entre a zona de floresta tropical e o Sahel; e entre a floresta e as zonas desérticas do sul do continente. Os poderosos Estados florescidos entre os séculos VIII e XVI, aproximadamente, na primeira região referida, são mencionados, em muitas fontes, como "impérios das savanas".

SEDA, Rotas da. Ver ÁSIA, Africanos na.

SEF. Líder berbere, herói fundador do povo kanembu, entre os séculos VII e VIII. Seu nome está na origem da dinastia dos sefauas (q.v.). Ver BERBERES.

SEFAUAS (*Saifawa*). Linhagem real do Kanem, tida como fundadora do Bornu (SILVA, 2012, p. 42). Fundada por Sef (ou Saf) por volta do ano 800, a dinastia permaneceu no poder até 1812, em um dos mais longos reinados da História africana. A ela pertenceu, por exemplo, o *mai* Umé Jilmi (c. 1075-1086), reconhecido como fervoroso muçulmano; e o *mai* Idris Aluma, tido como o maior soberano do Kanem-Bornu. A força dos seifawas se traduziu na firmeza com que se impôs a vizinhos fortes e hostis como os almorávidas e os reinos Sosso, Mali e Songai. Ver ALMORÁVIDAS; BORNU; IDRIS ALUMA; DINASTIA; KANEM; CANÚRI; MALI, Antigo; SEF; SONGAI; SOSSO; UMÉ.

SEGU (*Ségou*). Região no território da atual República do Mali, habitada majoritariamente por indivíduos do povo bambara. Ver BAMBARAS.

SEICHELES, República de. País insular da África Oriental, no Oceano Índico, cujo território é constituído por ilhas vulcânicas e coralígenas, situadas a nordeste de Madagascar e a leste do litoral queniano. A maior delas, onde se concentra 85% da população, denomina-se Mahé. O arquipélago foi contatado por exploradores portugueses em 1505. Ver MADAGASCAR, República de.

SEKANDA (*Shekenda*). Rei de Macúria, na Núbia, entre 1276 e 1277. Contestando o direito do próprio filho ao trono, buscou o apoio de Baibars, o sultão do Egito, que seria seu tio. Conseguindo o apoio, foi entronizado no poder, comprometendo-se a entregar anualmente ao Sultanato toda a receita do reino que passava a governar. Porém, com a morte de Baibars, foi executado. Ver EGITO, República Árabe do; MACÚRIA; NÚBIA; SULTÃO.

SELMAN NAR. Príncipe songai, cofundador da dinastia soni, juntamente com Ali Kolen (M'Bokolo, 2009, p. 162). Ver ALI KOLEN; SONGAI.

SENEGAL, República do. País litorâneo da África Ocidental, limitado a oeste pelo Oceano Atlântico, a leste-sudeste pelo Mali, a sudoeste e sul por Guiné e Guiné-Bissau, e a norte-nordeste pela Mauritânia. Separado deste país pelo Rio Senegal, o território senegalês envolve o da Gâmbia, a partir da foz do rio de mesmo nome. No início do século IX d.C., o vale do Senegal era habitado por pastores fulânis e tuculeres. Durante os três séculos seguintes a História local pode ser assim resumida: no século XI, tuculeres enriquecidos como mercadores no comércio transaariano "quebram" em consequência do declínio de Gana; na sequência, o reino do Takrur cai sob o domínio do Império do Mali; no século XIV a hegemonia local passa ao Grande Jolof, constituído pelos reinos Ualô, Cajor (Kayor) e Baol, do povo uolofe, mais o Sinê e o Salum, do povo serere. Finalmente, em 1445, exploradores portugueses, vindos de Cabo Verde, iniciam a ocupação do litoral. Ver ÁFRICA; ALMORÁVIDAS; BALANTAS; BAMBARAS; BAMBUQUE; BIAFADAS; BEMOI GILEM; *BRAK*; CABO VERDE, República de; CADAMOSTO, Alvise; CASAMANSA; KAYOR; DAMEL; DENIANQUÉ; FALEMÊ; FULAS; FUTA JALOM; FUTA TORO; GALAM, Reino de; GÂMBIA, República da; GANA, Antigo; GRANDE JOLOF; GUELWAR; GUINÉ-BISSAU; IBN YASIN; ISLAMIZAÇÃO; JURAMENTO; KAABU; LAMAN; MALI, Antigo; MALI, República do; MANDÊ; MANDINGAS; MAURITÂNIA, República Islâmica da; MOSSIS; NILO DOS NEGROS; PORTUGAL NA ÁFRICA; RELIGIÃO; ROTAS DE COMÉRCIO; SABUR MINGUÉ N'DIUAYE; SAHEL; SENEGAL, Rio; SENEGÂMBIA; SERERES; SINÊ-SALUM; SONINQUÉS; SUDÃO; TAKRUR; TECELAGEM; TEMALA; TUCULERES; UOLOFES; UOLOFIZAÇÃO; UALÔ; ZENAGAS.

SENEGAL, Rio. Com 1.700 km de extensão, o Rio Senegal nasce em território da atual Guiné Conacri, na região do Futa Jalom, atravessa o sudoeste do Mali e depois marca a fronteira entre o Senegal e a Mauritânia. Desemboca no Atlântico, próximo à atual cidade senegalesa de Saint-Louis. Ver FUTA JALOM; GUINÉ CONACRI.

SENEGÂMBIA. Região da África Ocidental, compreendendo os territórios pertencentes às atuais repúblicas de Senegal e Gâmbia. Povoada desde o primeiro milênio da Era Cristã, principalmente por ancestrais dos povos diúla e uolofe, modernas pesquisas localizaram, em seu ambiente, entre outras provas arqueológicas, objetos de metal fabricados entre os séculos IV e VI d.C. (Andah, 2010, HGA, III). Cheik Anta Diop chama atenção para similaridades linguísticas e culturais, em relação ao antigo Egito, existentes entre povos da região, sobretudo os úolofes e os fulas, querendo crer que esses povos

S

sejam originários do Vale do Nilo. A confirmar-se essa procedência, veja-se a hipótese de outras etapas migratórias, como é o caso dos mandingas, oriundos do Vale do Níger. O desenvolvimento da metalurgia pode ter contribuído para o surgimento do primeiro Estado centralizado da região, o Takrur. Esse Estado manteve intenso contato com povos do norte da África, inclusive com os berberes do grupo zenaga, povo cujo nome está provavelmente na origem do topônimo "Senegal". Ver DIÚLAS; FULAS; GÂMBIA, República da; JOLOF; MANDINGAS; NÍGER, Rio; NILO, Rio; SENEGAL, República do; TAKRUR; UOLOFES; ZENAGAS.

SENG-TCHE. Nome pelo qual aparecem mencionados os africanos em documentos chineses. Trata-se de adaptação da designação "zendj" ou "zanje", pelo qual eram identificados na Ásia os povos de origem africana do litoral índico. Ver ÁSIA, Africanos na; ZANJE.

SENHADJA. Etnônimo do qual se gerou, por corrupção, o nome étnico "zenaga" (N'Diaye, 1970a, p. 178).

S

SENIORIDADE. Circunstância de ocupar, um indivíduo, posição superior em função de sua idade mais avançada. – Um dos traços mais frequentes das formas pelas quais as sociedades africanas anteriores ao período moderno geriram suas relações políticas foi a adoção de instituições sociais baseadas na antiguidade, na senioridade, com franca valorização da experiência dos mais velhos sobre os mais jovens. Nas sociedades onde o princípio da senioridade foi adotado, o elemento comum encontrava-se no valor social fundante das relações familiares determinadas por filiação ou aliança que originavam diferentes níveis de parentesco no âmbito da família restrita ou extensa, das linhagens e dos clãs. Em todos os casos, a senioridade foi um princípio estruturante das relações de poder, fixando modelos de autoridade de tipo vertical ligados à anterioridade geracional. Entre os caramojongues (q.v.) do norte de Uganda, que desde época muito recuada se dedicam ao pastoreio, as tarefas da vida social encontravam-se distribuídas entre grupos organizados em faixas etárias, com responsabilidades e deveres específicos de acordo com a faixa de idade de cada indivíduo entre 10 e 60 anos. Acima dessa idade passava-se a fazer parte do grupo dos "velhos", dos "anciãos", a quem competia legislar e aplicar a justiça, solucionar as disputas e outras questões comunitárias, e atuar como sacerdotes (Davidson, 1981, p. 146). Em diversas sociedades, o modelo estruturante das relações de filiação foi projetado na esfera pública, de onde a autoridade ter se concentrado em patriarcas na comunidade familiar restrita ou extensa (linhagens, clãs) que reivindicava a origem num ancestral comum; em chefes e em conselhos de anciãos nas comunidades aldeãs ou em pequenas chefaturas; em representantes maiores da soberania colocados à frente de estados na condição de chefes de linhagens ou clãs hegemônicos. Em todos os níveis, a senioridade atravessava as relações sociais e se tornava sua principal referência. Mesmo quando, em certos casos, as relações decorriam de outros fatores que não o parentesco e a filiação, o vocabulário familiar lhe servia de parâmetro, o que se pode identificar em grupos dominantes que passavam a ser considerados "irmãos mais velhos" dos grupos dominados. O emprego do vocabulário familiar projetava-se, por exemplo, nas instituições sociais e políticas do antigo reino do Congo. Um dos termos ali empregados para designar a subordinação de um indivíduo a outro era *nleke*, o mesmo que designava "criança", numa clara prevalência dos termos familiares nas relações sociais (Thornton, 2004, p. 140). Note-se, porém, que senioridade e antiguidade não tinham necessariamente correspondência direta com a classificação etária das "idades da vida", baseada na idade biológica. No Congo, qualquer um que assumisse a posição de chefe de linhagem passava a ser chamado de *tata*, isto é, "pai" de seu tio-avô biológico paterno. Na sucessão, o herdeiro adquiria não apenas o cargo do predecessor, mas a própria identidade social dele, tornando-se seu predecessor, assumindo seu nome e seus laços de parentesco. Tornava-se, pois, "pai" no sentido sócio-político (Gonçalves, 2005, p. 58) Deste modo, embora as relações políticas não se limitassem ao quadro do parentesco, a senioridade e a antiguidade constituíam uma espécie de "matriz simbólica" dessas relações (Olivier De Sardan, 1994, p. 119-136).

SENUFOS (*Senoufo*). Conjunto de povos oeste-africanos falantes do idioma gur. Localizam-se numa vasta área que se estende do sul do atual Mali até o extremo oeste de Burkina Faso, bem como à Costa do Marfim e ao noroeste da República de Gana. Os senufos teriam penetrado na Costa do Marfim entre os séculos X e XV, em migrações relacionadas à sequência de eventos históricos vividos pelos impérios do Gana e do Mali. E no século seguinte, época do apogeu no Songai, ter-se-ia verificado a continuação dessa expansão. Ver BURKINA FASO, República de; COSTA DO MARFIM, República da; GANA, Antigo; GANA, República de; MALI, Antigo; SONGAI.

SERERES. Povo oeste-africano, localizado no território da atual República do Senegal, na região de Thiès (*sereres non*) e na do Joal (*sereres sin*). Foram eles os criadores dos antigos Estados de Sinê e Salum, incorporados pela Confederação Jolof. Na atualidade localizam-se também na Gâmbia e na Mauritânia. Os Estados Sereres. No século XIV, o expansionismo imperial do Antigo Mali impôs sua autoridade sobre os uolofes, fragmentando a união conseguida por Ndiadiane Ndiaye, o "Burba Jolof". Com o declínio do Mali, o Império Uolofe recuperou suas entidades originais, entre elas os reinos sereres de Sinê e Salum. Segundo Boakye (1982, p. 56), a grande diferença entre as unidades políticas dos sereres em relação aos uolofes estava na escolha do rei. Entre os sereres a escolha era feita por um alto dignitário chamado de *diaraff bundao*, ou *jaraaf*. Embora tivesse o direito constitucional de agir como regente quando o trono estivesse vago, ele nunca poderia tornar-se rei; e, além disso, tinha que ser indicado pelo soberano. Além do *diaraff bundao* (*jaraaf*), havia três outros importantes funcionários na hierarquia palaciana dos sereres: o burmi, herdeiro presumido; o encarregado dos escravos reais; e o chefe do palácio. Ver BERBERES NEGROS; BURBA JOLOF; JARAAF; NDIADIANE NDIAYE; UOLOFES; SENEGAL.

SERPENTE, Culto da. Na África, as crenças e cultos relativos às serpentes, remontam à Antiguidade, parecendo de algum modo constituir uma representação simbólica da soberania. Observado nas antigas Núbia e Etiópia, o fenômeno foi também percebido em outras regiões. Segundo, por exemplo, as tradições orais hauçás, quando o herói fundador Baiajida chegou a Daura, teria decapitado com sua espada uma serpente chamada Sarki – termo que passou a designar o título dos governantes das principais cidades, entre elas Kano e Katsina. Quanto ao Antigo Gana, sua fundação está vinculada ao mito de Bida, a Grande Serpente de Uagadu, a quem, segundo as antigas tradições, eram oferecidas periodicamente jovens virgens. Nos mais antigos Estados mandingas da Alta Guiné, sobretudo em Diarrá, Badibu e Niani, a ascensão ao governo era reservada aos membros das altas linhagens, escolhidos pelos ídolos chamados Dialan, os quais eram representados com forma de serpentes (Cissoko, 1969, p. 373). Ver BAIAJIDA; BIDA; HAUÇÁS; KANO; KATSINA; *SARKI*.

SERRA LEOA, República de. País da África Ocidental, limítrofe a República da Guiné (norte e noroeste); Libéria (leste e sudeste); e Oceano Atlântico (sul e sudoeste). O território foi habitado desde muito tempo por populações dedicadas à agricultura, à pastorícia e à pesca. O advento da metalurgia teria ocorrido no século VII d.C. O mais antigo grupo étnico, localizado nas regiões interioranas, foi provavelmente o povo límba. Os temnes e xerbros (*sherbro*) teriam ocupado as áreas costeiras em meados do século XV. No século seguinte, vindos do sudeste, chegaram os ancestrais do atual povo mende (African Encyclopedia, 1974, p. 459). O nome "Serra Leoa" teria sido dado à região em 1462 pelo português Pedro Cintra. Ver GUINÉ EQUATORIAL; LIBÉRIA; METALURGIA.

SHAMA, Fortaleza de. Estabelecimento português erguido na Costa do Ouro em 1523.

SHAYKH UTHMAN. Ver XEIQUE USMAN.

SHEME. Núcleo populacional a partir de onde nasceu a antiga cidade-estado de Kano (q.v.) e onde se ergue a Kano moderna.

SHEWA. Ver XOA.

SHOA. Ver XOA.

SIDI BOUMÉDIÈNE (1126-1197). Nome pelo qual foi mais conhecido Abu Madyane, de nome completo Choaïb Abou Madyane El Andaloussi mestre muçulmano sufista nascido em Sevilha e falecido em Tlemcen, cidade argelina da qual é patrono, e onde foi o fundador da principal escola iniciática do sufismo no Magrebe; por isso seu túmulo, em Tlemcen, é local de culto e veneração. Ver MAGREBE; SUFISMO.

SIDI EL MOKHTAR BEN AHMED BEN ALI BAKEUR. Ver MOUROS.

SIJILMASSA. Antiga cidade marroquina fundada em 757. Situada numa planície ensolarada, com solo impregnado de sal e em posição estratégica, na entrada noroeste do Saara, tornou-se o principal centro do comércio do ouro no norte africano (Davidson, 1981, p. 63). Tomada pelos almorávidas em 1055, a cidade manteve-se importante até o século XIV, quando entrou em declínio. Ver ALMORÁVIDAS; SAARA.

SILÁ (*Silla*). Cidade-estado do Sudão Ocidental, cortada pelo Rio Senegal, importante entreposto do comércio transaariano; foi submetida pelo Tecrur e depois pelo Mali (SILVA, 2012, p. 59). Ver UAGADU.

SINÊ-SALUM (*Siné-Saloum*). Região da atual República do SENEGAL, localizada a nordeste do ponto onde os rios Sinê e Salum se encontram, para depois desaguar no Oceano Atlântico, formando um delta. Nesse delta, próximo à fronteira de Gâmbia, localiza-se a ilha de nome Salum. A região foi o berço dos antigos Estados de Sinê e Salum, criados por indivíduos do povo Serere. Ver BARBACIN; GRANDE JOLOF; SALUM; SENEGAL, República do; SERERES; UOLOFES.

SIRIKWA. Denominação de uma localidade no território da atual República da Tanzânia e, igualmente, de um antigo povo de mesmo nome. Situada na região dos Grandes Lagos, na área central do Vale do Rift, nela foram descobertos e estudados importantes vestígios arqueológicos remontando ao século XII d.C. e informando sobre técnicas pecuárias lá desenvolvidas. Esses vestígios, conhecidos como "buracos de Sirikwa" consistem em currais cavados em declives de terrenos e em parte cercados por paredes de pedras soltas. Cada um deles contava com uma rampa no lado mais baixo, para que o gado abrigado pudesse descer, além de uma cabana para os pastores. Seu uso parece ter persistido até o século XVIII (SILVA, 1996, p. 383-384).

SISTEMAS POLÍTICOS TRADICIONAIS. No contexto histórico deste dicionário, as sociedades africanas encontravam-se organizadas ou se organizaram dentro de sistemas políticos diversos. Em estudo considerado "clássico", os antropólogos Meyer Fortes e Evans-Pritchard (1981, p. 31-33) apontaram duas categorias principais de sistemas políticos, distinguindo aqueles que dispunham de hierarquia social estabelecida, autoridade centralizada, aparelho administrativo e instituições jurídicas, em suma, um Estado; daqueles que não dispunham dos elementos citados, em que não havia divisões sociais agudas, diferenças acentuadas de riqueza e status, denominados de "sociedades simples", "sociedades sem Estado", ou, como têm sido chamados mais recentemente "sociedades horizontais" e ainda "sociedades acéfalas". Enquanto as sociedades não estatizadas teriam o seu funcionamento baseado em relações diretas de parentesco, as sociedades estatizadas disporiam de mecanismos de funcionamento mais complexos, ligados à influência de linhagens, grupos de descendência unilinear (por via feminina ou por via masculina) que moldavam a estrutura política. Como exemplo de sociedades acéfalas podem ser indicados os dinka e os nuer, do Sudão, e os balantas da Alta Guiné. Mas a maior parte dos povos eram organizados em Estados cujos governantes (negus na Etiópia, *mansa* no Mali, *tunka* em Ghana, *mai* no Kanem, ásquia no Songai, manicongo ou *ntotila* no Congo, etc.) exerciam autoridade sobre vastos territórios, com poderes mais ou menos equivalentes aos reis e imperadores ocidentais. Nas antigas monarquias africanas as "rainhas-mães" detinham por vezes poder equivalente aos de seus consortes masculinos. Alguns cientistas sociais

S

africanos problematizaram a definição e classificação proposta por Meyer Fortes e Evans-Pritchard, que enquadra e hierarquiza a evolução dos sistemas políticos. Segundo Pathé Diagne (1967, p. 19-20), os poderes tradicionais eram multicêntricos e admitiam regimes paralelos de organização que ora se imbricavam, ora se sobrepunham uns aos outros. O certo é que nos diferentes tipos de governos, com maior ou menor grau de centralização e institucionalização, os poderes constituídos dialogavam ou tentavam se impor às autoridades tradicionais (anciãos, sacerdotes) cujo prestígio provinha do respeito devido aos mais velhos. Quanto ao exercício do poder, convém relativizar a influência da territorialidade uma vez que a extensão das fronteiras variava de acordo com o reconhecimento da autoridade e mando dos governantes. Em vez de Estados com fronteiras delimitadas e fixas, com instituições fortes e consolidadas, o melhor é apostar na capacidade de adaptação e recomposição daqueles sistemas políticos e distinguir, simplesmente, como propõe M'Bokolo (2009, p. 156), a existência de "sociedades englobantes" e "sociedades englobadas" Ver Senioridade, RAINHAS-MÃES; linhagens, direito costumeiro.

SITOBO. Herói fundador do reino mossi de Dagomba. Ver MOSSIS.

SOBA (1). Capital do reino de Alodia, ao sul da Núbia. No período enfocado neste livro, foi mencionada por viajantes como uma florescente cidade, com finas construções, igrejas e mosteiros. Após a queda da Nobácia, os contatos com outros centros cristãos se diluíram, até que a cidade foi destruída pelos funjes, em 1504 (Howat, 1973, p. 1095). Ver ALODIA; FUNJES; NOBÁCIA; NÚBIA.

SOBA (2). Termo quimbundo usado para designar o chefe, a autoridade principal que, numa determinada área, exerce jurisdição sobre pessoas e bens. Provavelmente, já era usado em Angola (q.v.) antes da chegada dos portugueses, embora a literatura colonial tenha usado o termo "régulo", de caráter depreciativo.

SOCIEDADES SECRETAS. Expressão frequentemente usada designar associações de lideranças existentes em diversos lugares e momentos da História africana, principalmente no seio de sociedades que não se organizaram em Estados. Embora suas reuniões e ritos fossem privados e restritos aos seus membros, constituíam instâncias de poder notórias e reconhecidas, daí devessem, segundo algumas fontes, ser entendidas mais como sociedades "de segredos" do que efetivamente secretas. Ver ESTADOS.

SOFALA. Cidade litorânea da atual república de Moçambique, conhecida também como As-Sufalyya antes do estabelecimento e conquista dos europeus a partir do século XV. Fundada pelos xirazes no século X, seu núcleo inicial foi uma feitoria localizada a 30 km da atual cidade de Beira, para onde era levado o ouro extraído nas minas e rios dos planaltos de Karanga e Butua, no atual Zimbábue; e segundo Silva (2012, p. 52), mais especificamente de Barué, Tonga, Manica, Makaranga, Dande e Butua, no planalto entre os rios Limpopo e Zambeze. No final do século X tornou-se o ponto de convergência entre a cultura suaíli, mercantil e muçulmana, e a do

Zimbábue, assentada na metalurgia e na religião tradicional. No final do século XV, era o principal centro fornecedor do ouro monopolizado pelos portugueses. Ver MOÇAMBIQUE; OURO; SUAÍLI; ZIMBÁBUE.

SOMÁLIA (República Democrática Somali). País do Chifre da África, no noroeste da África Oriental, na península de mesmo nome. Limita-se ao norte com o Golfo de Aden, a leste com Oceano Atlântico; a sudoeste com o Quênia, e a oeste-noroeste com a Etiópia. Na Antiguidade, como o "país de Punt", compreendia os atuais territórios de República Somali e Djibuti. – A ocupação do norte do território da atual República Democrática Somali por sua etnia majoritária, os somalis, data do século X, época dos fatímidas no Egito e dos abácidas em Bagdá. Entretanto, antes dessa ocupação, já se registravam núcleos de povoamento no litoral. Nos séculos seguintes, os somalis, deslocando-se para o sul, foram conquistando e assimilando outros povos. No litoral do Golfo de Aden e do Mar Vermelho, eles estabeleceram relações mercantis que culminaram com a exportação de riquezas para Arábia, Pérsia e outros países do Oriente. Essas relações propiciaram o surgimento de diversas unidades políticas (African Encyclopedia, 1974, p. 472). Ao longo da costa, através de gerações, foram surgindo comunidades miscigenadas, árabo-somalianas, que dominaram o comércio e a política locais (Appiah *et al.*, 1999, p. 1746). No século XIII, o território da atual Somália abrigou o sultanato de ifat, tornado tributário do Império Etíope, tendo a cidade de Zeila como capital e principal centro urbano. Tornando-se independente, o Estado ampliou seu território, passando a constituir o Sultanato de Adal, estreitamente ligado aos árabes da costa. Expandindo seu poder, o sultanato colocou-se em franca rivalidade com a decadente Etiópia cristã, que pedia sem sucesso o apoio dos cristãos europeus. Com a viagem de Vasco da Gama, no final do século XV, Portugal deu-se conta da importância do comércio índico. E essa constatação resultou na investida militar que destruiu Mogadixo, Zeila, Berbera e Brava, e em meados do século XVI (Enciclopédia Do Mundo Contemporâneo, 2000, p. 535). Ver ABÁCIDAS; ADAL, Sultanato de; ÁFRICA; ALMORÁVIDAS; ANGOCHE; ÁSIA, Africanos na; BERBERA; BRAVA; CHIFRE DA ÁFRICA; DJIBUTI, República do; EGITO, República Árabe do; ETIÓPIA, República Federal Democrática da; FATÍMIDAS; FUTA; JUBA; JUDITE, Rainha; MOGADIXO; PO-PA-LI, Terras de; QUÊNIA, República do; SOMALIS; SUAÍLIS; SUAÍLI, Costa; TRÁFICO ÍNDICO.

SOMALIS. Povo da Somália (q.v.).

SONGAI (*Songhay, Songhai*). Povo do oeste africano, atualmente localizado principalmente na República do Níger, onde constitui o quarto maior grupo populacional, e no norte do Mali, entre as cidades de Tombuctu e Gao. Por vezes, em algumas fontes, aparecem denominados como "Sonrai". Seus ancestrais foram os construtores do Império Songai de Gao, assim referido em alusão à cidade-estado que o originou, chamada Gao ou Al-Kawkaw. **Dendi, Gao e Kukya.** O primeiro núcleo do povo Songai foi Dendi, cidade habitada por dois subgrupos aparentados mas tradicionalmente inimigos: os do povo sorko, pescadores do Rio Níger; e os do povo Gabibi, dedicados à agricultura; a eles somavam-se os gow, tradicionais caçadores. Com o domínio dos primeiros sobre os segundos, formou-se Kukya, conquistada, segundo a versão mais corrente, no início do século VIII por Diá Aliamen, originário do território mandinga e fundador de uma extensa linhagem dinástica (Boakye, 1982, p. 25). Esse teria sido, então, o momento da fundação de Gao ou Al-Kawkaw. Vivendo da agricultura, da pecuária e do comércio, e assim atraindo mercadores e pregadores muçulmanos, Gao, logo se tornou um próspero e poderoso centro e acabou por se estruturar como uma promissora cidade-estado. Situada a norte da curva do Rio Níger, era bem suprida de peixe pelo rio e de alimentos, graças ao desenvolvimento de uma rica agricultura. Logo se tornou, então, o ponto de passagem de importantes rotas de comércio provenientes de Marrocos, Ifríquia e Egito, tendo também conexão com a região das florestas, ao sul (Boakye, 1982). Observe-se, entretanto, a confusão ainda suscitada pelos nomes "Kukya", "Kawkaw" e "Gao", salientada inclusive em Cissoko (2010, HGA, IV, p. 212), que assim a equaciona: "O que se deve sublinhar é a existência das duas cidades, Gao e Kukya, no século XII. A unidade política que se estendia sobre as duas margens do Níger, de Dendi a Gao, era dirigida pelos Dia ou Za, provavelmente uma fração dos songai miscigenada com berberes. De qualquer modo, no século XI o Dia tinha o título songai de Kanta ou Kanda". **O Império Songai de Gao.** Pelo tempo dos fatímidas no Egito e do início do movimento dos almorávidas, o Dia Kossoi, reinante em Kukya, converte-se ao islã e transfere-se para Gao, a qual, por sua posição privilegiada, à margem do Níger, na zona fronteiriça entre o Sudão ocidental e o Sahel, acaba por ofuscar Kukya. Gao era ponto de encontro das três principais rotas de comércio: a do Marrocos, a da Ifríquia e a do Egito. E escolhida como a nova capital, por um governante agora muçulmano, o Estado Songai, antes à sombra do Gana e agora tributário do Mali, começa a receber a atenção da África islâmica. E isto, apesar de o povo local permanecer, ainda durante longo tempo, segundo Cissoko (2010, HGA, IV) fiel às suas crenças tradicionais. **A dinastia soni.** Por volta de 1325, um representante de Kanku Mussá apodera-se de Gao, mantendo-a temporariamente sob a dependência do Império do Mali. Segundo a tradição, dois filhos dos governantes locais, Ali Kolen (ou Golon) e Suleiman Nar, foram mantidos como reféns até 1337, quando, tendo escapado, põem em causa a dominação mandinga, libertam seu povo, e o primeiro deles funda a dinastia dos sis ou sonis (Ki-Zerbo, 1972, I, p. 182). **O Soni Ali.** Subindo ao trono de Gao em 1464, Soni Ali se destaca como um dos grandes reis-guerreiros da História. Corajoso e inteligente, expande seu império, conquistando e incorporando diversas províncias. No plano interno, consegue contornar os graves conflitos de interesses entre os muçulmanos e os adeptos da religião tradicional, sendo, por isso, mencionado como "libertino, opressor, celerado e fetichista" (cf. Aziz, 1978, p. 286) pelos sábios islamizados de Tombuctu, cidade que subjugou em 1468. Segundo Davidson (1981, p. 85) ao mesmo tempo que foi chamado de "tirano cruel" por esses, foi amado por seu povo. É mencionado em Furé (1997, p. 29) como "personalidade extraordinária, guerreiro e conquistador". Com a tomada de Tombuctu, em 1468, o Soni Ali inicia uma trajetória de grandes conquistas e expansão territorial. Assim, volta para tomar Djenê, marchando depois para o sul onde ataca sem sucesso Iatenga, unidade política do povo mossi. Compensando-se do insucesso, conquista Hombori, também no sul. Daí Soni parte para atacar os peúles (fulas) do Macina, de onde ruma para o oeste, através do Rio Níger, para conquistar o Estado hauçá de Kebbi. Além de ter criado uma verdadeira frota de guerra, comandada por um almirante, Hi-Koy, projetou um canal ligando o Lago Faguibine, próximo a Tombuctu, a Ualata, na atual Mauritânia. A partir dessas conquistas, o Songai se consagra como modelo político, social e econômico para os povos recém-islamizados do Sudão ocidental, transformando-se num poderoso império (Boakye, 1982, p. 25-26). Segundo Boakye (1982, p. 26), apesar de não ter sido muçulmano nem demonstrado gosto por estudos, Soni Ali foi um líder militar dotado de coragem e força de vontade incomuns, além de grande tino político. Sucedido por Soni Baru, seu cognome "Ali Ber", segundo a mesma fonte, tinha o significado de "Ali, o Grande". **Os ásquias.** Em 1493, Muhamad ibn Abi Bakr ou Muhamad Turê, da etnia tuculer, governante de uma das províncias do império, rebelando-se contra o Soni Baru, sucessor do Soni Ali, assumiu o trono com o título "ásquia" (*askia*), fundando a dinastia. Sob esse governante, comumente referido como Ásquia Muhamad ou "Ásquia, o Grande" a hegemonia songai atinge o apogeu. Nesse auge, o império, expandido a partir da curva onde o Rio Níger encontra o Saara, cobriu um vasto território que chegava a regiões dos modernos Mali, Níger, Senegal Guiné, Gâmbia e Burkina Faso. Então, Tombuctu destacava-se como o maior posto avançado do comércio saariano de ouro, sal, tecidos, etc., e tinha igual reconhecimento como importante núcleo de atividade intelectual. Após o falecimento de Muhamad, em 1538, reinaram os ásquias subsequentes, até a queda do Songai, em 1591, ante o sultanato do Marrocos, que objetivava o controle das minas de ouro do Sudão ocidental. Efetivada a conquista, os outrora prósperos senhores do ouro tornaram-se vassalos; e os beneficiários das mudanças passaram a ser, principalmente os líderes do país hauçá, e os de Kanem-Bornu, Baguirm, Uadai e Darfur, através do tráfico de escravos. **O território.** Segundo Tymowsky (2005, p. 215), no auge de sua expansão, o vasto território ocupado pelo Songai, estendia-se: na direção leste, do Oceano Atlântico e das terras do Mali até o Air e as cidades-estado hauçás; e, nas direções norte, sul e sudeste, de Tegaza até Hombori e ao redor de Kankan. Uma parte desse território era ocupada por Estados dependentes do Songai. No sudoeste, estava o Mali; no leste, as cidades-estado hauçás, inclusive Kano, Katsina e outros centros. Entre as demais unidades dependentes, Diara constituía uma "chefatura" e o Air era ocupado por nômades. Alguns grupos de tuaregue, também nômades, controlavam as minas de sal de Tegaza e os oásis saarianos de Ualata e Arauan, bem como as rotas transaarianas que atravessavam essas localidades. Ver AL-MAGHILI; ALI KOLEN; ALIAMEN; ALMORÁVIDAS; ARMAS DE FOGO; ÁSQUIA; BAGUIRMI; BALAMA SADIKI; BELLA; BORNU; DAPUDE; DARFUR; DENDI-FARI; DIA; EGITO, República Árabe do; FARAN MAKAN BOTÊ; FARBA; FARI-MONDYO; FATÍMIDAS; GANA; GAO; HI-KOY; HORÉ FARIMA; IFRÍQUIA; ISAAC I, Ásquia; KANKU MUSSÁ; MUHAMAD, Ibn Alkarim; MALI, Antigo; MARROCOS, Reino do; MAURITÂNIA, República Islâmica da; KATSINA; KANO; MOSSIS; MUHAMAD I, Ásquia; ROTAS DE COMÉRCIO; SAHEL; TEGAZA; TEGUIDA-N-TAGARIT; TENGUELA, TOMBUCTU; KOLI TENGUELÁ; TONDIBI, Batalha de; UADAI; UALATA.

Império Songai – Governantes				
Governante	**Período**	**Dinastia**	**Capital**	**Fato relevante**
Diá Aliamen	c. 690-?	Diás (*Za, Zuwa*)	Kukya	A dinastia dos Dias reina até c. 1010 através de 14 reis.
Dia Kossoi, "o jovem".	c. 1000-1010		Gao	Dia Kossoi transfere a capital.
Dia Yasibo ou Assibay, "o ignorante"	c. 1325			Mansa Kanku Mussá, retornando de Meca, constrói uma mesquita em Gao. O Songai é conquistado pelo Mali.
Ali Kolen	c. 1335	Sonis ou Sunis		
Sehman Nar (Silman Nari)	?			
Soni Suleiman (Suleiman Dandi)	?-1464			
Soni Ali Ber	1464-1492			O mais brilhante e polêmico soberano do Songai.
Soni Baru	1492-1493			Soni Baru recusa a conversão ao islã e provoca rebelião.
Muhammad I	1493-1528	Ásquias		
Mussa	1528-1531			
Muhamad II Benkan Kiriai	1531-1537			
Ismail	1537-1539			
Ishaq I	1539-1549			
Daúde	1549-1582			
Muhamad II (El Hadj)	1582-1586			

Império Songai – Governantes				
Governante	**Período**	**Dinastia**	**Capital**	**Fato relevante**
Muhamad IV	1586-1588			
Ishaq II	1588-1591			Após a conquista marroquina, governaram ásquias subordinados ao Marrocos, como o Ásquia Nuh (1592-1599), com sua capital em Dendi.

Fontes: CISSOKO (1974); CISSOKO (2010, HGA, IV, p. 211-236).

SONGAI. Denominação usual do Império Songai de Gao. Ver SONGAI; SONRAI.

SONHO. Denominação usada pelos portugueses para se referirem ao *Soyo ou Nsoyo*, antiga chefatura dependente do Congo (q.v.), situada na margem esquerda do Rio Congo ou Zaire (RATELBAND, 2003, p. 26).

SONIS. Dinastia fundada no Songai por Soni Ali (q.v.).

SONI ALI (*Sunni Ali*). Soberano do Império Songai de Gao (c. 1464-1492), também mencionado como Ali Ber ou Chi Ali Ber. Ver SONGAI.

SONI BARU (*Sunni Barou*). Filho e sucessor do Soni Ali, a partir de 1492-1493 governou cerca de três meses o Império Songai, quando foi derrubado do poder por Muhamad Turé ou Muhamad I, fundador da dinastia dos ásquias.

SONINQUÉ, Império. Uma das formas usadas para mencionar o Antigo Gana ou Gana-Uagadu (CISSOKO, 1964, p. 98). Ver GANA, Antigo.

SONINQUÉS. Povo do oeste africano, falante do soninqué, língua do grupo mandê. Na atualidade, localizam-se principalmente nas repúblicas de Mali, Senegal e Mauritânia. São também conhecidos como "saracolés" (designação que lhes dão os uolofes), entre outros etnônimos. Seus primeiros núcleos ter-se-iam formado cerca do ano 300 d.C. provavelmente por um ramo da família mandê bastante mestiçado com berberes e peúles, mencionados por "protopeúles" por algumas fontes, e também por uangarás e uacorês (*ouakoré*), que constituíram a base da população do Antigo Gana. No século VIII, sob a liderança do Kaia Magan Cissê, fundaram a dinastia de Cissé Tunkará, fundadora do Gana, poderoso Estado que incluía o Aukar e o Bagana, todo o seu antigo território no Sahel e a maior parte das regiões de Hodh e Tagant (PEDRALS, 1949, p. 32). Nos séculos X e XI, envolveram-se em embates sucessivos contra berberes do grupo lamtuna, que acabam por expulsá-los de Audagost. Após a queda do Gana no século XI os soninqués se dispersam, afetados por rivalidades clânicas. Parte deles se instala em Guidimaka, no extremo sul do território da atual Mauritânia, sob a liderança de Makha Male Douo Soumaré (N'DIAYE, 1970, p. 180). Ressaltando a importância histórica dos soninqués ou saracolés, D. P. Pedrals, destaca que o Ásquia Muhamad, líder do Império Songai, era um

S

guerreiro saracolé (p. 155). Entre os mandingas e os bambaras, os soninqués são conhecidos sob o nome *marka*; em Djenê são chamados *nono*; e, no Saara, nas regiões de Taoudeni e Ualata, são conhecidos como *azers*. Registre-se a existência, no léxico da língua bambara, dos seguintes vocábulos: *soninké*, com o significado de "sacrificar ritualmente"; e *soniké*, ser generoso (SAUVANT, 1926, p. 221, verb. *soni*). Ver ALMORÁVIDAS; AUKAR; BERBERES; BERBERES NEGROS; BIDA; DINGA CISSÊ; DYÂNÂT; GANA, Antigo; KAIA MAGAN CISSÊ; MANDÊ; LAMTUNAS; MALI, República do; MAURITÂNIA, República Islâmica da; MUHAMAD I, Ásquia; MUHAMAD KATI; SARACOLÉS; SONGAI; UALATA; UOLOFES.

SONRAI. Uma das transliterações do etnônimo e topônimo *Songhay*. É registrada, por exemplo, na obra *L'Empire de Gao: histoire, costumes et magie des sonrai*, de Boulnois e Hama (q.v. Bibliografia). Ver SONGAI.

S

SORKOS. Povo oeste-africano relacionado às origens dos songais (q.v.). Seus indivíduos, históricos pescadores do Rio Níger, são mencionados em Hama (1954, p. 112) como os detentores dos conhecimentos sobre "velhas crenças" iniciáticas.

SOSSOS (*Susu, Soussou, Soso*). Povo oeste-africano, localizado, na atualidade em partes de Guiné Conacri e Serra Leoa. São falantes de uma língua do grupo mandê. Por volta do século XIII d.C. ergueram um forte Estado, adversário do Mali; e entre 1203 e 1204 seus exércitos tomaram a capital do Antigo Gana. Ver GANA, Antigo; MANDÊ; MALI; SUMAORO KANTÊ.

SOTOS (*Sotho*). Povo de pastores bantos estabelecidos nos atuais territórios de Zimbábue e África do Sul entre os séculos II e V d.C. Foram os fundadores do Reino de Lesoto (q.v.).

STAMBALI. Espécie de prática religiosa desenvolvida na Tunísia. Compreendendo iniciação, transe, possessão e propiciação de entidades sobrenaturais através de sacrifícios sangrentos. Seus aspectos exteriores mais notados são cânticos ao som de percussão e cordofones tradicionais acompanhados de dança. Sua origem é apontada como proveniente da África subsaariana durante o período escravista. E alguns estudos veem sua base no culto bori dos hauçás da atual Nigéria. Fenômenos similares ocorrem com o *gnawa*, do Marrocos e o *diwan*, na Argélia e o *makeli*, na Líbia, também formas da religião tradicional africana, o que contribui para que se elimine de vez a divisão do continente em uma África "negra" e outra "branca". Var. *stambeli*. Ver BORI; DIWAN; GNAWA; MAKELI; RELIGIÃO TRADICIONAL.

SUAÍLI (*Swahili*). Relativo aos suaílis, comunidade étnica formada, entre os séculos XII e XV, na costa oriental africana e nas ilhas próximas, ou à sua cultura. Caracteriza-se esse conjunto de povos pelo uso comum do suaíli (*ki-swahili*), língua do grupo banto falada, na atualidade, como primeira língua, do Quênia até a fronteira meridional da Tanzânia e usada como língua franca até o leste do Congo e norte de Moçambique. Identifica-se, também, pelo compartilhamento de traços culturais que identificam o que se conhece como "civilização suaíli". O vocábulo "suaíli" (do árabe *sawahil*, plural de *sahil*, costa, litoral; também étimo do nome Sahel) muitas vezes é usado como sinônimo de "zanje" (*zandj*), de alegada origem persa. Parece-nos, entretanto, que esse etnônimo, de etimológica ainda controversa, é termo genérico, para toda a costa oriental africana enquanto que o primeiro tem aplicação mais definida, a partir da identificação linguística. **Origens.** Alcançadas por povos bantos provavelmente entre os anos 300-400 (Obenga, 1985, p. 99), a costa e as ilhas do leste africano, principalmente abaixo de Mogadixo, foram, entretanto, conhecidas desde os tempos faraônicos. Durante o primeiro milênio antes da Era Cristã, as águas do Índico foram dominadas por mercadores do sul da Península Arábica num comércio que envolvia produtos da Índia, da Somália e da Eritreia. A conquista árabo-muçulmana do Egito e o subsequente domínio dos califados Omíada e Abácida, tornaram as ligações com o Oriente ainda mais fortes, com árabes e persas consolidando seu domínio. Por conta dessas relações, formou-se, na região, uma comunidade etnicamente heterogênea, a qual, entretanto, até o século XV, não sofreu, do exterior, qualquer investida que a impactasse. **Árabes e persas.** A partir do século VIII, registra-se no litoral, a fundação de feitorias, a partir das quais floresceram cidades e principados, nos seguintes pontos do litoral: Pemba, na atual Tanzânia, em 730; Mogadixo, na atual Somália, em 740; ilha de Socotora, no Chifre da África, em 834. No século X, Quíloa e Comores, além de Malinde, Mombaça, Zanzibar, Madagascar e Moçambique foram também localidades que sediaram pioneiros e expressivos núcleos de comércio criados por mercadores árabes e imigrantes persas. Por volta de 950 d.C., segundo a tradição oral, um grupo de religiosos, fugindo a uma perseguição movida por adversários, saiu de Xiraz, na Pérsia, em sete barcos e se dirigiram à costa oriental africana. Chegando primeiro a Mombaça e Zanzibar, alguns deles deram-se por satisfeitos. Entretanto, um deles, identificado como Hussein ben Ali, continuou mais para o sul, onde, por uma negociação com o chefe local, teria comprado uma pequena ilha que transformou em sua base comercial, nascendo aí Quíloa, que se tornaria o mais importante centro suaíli (Ki-Zerbo, 1972, I, p. 156). Outras fontes referem esse fundador como Ali ibn al-Hassan Xirazi – possivelmente filho do precedente, e o dão como nascido da união do governante de Xiraz, na Pérsia, com uma mulher etíope. **Os xirazes.** Segundo Ari Nave (*in* Appiah; Gates, 1999, p. 1703), os xirazes estabeleceram-se no litoral oriental africano, a partir da Somália, em ilhas como Lamu, no Quênia; Pemba, Zanzibar, Mafia e Kilwa Kisiwani, na Tanzânia; e Comores. A eles, segundo esse autor, credita-se a combinação de elementos africanos, árabes e persas para a formação de uma só identidade étnica. Teriam eles igualmente contribuído para o desenvolvimento e a expansão do suaíli, que acabou por tornar-se uma língua franca, e até mesmo do islã no leste africano. Do século X ao XIII, os xirazes constituíram vários sultanatos, como o de Quíloa, que deslumbrou o célebre viajante Ibn Battuta na década de 1330. Observe-se que essa é a época do Sultanato Mameluco no Egito, tempo de governo forte e

S

atuante em um grande raio de influência. Provavelmente por isso foi que os xirazes não chegaram a criar um Estado único, centralizador de seu poder. Assim, no século XV, enquanto os xirazes do litoral do atual Quênia prosperavam, principalmente em Melinde, os de Quíloa estavam em declínio. **Zanzibar e Pemba**. Assim como Mogadixo, Quíloa e Sofala, as vizinhas ilhas de Zanzibar (*Ungudja*) e Pemba (Al Hadhra), atualmente pertencentes à República da Tanzânia, tiveram importante papel no desenvolvimento da civilização suaíli. Provavelmente também alcançadas por bantos continentais e recebendo influência árabe e oriental nos mesmos contextos históricos, elas experimentaram trajetórias similares. Zanzibar, por sua localização, cedo se tornou o principal porto utilizado no comércio de bens e riquezas provenientes do interior. Observe-se que as terras interioranas da atual Tanzânia abrigaram uma civilização importante, com seu impulso inicial localizado no primeiro século da Era Cristã, e que foi peça-chave no florescimento dos primeiros Estados da África Central (Obenga, 1985, p. 99 *apud* Lopes, 2011, p. 118-119). **Civilização zanje (*Zandj*)**. O conjunto formado pelo litoral e as ilhas foi chamado "Zanzibar" (*Zandj Bahr*), sendo *zandj* o termo usado pelos árabes para designar os povos da África Oriental localizados abaixo da foz do Rio Juba, no sul da Somália; e que, no Oriente Médio, ganhou o sentido amplo de "negro". Tida, então, segundo algumas versões, como de origem persa e significando "costa dos negros", a denominação "Zanzibar" acabou por ficar restrita a uma das ilhas. As riquezas naturais abundantes na região (marfim, cascos de tartaruga, âmbar cinzento, incenso, especiarias, resinas, óleos, bálsamo, mirra, peles de animais, etc.) e a mão de obra escrava foram durante muito tempo exportadas para o Oriente, em troca de mercadorias como tecidos, cerâmicas, pérolas, vidros, etc. Os itens exportados chegavam até a China, mas eram principalmente negociados na Pérsia, onde as plantações de cana e algodão utilizavam largamente o trabalho escravo (Granguillhome, 1979, p. 89). Além de escravos e riquezas vegetais, a África exportava também ferro e ouro. Extraído das minas do Zimbábue, esse ouro era, desde o século X, exportado através de Sofala, ligada às jazidas por uma rota terrestre. A partir do século XII, a pauta de exportações passou a incluir também grandes quantidades de ferro, que iam em direção à Índia, através de Malinde e Mombaça. E, nesse caso, segundo Hrbeck (2010a, III, p. 30) não era o mineral que se exportava, mas, provavelmente, segundo cronistas árabes, "férro já tratado em forma de gusas". Também por essa época, aumentou a demanda europeia por especiarias, ouro e marfim, enquanto que Índia e China buscavam fundamentalmente marfim e escravos. Em troca, os mercadores continuavam introduzindo na África tecidos, pérolas e conchas raras, utilizadas como moeda. Do mesmo modo que persas, indianos e chineses, principais navegantes orientais, não se interessavam em explorar o interior do continente, os árabes raramente penetravam em direção ao interior, mantendo contato apenas com os encarregados de trazer os produtos ao litoral ou às ilhas, para serem exportados. Mesmo assim, foram esses mercadores árabes os iniciadores do tráfico de escravos africanos através do Oceano Índico. Isso era facilitado mediante a organização de caravanas de longo curso, com escalas no interior. Assim, muitas vezes os mercadores tiveram que impor rotas específicas; mas, conforme ressaltado em Granguillhome (1979, p. 89), sem submeter povos locais pela força nem tomar suas terras, como depois fizeram os europeus. O único objetivo era enriquecer, e não submeter ou converter os nativos. Estabelecidos na costa e nas ilhas, eles construíam cidades muradas, semelhantes às orientais, e levavam ali sua existência tradicional, formando uma aristocracia sustentada pelo comércio. Nesse universo eminentemente árabo-africano, havia também os indianos e persas que, por seu lado, criavam grupos fechados. Assim, cada cidade levava vida independente; de modo que os principados ou sultanatos da costa nunca formaram um todo unificado, nem houve nunca um império árabe na África Oriental, como, por exemplo, o dos almorávidas na África do Norte e no Magrebe. Houve, sim, conforme o amplamente citado Granguillhome, hegemonias temporárias de determinadas cidades sobre outras, mas jamais um domínio imperial. A mais importante de todas as cidades suaílis ou zanjes foi Quíloa, que controlou o comércio do Índico no século XII. Mas sua autoridade já estava em decadência, quando da chegada dos portugueses. **Uma civilização afro-asiática.** A civilização suaíli, grandemente influenciada por elementos árabes, indianos e persas, desenvolveu-se efetivamente a partir do século XIII. Pois é a partir desse século, quando os estabelecimentos comerciais anteriormente fundados, de Mogadixo a Sofala, converteram-se em verdadeiras cidades governadas por aristocracias árabes ou persas e habitadas por uma população mestiça, banto-indiano-arábica. Pouco a pouco, o suaíli (*kiswahili*), língua do grupo banto, mas resultante da mescla desses vários componentes, foi-se formando, sendo hoje uma das mais importantes das línguas africanas (Granguillhome, 1979) Observe-se, entretanto, que, na contramão da ideia segundo a qual a civilização suaíli seria obra exclusiva de persas (xirazes) e árabes, pesquisas iniciadas principalmente pelos falecidos Joseph Ki-Zerbo e Cheikh Anta Diop, reivindicam a participação ativa de governantes, líderes e dinastias locais na criação dos principados urbanos ou sultanatos que caracterizaram a antiga civilização suaíli (Matveiev, 2010, HGA, IV, p. 534). A defesa da africanidade da civilização suaíli é enfaticamente feita em Davidson (1977, p. 59): "A moderna investigação demonstra que as cidades da costa oriental pertenceram a uma importante civilização que floresceu aproximadamente entre 1000 e 1700 d.C., e que esta civilização foi predominantemente africana. Mais exatamente, *Swahili*.". Esposando também essa ideia, Masao e Mutoro (2010, HGA, III, p. 700) chamam atenção para o fato de que a costa oriental da África não foi um mero assentamento árabo-persa no qual as populações locais teriam desenvolvido um papel insignificante. Segundo eles, os historiadores da antiga escola confundiram a existência de relações comerciais com um assentamento permanente e/ou uma supremacia política dos estrangeiros. **Declínio e colapso.** A estrutura da sociedade suaíli baseava-se em clãs ou grupos étnicos, mas tinha diferenças de classe: os dirigentes eram os mais abastados, enriquecidos por suas atividades tradicionais, principalmente o comércio, pois a sociedade vivia, essencialmente, da atividade mercantil. Entretanto, como acentua Matveiev a quase totalidade dos bens produzidos ou obtidos não se destinava ao consumo interno e, sim, à exportação. Daí, quando o comércio foi impossibilitado, deu-se o colapso, com anarquia sobrevinda aos ataques portugueses na década de 1490. Ver ABÁCIDAS; ALMORÁVIDAS; ÁSIA, Africanos na; CIDADES; CIDADES-ESTADO; COMORES; CONGO; EGITO, República Árabe do; FERRO; FROTA DO TESOURO; GEDI; ISLAMIZAÇÃO; MALINDE; MAMELUCO, Sultanato; MOÇAMBIQUE; MOGADIXO; MOMBAÇA; OMÍADAS; OURO; PEMBA; QUÊNIA; QUÍLOA; SAHEL; SOFALA; SOMÁLIA; TANZÂNIA; ZANJE; ZIMBÁBUE.

SUAÍLI, Costa. Faixa litorânea do continente africano no Oceano Índico, com cerca de 3.000 km, entre o sul da Somália e o norte de Moçambique. Foi área de intensas trocas culturais entre a África e o Oriente desde a Antiguidade. Ver PERSAS, Mercadores.

SUAZILÂNDIA, Reino da. País da África Austral, cujo território é limitado de norte a sudoeste pelo da República da África do Sul e a leste pelo de Moçambique. Evidências arqueológicas indicam que por volta do ano 100 a.C. povos na Idade do Ferro, falantes de línguas do grupo banto, começaram a povoar áreas litorâneas nas proximidades da atual cidade moçambicana de Maputo. Entre os séculos IV e V d.C. populações dedicadas à agricultura migraram para as áreas mais altas da região, a qual, entretanto, permaneceu esparsamente povoada até o século XVIII.

SUDÃO (1). Nome (do árabe *sudan*, negros) durante muito tempo aplicado a toda a África ao norte do Equador e ao sul do Saara, do Senegal ao Mar Vermelho. **Sudão Meroítico.** Expressão moderna, usada para designar a Núbia ao tempo em que Méroe foi sede do governo e capital do mundo cuchita; e que, na Antiguidade, foi um dos principais polos civilizatórios africanos. **Sudão Nilótico.** Denominação da região do Sudão ao longo do curso do Nilo, e que na Antiguidade representou o nascedouro de diversos influxos civilizatórios, resultantes do encontro entre o Egito, a Núbia e a África profunda. Através do Sudão e pelas águas e margens do Nilo, o Egito faraônico difundiu-se até muito longe; a Núbia fornecia ao Egito guerreiros e trabalhadores, além de suas próprias riquezas e outras vindas da África profunda. É também referido como "Sudão oriental". **Sudão Ocidental**. Denominação especificamente aplicada, aos atuais territórios de Senegal, Gâmbia, Mali, Guiné-Bissau, Guiné Conacri, Serra Leoa, Libéria, Costa do Marfim, Burkina Faso, Gana, Togo, Benim, Nigéria, além de partes de Níger e Mauritânia. A região foi palco de experiências técnicas, de organização política e de administração irradiadas para regiões vizinhas e altamente influentes no surgimento de inúmeros pequenos Estados. Ver ÁFRICA (item

"África Ocidental"); CUCHE; EGITO, República Árabe do; ETIÓPIA, República Federal Democrática da; GUINÉ; IMPÉRIOS DAS SAVANAS; MÉROE; NAPATA; NILO; NÚBIA; SUDÃO, República do; SUDÃO DO SUL.

SUDÃO (2). Zona bioclimática da África intertropical, intermediária entre o Sahel, ao norte, e a zona equatorial, das florestas, ao sul. Compreende, no momento deste dicionário, os territórios dos seguintes países: Senegal, Guiné, Mali, Burkina Faso, Níger, Nigéria, Camarões, Chade, República Centro-Africana, Sudão e Sudão do Sul.

SUDÃO DO SUL, República do. País do nordeste africano, criado na antiga área meridional da República do Sudão, por decretação da independência, em 2011, após cerca de meio século de guerra civil. Limita-se ao norte com o Sudão, ao sul com Uganda, a sudeste com o Quênia, a leste com a Etiópia, a oeste com a República Centro-Africana e a sudoeste com a República Democrática do Congo. Ver SUDÃO (1).

SUDÃO, República do. Moderno país do nordeste africano, limitado pelos territórios de Egito (N), Líbia (NO); Chade (O); Sudão do Sul (S), Etiópia (SE); e pelas águas do Mar Vermelho (NE). **História.** A macrorregião onde se situa o território atual corresponde ao país de Cuche (*Kush*), onde se desenvolveu, a partir da região da Núbia, a chamada Civilização Meroítica, cujo nome remete a Méroe, a capital núbia destruída pelos etíopes cristãos c. 350 a.C. pelos etíopes cristãos. A partir da metade do século VII, a região foi dominada pelas forças árabes conquistadoras do Egito. Então, o Sudão Meroítico era uma região constituída de pequenos Estados independentes. Os mais antigos eram a Nobácia, ao sul da Primeira Catarata do Rio Nilo, Macúria e Alódia, localizados na bacia do Nilo Azul. Esses Estados, que tinham sido cristianizados por influência egípcia, foram depois lentamente islamizados. No século XIV, os Mamelucos destruíram Dongola, fazendo o mesmo com Alódia no século seguinte. Em 2011, a parte meridional do território abrigou a nova República do Sudão do Sul. Ver ÁFRICA; ALÓDIA; CARTUM; BAHR EL JEBEL; BERBERES; CHADE, República do; DARFUR; CORDOFÃO; DONGOLA; EGITO, República Árabe do; ERITREIA, República da; ETIÓPIA, República Federal Democrática da; FARAS; GANA, Antigo; KANEM-BORNU; LÍBIA; MACÚRIA; MAMELUCO, Sultanato; NILO; NILO BRANCO; NILO-SAARIANO; NOBÁCIA; NÚBIA; QUÊNIA, República do; RELIGIÃO; REPÚBLICA CENTRO-AFRICANA; SAARA; SAHEL; SUDÃO DO SUL; SUFISMO; TUCULERES; UGANDA, República de.

SUFI. Adepto do sufismo.

SUFISMO. Corrente mística do islamismo, divergente da ortodoxia sunita, pois baseada numa relação pessoal com o divino através de um culto íntimo de Maomé e de sua mensagem. O termo provém da palavra árabe *sufi*, que designa uma pessoa piedosa, que não almeja bens e honras. Surgindo na Pérsia, no século IX, propagou-se a partir do século XII com o surgimento de grupos organizados em confrarias (*tariqa*). A mais antiga delas, chamada *Kaidiri* ou *Qadiriya*, foi fundada em 1166 em Bagdá, e daí se difundiu para várias partes do mundo, inclusive a África, do Egito à África Índica, através das cidades do litoral índico; e do Magrebe à área saariana e subsaariana. Nestes últimos locais, os "homens santos" e ascetas ficaram conhecidos como "marabutos" ou "marabus". Realcemos que, no processo de islamização da África, enquanto os sunitas eram intransigentes em relação às tradições culturais africanas, o sufismo, pelo contrário, ganhou mais popularidade, tornando os benefícios da religião mais acessíveis às pessoas comuns. Ver ÁFRICA (item "África Oriental"); EGITO, República Árabe do; ISLÃ; MAGREBE; MARABUTO; QADIRYA; SIDI BOUMÉDIÈNE; SUNITA.

SULTANATO. Unidade política sob o domínio de um sultão (q.v.).

SULTÃO NEGRO, O Grande. Ver ABU AL-HASSAN.

SULTÃO. Título privativo dos príncipes muçulmanos que governam, com soberania e independência, os territórios sob seu domínio, os "sultanatos". Proveniente do árabe *sultan*, soberano, rei, príncipe, na África, entre os hauçás (q.v.), o título sobrevive na expressão *sultan musulmi*, "rei muçulmano", como título do rei de Sokoto (ROBINSON, 1925, I: p. 383).

SUMANGURU KONATÊ. Var. de SUMAORO KANTÊ.

SUMAORO KANTÊ. Rei dos sossos, conquistador de Cumbi, capital do Gana-Uagadu, entre 1203-1204. Consolidou seu poder sobre os restos do grande império, mas foi derrotado e morto pelas forças de Sundiata Keita em 1235, tendo seu território anexado pelo Mali. Segundo Ki-Zerbo (1972, I, p. 164) "deixou atrás de si a lembrança de um guerreiro formidável e também de um mago conhecedor a fundo da alta feitiçaria". É também mencionado como Sumanguru. Ver GANA, Antigo; KANTÊ; CUMBI-SALÉ; SOSSOS; SUNDIATA KEITA.

SUMBAS. Grupo nômade de guerreiros, que, ao fim de uma longa migração atacou os povos sapes da atual Guiné-Bissau, estabelecendo-se por volta de 1550 em território da atual Serra Leoa (RODNEY, 1970, p. 39-43). Especula-se a respeito de sua ligação, ou não, com os galas da África Oriental, os zimbas e os imbangalas da África Austral e Central. Em Baumann e Westermann (1948, p. 407), menciona-se um povo sumba, localizado no norte do Daomé, atual Benim.

SÚNDI (*Nsúndi*). Região do reino do Congo, que incluía Mbanza Kongo. Fronteiriça a Pango, Nsoyo, Mikoko e Anzinkana (q.v.) abrigava minas de ferro e cristal (PARREIRA, 1990, p. 169).

SUNDIATA KEITA. Imperador do Mali (c. 1235-1255). Sundiata Keita, Sogolon Djata ou Mari Djata, o "Príncipe Leão", nascido por volta de 1215, é o grande herói dos povos de origem Mandinga. Único sobrevivente do massacre de todo o seu clã, o dos Keita, promovido por Sumanguru Kantê, rei do povo sosso, conta a tradição que foi aleijado até os 10 anos quando, sozinho, ficou de pé apoiado em duas barras de ferro que se vergaram ao seu peso. Ante esse fato, alguém sugeriu que lhe dessem o cetro de seu pai para que com ele se erguesse, o que aconteceu. Entretanto, com a morte de seu pai, enfrentou oposição interna, sendo enviado para o exílio por seu meio irmão Dankaran Tuman. Exilado por sete anos, dedicou-se à tarefa de estruturar a unificação dos mandingas. Ao conseguir seu intento, neutralizou os inimigos internos, armou-se contra os sossos, que enfrentou em 1235, na Batalha de Kirina, cantada até a atualidade pelos *djeli* (griôs) malineses. A vitória não só confirmou Sundiata como chefe de todos os malinqués (passou a chamar-se Mari Djata, "O senhor leão"), como também o tornou dono de um vasto território. Cerca de cinco anos depois de subir ao poder, mantendo-se fiel à religião tradicional, sendo por isso referido como "pagão" (Boakye, 1982, p. 16) anexou ao Estado Mandinga o Antigo Gana, reorganizou seu império, criando um novo sistema de governo, com muito sucesso, até morrer em 1255. **Religiosidade**. Sobre a religiosidade de Sundiata, veja-se em Niane (1982, p. 105) o seguinte trecho, em que se história a queda da grande cidade de Kita, após a tomada do Gana: "Sundiata acampou a leste de Kita e reclamou ao rei sua submissão. Orgulhoso da proteção dos gênios da montanha, Kita Mansa respondeu de modo arrogante a Sundiata. O filho de Sogolon tinha no seu exército adivinhos infalíveis. A conselho deste, Sundiata invocou os gênios de Kita-Kuru e imolou em sua honra cem bois brancos, cem carneiros brancos e cem galos brancos. Todos os galos expiraram de costas, com a face voltada para o céu: os gênios haviam respondido favoravelmente". Ver DANKARAN TUMAN; MALI; MANDINGA.

SUNGBO EREBO. Sistema de muralhas e fossos, de extensão quilométrica, erguido no território da atual Nigéria, pelo povo de Ijebu, no século X. Ver ARQUITETURA; IJEBU; NIGÉRIA, República Federal da.

SUNITA. Muçulmano ortodoxo, cuja orientação religiosa segue a estabelecida pelos quatro primeiros califas sucessores de Maomé. A denominação provém de "suna" (do árabe *sunna*, forma, caminho), conjunto de ensinamentos atribuídos ao Profeta. Ver SUFISMO.

SUNJATA. Uma das transliterações do nome Sundiata. Ver SUNDIATA KEITA.

SUNJÁTÁ KEITA. Grafia para o nome Sundiata Keita consignada em Dramé (2003, p. 148). Ver SUNDIATA KEITA.

SWIKIROS. No Monomotapa, denominação dos tradicionalistas responsáveis pela preservação e transmissão dos acontecimentos relativos à história das altas linhagens e dos governantes. Também designa aquele que é possuído pelo espírito dos ancestrais (Randless, 1975, p. 111). Ver GRIÔ.

TACAZÉ (Takazee, Takkaze, Tekezé). O maior rio do território da atual República da Etiópia, também conhecido como Setit na Eritreia. Com cerca de 608 km de curso, nasce na área central do Planalto Etíope, próximo ao monte Qachen, e deságua no Rio Atbara, tributário do Nilo. A noroeste de seu curso, localiza-se o território dos falachas (q.v.); e na área entre suas águas e o Mar Vermelho situavam-se, no século XIV, importantes províncias litorâneas da Etiópia (SILVA, 1996, p. 571; 574).

TACHUFIN, Iusuf ibn. Ver IUSUF IBN TACHUFIN.

TACULA (*Takula*). *Pterocarpus tinctorius.* Planta nativa de Angola, cujo caule era largamente usado em tinturas, por produzir um líquido vermelho-ocre. Era exportada do Luango (q.v.) para Luanda.

TADEMAÏT, Planalto de. Região do Saara (q.v.), localizada em uma vasta extensão rochosa no centro do território da atual Argélia.

TADMEKKA. Antiga cidade no norte do atual Mali (q.v.), importante entreposto do comércio transaariano, destacado em Silva (1995, p. 802) como "porto caravaneiro".

TADÔ. Região, no território da atual República do Togo, entre o planalto de Parahoué e às margens do Rio Mono. No século XVI, era importante ponto de passagem e comércio, além de núcleo de uma cultura que se irradiava até bem distante das fronteiras togolesas atuais (PIRAUX, 1977, p. 34). Além disso, foi o ponto de chegada dos aja-ewe, migrados dos territórios iorubanos de Oyó e Queto (p. 181). Ver AJA; EWE; IORUBÁS.

TAFILALET. Antiga região do Marrocos. Correspondia à atual unidade administrativa de Meknès-Tafilalet, a noroeste de Marraquexe e a sudoeste da capital Rabat.

TAGUELMOUST. Também chamado de *alechcho*, é o nome do véu tradicional usado pelos tuaregues para cobrir o rosto. Utilizado desde época muito recuada, acabou tornando-se elemento distintivo dos indivíduos pertencentes àquelas tribos, que são por vezes denominados de "homens velados". Essa vestimenta tradicional aparece retratada no *Atlas Catalan*, de Abrahan Cresques, mapa portulano desenhado em 1375 para ilustrar as rotas do comércio transaariano. Doado ao rei Carlos V da França, o mapa integra o acervo da Biblioteca Nacional de Paris.

TAHERT (*Tihert*). Cidade argelina fundada pelo líder caridjita (q.v.) Abd al-Rahman ibn Rustum, em 776. Até 908 foi governada por seus descendentes, denominados rustêmidas.

TAKEDA (*Takkeda*). Antiga cidade da África Ocidental, provavelmente localizada em território da atual República do Níger (q.v.), no local da atual Azelik, notabilizada pela riqueza de suas minas de cobre. É também referida como Takkadâ.

TAKLA HAYMANOT (*Tekla Haymanot*). Abuná, chefe religioso da Igreja Copta (q.v.) etíope, entre 1295 e 1313, venerado como santo. Foi fundador e líder de uma facção doutrinária, mencionada como a "casa" de Takla Haymanot, em contraponto a outras "casas". Seu nome não deve ser confundido com o de Mara Takla Haymanot, rei da dinastia zagué no século X. Tb. Tacleamainot; Takla-Haymanot; Tekla Haymanot.

TAKRUR (*Tekrur*). Antigo reino dos tuculeres (*toucouleurs*) do Senegal. Por extensão, o nome designou o antigo Sudão, o "país dos negros" ou "Negrícia", i.e., a vasta região africana que se estende do sul do Saara, desde a bacia do Nilo superior até o Oceano Atlântico, a oeste. Seu nome original era Tekruri. Constituiu-se por volta de 800 d.C., e se localizava nas duas margens dos cursos inferior e médio do Rio Senegal (SILVA, 2012, p. 59). Convertido ao islã no séc. XI, foi conquistado pelo Antigo Mali (q.v.) em fins do século XIII. – Takrur ou Sudão era o nome que designava, à época da conquista árabe, a vasta região que se estende ao sul do Saara, desde a bacia do Nilo superior, a leste, até o Oceano Atlântico, a oeste. A parte sudoeste da região constituía a Guiné e a parte ocidental formava a Senegâmbia, cujos limites eram, ao norte, o Rio Senegal, que a separava do Saara; a oeste, o Atlântico; e ao sul o Uangará. Os nativos denominavam a região pelo nome Takrur e os árabes a chamaram Sudão (terra dos negros), denominação que mais tarde se aplicou especificamente à região entre a Núbia e o Egito. Na língua hauçá, o topônimo *Takrur* é definido como *Hausaland*, ou seja, o país dos hauçás (ROBINSON, 1925, p. 396) – A grafia "Takrur" é a usada em Silva (1996, p. 259; 2012, p. 59). Ver MALI, Antigo.

TAKSIF. Termo, provavelmente berbere, pelo qual era referido o guia das caravanas do deserto do Saara. Em geral, ia à frente dos outros caravaneiros, deixando-lhes as indicações do caminho e se adiantando aos locais de parada, preparando a chegada dos demais. Como se tratava de conhecimento adquirido com a experiência, os melhores *taksif* eram os que retinham de memória todo o caminho da viagem. Ver CARAVANAS; SAARA.

TAMAXEQUE (*Tamasheq, Tamachek, Tamazigh, Tamazight*). Denominação vernácula da língua dos tuaregues. Por extensão, é utilizado na autodenominação daqueles povos. Em Baumann e Westermann (1948, p. 466), informam-se outras transliterações do nome, tais como: *tamachag, tamahagh, maxyes, mazikes*. Ver TUAREGUES.

TANA. Importante Lago da Etiópia localizado na região de AMHARA, no centro-oeste do atual território etíope. Ver AMARA; DAMOTE; ETIÓPIA, República Federal Democrática da; NILO AZUL; SALOMÔNICA, dinastia.

TANGANICA. Lago situado longitudinalmente na atual fronteira entre Tanzânia e República Democrática do Congo, banhando ainda o sul de Burundi e o norte da Zâmbia. Com cerca de 35.000 km^2 de superfície, é o segundo maior lago africano. A povoação inicial de seus arredores está provavelmente ligada às diversas vagas migratórias que, entre

T

dos anos 400 a 1000, vindas do leste do continente, alcançaram a região de Katanga ou Shaba, na República Democrática do Congo.

TANGOMAU. Na época colonial, termo usado, também na forma "tangomão", para designar o traficante de escravos e também, pejorativamente, o lançado. Ver LANÇADOS.

TANO. Rio da África Ocidental, também conhecido como Tanoe. Corre por cerca de 400 km através do atual território da República de Gana, da região de Brong Ahafo até desembocar no Oceano Atlântico, próximo à fronteira da Costa do Marfim. Por volta do ano 1400, foi a via utilizada pelo povo fânti em sua migração para o sul (Okeke, 1988, p. 14).

TANZÂNIA, República Unida da. País da África Central, limitado ao norte por Uganda; a noroeste por Ruanda e Burundi; a sudoeste por Zâmbia e o Lago Maláui; ao sul por Moçambique e a leste pelo Oceano Índico. O território compreende, além da porção continental, o conjunto insular composto por Zanzibar, Pemba, Máfia e ilhas menores. Os mais longínquos ancestrais da espécie humana viveram na parte setentrional do território da atual República, notadamente na Garganta de Olduvai. A presença de povos falantes de línguas do grupo banto na região data aproximadamente dos anos 100 a 200 d.C., conforme Obenga (1985, p. 99). E, no século XV, segundo trabalhos arqueológicos realizados no sítio de Engaruca, existia, no local, um grande conjunto de aldeias ligadas por um extenso canal feito de blocos de pedra, além de um intrincado sistema de irrigação. Segundo Asante e Abarry, o sítio foi peça chave no florescimento dos impérios da África Central, num processo em que as antigas sociedades foram expandindo seu poder pelas regiões vizinhas. Ao longo dos séculos, a luta pelo controle das rotas de comércio, bem como as transformações ocorridas nas ilhas, foram escrevendo novos capítulos da História da Tanzânia atual. Ver ÁFRICA; ANGOCHE; ÁSIA, Africanos na; BITOS; BURACOS DE SIRIKWA; BURUNDI, República do; CARAGUÉ; DADOGUES; ENGARUKA; FONTES HISTORIOGRÁFICAS; GRANDES LAGOS; MAFIA, MALÁUI, República de; MOÇAMBIQUE; PEMBA; QUÊNIA, República do; QUÍLOA; RUANDA, República de; SUAÍLI; TANGANICA; TRÁFICO ÍNDICO; UGANDA, República de; XONAS; ZÂMBIA, República de; ZANZIBAR.

TAPAS (*Tápà*). Nome pelo qual os nupês são chamados pelos IORUBÁS. Seu reino é mencionado por esses vizinhos como "Reino de Tapa". Ver NUPÊ.

TARGUI. Ver TUAREGUES.

***TARIKH*.** Vocábulo da língua árabe, também transliterado como *tauárikh*, correspondente ao português "história" (Fayad, 2010, p. 122) e que designa o gênero literário das crônicas históricas muçulmanas. Na África subsaariana, elas foram redigidas pelos sábios das madraças em Tombuctu e nas cidades hauçás, dando origem a um rico conjunto de testemunhos escritos sobre os antigos Estados da Bacia do Níger. As mais conhecidas e importantes narrativas desse gênero foram compostas em Tombuctu durante o Império Songai. Tais narrativas foram dados a conhecer aos europeus no início do século XX, em pleno período colonial da África

Ocidental Francesa (AOF) ou "Sudão francês". Em 1898, a crônica denominada *Tarikh al-Sudan*, escrita em árabe na metade do século XVII por Al-Sadi, foi traduzida pelo arabista francês Octave Houdas. Pouco depois, em 1911, o pesquisador Bonnel de Mézières, encarregado de uma missão nas regiões de Tombuctu e Taoudeni, encontrou um exemplar manuscrito do *Tarikh al-Fattash*, de autoria de Mahmud Kati, na residência de um líder religioso local, copiando-o e vertendo-o para o francês. Na atual Nigéria, o mais antigo documento escrito data provavelmente do século XV. Foi localizado na área hauçá e contém a narrativa anônima e sem indicação de título, traduzida do árabe para o inglês com o nome de *Crônica de Kano*, por H. R. Palmer em 1908. Também se pode incluir entre esses documentos a biografia do *mai* Idris Aluma, de Kanem-Bornu, composta pelo erudito Ahmed ibn Fartua provavelmente no início do século XVII. Ver AL-MARRAKUSHI (ambas as entradas); AL-SADI; CRÔNICA DE KANO; ESCRITAS AFRICANAS; FONTES HISTORIOGRÁFICAS; HAUÇÁS; IBN IDARI; IDRIS ALUMA; KANEM-BORNU; MADRAÇA; MAHMUD KATI; SONGAI; TOMBUCTU. Manuscritos.

TARKWA. Cidade do sudoeste da República de Gana. Ver WASSA.

TATAWDEN. Ver TENTAUIDIM.

TAUDENI (*Taoudeni*). Localidade em território do atual Mali, 700 km ao norte de Tombuctu, em pleno deserto do Saara. Nela, localizam-se importantes minas de sal cujas atividades extrativas tiveram início quando os marroquinos, após sua vitória sobre o Império Songai, fecharam as salinas de Tegaza. Ver TEGAZA; TOMBUCTU; SAARA; SONGAI.

TCHI. Ver TWI.

TCHIUÍ. Ver TWI.

TECELAGEM. Antes dos contatos com os europeus, a fabricação e comercialização de tecidos era amplamente praticada por diferentes povos africanos. No litoral oriental, destacavam-se os tecidos conhecidos como *makdashi*, fabricados em Mogadixo, muito elogiados pelo viajante marroquino Ibn Battuta quando passou por lá em 1330 (Battuta, 1987, p. 344). Havia também larga produção de tecidos destinados ao comércio transaariano no Magrebe; e na área nigeriana a atividade era controlada pelos mercadores mandingas. Por influência deles, desenvolveram-se, tanto na Bacia do Níger quanto na Guiné, técnicas especiais de tingimento de tecidos de algodão. Essas técnicas, baseadas no uso de folhas e raízes vegetais, levavam à obtenção da cor azul do índigo, e da cor ocre, obtida através da noz-de-cola. Esse conhecimento era guardado no mais absoluto segredo e transmitido de geração em geração por grupos de artesãos especializados (Gravellini; Ringuedé, 2005, p. 24-26). Na metade do século XV, o viajante italiano Alvise de Cadamosto, a serviço do Infante Dom Henrique, descreveu as formas e usos dos tecidos de algodão empregados na vestimenta dos chefes e seu séquito no Grande Jolof, no atual Senegal. Pela mesma época, na área da Bacia do Congo, a qualidade dos tecidos de ráfia ou da casca de determinadas árvores, que constituíam importantes artigos de troca e serviam de referencial de valor,

T

chamou a atenção do cosmógrafo português Duarte Pacheco Pereira. Em seu tratado *Esmeraldo de Situ Orbis*, Pereira afirmou: "No reino do Congo eles fazem tecidos de palmeiras, com a superfície como veludo, e os desenhados como cetim aveludado são tão bonitos que não existe trabalho mais bem feito na Itália". No mesmo documento também são mencionados os tecidos do Benim, feitos de algodão em variadas cores e motivos. O uso de túnicas, camisas e outras formas de indumentária estava, entretanto, reservado aos governantes e dignitários, constituindo signo distintivo de *status* social (DIAS, 1992, p. 157-158). Ver *Esmeraldo de Situ Orbis*; Grande Jolof; MAGREBE; mandingas; Mogadixo.

TÉCNICAS DE GUERRA. O período estudado nesta obra, rico em confrontos, disputas e conquistas, foi também notável no aspecto bélico. Nos países da savana ocidental, por exemplo, as importações de cavalos árabes e a potencialização da metalurgia do ferro levaram ao aprimoramento das técnicas e táticas militares. O arco-e-flecha cedeu lugar às armas de ferro; e o fabrico de escudos, principalmente os do tipo lamta, desenvolvidos entre os berberes, também recebeu grande aperfeiçoamento e consequente aceitação (BATHILY, 2010, HGA, III, p. 874). Ver BERBERES; LAMTAS; SAVANA.

T

TECRUR. O mesmo que Takrur (Tekrur), forma de transliteração preferida por Silva (2012, p. 60).

TEDAS (*Teda, Toda, Todaga, Tuda, Tudaga*). Povo localizado nas áreas central e oriental do SAARA, em territórios dos atuais Chade, Níger e Líbia, onde vivem como pastores nômades ou agricultores, próximos ao oásis. A língua que falam, denominada "teda", pertence à família nilo-saariana, sendo estritamente relacionada ao canúri e ao zagaua. Seus ancestrais, localizados na região do Tibesti, são mencionados como fundadores do Kanem, por volta de 800 d.C. Ver CHADE, República do; KANEM; LÍBIA, NÍGER; TIBESTI.

TEFE. *Eragrostis tef.* Cereal muito comum na Etiópia e Eritreia, cujo cultivo remonta a 4.000 a.C. Rico em carboidratos e diversos nutrientes, como cálcio, ferro e fósforo, constituiu a base alimentar das populações a partir do Planalto etíope, e seu consumo foi fundamental para a constituição histórica dos povos daquela região.

TEGAZA (*Taghaza, Teghaza, Terhazza*). Antiga localidade no deserto, no norte do atual território do Mali. Foi o mais importante centro de extração de sal no oeste africano até o século XVII, daí sua importância no comércio transaariano. Em 1352, o viajante marroquino Ibn Battuta chegou à região depois de uma jornada de 25 dias a partir de Sijilmassa, a caminho de Ualata, onde o sal era vendido. Uma disputa secular pelo monopólio do sal nessa localidade levou ao conflito político-militar entre o Marrocos e o Império Songai e à Batalha de Tondibi. Ver MARROCOS, Reino do; SAL; SONGAI; SJILMASSA; TONDIBI, Batalha de; UALATA.

TEGUELATE. Localidade no planalto de Xoa. Foi o local onde Ámeda-Sion fixou a sede de seu Império Etíope, no século XIV (SILVA, 1996, p. 577). Ver ÁMEDA-SION; ETIÓPIA, República Federal Democrática da; XOA.

TEGUIDA-N-TAGARIT. Sítio arqueológico de ocupação tuaregue situado a 85 km de Agadez, no Marrocos. Remonta ao período Neolítico e conta com 250 inscrições rupestres pré-históricas. No período de apogeu do Império Songai, serviu de base de operações na preparação das tropas do ásquia Muhamad contra Agadez entre 1500-1515. Ver AGADEZ; MUHAMAD I, Ásquia; SONGAI.

TEKIMAN (*Ntakima*). Região no território da atual República de Gana, base física do reino Bono. Ver BONO; GANA, República.

TEKLÉ-HAIMANOT. Ver TAKLA HAIMANOT.

TEKRUR. Ver TAKRUR.

TENDAS (*Tenda*). Conjunto de povos oeste-africanos, localizados em territórios das atuais repúblicas de Guiné Conacri e Senegal. Compreende indivíduos dos Coniagui, Bassari, Badyaranké, Tenda Boeni e Tenda Mayo, os quais, segundo a maior parte dos autores, teria chegado à atual localização no século XVI, à época de Koli Tenguelá (q.v.).

TENERÊ (*Ténéré*). Região desértica situada no centro da porção meridional do Saara. Esparsamente povoada, a região tem como sua maior cidade Agadez (q.v.).

TENGUELÁ (*Tengella*). Poderoso governante fula estabelecido na Senegâmbia. Por volta de 1480, conquistou o Futa Jalom e, depois, o Takrur, aí fundando a estirpe denianqué, a qual, no século seguinte, viria a dominar o Futa Toro (Silva, 1996, p. 524). Sua saga começa quando, ao lado de seu filho Koli Tenguelá, se rebela contra o Império Songai de Gao, sob o Ásquia Muhamad, então o senhor da maior parte do território então pertencente ao Mali. Por volta de 1510, os exércitos do Ásquia empreendem uma expedição punitiva contra os rebeldes, que se deslocaram para o Futa Toro, então sob a autoridade do Grande Jolof. Nesse deslocamento, Tenguelá e seu filho, depois de ocuparem com suas tropas a região do curso superior do Rio Senegal, interromperam quase que totalmente as ligações entre a capital do Mali e as províncias atlânticas. Chegando ao reino de Diarrá (*Diara*), tributário do Songai, os rebeldes são derrotados e Tenguelá é morto pelas forças do ÁSQUIA, entre 1511 e 1513. Assumindo o lugar do pai, Koli Tenguelá marcha sobre o vale do Rio Senegal, para então submeter o Takrur e o Djolof, fundando sua dinastia (a denianqué), a qual reina até o século XVIII (Silva, 1996, p. 611). Tenguelá é também mencionado, entre outras variantes, como Temalá e Galadiô (*Galadjo*). Ver DENIANQUÉ; FUTA JALOM; FUTA TORO; GRANDE JOLOF; KOLI TENGUELÁ; MUHAMAD I, Ásquia; TAKRUR.

TENKODOGO. Unidade política pioneira criada sob a liderança de Uedraogo, herói ancestral do conjunto de povos mossis. É mencionada também como Tencodugu (Silva, 1996, p. 511) e Tendodogo, a "velha terra" (M'Bokolo, 2009, p. 548). O elemento *dugu*, mencionado em Silva, encontra correlação no bambara *dougou*, cidade (Sauvant, 1926, p. 32). Ver MOSSIS; UEDRAOGO.

TENTAUIDIM (*Tantawidim, Tatawden*). Soberano da Etiópia cristã, nos séculos X-XI. Filho e sucessor de Mara Takla Haymanot, é considerado um dos "reis dos reis" abexins, por ter-se dedicado com extremo zelo a expandir a fé e recriar

T

as gloriosas tradições de Jerusalém na Abissínia (Silva, 1996, p. 282). Ver ETIÓPIA, República Federal Democrática da; MARA TAKLA HAYMANOT.

TEQUE (*Bateque*). Ver TIOS.

TIBESTI, Montes. Conjunto montanhoso localizado na porção central do Saara, em territórios do noroeste do Chade, do nordeste do Níger e do sul da Líbia. É também referido como Maciço do Tibesti. A região foi o *habitat* de povos tidos como os fundadores do Kanem. Ver CHADE, República do; LÍBIA; KANEM; NÍGER; SAARA; TEDAS.

TICHIUÍ. Ver TWI.

TIFINAGH. Escrita berbere, originária provavelmente do antigo alfabeto líbio que remonta ao século IV a.C. Apresenta similaridades com a escrita púnica de Cartago, e aparece em inscrições epigráficas feitas em túmulos. Uma variante do *tifinagh* foi utilizada pelos tuaregues do Saara e do Sahel. Inscrições desse tipo de escrita foram recolhidas, estudadas e publicadas pelo brasileiro Paulo Fernando de Morais Farias, no livro *Arabic Medieval Inscriptions of Republic of Mali: Epigraphy, Chronicles and Songhay-Tuareg History* (2003). Ver ESCRITAS AFRICANAS; TUAREGUES; SAARA; SAHEL.

TIGRAI. Uma das transliterações para "Tigré" (q.v.).

TIGRÉ (*Tegray, Tigrai, Tigray, Tigre*). Região do norte da Etiópia, a oeste do Planalto de Danaquil. Nela, ergueu-se a cidade de Axum, sede do poder abissínio, tendo seu povo, conhecido pelo mesmo nome, grande influência no desenvolvimento da civilização etíope. Atualmente constituindo uma província da República etíope, guarda a História do antigo reino axumita e ruínas de cidades muito antigas. O nome "tigré" designa, também, um conjunto de povos da região. Ver ABISSÍNIA; AXUM; ETIÓPIA, República Federal Democrática da.

TIGRÉS. Conjunto de povos da Etiópia, localizados na região de Tigré (q.v.).

TILIMSAM. O mesmo que Tlemcen (q.v.).

TIN IARUTAN. (*Ti-n Yarutan*). Comandante berbere do povo azenegue, subgrupo lamtuna, conquistador de Audagost c. 960 d.C., o qual, segundo o historiador Al-Bakri, podia mobilizar em combate, cem mil soldados montados em dromedários. Silva (1996, p. 261), acrescenta a essa citação a possibilidade de esse líder ser o mesmo mencionado pelo escritor persa Ibn Hawkal como Tanbarutã ou Tin Barutã. Ver AUDAGOST; AZENEGUES; LAMTUNAS.

TIOS (*Tyo*). Povo localizado no atual território da República do Congo, o mesmo que anzicos, bateques ou teques (q.v.).

TIRAMAKAN TRAORÊ. Nas tradições da Guiné-Bissau, Gâmbia e Casamansa, teria sido um general a serviço de Sundiata Keita que por volta de 1230 estendeu o poder do Estado do Mali rumo ao oeste, dando origem ao Estado do Kaabu ou Gabu. Ver GABU; SUNDIATA KEITA.

TLEMCEN (*Tilimsan*). Cidade no nordeste do território da atual República da Argélia, a qual, por sua importância, foi disputada por vários séculos entre diversas dinastias berberes. No século VIII, berberes recém-convertidos ao islamismo, aderindo ao movimento antiárabe dos caridjitas, fundaram o reino teocrático de Agadir, nome que se traduz como "fortaleza". No século XI, os almorávidas, liderados por Iusuf ibn Tachufin, tomam a cidade fortificada e fazem dela sua nova capital, rebatizando-a como Tlemcen. Nos séculos seguintes, a cidade-estado cai, sucessivamente, sob o controle das dinastias dos ziânidas e dos marínidas. O líder destes, Abu Iaqub, constrói uma nova capital, Al-Mansura, para a qual transfere o poder que antes emanava da cidade e reino de Tlemcen, redirecionando para ela toda a atividade comercial. Entretanto, após a morte de Iaqub, os ziânidas retomam sua antiga capital e destroem Al-Mansura. No século XV, outa dinastia berbere, a dos haféssidas também disputa a cidade, a qual, entretanto, no século seguinte, cai sob o domínio dos turcos otomanos (Page, 2005, p. 220-221). Ver ALMORÁVIDAS; CARIDJITA; CIDADES-ESTADO; HAFÉSSIDAS; IUSUF IBN-TACHUFIN; MARÍNIDAS; ZIÃNIDAS.

TOAZIÊ (*Tohajie*). Herói fundador oeste-africano no século XII, às vezes mencionado como ancestral comum dos mossis de Mamprussi, Dagomba e Nanumba. Entretanto, é também tido como originário do país dos hauçás ou da região do Lago Chade, E, assim, é mencionado, em fontes de língua inglesa, como *The red hunter*, "o caçador vermelho" que teria subjugado os povos da área atualmente ocupada pelos povos mossi, mamprussi, dagomba e gonja (Boakye, 1982, p. 57). Ver DAGOMBA; MAMPRUSSI.

TOGO (República Togolesa). País oeste-africano, localizado no Golfo da Guiné. Seu território é limitado a norte por Burkina Faso, a nordeste pelo Benim, a oeste por Gana e ao sul pelo Oceano Atlântico. Algumas tradições referem, entre os primeiros habitantes locais, entre os séculos VII e XIII, indivíduos dos povos Kabyé, Lambo, Tamberma, Akposso e Bassari (Piraux, 1977, p. 34). Refere-se também que os ancestrais dos atuais povos ewe e ga foram dominantes na porção meridional do atual território; e os do norte foram provavelmente influenciados por vizinhos mossis. E que, por volta de 1500, os ewes, dos atuais Togo e Gana ainda se concentravam na região de Nuatsie ou Notsie (Boahen, 2010, HGA, V, p. 477). Ver AJA; BENIM, Baía de; BENIM, República do; BURKINA FASO, República de; COSTA DA MINA; COSTA DOS ESCRAVOS; DAOMÉ; EWE; GANA, República de; MOSSIS; SUDÃO; TADÔ.

TOMBUCTU (*Tombouctou, Timbuctoo*). Cidade oeste-africana fundada, em território da atual República do Mali, acima da curva do Rio Níger, por volta do ano 1000. Nasceu a partir de um acampamento de tuaregues, cuidado, segundo a tradição, por uma mulher conhecida como Buctu (*Bouctou*). No século XI destacava-se como centro de comércio, tornando-se rival de Gao, a leste, e de Ualata, na Mauritânia (Ham *et al.*, 2009, p. 517). Invadida pelos mossis em 1333, tomada depois pelos tuaregues em 1435, e por Soni Ali em 1468, mais tarde a cidade brilhou como centro intelectual do mundo islâmico durante o período de apogeu do Império Songai. Em 1510, o geógrafo Leão, o Africano, mouro de Granada, visitou Tombuctu e, impressionado com suas universidades e suas 180 escolas corânicas, escreveu: "Há em Tombuctu muitos juízes, doutores e sacerdotes [...]. Vendem-se, também, muitos livros vindos da Berbéria. Esta venda dá mais lucro do que o resto do comércio" (Madersbacher, 1986, p. 66). Na década de 1990 era descoberta, no local da antiga cidade, uma espantosa coleção de antigos manuscritos, contendo textos científicos e literários, inclusive alguns datados do século XII. Diversos deles, detalhando eventos históricos ocorridos na região e escritos em línguas locais, sugeriam que africanos já poderiam ler e escrever antes da chegada dos europeus. No final da década de 2000, os chamados *Manuscritos de Tombuctu* podiam ser consultados no Centre des Recherches Historiques Ahmed Baba, localizado próximo à mesquita de Sankore, na moderna Tombuctu. Ver GAO; MALI, Antigo; MANUSCRITOS DE TOMBUCTU; MOSSIS; SONI ALI; TUAREGUES; UALATA; UNIVERSIDADES.

TONDIBI, Batalha de. Confronto militar ocorrido em 1591, em território da República do Mali, nas proximidades de Gao, opondo as tropas marroquinas da dinastia saadiana às forças militares do Império Songai, em disputa pelo controle sobre as minas de sal de Tegaza. A vitória marroquina, obtida em virtude do uso de armas de fogo (arcabuzes, canhões), determinou o fim da hegemonia local exercida pelos *ásquias*. Ver *ÁSQUIA*; GAO, MARROCOS, Reino do; SAADIANOS; SONGAI; TEGAZA.

TONGAS (*Tsonga*). Povo banto atualmente localizado a partir do sul da República de Moçambique. Seus ancestrais exerceram domínio sobre a área ao sul do Rio Limpopo. Entre 1572 e 1573, em Chicoa, foram os principais agentes da fragorosa derrota imposta aos portugueses comandados por Antonio Cardoso de Almeida, cercados e dizimados um a um (Almeida, 1978, p. 177; Isaacman, 1976, p. 315). Ver MARAVES.

TOPONÍMIA. Ramo da Onomástica (q.v.) dedicado ao estudo das origens dos topônimos, nomes de lugares. Em Ndinga Mbo (2004, p. 15) a importância da toponímia como ciência auxiliar da História, notadamente no mundo banto, é ressaltada pelas seguintes razões: as denominações dos lugares quase nunca mudam e em geral conservam os nomes de seus proprietários, primeiros ocupantes ou de seus clãs. Por isso, sublinha o autor, o estudo dos topônimos pode revelar fatos que se relacionam ao passado e trazer ensinamentos sobre a história e a civilização dos primeiros ocupantes dos lugares que designam.

TÓRUA (*Torwa*), Reino. Estado constituído por um dos ramos do clã rózui, do povo xona, c. 1410, numa provável dissidência do poder central. Tinha capital em Khami, 15 km a oeste de Bulawayo, no território da atual República do Zimbábue; e no final do século XVII teria sido absorvido pelo reino rózui (Jouanneau, 1983, p. 30-31). Ver MONOMOTAPA, Império do; XANGAMIR; XONAS; ZIMBÁBUE, Grande.

TRÁFICO DE ESCRAVOS. Ver ESCRAVIDÃO.

TRANSLITERAÇÃO. Ato de transcrever, com um sistema de caracteres, uma ou várias palavras de língua que adota outro sistema, ou que não dispõe de escrita. Neste Dicionário, grande parte dos verbetes incluem palavras transliteradas de línguas africanas, do árabe, etc., para o português brasileiro. Ver AJAMI.

TRANSUMÂNCIA. Migração periódica de rebanhos em busca de pastagens mais viçosas e abundantes. Em alguns ambientes estudados neste dicionário, a prática era comum e propiciou contatos e trocas valiosas entre povos pastores e outros especializados trabalho agrícola. Ver PECUÁRIA.

TRANSVAAL. Província situada no norte do território da atual República da África do Sul. Ver MAPUNGÚBUE.

TRAORÊ (*Traoré*). Uma das dinastias formadoras do Império do Mali. Habitava a região de Dodugu e tinha como cidade principal Tabu. Ver MALI, Antigo.

TRIÂNGULO DE AFAR. Denominação da região onde se localiza o atual território da República do Djibuti, em referência ao etnônimo que designa um dos povos locais, os afares (*afar*).

TRÍPOLI. Antigo empório ou feitoria, seguidamente sob domínio fenício, cartaginês e romano, em 643, após a conquista árabe, tornou-se a mais importante cidade da Tripolitânia, província na porção oriental da Líbia. Destacou-se principalmente à época dos haféssidas; e é mencionada em algumas fontes a mencionam como uma cidade-estado berbere. Ver BERBERES; CIDADES-ESTADO; FEITORIA; LÍBIA.

TRIPOLITÂNIA. Região da atual LÍBIA, antiga província romana. A partir do século VII, sob domínio árabe, foi seguidamente controlada por omíadas, abácidas, fatímidas, almôadas e haféssidas. Os normandos da Sicília invadiram Trípoli na década de 1140, mas em 1158 as forças dos almôadas os expulsaram. No século seguinte, o emir Abu Zakariya, dependente dos almôadas, estabeleceu um Estado independente na Tunísia e, logo em seguida, se apoderou da Tripolitânia. Mais tarde, a região caiu sob o poder dos Haféssidas, assim permanecendo até a conquista otomana em 1553. Ver ABÁCIDAS; ALMÔADAS; FATÍMIDAS; HAFÉSSIDAS; OMÍADAS.

TROPICAL. Qualificativo de zona ou região situada entre os trópicos. A denominação "África Tropical" designa a porção do continente situada entre os trópicos de Câncer e de Capricórnio.

TSOEDE. Líder dinástico do povo Nupê, entre os séculos XV e XVI, também referido como Edegui (*Edegi*). Filho de mãe nupê e do rei de Igala – um país vizinho, em cuja corte, na cidade de Idah, o menino fora criado. Feito adulto, ele recebeu do pai os atributos mágicos e simbólicos de seu direito ao trono e assim formalizou a criação do reino. Teria morrido com avançada idade (Yahaya, 2003, p. 95). Ver NUPÊS.

TUAREGUES (*Touareg, Tuareg*). Denominação de um dos povos do Saara, originária do árabe *tuareg*, plural de *targuí*, "habitante do deserto". Essa forma plural aplica-se tanto a um grupo desses indivíduos quanto à sua totalidade (Vasquez-Figueiroa, 1981, p. 15). Segundo Medeiros (2010, HGA, III, p. 150), os tuaregues, autoproclamados descendentes de antigos clãs berberes, por sua miscigenação com populações negras e a adoção de certo tipo de práticas divinatórias, representariam, em termos antropológicos, um elemento intermediário entre o mundo saariano e o sudanês. Ver ADRAR DOS IFORAS; AMAZIGUE; BERBERES; HARATINOS; TAMAXEQUE; *TIFINAGH*; TOMBUCTU; ZENAGAS.

TUBUS. Povo saariano da região do Tibesti-Hoggari. Sua formação remonta provavelmente ao período entre os séculos VII e VIII, no qual nômades provenientes do leste se estabelecem na região. Também mencionados como tebus, opuseram forte resistência aos exércitos do Kanem-Bornu no século XV.

TUCULER. Indivíduo dos tuculeres (q.v.).

TUCULERES (*Toucouleurs*). Grupo étnico oeste-africano localizado principalmente no atual Mali, vinculados ao antigo Estado de Takrur. Consoante Anta Diop, os tuculeres são originários da Bacia do Nilo, mais especificamente da Núbia. Segundo ele, existe na Etiópia um povo conhecido como *tekrouri*, o que o leva a admitir que os tuculeres sejam parte desse povo; e que a região do Takrur, ao invés de dar seu nome a eles, teria recebido, dos *tekrouri*, a sua denominação. Segundo suas próprias tradições, os tuculeres se dizem oriundos da região do Nyoro, na atual República do Sudão. Alguns autores, equivocadamente influenciados pela forma francesa *toucouleurs* traduzem o nome, em português, para "tucolores". O início de seu processo de islamização data do ano 1040. Os tuculeres atuais são falantes do *pulaar*, um dialeto do *fufuldé* (fula). Ver FULAS; TAKRUR.

TULÚNIDAS. Dinastia independente surgida no Egito no século IX. Fundada em 868 pelo turco Ahmad ibn Tulun, de uma família de escravos dos abácidas, contrapôs-se a eles e tomou o poder. Neutralizando, também, a influência dos cristãos núbios e abissínios, os tulúnidas transformaram o Egito em uma grande potência (López-Davalillo, 2003, p. 117); mas em 905 a dinastia precedente restabeleceu sua autoridade sobre o país. Segundo M'Bokolo (2009, p. 229), a dinastia manteve um grande exército de homens negros, recrutados principalmente na Núbia, cujo efetivo variava, conforme as fontes, entre 24 e quarenta mil soldados. Ver ABÁCIDAS, ABISSÍNIA; EGITO, República Árabe do; NÚBIA.

TUNCARÁ. Ver TUNKARÁ.

TÚNIS. Cidade da antiga Ifríquia, à margem do Mediterrâneo. Após a destruição de Kairuan, em 1160, tornou-se a capital; e, sob os hafessidas, destacou-se como importante núcleo irradiador de civilização. Ver HAFÉSSIDAS; IFRÍQUIA.

TUNÍSIA, República da. País litorâneo da África Setentrional, limitado a norte e nordeste pelo Mar Mediterrâneo; a oeste, pela Argélia; e a leste pela Líbia. Na Antiguidade, fenícios, gregos e romanos viram o domínio da região, denominada "Ifríquia", como questão estratégica. Área de considerável riqueza agrícola e mercado de consumo promissor, o litoral tunisiano era local de escoamento de mercadorias e matérias-primas que vinham do interior do continente em direção ao Mediterrâneo. A população berbere, a princípio admitiu a presença dos estrangeiros; mas resistiu ao controle sobre extensões mais amplas, pretendidos por romanos e negros. No século VII, os berberes locais resistiram com tenacidade à penetração árabe. Entretanto, depois de aderirem ao islã, alguns de seus principais líderes tornaram-se grandes difusores da fé islâmica e da cultura árabe, fazendo florescer aí uma importante civilização mista, dita "árabo-berbere". Ver ÁFRICA; ARGÉLIA; AURÈS, Montanhas; BARBÁRICOS, Estados; BERBERES; FATÍMIDAS; IFRÍQUIA; IORUBÁS; ISLAMIZAÇÃO; JUDAICA, Presença; KAHINA; KAIRUAN; LÍBIA, Grande República Árabe Socialista Popular da;

MAGREBE; MEDITERRÂNEAS, Regiões; NILO-SAARIANO; ROTAS DE COMÉRCIO; SAARA; SAHEL.

TUNKA MANIN. Soberano do Antigo Gana entre c. 1062 e o fim do império, em 1076. Durante boa parte de seu reinado conseguiu barrar as investidas dos almorávidas, expandir seu território e obter sucesso econômico. Segundo o geógrafo hispano-muçulmano Al-Bakri, seu exército dispunha de um efetivo de 200 mil guerreiros (COQUERY-VIDROVITCH, 1981, p. 43), o que, entretanto, não impediu a queda de sua capital Cumbi. O monarca passou à história com uma aura de lenda, em virtude do fausto de sua corte, onde o ouro dominava, inclusive nos trajes reais. O elemento "Tunka", de seu nome, é um título real, do saracolé *tunka*, rei, soberano. Ver ALMORÁVIDAS; CUMBI-SALÉ; GANA; SARACOLÉ; SONINQUÉ.

TUNKARÁ (*Tounkara*). Dinastia fundada por Cissé Tunkará. A denominação evoca o nome "Kará", do clã a que pertencia o pai do fundador e o título real *tunka*, dos soberanos do Gana. Ver CISSÉ TUNKARÁ; GANA.

TURUNKU. Antiga cidade dos HAUÇÁS, origem da atual cidade de Kaduna, capital do Estado de mesmo nome, no noroeste da República Federal da NIGÉRIA, República Federal da. Ver ZARIA.

TÚTSIS (*Batusi, Tussi, Watusi, Watutsi*). Ver RUANDA, República de.

TWI. Nome genérico da língua falada, com variações tonais e lexicais entre os povos *akan*, notadamente na República de Gana. Sua denominação é também transliterada como "tchi". Daí a referência, na historiografia brasileira, a um povo "tchi", e também a uma língua assim denominada, sinônima de "assanti, achanti, asanti e okin, falada pelos grupos Adansi, Denkira, Amansi e Assanti (ou Achanti, na região de Cumassie", conforme consignado *Delta Larousse* (1970, p. 6573). Entretanto, observe-se que, em Kotey (1996, p. 10), a pronúncia, na língua twi, do grupo consonantal "tw" é informada como a ouvida na expressão inglesa *"catch wind"*, o que nos leva a considerar, como foneticamente mais apropriada, a transliteração "txiuí". Ver *AKAN*.

TWIFO. Termo que refere os falantes da língua twi, que povoaram a região de florestas da atual República de Gana no começo do século XV. A denominação estendeu-se ao Estado fundado por esse povo na antiga Costa do Ouro, e mencionado como o berço da cultura *AKAN*. Graças a sua estratégica localização, entre o litoral e as regiões produtoras de ouro, o povo participou tanto do comércio de sal como de ouro, além de miçangas, joias e roupas. Assim, segundo Page (2005, p. 229), no século XV os portugueses, chegados à região, elegeram os *twifo* como seus parceiros comerciais preferenciais. Ver *AKAN*; COSTA DO OURO; TWI.

TXI. Forma talvez preferível a "tchi" (q.v.) Da mesma forma, "txiuí". Ver TWI.

T

U

UAGADU (*Wagadu, Ouagadou*). Denominação nativa do país que passou à História como Antigo Gana (q.v.) ou Gana-Uagadu. Segundo a tradição, foi também conhecido em épocas distintas como Diara ou Dierra, Agada e Sila, nomes que remetem a antigas cidades locais.

UAGADUGU (*Wagadugu, Ouagadougou*). Cidade situada no planalto central do território da moderna república de Burkina Faso, na região do Rio Volta Vermelho. No século XV, tornou-se a capital do império erguido pelo povo mossi, abrigando a residência permanente do imperador, a partir da qual se deu a expansão da cidade. O nome não deve ser confundido com Uagadu (q.v.). Ver MOSSIS.

UALATA (*Walata, Oualata*). Cidade florescida no século XIII (c. 1224) em território da atual Mauritânia, provavelmente pela ação de agricultores e pastores do povo soninqué. Povoação-oásis localizada no sul do Saara, era um importante ponto de parada de caravanas na rota que levava a Tegaza e Sijilmassa. Inicialmente parte do Império do Gana, no início do século XIII, substituiu Audagost como ponto terminal do comércio transaariano. No século seguinte, tornou-se parte do Império do Mali, do qual, por esse tempo, era a cidade mais setentrional. Segundo o cronista Ibn Battuta, o tempo de viagem de Sijilmassa até Ualata era de dois meses (Davidson, 1981, p. 66). Cai sob o domínio do Songai – Na língua hauçá, o verbo *walata* traduz-se como "ser abundante, copioso; abundante, fértil" (Robinson, 1925, I). Ver AUDAGOST; MALI; SIJILMASSA; SONGAI, SONINQUÉ; TEGAZA; TOCHITT.

UALÔ (*Waalo*). Antiga unidade política situado ao norte do atual Senegal e ao sul da atual Mauritânia. Sua existência remonta ao século XIII, quando era parte do Grande Jolof, desmembrando-se dele em 1549 para ser a mais importante força política local e um privilegiado ponto de articulação das relações entre o Magrebe e a África subsaariana. Por sua posição geográfica, na embocadura do Rio Senegal, e por sua abertura aos contatos através do Oceano Atlântico, manteve desde a segunda metade do século XV contato crescente com os europeus. Nos séculos seguintes seu litoral abrigou o Forte de Saint Louis, um dos principais entrepostos escravistas do oeste africano. Ver GRANDE JOLOF; LAMAN; MAGREBE.

UAMBO (*Wambu*). Antigo Estado do povo ovimbundo, situado no atual território da República de Angola. Segundo a tradição de seu povo, Ngola-a-Kiluanje, pai do povo ambundo, seria filho de Feti, seu herói fundador; e teria recusado o trono do Uambo para ir fundar o Dongo (Parreira, 1990, p. 186). Outras fontes informam como fundador do reino *Wambu Kalunga*, denominação que mais parece corresponder a um título, pois no idioma umbundo, *Kalunga* é um dos nomes da Divindade Suprema. Ver ANGOLA, República de; DONGO; NGOLA-A-KILUANJE.

UANGARÁ (*Wangara, Ouankarah*). Denominação incerta de uma região da África Ocidental, provavelmente em território da atual Mauritânia, tornada legendária pelas suas riquezas auríferas. Era onde se extraía o ouro que fez o esplendor do Antigo Gana, cujo rei era conhecido como o "Senhor do Ouro" (Cornevin, 1972). O nome foi dado pelos povos da floresta aos comerciantes mandingas (Niane, 2010b, HGA, IV, p. 187; Ly-Tall, 2010, p. 199) ou soninqués da Mauritânia e do Haude (Silva, 1996, p. 267), sendo equivalente ao bambara *dyoula*, mercador (SAUVANT, 1926). Ver DIÚLAS; MANDINGAS; MAURITÂNIA, República Islâmica da; OURO.

UBANGUI (*Oubangui, Ubangi*). Rio da África Central; marca a fronteira entre a República Centro-Africana e a República Democrática do Congo. Maior tributário na margem direita do Rio Congo, inicia seu curso na confluência dos rios Bomu (*Mbomou*) e Uele; corre na direção oeste, tomando depois o rumo sudoeste; passa por Bangui, e ao final desemboca no Rio Congo em Liranga depois de percorrer cerca de 1.200 km.

UBANGUI, Planalto de. Região na atual República Centro-Africana. Localiza-se entre as bacias dos rios Nilo e Congo (q.v.), tendo a noroeste a bacia do Lago Chade (q.v.).

UBRY. Ver UEDRAOGO.

UEDRAOGO (*Ouedraogo, Wedraogo*). Herói fundador oeste-africano, também mencionado como Naaba Uedraogo. Segundo a tradição, era filho de uma princesa do povo dagomba, chamada Ienenga, com um caçador de outro povo, chamado Riale. Ainda na juventude, com um grupo de seguidores, teria migrado para o norte, onde fundou a aldeia de Tenkodogo, da qual surgiu o primeiro reino mossi. Mais tarde, enviou três de seus filhos e sua cavalaria para conquistar novos territórios na região da bacia do Rio Volta, o que resultou na fundação de mais de vinte reinos, além da assimilação de vários povos, inclusive grúncis (ou grunces) e dogons. Segundo a cronologia apresentada por Izard (2010, HGA, IV, p. 248), o Naaba Uedraogo teria reinado entre 1435 e 1465, sucedendo Ienenga e antecedendo o Naaba Wubri ou Ubry, tido como seu neto. Ver DAGOMBA; IENENGA; MOSSIS; TENKODOGO.

UGANDA, República de. País da África Central, localizado entre os territórios de Quênia (nordeste), Sudão (norte), a leste da República Democrática do Congo (oeste), Ruanda (sul), Tanzânia (sul-sudeste) e o Lago Vitória (sul). Com seu território habitado, segundo vestígios arqueológicos, desde o século VI d.C. por antigos povos bantos, no século XIII recebeu o impacto da penetração dos cuézis (*kwézes, cwezis, tchuezis*), povo de pastores, vindo do norte. Submetendo populações locais, esses migrantes construíram fortificações para sua proteção e de seus rebanhos, mas foram gradativamente unindo-se aos locais e adotando suas línguas e costumes, dando origem ao povo hima (*bahima*). Mais tarde, fora do âmbito temporal deste dicionário, descendentes seus deram origem aos Estados de Buganda, Bunioro, Bunioro-Quitara, Busoga e Ankole (Enciclopédia Do Mundo Contemporâneo, 2000, p. 579). Ver

ÁFRICA; ANCOLÉ; BAGABU; BANTOS; BITOS; BUGANDA; BUNIORO; CARAGUÉ; CARAMONJONGUES-TESOS; CUÉZIS; GRANDES LAGOS; NIANCORE; NILO; QUÊNIA, República do; QUITARA; RUANDA, República de; RUTANZIGE; RUVENZORI; SUDÃO, República do; TANZÂNIA, República.

UIDÁ (*Ouidah, Whydah*). Ver AJUDÁ.

UIDIM READE. Rei da Etiópia cristã, nos séculos XIII-XIV. Tb. Uedem Reade; Widin-Ra'ad.

ULÉ, Mansa. Soberano do Antigo Mali (1255-1270). Em seu governo, os mandingas tiraram a independência a Gao (cidade-estado do povo Songai), dominando-a. Também, Ualata, Tombuctu e Djenê passaram ao controle do Mali, assim como parte das rotas que conduziam ao Tuate, às jazidas de sal de Tegaza e às minas de cobre de Tadmekka (q.v.).

UMAR BEN IDRIS. Ver Omar ibn Idris.

UMBUNDO. Língua dos ovimbundos, também referidos como "umbundos". Ver OVIMBUNDOS.

U

UMÉ (*Hummay, Oumé, Umai, Ummay*). Governante do Kanem, descendente de Saf, primeiro da linhagem dos sefauas e, por sua vez, fundador da dinastia mencionada como Bani Humé. Governou entre c. 1075 e 1086, aproximadamente, convertendo-se ao islã durante esse reinado. Seu nome é também transliterado como Humai; Humé; Ume Jilmi (Silva, 1996, p. 371). Ver KANEM; *MAI*; SEFAUAS.

UNGUJA. Nome vernáculo (suaíli) da ilha e da cidade de Zanzibar (Lenselaer, 1983, p. 585).

UNIVERSIDADES. Ver AL-KARAOUINE; MADRAÇA; SANKORE; TOMBUCTU.

UOLOFES (*Ouolof, Woloff*). Povo oeste-africano localizado na região da Senegâmbia e em partes da atual Mauritânia. **Origens.** Segundo algumas teorias, os uolofes e os sereres, a eles aparentados, seriam originários da região do Futa Toro, ao norte do Rio Senegal, de onde, pressionados por fulas e berberes, teriam migrado para o sul. Outras hipóteses consideram-nos um amálgama de diversos povos, como sereres, tuculeres, fulas, saracolés, etc. (Ortigues, 1989, p. 304). De qualquer forma, a Senegâmbia é considerada o nascedouro de importantes Estados, entre eles o Grande Jolof, que afirmou ascendência sobre todos os outros. Antes disso, os antigos habitantes locais foram seguidamente dominados pelos poderosos vizinhos Gana e MALI. **A confederação.** Sob a liderança do legendário líder Ndiadiane Ndiaye, o "Burba Jolof", o Jolof não só conquistou autoridade sobre as demais unidades políticas locais como pôs fim a todas as disputas e rivalidades existentes entre eles. Desmantelando os antigos reinos também uolofes de Cajor (Kayor), Ualô e Baol, o líder reuniu os pequenos Estados remanescentes em uma confederação, liderada pelo reino Jolof. Mais tarde, outros dois Estados, Sinê e Salum, do povo Serere, foram incorporados. Essa unificação teria se dado no século XIV, por volta do ano 1360, ano afirmado em algumas fontes como o da fundação do Império Djolof, Jof ou Wolof (Ham *et al.*, 2009). **Expansão.** Segundo Boakye (1982, p. 54-56), o Império Uolofe cresceu principalmente graças aos lucrativos laços comerciais estabelecidos e mantidos, ao longo do tempo, com o norte do continente e com Estados como Gana, Mali e SongaI. A partir da segunda metade do século XV, somaram-se à pauta de negócios também o comércio regular com navegadores portugueses. Os impostos cobrados aos mercadores nômades fulas e os tributos pagos pelos reinos povos dependentes satisfaziam grande parte das necessidades advindas da manutenção do numeroso exército, estimado em cerca de 100 mil soldados de infantaria e 10 mil cavaleiros (Boakye, 1982, p. 55). **Organização interna**. Os povos Uolofe e Serere, que constituíram o Grande Jolof, tinham várias peculiaridades em comum. A única diferença entre eles estava no modo de escolher seus soberanos. Cada Estado da Confederação Jolof tinha seu próprio governante, o qual gozava, em certa medida, de autonomia em seus negócios locais. Mas todos os governantes reconheciam a autoridade do Burba Jolof. O direito de primogenitura não era adotado no Jolof nem nos Estados uolofes: a sucessão do trono era baseada na escolha, feita por três ou quatro membros da realeza, que, segundo a tradição, escolhiam o candidato a partir de uma lista de candidatos, os quais tinham de ser descendentes diretos do fundador Ndiadiane Ndiaye. Obviamente, o sistema provocava grande instabilidade política; e o Burba Jolof quase sempre era levado a fazer ver que somente ele era detentor do poder soberano sobre a vontade dos senhores que escolhiam o rei. Para garantir sua influência, o soberano frequentemente nomeava muitos importantes funcionários do Estado, encarregando-os, com leis e ordenamentos, de manter os impostos, deveres e obrigações. Papel importante no sistema político uolofe desempenhavam, também, as mulheres. A chefe do contingente feminino era normalmente a mãe ou uma irmã do rei. Algumas aldeias sob sua autoridade cultivavam terras a ela pertencentes e lhe pagavam tributo; além disso, ela dispunha de jurisdição sobre tribunais que deliberavam exclusivamente em questões envolvendo mulheres, como, por exemplo, casos de adultério. Também importantes eram os griôs, chamados *gewel*, e que cantavam os louvores devidos ao rei, geralmente com acompanhamento musical, em ocasiões solenes. **Sistema de castas**. Assim como outros povos oeste-africanos, os uolofes adotavam um rígido sistema de divisão da sociedade em classes ou castas. As principais eram: a monarquia, constituída pelos descendentes dos ancestrais fundadores do Estado; a nobreza, cuja posição era recebida ou conquistada; os indivíduos livres (agricultores, artesãos, ferreiros, etc.); e os escravos. O casamento entre integrantes de classes diferentes era em geral reprovado (Boakye, 1982, p. 54-56). Ver BERBERES; BURBA JOLOF; FULAS; FUTA TORO; GANA; GRANDE JOLOF; GRIÔ; MALI; MULHERES; NDIADIANE NDIAYE; SARACOLÉS; SENEGÂMBIA; SERERES; SONGAI; TUCULERES.

UOLOFIZAÇÃO (*Wolofisation*). Termo cunhado em Mazrui (1986) (q.v. Bibliografia) para o processo de assimilação do islã pelos uolofes, povo do Senegal, consistente adaptação da religião às suas circunstâncias culturais específicas (Yeboah, 1997, p. 71). Ver ISLAMIZAÇÃO.

UTHMAN. Uma das transliterações para o antropônimo árabe Usman ou Osman.

V

VAI. Povo de fala mandê, habitante do nordeste da atual LIBÉRIA e partes contíguas de Serra Leoa, onde, durante o século XV miscigenaram-se aos autóctones do povo kono. Foram referidos em fontes portuguesas como "Galinhas".

VALENTIM FERNANDES. Impressor e tradutor de livros nascido na Morávia, em data incerta, e falecido em Lisboa entre os anos 1518-1519. Estabelecido em Lisboa no ano de 1495, durante o apogeu da expansão marítima portuguesa, em sua oficina foram preparados livros-incunábulos sobre a geografia e costumes dos povos do noroeste africano. Tais textos encontram-se reunidos na coletânea conhecida como *Manuscrito Valentim Fernandes*, publicado pela Academia Portuguesa da História em 1965. Ver FONTES HISTORIOGRÁFICAS.

VELHO NÚBIO. Língua falada nas três unidades políticas cristãs da Núbia: Nobácia, Macúria e Alódia, e usada até a atualidade. É escrita com o alfabeto copta, acrescida de alguns elementos da escrita meroítica (q.v.).

VERMELHO, Mar. Vasta extensão de água salgada no noroeste do Oceano Índico, entre a África e a Península Arábica, aí ligadas pelo estreito de Bab-el-Mandeb. Foi ambiente de intensas trocas, desde a Antiguidade, e de disputas políticas, principalmente entre forças cristãs e muçulmanas a partir do século VII d.C. Ver ADAL, Sultanato de; ADÚLIS; ÁFRICA; ÁRABES; ÁSIA, Africanos na; AXUM; BAB-EL-MANDEB; BEJAS; CRISTIANISMO ETÍOPE; EGITO, República Árabe do; ELENI; ERITREIA, República da; FROTA DO TESOURO; ISLAMIZAÇÃO; MAMELUCO, Sultanato; MASSAUA; NAVEGAÇÃO; PERSAS, Mercadores; RIFT, Vale do; ROTAS DE COMÉRCIO; SAARA; SABEUS; SUDÃO; TRÁFICO DE ESCRAVOS.

VITÓRIA, Lago. Situado em partes dos territórios das atuais repúblicas de Quênia, Tanzânia e Uganda, é o terceiro maior lago do mundo. Na metade do século XIII, estima-se que já sediasse pequenas unidades políticas bantas (Silva, 1996, p. 309), criadas por ancestrais dos fundadores dos Estados de Buganda e Bunioro (q.v.).

VOLTA, Rio. Importante via fluvial da África Ocidental. Forma-se em território da atual República de Gana, pela união dos rios Mukun, antigo Volta Negro; Nakambe, antigo Volta Branco; e Nazinon, antigo Volta Vermelho, provenientes de Burkina Faso, e deságua no Golfo da Guiné, a leste de Accra, a capital ganense, na região outrora conhecida como Costa do Ouro. A bacia do Rio Volta abrigou, através da História, importantes civilizações, como a dos povos mossi, grunci ou grunce, bobo, mandinga e senufo (Izard, 2010, HGA, IV, p. 263).

VOLUBILIS. Cidade romana situada ao norte do atual Reino do Marrocos, construída pelos romanos no século I a.C. para servir de sede ao governo provincial. Tomada pelas populações locais em 285, no início do século VIII funcionou temporariamente como local de moradia de Idris I. – O adjetivo latino *volubilis, -e*, traduz-se em português como "mutável, variável": a cidade era um centro administrativo que teve, ocasionalmente uso, residencial.

W

WADAI. Antigo reino a leste do Lago Chade. Foi constituído por uma dissidência dos bulalas, resistentes à reconquista do Kanem por Idris Katagarmabé no início do século XVI (Ki-Zerbo, 1972, I, p. 201). Ver BULALAS.

WALO. Ver UALÔ.

WANSUL, Abu Abdallah Muhamad ibn. Jurisconsulto a serviço dos *mansa* do Mali no fim do século XIV. Designado para as funções de juiz e aplicador da justiça em Gao, foi um dos informantes das notícias inseridas por Ibn Khaldun no livro *Muqaddimmah* (História Universal) sobretudo aquelas referentes aos governos de Mari Djata II. Ver GAO; MUQADDIMMAH.

WAR JABI NDIAYE. Governante do Takrur. Entre os séculos X e XI tornou-se o primeiro soberano muçulmano de seu Estado. Converteu a cidade-estado de Silá ao islamismo e faleceu em 1040 d.C. (Ki-Zerbo, 1972, I, p. 133). Ver SILÁ; TAKRUR.

WASSA. Povo do grupo *akan*, atualmente localizado em partes dos territórios das repúblicas de Gana e da Costa do Marfim, também referido como Assa. Uma de suas cidades, Tarkwa, destacou-se como importante centro produtor de ouro. Em algumas fontes, a cidade é mencionada como "Reino de Wassa". Ver *AKAN*; COSTA DO OURO; OURO.

WATÁSSIDAS (*Wattasid*). Linhagem berbere integrante da Confederação Zanata, de onde saíram ministros e altos dignitários da corte dos sultões marínidas, entre os séculos XIII e XV, e dos sultões saadianos, no século XVI. Extinguiu-se em 1554, na Batalha de Tadla, região no centro do território de Marrocos, quando derrotados pela dinastia de Tagmadert, que reinava desde 1511. Ver MARÍNIDAS; MARROCOS, Reino do; ZANATAS.

WAYAO (*ajaua, iaô, yao*). Conjunto de povos bantos da África Oriental, localizado na região entre os rios Rovuma e Lugenda, no nordeste do atual território de Moçambique. Incluído entre os povos denominados "maraves" pelos portugueses. Seu conjunto compreende, entre outros, os nianjas, macuas (*makwa*) e angônis (*magwangala*). Alguns desses, mantiveram relação com os árabes de Quíloa desde provavelmente o século XII, sendo que o atual povo *wayao* dominou parte do território ao norte do Rio Zambeze. São também referidos como *achawa*, *ayo*, *zau*, etc.; mas seus indivíduos preferem a denominação aqui utilizada, por remeter ao Monte Yao, tido como seu lugar de origem (Amaral, 1990, p. 42). Ver MOÇAMBIQUE; QUÍLOA; ZAMBEZE.

WIDIM RA'AD. Ver UIDIM READE.

WOLOSSO. Na tradição mandê (q.v.), escravo ou escrava nascido na família de seus senhores e que gozava de privilégios não concedidos aos escravos conquistados na guerra ou comprados. Em contrapartida, portava-se em geral como uma espécie de *alter ego* de seu senhor ou senhora, inclusive com risco da própria vida (Ndiaye, 1970 C, p. 103).

WUBRI. Fundador do reino mossi de Uagadugu, onde teria reinado a partir de c. 1495 d.C. (Izard, 2010, HGA, IV). Neto de Uedraogo, autoproclamou-se Mogho Naaba (rei do mundo). Ver UAGADUGU; UEDRAOGO.

W

X

XANGAMIR. Título real autoatribuído por Xanga, príncipe vassalo do reino Xona ou Monomotapa, pertencente ao clã rózui, em 1490. Tornando seu domínio independente, Xanga derrota Niauma, sucessor natural do *mwene* Matope e reina por quatro anos, até ser morto pelo filho do derrotado (Ki-Zerbo, 1972, II, p. 443). A denominação "xangamir" seria resultado da apropriação do título árabe "emir" anteposto ao seu nome: Xanga Amir, significando "príncipe Xanga". E acabou por se tornar um título dinástico. Ver RÓZUI; TÓRUA, Reino; XONAS. ZIMBÁBUE, Grande.

XANGÔ (*Sango, Shango*). Herói mítico iorubano, tido como primeiro alafim (soberano) de Oyó. Sua existência real, em torno do século XI, é afirmada por diversos historiadores. Segundo uma tradição copta, difundida por Morie, citada em Pedrals (1949) e Cheikh Anta Diop (1979), e constante, segundo eles, de um opúsculo traduzido do árabe e publicado em Paris, em 1666, sob o título *L'Egypte de Mourtadi, fils du Graphiphe*, os tempos remotos conheceram um rei núbio-egípcio chamado Shango, Iakouta ou Khevioso – o que surpreendentemente nos remete a alguns dos nomes pelos quais e conhecida a divindade oeste-africana dos raios e trovões, Xangô, inclusive nas Américas e no Brasil. Ademais, segundo ambos, a expressão *Obba-Kouso* ("Obá-Cossô", em terra brasileira), que é um dos epítetos de Xangô, seria, no segundo elemento, referência a Kush (Cuche). Morie cita ainda outras divindades iorubanas, associando-as à civilização núbia. Modernamente, alguns autores como o antropólogo belga Luc de Heusch, autor de Écrits sur la royauté sacrée (Bruxelas, 1987), apontam a carência de fundamentação nas teorias que buscam vincular as tradições da África Ocidental ao Egito. Ver IORUBÁS; OYÓ.

XARCA. Pequeno Estado muçulmano localizado, no século XIII, ao sul do Rio Hawash, na Etiópia. Segundo Silva (1996, p. 571) foi um dos que dificultaram seriamente a expansão dos cristãos abexins. Ver ABEXIM.

XEIQUE (*Shaykh, Sheik, Cheikh*). Título genérico para chefe muçulmano, líder de uma cidade, de uma região ou mesmo de um país; designa, mais apropriadamente, o ancião respeitável. Variante: xeque.

XEIQUE USMAN (*Shaykh Uthman*). Sábio muçulmano do século XIV. Pertencente uma das linhagens tradicionais do antigo reino do Gana, então sob domínio do Império Songai, destacou-se por seu conhecimento da doutrina islâmica, sendo reconhecido como homem dotado de grande saber e religiosidade. Em 1396 d.C. dirigiu-se com a família a Meca, no cumprimento do *hadj*, a peregrinação prescrita aos muçulmanos. Ao passar pelo Cairo encontrou-se com Ibn Khaldun, fornecendo-lhe informações preciosas sobre os povos negros da Bacia do Níger. Ver GANA; *HADJ*; IBN KHALDUN; MECA; NÍGER, Rio.

XERIFE (*Sharif, Chérif*). Título de origem árabe, traduzido como "nobre", "de alta ascendência". Era usado pelos chefes muçulmanos considerados descendentes de Hassan ibn Ali (q.v.), primo do profeta Maomé e marido de sua filha Fátima. Até o século XV designava uma categoria particular de líderes em todo o Magrebe (q.v.), os quais baseavam sua autoridade no carisma religioso.

XIRAZES (*Shirazi*). Povo originário da região de Xiraz, na antiga Pérsia. Por volta do século X d.C., migrados para a costa leste africana, contribuíram decisivamente para a formação da civilização suaíli. Ver PERSAS, Mercadores; SUAÍLIS.

XOA (*Shoa, Choa*). Região de planalto na porção leste do território da moderna Etiópia. Segundo Silva (1996, p. 571), em sua porção ocidental, abrigava diversas "colônias cristãs"; e, na oriental, assentamentos muçulmanos de atividade mercantil. Desses assentamentos foi que, certamente, nasceu, em fins do século IX, o sultanato de Xoa, cujos fundadores se autoproclamaram descendentes dos Banu-Walid, célebre família de Meca (M'Bokolo, 2009, p. 115). Esse principado antecedeu o centro de poder cristão estabelecido pela dinastia dos zagués. Ver ETIÓPIA, República Federal Democrática da; SULTANATO.

XONAS (*Shona, Chonas, Ma-xonas*). Conjunto de povos bantos localizados ao sul do Rio Zambeze, nos atuais territórios de Zimbábue e Moçambique, mencionados em Fagan (1970, p. 124) como "carangas ou xonas". A comunidade etnolinguística dos xonas compreende, entre diversos outros, os povos falantes das línguas caranga e calanga ou calana. Obenga (1985, p. 29-30) inclui no subgrupo linguístico "kalanga", e não "karanga", a língua dos povos rózui, lozi ou barotse, aparentando-os portanto. **Origens.** Os primeiros povoadores xonas, provenientes de terras a norte do curso do Zambeze, aparecem no planalto do Zimbábue em meados do século X. Entre 940 e 1200, estabelecem quatro principais centros de produção: no sítio conhecido como Leopard's Kopje (Montanha do Leopardo) a sudeste; em Muzengezi, a norte-nordeste; no Gumanye, a sudeste; e em Harare, no nordeste. Dedicando-se ao pastoreio de forma cada vez mais exclusiva, essas comunidades vão, pouco a pouco, tendo que estabelecer relações comerciais com povos das regiões situadas a leste; primeiro para adquirir sal e, depois, tecidos e pérolas trazidos da Ásia até o litoral índico. Os antigos xonas adquiriam esses itens oferecendo em troca ouro e marfim extraídos de suas terras, os quais eram transportados até a costa por caravanas de mercadores. Sua atividade pastoril envolvia principalmente gado caprino, em escala cada vez maior, menos para o seu próprio consumo do que como moeda de suas trocas com os grupos planaltinas cultivadoras de cereais. Nisso foi que se baseou o crescimento das primeiras organizações políticas dos xonas. Quando ainda na idade do ferro, tribos e clãs percorriam o planalto de maneira desordenada. Depois, a exploração das minas, ativada pelo comércio, obrigou-os a se fixarem próximo às jazidas e construir aldeias. **Unidades políticas.** Formaram-se, assim, domínios senhoriais, os mais poderosos fazendo crescer sua

X

ascendência sobre outros pela compra de rebanhos ou pela descoberta de melhores jazidas de ouro. Um deles iria ganhar dimensões muito maiores que as dos precedentes e se organizar de modo mais rigoroso. Esse reino, cujas origens remontariam ao século VI ou ao século XIII, daria origem, efetivamente, no início do século XV, a um Estado constituído sob a liderança de Mutota, um comandante xona do grupo caranga. Ao longo do século, esse líder, auxiliado pelo filho Mutope, ampliou seus domínios até parte do atual território de Moçambique chegando ao litoral do Oceano Índico. No decurso desta saga, Mutota passa a ser conhecido como o *mwene mutapa*, expressão traduzida de diversas formas, e que, transliterada em português como Monomotapa (q.v.) estendeu-se à denominação do reino, sobrevivendo a Mutota, morto em 1480. **Desagregação.** Após a morte do herói fundador, divergências clânicas paulatinamente desagregaram os xonas. Antes, já surgira um novo reino, quando Xanga, chefe do clã tórua, a quem Mutope encarregara de dirigir a parte meridional do reino, investindo-se do título arabizado "xangamir" (príncipe Xanga), cria um novo Estado e uma nova dinastia. A partir de então, os sucessores deste adotaram o título dinástico xangamir e implantaram sua própria unidade política. Segundo Fagan (1970, p. 128), a fase principal da história dos xonas foi protagonizada pelo povo rózui, um clã que subira ao poder em virtude de sua supremacia religiosa. Seriam eles os criadores do Estado que passou à história como o Grande Zimbábue. Juntamente com o Congo e o Loango, esse Estado figurou, até o século XV, como um dos mais importantes da África Central e Austral (Jouanneau, 1983, p. 22-23). Ver CARANGAS; CONGO; CIDADES; LEOPARD'S KOPJE; LOANGO; MAPUNGÚBUE; MATOPE; MOÇAMBIQUE, República de; MONOMOTAPA, Império do; MUTOTA; MWARI, Culto de; NGÚNIS; RÓZUI; XANGAMIR; ZAMBEZE; ZIMBÁBUE, Grande; ZIMBÁBUE, República do.

Y

YAKA. Reino banto localizado entre os rios Cuango e Wamba. Seus criadores são mencionados em Balandier e Maquet (1968, p. 38) como descendentes dos antigos jagas (q.v.), invasores do reino do Congo no século XVI.

YAO. Ver WAYAO.

YEKUNO AMLAK. Ver IEKUNO-AMLAK.

YEMREHANA KRESTOS. Ver IEMEREANA CRISTOS.

Z

ZAFUM. Antigo Estado sudanês localizado no sudeste do Saara. Também mencionado como Zafunu, sua existência é atestada ao fim do século XI pelo geógrafo Al-Bakri, e depois pelo geógrafo árabe Yaqut al-Rumi no livro chamado *Mu'adjam al-buldan* (Dicionário dos Países), compilado entre 1218-1224. Durante muito tempo esteve integrado à órbita dos governantes do Gana, ganhando autonomia após a derrota deste Estado sudanês frente às tropas dos almorávidas do Marrocos. Pelas informações dos cronistas muçulmanos, situava-se nas proximidades da cidade de Qalanbu ou Galambu, na região de Falemê, uma das principais áreas das minas de ouro exploradas desde pelo menos o século VIII. Era ponto de passagem da rota das caravanas que se deslocavam entre Marraquexe, Sijilmassa e Tombuctu. Ver almorávidas; Falemê; Marraquexe; Marrocos; SAARA; Sijilmassa; Tombuctu.

ZAGAUAS (*Zaghawa, Zaghaoua*). Povo localizado no deserto da Líbia, ao norte do Darfur e do Wadai e a oeste da Núbia; em Silva (2012, p. 60) é definido como de "cameleiros nômades". Segundo Lange (2010a, p. 520), eram na verdade um conjunto de povos, sendo o etnônimo aplicado mais especificamente à sua aristocracia, ou seja, aos "verdadeiros *zaghawas*". Segundo o cronista árabe El Yakubi, os zagauas, que figuram nas origens do Kanem, eram "negros que migraram do ocidente", fundadores de numerosos reinos (Ki-Zerbo, 1972, I, p. 197). Ver KANEM-BORNU; NÚBIA.

ZAGUÉS (*Zagwe*). Dinastia do povo agau, reinante na Etiópia entre os séculos X e XIII d.C. Fundada por Zagué, entronizado com o nome Mara Takla Haymanot e também referido como *Marara*, governou a partir da cidade de Roha, depois denominada Lalibela. Destronou Delnaode e foi apeada do poder pela dinastia salomônica. Instalando-se no poder central no início do século XII, a dinastia teve sua legitimidade contestada pela Igreja Copta (M'bokolo, 2009, p. 117), o que deu causa a novas disputas, que se estenderam até o reinado de Lalibela. Nesse reinado, a dinastia dos zagués consolida seu poder. Entretanto, sua legitimação foi custosa, uma vez que o desmoronamento de Axum manteve interrompidas, por muito tempo, as relações dos cristãos etíopes com Alexandria. Sem apoio externo, os primeiros governantes zagués tiveram que enfrentar também grave oposição interna, como as das províncias de Tigré e Amhara. Nesse contexto, sob o argumento de que os zagués não tinham legitimidade como "descendentes de Salomão", um líder adversário toma o poder e funda nova dinastia. Ver AGAUS; ALEXANDRIA; AMARA; AXUM; COPTA; DELNAODE; LALIBELA; MARA TAKLA HAYMANOT; MARARA; ROHA; SALOMÔNICA, dinastia.

ZAMBEZE. Rio da África Austral. Nasce no noroeste da Zâmbia e corre para o sul, por Angola, até desaguar, depois um percurso de cerca de 2.600 km, no canal de Moçambique. Entre 500 e 400 a.C., a metalurgia do cobre chega ao Vale do Zambeze. Mais tarde, a extração de ouro motiva o florescimento de vários Estados como Monomotapa; Urunguwe, Manica, Zimbábue, etc. No tempo histórico referido nesta obra, a região zambeziana foi palco de intensa movimentação populacional, com interpenetrações étnicas e culturais que dificultam bastante as tentativas de classificar sistematizadamente os povos que a habitam. Entre esses, contudo, os tongas aparecem como exemplos mais destacados de resistência à colonização portuguesa desde o século XVI. Ver ANGOLA, República de; MOÇAMBIQUE; MONOMOTAPA, Império do; TONGAS; ZÂMBIA, República de; ZIMBÁBUE.

ZÂMBIA, República de. País da África Central, limítrofe a Angola, República Democrática do Congo, Tanzânia, Maláui, Moçambique, Zimbábue, Botsuana e Namíbia. Localizado bem no coração da África bantófona, a região foi palco de intenso intercâmbio entre povos e de importantes eventos históricos. Entre c. 400 e 500 d.C., uma vaga migratória de povos bantos provenientes do leste alcança a área ocidental da região, próxima à atual fronteira de Angola. Entre esses migrantes estavam antepassados dos atuais povos bemba, lunda, etc., fundadores de poderosos Estados e criadores de redes mercantis de longa distância, sustentadas pelo comércio, principalmente de cobre, marfim e sal, mantido com os estabelecimentos costeiros. Vestígios arqueológicos datados do século VII d.C. indicam que, já por essa época, habitantes da região trocavam cobre por contas de vidro e conchas marinhas vindas do exterior. Outros registros datam de três séculos mais tarde, a chegada, através do Zambeze, dos primeiros mercadores árabes e persas, trazendo roupas, armas e porcelanas chinesas; para levarem marfim, ouro e cobre através do Oceano Índico. Em Ingombe Ilede, no sudeste do atual território zambiano, próximo à fronteira com Moçambique, a arqueologia revelou a existência, no século XIV, de uma rica sociedade organizada segundo esse modelo (African Encyclopedia, 1974, p. 552). Ver ÁFRICA; ANGOLA, República de; CONGO; GRANDES LAGOS; LOZI; LUBA, Reino; LUBAS; MALÁUI, República de; MOÇAMBIQUE; QUIOCOS; TANGANICA; ZAMBEZE.

ZAMFARA. Uma das quatro cidades-estados hauçás tidas como ilegítimas, talvez por terem sido fundadas por migrantes. Ver HAUÇÁS.

ZANATAS (*Zanatah*). Clã berbere, mencionado como um dos fatores de ameaça ao domínio da Confederação Sanhaja sobre o comércio transaariano no século XI (Page, 2005, p. 13).

ZANJES (*Zandj*). Denominação usada pelos persas para designar os bantos da África Oriental. A denominação estendeu-se ao território, outrora conhecido como "país zanje (*zandj*)"; e ganhou, na Ásia, o significado genérico de "negro". Ver SUAÍLIS.

ZANZIBAR e PEMBA. Ilhas no Oceano Índico, no litoral da atual República da Tanzânia. Originalmente habitadas por povos bantos, no século XII, constituíam o sultanato de Zanzibar. O vocábulo "Zanzibar" parece ter origem persa, como *zanje*. Ver SUAÍLIS.

ZARA-JACÓ. Imperador cristão da Etiópia (c. 1434-1468). Bisneto de Iekuno-Amlak, é mencionado muitas vezes como o maior governante etíope desde Ezana. Fortaleceu ainda mais o poder do Estado, consolidando a obra de Ámeda-Sion, sendo sucedido por seu filho Baida Mariam. Tb. Zar-a-Yacob; Zera-Yakob. Ver ÁMEDA-SION; BAIDA MARIAM; ETIÓPIA, República Federal Democrática da; EZANA; IEKUNO-AMLAK.

ZARIA. Antiga cidade-estado dos HAUÇÁS, antes denominada "Zazau". O novo nome teria sido dado em homenagem a uma das filhas de Bakwa, fundador de TURUNKU, mais tarde Kaduna. Zaria seria irmã de AMINA, princesa legendária. O nome Zegzeg, também mais tarde atribuído a Zaria, teria surgido apenas no século XVII (Adamu, 2010, HGA, IV, p. 309). Sua emergência como unidade política monárquica teria ocorrido no século XI d.C., quando o rei Gunguma fundou-o como um dos Estados considerados como "Os sete verdadeiros Estados Hauçás". Como o mais meridional dos sete, Zaria teve a função de capturar escravos para todos os outros, especialmente para os mercados de Kano e Katsina, localizados ao norte. Caravanas de camelos viajavam do Saara para Zazau, no sul, para trocar sal por escravos, roupas, couro e grãos. Em 1456 ISLÃ foi introduzido na região, mas o advento dos governos muçulmanos só ocorreu no início do século XVI, com a conquista de Zaria pelo Império SONGAI. Ver AMINA; CARAVANAS; HAUÇÁS; ISLÃ; KANO; KATSINA; SONGAI; TURUNKU.

ZAZAU (*Zazzau*). O mesmo que ZARIA.

ZEILA. Antiga cidade portuária no Golfo de Aden, no atual Djibuti, ligada ao altiplano por forte rede de comércio. No século XIII, caiu sob o poder do sultão do Ifat, tornando-se a capital do sultanato. Em 1471, seu governante declarou guerra aos cristãos etíopes, mas foi contido por Baida-Mariam. Ver BAIDA-MARIAM; DJIBUTI, República do; IFAT, Sultanato de.

ZENA PETROS. Príncipe etíope da dinastia dos zagués. No século XIII, pretendendo vingar as agressões contra os cristãos de Xoa, atacou o Damote, sendo vencido e morto (Silva, 1996, p. 572). Ver DAMOTE; XOA; ZAGUÉS.

ZENAGAS. Uma das formas ou transliterações em português para o etnônimo *iznagen*, autodenominação do povo berbere tido como "filho de Znag", neto de Mazih, ancestral mítico de todos os berberes, autorreferidos como *imazighen*. Outras formas são: azenegues e sanhajas. O nome "zenaga" está na raiz do topônimo Senegal. E os principais subgrupos desse povo são: telkata, lantuna, judala (*djoddala*) e massufa (ou messufa). Segundo algumas fontes, os atuais tuaregues seriam descendentes de berberes zenagas. Ver AZENEGUES; MASSUFAS; SANHAJAS; SENEGAL, República do; TUAREGUES.

ZENATAS. Clã berbere mencionado em Page (2005, p. 196) como integrante da coalisão formadora da dinastia dos almôadas, juntamente com o dos masmudas, no século XII. Ver ALMÔADAS; MASMUDAS.

ZERA YACOB. Ver ZARA-JACÓ.

ZIÂNIDAS (*Zayyanid*). Dinastia berbere governante na atual Argélia, sucedendo à dos almôadas, entre 1235 e 1550. Ver ARGÉLIA; ALMÔADAS.

ZIMBÁBUE, República do. País da África Austral, limitado ao norte por Zâmbia; a leste, por Moçambique; ao sul, pela África do Sul; e a oeste, por Botsuana. Habitado primitivamente por povos *khoikhoi*, entre os séculos II e V d.C., o território recebia levas de povos pastores, ancestrais do atual povo xona. No século IV, indivíduos desse povo já se dedicavam à extração de ouro e à manufatura de objetos e utensílios de ferro. Por volta do século XII, dominavam toda a região, tendo construído sua primeira cidade, Mapungúbue, por volta de 1075. Hábeis na utilização de pedra como material de construção, no século XIII indivíduos do grande grupo xona ergueram o conjunto de edificações celebrizado como o "Grande Zimbábue". Ver ÁFRICA; ÁFRICA DO SUL, República da; BOTSUANA, República de; CARANGAS; *KHOIKHOI*; GRANDE ZIMBÁBUE; LEOPARD KOPJE; LIMPOPO; MANCALA; MANHIQUENI, Sítio de; MAPUNGÚBUE; MATOPE; MOÇAMBIQUE, República de; MONOMOTAPA, Império do; MUTOTA; MWARI; QUÍLOA; RÓZUI; SUAÍLI; TÓRUA, Reino; XANGAMIR; XONAS; ZAMBEZE; ZÂMBIA, República de.

ZIMBÁBUE, Grande. Denominação do principal conjunto de monumentais edificações de pedra, erguidas no território da atual República do Zimbábue, provavelmente a partir do século XI, com apogeu no século XIII e declínio no XV. Constituem, desde sua descoberta no final do século XIX, um dos importantes e instigantes achados arqueológicos do passado africano. **História.** Segundo as principais correntes historiográficas, o conjunto começou a ser erguido, no planalto do Zimbábue por iniciativa de governantes da unidade política mencionada como Estado do Zimbábue ou Reino do Monomotapa, numa ação continuada por governos e dinastias subsequentes e mesmo dissidentes. Foi este o caso de um novo Estado, o Tórua, fundado a oeste, cerca de 250 km distante do núcleo inicial. Quase nesse mesmo momento, uma outra dissidência fazia nascer, ao norte do planalto, o Estado efetivamente celebrizado como reino e, mais tarde, Império do Monomotapa, com influência sobre outras unidades políticas menores. Esse império exerceu controle sobre as comunidades xonas que desenvolviam agricultura, pecuária, e posteriormente a extração de ferro e ouro. As evidências arqueológicas permitem supor a existência naquele período de um Estado centralizado cujos governantes associavam seu poder e prestígio ao culto dos ancestrais divinizados, e que se sustentava através dos tributos extraídos dos povos que mantinha sob seu controle, bem como do monopólio do comércio com os mercadores das cidades suaílis, sobretudo Quíloa. A existência do Monomotapa e do Grande Zimbábue, criação do conjunto dos povos do grupo xona, está intimamente ligada ao florescimento da civilização suaíli, na qual os construtores do Estado, essencialmente mineradores e metalúrgicos, encontraram mercado para as riquezas que extraíam e os artefatos que fabricavam, pelo que puderam aprimorar sua tecnologia e expandir sua cultura. Quando da fundação de Sofala, os carangas garantiram um porto para escoamento da produção de suas minas. Para tanto, submeteram povoações locais e impuseram sua hegemonia sobre um vasto território. Acrescente-se que o conjunto de edificações amuralhadas, por eles erguido e conhecido como "Grande Zimbábue" é o atestado maior de seu desenvolvimento, o qual culminou, já no século XVI com a ampliação de sua importância, expressa no que se conheceu como Império do Monomotapa. **Arqueologia.** Localizadas pelos europeus na segunda metade do século XIX, as ruínas do Grande Zimbábue chamaram desde logo a atenção dos eruditos e homens de ciência por sua riqueza e monumentalidade e seu arrojo técnico e significado cultural. Logo depois de ter sido observada em 1873 pelo naturalista alemão Karl Mauch, foi criada por iniciativa de Cecil Rodhes uma "Companhia das ruínas antigas" encarregada de explorar todas as ruínas ao sul do Rio Zambeze, responsável por danos irreparáveis ao monumento devido ao interesse dos exploradores pela grande quantidade de artefatos de ouro ali existente. Ao longo das décadas, inúmeras interpretações de caráter difusionista procuraram explicar a origem das construções de pedra em fatos ou fenômenos exteriores à África, vinculando-as em geral ao mito das minas do rei Salomão e ao reino perdido da Rainha de Sabá, recusando-se a admitir que negros pudessem ter sido capazes de desenvolver as formas sofisticadas de civilização de que as ruínas eram um vivo testemunho. Tais assertivas, de caráter fantasioso e racista, começaram a ser questionadas após as pesquisas de campo realizadas por David Randall MacIver (1905), Gertrude Caton-Thompson (1931), Roger Summers (1958,1963) e mais recentemente por Edward Matenga, que encontraram evidências materiais comprobatórias do caráter essencialmente africano da construção. Embora tenham sido descobertos pelo menos 150 outros sítios arqueológicos com construções similares, as ruínas do Grande Zimbábue se destacam pela dimensão, ostentação e complexidade. No complexo monumental, primeiro está o *Grande Cercado*, uma enorme fortificação de forma esférica com 2,5 km de perímetro e eixo central correspondente a cerca de 1 km. A muralha foi erguida com a superposição de inúmeros blocos de pedra, sem argamassa, e mede 10 m de altura. Em seu interior, em forma de zigue-zague, encontram-se duas torres cônicas que medem também 10 m de altura e recebem o nome de *templo elíptico*. Perto dali, numa colina, elevam-se os restos de uma fortificação colossal, que recebeu a denominação de "acrópole", em alusão à célebre edificação grega, erguida em Atenas. Ver CARANGAS; FERRO; MONOMOTAPA, Império do; OURO; QUÍLOA; SUAÍLI; XONAS.

ZIMBO. Ver BÚZIO.

ZÍRIDAS. Dinastia de berberes do grupo sanhaja, governante da Ifríquia no período compreendido entre 973 e 1148 d.C. Seus integrantes inicialmente estavam sob influência do califado dos Fatímidas do Egito, mas logo se tornaram independentes e passaram a ser seus maiores opositores no Norte da África. Seu poder diminuiu com a invasão dos hilálios, apoiada pelos fatímidas. Em 1159 o que restava dos domínios ziridas foi incorporado ao império dos almôadas. Ver ALMÔADAS; BERBERES; FATÍMIDAS; HILÁLIOS; IFRÍQUIA; SANHAJAS.

ZULUS. Povo banto da África Meridional, cuja ancestralidade remonta aos povoadores sul-africanos do grupo ngúni. Ver BANTOS; NGÚNIS.

BIBLIOGRAFIA

A DICTIONARY ENGLISH-TSHI (ASANTE). Gold Cost, West Africa: Basel Missionary Society, 1909.

ABRAHAM, R. C. *Dictionary of Modern Yoruba*. Great Britain: Hodder and Stoughton Educational, 1981.

ABRANCHES, Henrique. História das instituições: os diferentes tipos de comunidades étnicas. *Muntu, revue scientifique et culturelle du CICIBA*, Libreville, Gabon, n. 1, p. 99-118, segundo semestre de 1984.

ABRANCHES, Henrique. *Identidad y patrimonio cultural*. La Habana: Editorial de Ciencias Sociales, 1988.

ADAMU, Mahdi. Os Haussa e seus vizinhos do Sudão central. In: NIANE, Djibril Tamsir (Ed.). *História Geral da África, IV*: África do século XII ao XVI. 2. ed. rev. Brasília: UNESCO; MEC; UFSCar, 2010. p. 299-336.

ADÉKÒYÀ, Olúmúyiwá Anthony. *Yorùbá: tradição oral e história*. São Paulo: Terceira Margem, 1999.

AFRICAN ENCYCLOPEDIA. Londres: Oxford University Press, 1974.

AGUALUSA, José Eduardo. *Milgrário pessoal*. Rio de Janeiro: Língua Geral, 2010.

ALAGOA, E. J. Do delta do Níger aos Camarões: os fon e os ioruba. In: OGOT, Bethwell Allan (Ed.). *História Geral da África, V: África do século XVI ao XVIII*. Brasília: UNESCO; MEC; UFScar, 2010. p.519-540

ALCORÃO SAGRADO. Tradução de Samir El Ilayek. São Paulo: Folha de São Paulo, 2010.

ALMANAQUE ABRIL. São Paulo: Editora Abril, 2014.

ALMEIDA, Pedro Ramos de. *História do colonialismo português em África: cronologia*. Lisboa: Editorial Estampa, 1978. v. I.

ALTUNA, Padre Raul Ruiz de Asúa. *Cultura tradicional banto*. 2. ed. Luanda: Secretariado Arquidiocesano de Pastoral, 1993.

ANDAH, Bassey W. Os povos da Guiné Superior (entre a Costa do Marfim e a Casamância). In: EL FASI, Mohammed (Ed.). *História geral da África, III: África do século VII ao XI*. Brasília: UNESCO; MEC; UFScar, 2010. p. 619 -672.

APPIAH, Kwame; GATES JR., Henry Louis. *Africana: The Encyclopedia of The African American Experience*. 1. ed. Oxford: Oxford University Press, 1999. 5v.

ARIEETEY-ATTOH, Samuel (Ed.). *Geography of Sub-Saharan Africa*. New Jersey: Prentice Hall Inc., 1997.

ARCIN, André. *Histoire de la Guinée Française*. Paris: Challamel, 1911.

ASANTE, Molefi Kete; ABARRY, Abu S. (Orgs.). *African Intellectual Heritage: A Book of Sources*. Filadélfia: Temple University Press, 1996.

AWDE, Nicholas; WAMBU, Onyekachi. *Igbo-English-Ibo Dictionary*. New York: Hippocrene Books, 1999.

AZIZ, Philipe. *Os impérios negros da Idade Média*. Rio de Janeiro: Otto Pierre Editores, 1978.

BÂ, Amadou Hâmpaté. *Amkoullel, o menino fula*. São Paulo: Palas Athena; Casa das Áfricas, 2003.

BÂ, Amadou Hâmpaté. Poésie peule du Macina. *Présence Africaine, Le Monde Noir*, Paris, número especial 8-9, p. 169-184, 1950. (Dirigido por Théodore Monod).

BÂ, Amadou Hâmpaté. Préface. In: DIETERLAIN, Germain. *Textes sacrés d'Afrique Noire*. Paris: Gallimard, 1965. p. 7-17.

BAINIER, P. F. *La geographie*. Paris: Librairie Classique d' Eugène Beli, 1878.

BALANDIER, G.; MAQUET, J. *Dictionnaire des civilisations africaines*. Paris: Fernand Hazan, 1968.

BALLONG-WEN-MEWUDA, B. *São Jorge da Mina, 1482-1637: La vie d'un comptoir portugais en Afrique occidentale*. Paris: Foundation Calouste Gulbenkian, 1993. v. 2.

BARBOSA, Adriano. *Dicionário cokwe-português*. Coimbra: Universidade de Coimbra, Instituto de Antropologia, 1989.

BARROS, Denise Dias. *Itinerários da loucura em territórios dogon*. Rio de Janeiro, Ed. Fiocruz, 2004.

BASCOM, William. *The Yoruba of Southwestern Nigeria*. Nova York: Holt, Rinehart and Winston, 1969.

BATHILY, Abdoulaye. *Les portes de l'Or: Le royaume de Galam de l'ère musulmane au temps dês nègriers (VIII-XVIII siècle)*. Paris: L'Harmattan, 1989.

BATHILY, Abdoulaye. As relações entre as diferentes regiões da África. In: EL FASI, Mohammed (Ed.). *História geral da África, III: África do século VII ao XI*. Brasília: UNESCO; MEC; UFScar, 2010. p. 861-879.

BATTUTA, Ibn. *A través del Islam*. Madrid: Alianza Editorial, 1987.

BAUMANN, H.; D. WESTERMANN. *Les peuples et civilisations de l'Afrique; suivi de les langues et l'education*. Paris: Payot, 1948.

BAZIN, Jean. Princes desarmes, corps dangereux. Les róis-femmes de la région de Segou. *Cahiers d'Études Africaines*, v. 28, n. 111-112, p. 375-441, 1988.

BEBEY, Francis. *African Music: A People's Art*. Nova York: Lawrence Hill & Co., 1975.

BELHASSEN, Tierry. *3500 palavras em árabe*. São Paulo: Disal, 2009.

BERNAL, Martin. *Black Athena: The Afroasiatic Roots of Classical Civilization*. New Brumswick, New Jersey: Rutgers University Press. v. I, 1994; v. II, 2002.

BOAHEN, Adu. *Pequena história de onde viemos [Topics In West African History]*. Tradução de Jose Luiz Costa Pereira. Porto Alegre, ed. part., 1992. Disponível em: <http://www.dacostaex.net/livros/A%20COSTA.pdf >. Acesso em: 04 abr. 2017.

BOAHEN, A. Os estados e as culturas da Costa da Guiné Inferior. In: OGOT, Bethwell Allan (Ed.). *História Geral da África, V: África do século XVI ao XVIII*. Brasília: UNESCO; MEC; UFScar, 2010. p. 475-518.

BOAKYE, Jacob. *Revision Questions And Notes On The History Of West Africa*. Accra: Asempa Publishers, 1982. v. I.

BOULEGUE, Jean. *Le grand Jolof: XIII-XVI siècles*. Paris: Éditions Façades; Karthala, 1987.

BOULNOIS, Jean; HAMA, Boubou. *L'empire de Gao: Histoire, coutumes et magie des sonrai*. Paris: Librairie d'Amerique et d'Orient, 1954.

BOURGUET, Pierre Du. *Les coptes*. Paris: PUF, 1988.

BREGAND, Denise. *Commerce caravanier et relations sociales au Bénin: les wangara du Borgu*. Paris: L'Harmattan, 1998.

BRIGGS, Philip. *Ghana*. Buckinghamshire, Inglaterra: United Kingdom Bradt Travel Guides, 2008.

BRISSAUD, Jean-Marc. *A civilização núbia até a conquista árabe*. Rio de Janeiro: Otto Pierre, 1978.

CADAMOSTO, L.; SINTRA, P. *Viagens de Luís de Cadamosto e de Pedro de Sintra*. Lisboa: Academia Portuguesa da História, 1988.

CARREIRA, Antonio; QUINTINO, Fernando. Antroponímia da Guiné Portuguesa. Lisboa: Junta de Investigações do Ultramar, 1964. v. 1.

CARREIRA, Antonio. As primeiras referências escritas à excisão clitoriana [sic] no ocidente africano. *Boletim Cultural da Guiné Portuguesa*, v. XVII, n. 70, p. 310, 1963.

CARVALHO, Olívio da Costa. *Dicionário de francês - português*. Porto, Coimbra, Lisboa: Porto Editora, 1980.

CERULLI, Enrico. As relações da Etiópia com o mundo muçulmano. In: EL FASI, Mohammed (Ed.). *História geral da África, III: África do século VII ao XI*. Brasília: UNESCO; MEC; UFScar, 2010. p. 671-683.

CHAVEAU, Jean-Pierre Chaveau. Une histoire maritime africaine est-il possible? *Cahiers d'Études Africaines*, v. 26, n. 101-102, p. 173-235, 1986.

CHIITTICK, Neville; GALAAL, Musa; MOLLAT, Michel. *Relaciones historicas a traves del Oceano Indico*. Barcelona: Ediciones del Serbal, 1983.

CISSOKO, Sékéné Mody. *Le siècle de Kankou Moussa: le XIVe. Siècle. Presence Africaine*, n. 52, 4º trimestre, p. 94-103, 1964.

CISSOKO, Sekéné Mody. La royauté (mansaya) chez les mandingues occidentaux d'après les traditions orales. *Bulletin de l'IFAN*, Dakar, t. XXXI, serie B, n. 2, p. 373, p. 1969.

CISSOKO, Sekéné Mody. *Tombouctou et l'Empire Songhay*. Paris: L'Harmattan, 1974.

CISSOKO, Sékéné Mody. Os Songhai do século XII ao XVI. In: NIANE, Djibril Tamsir (Ed.). *História Geral da África, IV*: África do século XII ao XVI. Brasília: UNESCO; MEC, UFSCar, 2010. p. 211-236.

COQUERY-VIDROVITCH, Catherine (Org.). *A descoberta de África*. Lisboa: Edições 70, 1981.

COCQUERY-VIDROVITCH, Catherine. As cidades pré-coloniais: tentativa de definição e periodização. *Revista Internacional de Estudos*

Africanos, Lisboa, n. 4-5, p. 265-279, jan./dez. 1986.

COQUERY-VIDROVITCH, Catherine. *L'histoire des femmes en Afrique*. Paris: L'Harmattan, 1988.

CORNEVIN, Robert. *Le Dahomey*. Paris: PUF, 1970.

CORNEVIN, Robert (Org.). *Les mémoires de l'Afrique*. Paris: R. Laffont, 1972.

COROMINAS, Joan. *Breve diccionario etimológico de la lengua castellana*. Madrid: Gredos, 1983.

COULANGES, Fustel de. *A cidade antiga*. São Paulo: Martin Claret, 2001.

COULIBALY, Sayon *et al*. *Essai sur le droit coutumier africain*. Disponível em: <www.univ--jurisocial.over-blog.com>, 25 out. 2011. Acesso em: 17 mar. 2017.

COURTOIS, Victor José. *Diccionario cafre-tetense-portuguez*. Coimbra: Imprensa da Universidade, 1900.

CUNHA, Antonio Geraldo da. *Dicionário etimológico Nova Fronteira da língua portuguesa*. Rio, Nova Fronteira, 1982.

CUOQ, Joseph. *Recueil des sources arabes concernant l'Afrique occidentale: Bilad al Sudan*. Paris: CNRS, 1985.

DARD, M. J. *Dictionnaire français-wolof et français-bambara; suivi du dictionnaire wolof-français*. Paris: Imprimerie Royale, 1825.

DAVIDSON, Basil. *African Kingdoms*. Nederlands N. V.: Time/Life Books, 1967.

DAVIDSON, Basil. *Guia para a História da África*. Luanda: União dos Escritores Angolanos, 1977.

DAVIDSON, Basil. *Mãe negra*. Lisboa: Sá da Costa, 1978.

DAVIDSON, Basil. *A descoberta do passado de África*. Lisboa: Sá da Costa, 1981.

DE LESTRANGE, Monique. *Les Coniagui et les Bassari (Guinée Française)*. Paris: PUF, 1955.

DESCHAMPS, Hubert. *L'Afrique noire précoloniale*. Paris: PUF, 1976.

DEVISSE, Jean; LABIB, Shuhi. A África nas relações intercontinentais. In: NIANE, Djibril Tamsir (Ed.). *História Geral da África, IV*: África do século XII ao XVI. 2. ed. rev. Brasília: UNESCO; MEC, UFSCar, 2010. p. 721-762.

DIAGNE, Pathé. *Pouvoir politique traditionnel en Afrique occidentale*. Paris: Présence Africaine, 1967.

DIAGNE, Pathé. Le pouvoir in Afrique. In: Le concept de pouvoir en Afrique. Paris: Presses de l'Unesco, 1981. p. 28-55.

DIAGNE, P. História e linguística. In: KI-ZERBO, J. (Ed.). *História Geral da África, I: Metodologia e história da África*. Brasília: UNESCO; MEC; UFScar, 2010. p. 247-281.

DIAS, Jill. *África nas vésperas do mundo moderno*. Lisboa: Comissão Nacional para as Comemorações dos Descobrimentos Portugueses, 1992.

DICIONÁRIO PORTUGUÊS-CINYANJA: pelos missionários da Companhia de Jesus. Lisboa: Junta de Investigações do Ultramar, 1964.

DIETERLAIN, Germaine. *Textes sacrés d'Afrique Noire*. Paris: Galimard, 1965.

DIOP, Cheikh Anta. *L'Unité culturelle de l'Afrique Noire*. Paris: Presence Africaine, 1959.

DIOP, Cheikh Anta. *Nations nègres et culture*. Paris: Presence Africaine, 1979. v. I e II.

DOMENICHINI-RAMIARAMANANA, Bakoly. Madagascar. In: EL FASI, Mohammed (Ed.). *História geral da África, III: África do século VII ao XI*. Brasília: UNESCO; MEC; UFScar, 2010. p. 799-823.

DORESSE, Jean. *L'Empire du Prêtre-Jean*. Paris: Plon, 1957. (Tome II: L'Éthiopie médiévale).

DRAMANI-ISSIFOU, Zakari. O Islã como sistema social na África, desde o século VII. In: EL FASI, Mohammed (Ed.). *História geral da África, III: África do século VII ao XI*. Brasília: UNESCO; MEC; UFScar, 2010. p. 113 -167.

DRAMÉ, Man Lafi. *Parlons mandinka*. Paris: L'Harmattan, 2003.

Egharevba, Jacob. *A short history of Benin*. 4. ed. Ibadan: Ibadan University Press, 1968.

EHRET, Christopher. O interior da África Oriental. In: EL FASI, Mohammed (Ed.). *História geral da África, III: África do século VII ao XI*. Brasília: UNESCO; MEC; UFScar, 2010. p. 721-751.

EL AYADI, Mohammed et alii. L'Islam au quotidien: Enquête sur lês valeurs et pratiques religieuses au Maroc. Casablanca, Éditions Prologue, 2007.

EL FASI, Mohammed (Ed.). *História geral da África, III: África do século VII ao XI*. Brasília: UNESCO; MEC; UFScar, 2010.

EL HAMEL, Chouki. "Raça", escravidão e islã no Marrocos: a questão dos Haratin. *Afro-Ásia*, Salvador, Centro de Estudos Afro-Orientais (UFBa), n. 31, 2004, p. 9-37.

ENCICLOPÉDIA DELTA LAROUSSE. Rio de Janeiro: Delta, 1970, v. XI.

ENCICLOPÉDIA DO MUNDO CONTEMPORÂNEO. São Paulo: Publifolha; Rio de Janeiro: Ed. Terceiro Milênio, 2000.

FAINGOLD, Reuven. Amazônia judaica: histórias, lendas e mitos. In: *Judaísmo, memória e identidade*. Rio de Janeiro, UERJ, Departamento de extensão, SR-3, 1997. p. 17-29. v. I.

FAGE, John; OLIVER, Roland (Ed.). *The Cambridge History of Africa*. Cambridge: The Cambridge University Press, 1977. 3 v.

FAGE, John. *História da África*. Lisboa: Edições 70, 1995.

FALL, Y. K. *L'Afrique à la naissance de la cartographie moderne: las cartes majorquines – XIV-XV siècles*. Paris: Karthala/Centre de Recherches Africaines, 1982. Esp. p. 78, 183-185.

FARIAS, Paulo Fernando de Morais. Silent Trade: Myth and Historical Evidence. *History in Africa*, v. I, p. 9-24, 1974. Disponível em: <https://goo.gl/ik1PwW>. Acesso em: 15 mar. 2017.

FARIAS, Paulo Fernando de Morais. *Arabic Medieval Inscriptions of Republic of Mali: Epigraphy, Chronicles and Songhay-Tuareg History*. Oxford: Oxford University Press, 2003.

FAYAD, Omar. *Dicionário português-árabe; árabe-português*. Bauru, SP: Bazar Editorial, 2010.

FERRAND, Gabriel. Le K'ouen-louen et les anciennes navigations intercontinentales dans les mers du Sud. *Journal Asiatique*, serie 11, tome 14, p. 5-6, 1919.

FERREIRA, Eugénio. *Feiras e presídios*. Luanda: União dos Escritores Angolanos, 1985.

FIGUEIREDO, Cândido de. *Novo dicionário da língua portuguesa*. Lisboa: Portugal-Brasil, v. I e II, 1925.

FISHER, Robert B. *West African Religious Traditions: Focus In The Akan of Ghana*. New York: Orbis Books, 1998.

FORTES, Meyer; EVANS-PRITCHARD, E. E. *Sistemas políticos africanos*. Lisboa: Fundação Calouste Gulbenkian, 1981.

FURÉ, Rogelio Martínez. *Diálogos imaginários*. La Habana: Editorial Letras Cubanas, 1997.

GALVÃO, Henrique; SELVAGEM, Carlos. *Império ultramarino português*. Lisboa: Empresa Nacional de Publicidade, 1952. v. III, Agola.

GALVÃO, Henrique; SELVAGEM, Carlos. *Império ultramarino português*. Lisboa: Empresa Nacional de Publicidade, 1953. v. IV, Moçambique, Índia, Macau, Timor.

GERSI, Douchan. Sara (Coleção Viagem para os olhos). Lisboa, Plátano Editora, 1974.

GONÇALVES, António Custódio. *História revisitada do Kongo e de Angola*. Lisboa: Editorial Estampa, 2005.

GORDON, April A. *Nigeria's Diverse Peoples: A Reference Sourcebook*. Santa Barbara, California: ABC-Clio, 2003.

GRAVELLINI, Anne-Chantal; RINGUEDÉ, Annie. *Bleus et ocres de Guinée*. Paris: Sepia, 2005.

GROMIKO, A. A. *As religiões da África: tradicionais e sincréticas*. Moscovo: Edições Progresso, 1987.

GUENNEC, Grégoire Le; VALENTE, José Francisco. *Dicionário português-umbundu*. Luanda: Instituto de Investigação Científica de Angola, 1972.

GUIA DO TERCEIRO MUNDO. Rio de Janeiro: Editora Terceiro Mundo, 1988.

HAFNER, Dorinda. *Sabores da África*. São Paulo: Selo Negro, 2000.

HAM, Anthony *et al*. *West Africa*. 7. ed. Austrália: Lonely Planets Publications, 2009.

HAVIK, Philip J. Comerciantes e concubinas: sócios estratégicos no comércio atlântico na costa da Guiné. In: *A dimensão atlântica da África*. São Paulo: CEA-USP/SDG-Marinha/CAPES, 1997. p. 161-179.

HISTÓRIA DE MOÇAMBIQUE. Maputo, Moçambique: FRELIMO, 1978.

HOMBURGER, L. *Les langues negro-africaines et les peuples qui les parlent*. Paris: Payot, 1957.

HOUAISS, Antônio; VILAR, Mauro de Salles; FRANCO, Francisco Manoel de Mello. *Dicionário Houaiss da língua portuguesa*. Rio de Janeiro: Objetiva, 2001. 2922p.

HOURANI, Albert. *Uma história dos povos árabes*. São Paulo: Companhia das Letras, 2006.

HOWATT, G. M. D. (Ed.). *Dictionary of World History*. Londres: Thomas Nelson and Sons Ltd., 1973.

HRBEK, Ivan. A África no contexto da história mundial. In: EL FASI, Mohammed (Ed.). *História geral da África, III: África do século VII ao XI*. Brasília: UNESCO; MEC; UFSCar, 2010a. p. 1-37.

HRBEK, Ivan; DEVISSE, Jean. Os almorávidas. In: EL FASI, Mohammed (Ed.). *História geral da*

África, III: África do século VII ao XI. Brasília: UNESCO; MEC; UFScar, 2010b. p. 395- 430.

HSAIN, Ilahiane. *Historical dictionary of the berbers (Imazighen).* Lanham; Maryland; Toronto; Oxford: Scarecrow Press, 2006.

HUFFMAN, Thomas N. A África Meridional ao sul do Zambeze. In: EL FASI, Mohammed (Ed.). *História geral da África, III: África do século VII ao XI.* Brasília: UNESCO; MEC; UFScar, 2010. p. 779-798.

IZARD, Michel. Os povos e reinos da curva do Níger e da bacia do Volta, do século XV ao XVI. In: NIANE, Djibril Tamsir (Ed.). *História Geral da África, IV*: África do século XII ao XVI. Brasília: UNESCO; MEC, UFSCar, 2010. p. 237-266.

JACOBIELSKI, Stefan. A Núbia Cristã no auge de sua civilização. In: EL FASI, Mohammed (Ed.). *História geral da África, III: África do século VII ao XI.* Brasília: UNESCO; MEC; UFSCar, 2010. p. 233-265.

JASPAN, M. A. La culture noire em Afrique du Sud avant la conquête européenne. *Pré sence Africaine*, n. 17-18, fev./maio 1958, p. 143-165.

JOUANNEAU, Daniel. *Le Zimbabwe.* Paris, PUF, 1983.

KABICHTCHANOV, Iuri. Etnias e culturas da Etiópia. In: *O desenvolvimento etnocultural dos países africanos.* Moscou: Academia de Ciências da URSS, 1984. p. 163-182.

KALCHIKOV, Ievgueni. Os uolofes e os processos étnicos no Senegal. In: *O desenvolvimento etnocultural dos países africanos.* Moscou: Academia de Ciências da URSS, 1984. p. 183-203.

KENYATTA, Jomo. *Facing Mount Kenya.* London: Heinemann, 1985.

KI-ZERBO, J. *História da África negra.* Portugal: Publicações Europa-América, 1972. v. I e II.

KI-ZERBO, J. (Ed.). *História Geral da África, I: Metodologia e história da África.* Brasília: UNESCO; MEC; UFSCar, 2010.

KONARÉ, Oumar. La notion de pouvoir dans l'Afrique traditionelle et l'aire culturelle manden em particulier. In: *Le concept de pouvoir en Afrique.* Paris, Presses de l'Unesco, 1981. p. 130-170.

KOTEY, Paul A. *Twi: Hippocrene Concise Dictionary.* New York: Hippocrene Books, 1996.

KRATZ, Corinne. Female circuncision in Africa. In: APPIAH, Kwame; GATES JR., Henry Louis. *Africana: The Encyclopedia of the African American Experience.* Oxford: Oxford University Press, 1999, p. 736-738.

LAMAN, K. E. Dictionnaire Kikongo-Français. New Jersey: The Greg Press Inc., 1964. (1. ed. Bruxelas: [s.ed.], 1936).

LANGE, Dierk. A região do Chade na qualidade de entroncamento In: EL FASI, Mohammed (Ed.). *História geral da África, III: África do século VII ao XI.* Brasília: UNESCO; MEC; UFSCar, 2010a. p. 509-536.

LANGE, Dierk. Reinos e povos do Chade. In: NIANE, Djibril Tamsir (Ed.). *História Geral da África, IV*: África do século XII ao XVI. Brasília: UNESCO; MEC, UFSCar, 2010b. p. 267-297.

LAROUSSE cultural: Grande enciclopédia. São Paulo: Nova Cultural, 1998.

COLIN, Jean-Paul. *Larousse: Le dictionnaire de l'Argot et du français populaire.* Paris: Larousse, 2010.

LEBEUF, Jean Paul; DETOURBET, A. Masson. *La civilisation du Tchad.* Paris: Payot, 1950.

LEITE, Fábio. *A questão ancestral: África Negra.* São Paulo: Pallas Athena; Casa das Áfricas, 2008.

LENSELAER, Alphonse. *Dictionnaire swahili-français.* Paris: Karthala, 1983.

LEWIN, Helena (Org.). Judaísmo, memória e identidade. Rio de Janeiro: UERJ, Departamento de extensão, SR-3, 1997. v. I e II.

LIMA, Maria Helena Figueiredo. *Nação Ovambo.* Lisboa: Editorial Áster, 1977.

LOPES, Nei. *Kitábu, o livro do saber e do espírito negro-africanos.* Rio de Janeiro: Senac, 2005.

LOPES, Nei. *Dicionário da Antiguidade africana.* Rio de Janeiro: Civilização Brasileira, 2011.

LÓPEZ-DAVALILLO Larrea, Júlio. *Atlas histórico mundial: desde el paleolítico hasta el siglo XX.* Madrid: Editorial Síntesis, 2003.

LOUCOU, Jean-Noël. *Histoire de la Côte d'Ivoire.* Abidjan, Costa do Marfim: CEDA, 1984.

LOVEJOY, Paul. *A escravidão na África.* Rio de Janeiro: Civilização Brasileira, 2002.

LOTH, Heinrich. *Woman in ancient Africa.* Connecticut: Lawrence Hill and Company, 1988.

LY-TALL, Madina. O declínio do Império do Mali. In: NIANE, Djibril Tamsir (Ed.). *História Geral da África, IV*: África do século XII ao XVI. Brasília: UNESCO; MEC, UFSCar, 2010. p. 193-209.

MACBRAIR, Rev. R. Maxwell. *A Grammar Of The Mandingo Language With Vocabularies.* London: The Wesleyan-Methodist Missionary Society, 1842.

M'BOKOLO, Elikia. África negra: história e civilizações. Salvador: EDUFBA; São Paulo: Casa das Áfricas, 2009. v. I.

M'BOKOLO, Elikia. Das savanas dos Camarões ao alto Nilo. In: OGOT, Bethwell Allan (Ed.). *História Geral da África, V: África do século XVI ao XVIII*. Brasília: UNESCO; MEC; UFScar, 2010. p. 611-646.

M'BOKOLO, Elikia. África negra: História e civilizações. Salvador: EDUFBA; São Paulo: EDUFBA; Casa das Áfricas, 2011. v. II.

MACEDO, José Rivair. *História da África*. São Paulo: Contexto, 2013.

MANDÉ, Issiaka; STEFANSON, Blandine (Orgs.). *Les historiens africains et la mondialisation*. Actes du 3º congrès international des historiens africains, Bamako, 2001. Paris: Karthala; AHA/ASHIMA, 2005. p. 237-251.

MAIA, Antonio da Silva. *Dicionário complementar português-kimbundu-kikongo: línguas nativas do centro e norte de Angola*. Edição do autor: Cucujães, Tipografia das Missões, 1961.

MANNING, Patrick. Slavery in Africa. In: APPIAH, Kwame; GATES JR., Henry Louis. *Africana: The Encyclopedia Of The African American Experience*. Oxford: Oxford University Press, 1999. p. 1720-1721.

MAQUET, Jacques. *Les civilisations noires*. Paris: Marabout Université, 1962.

MARTI, Montserrat Palau. Le *roi-dieu au Benin: Sud Togo, Dahomey, Nigeria occidentale*. Paris: Éditions Berger-Levrault, 1964.

MASAO, Fidel; MUTORO, Henry W. A costa da África Oriental e as Ilhas Comores. In: EL FASI, Mohammed (Ed.). *História geral da África, III: África do século VII ao XI*. Brasília: UNESCO; MEC; UFSCar, 2010. p. 685-720.

MATVEIEV, Victor V. *História Geral da África, IV:* O desenvolvimento da civilização swahili. Brasília: UNESCO; MEC; UFSCar, 2010. p. 511-538.

MAZRUI, Ali A. *The Africans: A Triple Heritage*. Londres: BBC Publications, 1986.

MBABI-KATANA, S. Uma música para acompanhar a vida. *Correio da Unesco*. Rio de Janeiro, ano 5, n. 7, p. 26-28, julho. 1977.

MBWILIZA, Joseph Frederick. As rotas de comércio na África Oriental. *Correio da Unesco*, Rio de Janeiro, Fundação Getúlio Vargas, p. 27-29, 1984.

MEDEIROS, François de. *L'Occident et l'Afrique (XIII-XIV siécles): images et representations*. Paris: Éditions Karthala, 1985.

MEDEIROS, François de. Os povos do Sudão: movimentos populacionais. In: EL FASI, Mohammed (Ed.). *História Geral da África, III: África do século VII ao XI*. Brasília: UNESCO; MEC; UFScar, 2010. p. 143-167.

MEILLASSOUX, Claude. *L'Esclavage en Afrique précoloniale*. Paris: Maspero, 1975.

MEKOURIA, Tekle-Tsadik. O Chifre da África. In: EL FASI, Mohammed (Ed.). *História geral da África, III: África do século VII ao XI*. Brasília: UNESCO; MEC; UFSCar, 2010. p. 653-670.

MILLER, Joseph. *Poder político e parentesco: os antigos estados Mbundu em Angola*. Luanda: Arquivo Histórico Nacional, 1995.

MOKHTAR, Gamal. *História Geral da África, II: África Antiga*. Brasília: UNESCO; MEC; UFSCar, 2010.

MOLLAT, Michel. Les contacts historiques de l'Afrique et de Madagascar avec l'Asie du Sud et du Sud-Est: le role de l'Ocean Indien. *Archipel*, Paris, v. 21, p. 35-53, 1981.

MONÈS, Hussain. Las rutas de comercio en el Sahara africano segun los escritores arabes. In: CONGRESSO DE ESTUDOS ÁRABES E ISLÂMICOS, IV, 1968, Coimbra. *Anais...* Coimbra: Faculdade de Letras da Universidade de Coimbra, 1968. p. 510-532.

MONÈS, Hussain. A conquista da África do Norte e a resistência berbere. In: EL FASI, Mohammed (Ed.). *História geral da África, III: África do século VII ao XI*. Brasília: UNESCO; MEC; UFSCar, 2010. p. 267-291.

MONOD, Théodore. Un empereur: Moussa I. *Présence Africaine, Le Monde Noir*, Paris, número especial 8-9, p. 109-114, mar. 1950.

MOREIRA, José Mendes. *Fulas do Gabu*. Bissau: Centro de Estudos da Guiné Portuguesa, 1948.

MPLA, Movimento Popular de Libertação de Angola. *História de Angola*. Porto: Edições Afrontamento, 1975.

MUNANGA, Kabengele. *Os Basanga de Shaba*. São Paulo: FFLCH, USP, 1986.

N'DIAYE, Bokar. *Groupes ethniques au Mali*. Bamako, Mali: Ed. Populaires, 1970a.

N'DIAYE, Bokar. *Les castes au Mali*. Bamako, Mali: Ed. Populaires, 1970b.

N'GOMA, Albert. L'Islam Noir. *Présence Africaine, Le monde noir*, Paris, número especial 8-9, p. 333-343, 1950. (Dirigido por Théodore Monod).

NASCIMENTO, Elisa Larkin (Org.). *A matriz africana no mundo*. São Paulo: Selo Negro, 2008.

NASCIMENTO, Elisa Larkin (Org.). *Afrocentricidade: uma abordagem epistemológica inovadora*. São Paulo: Selo Negro, 2009.

NATTIEZ, J. Jacques (Org.). *Musiques: une encyclopedia par lê XXI siècle*. Paris: Actes Sud, 2007.

NAVE, Ari. Salt Trade: exchange of salt for commodities such as gold and slaves, particularly in West Africa. In: APPIAH, Kwame; GATES JR., Henry Louis. *Africana: The Encyclopedia of The African American Experience*. Oxford: Oxford University Press, 1999, p. 1661-1662.

NAVE, Ari. Shirazi: ethnic group of East Africa and the Indian Ocean islands. In APPIAH, Kwame; GATES JR., Henry Louis. In: *Africana: The Encyclopedia of The African American Experience*. Oxford: Oxford University Press, 1999, p. 1703.

NDAYWEL è NZIEM. O sistema político luba e lunda: emergência e expansão. In: OGOT, Bethwell Allan (Ed.). *História Geral da África, V: África do século XVI ao XVIII*. Brasília: UNESCO; MEC; UFSCar, 2010. p. 695-717.

NDINGA MBO, Abraham Constant. *Onomastique et histoire au Congo-Brazzaville*. Paris: L'Harmattan, 2004.

NEWBY, Gordon D. *Breve enciclopédia del islam*. Madrid: Alianza, 2004.

NGCONGCO, Leonard D. (colab. Jan Vansina). A África Meridional: os povos e as formas sociais. In: OGOT, Bethwell Allan (Ed.). *História Geral da África, V: África do século XVI ao XVIII*. Brasília: UNESCO; MEC; UFSCar, 2010. p.656-676.

NIANE, Djibril Tamsir. Recherches sur l'Empire du Mali au Moyen Age. *Recherches Africaines*, n. 1, 1959.

NIANE, Djibril Tamsir. Introdução. In: NIANE, Djibril Tamsir (Ed.). *História Geral da África, IV*: África do século XII ao XVI. Brasília: UNESCO; MEC, UFSCar, 2010a. p. 1-15.

NIANE, Djibril Tamsir. O Mali e a segunda expansão manden. In: NIANE, Djibril Tamsir (Ed.). *História Geral da África, IV*: África do século XII ao XVI. Brasília: UNESCO; MEC, UFSCar, 2010b. p. 133-192.

NIANE, Djibril Tamsir. Conclusão. In: *História Geral da África, IV*: África do século XII ao XVI. Brasília: UNESCO; MEC, UFSCar, 2010c. p. 763-788.

NIANE, Djibril Tamsir. *Sundiata ou a epopeia mandinga*. São Paulo: Ática, 1982.

NYANG, Mamadou. *Pulaar-English/English-Pulaar Standard Dictionary*. Nova York: Hippocrene Books, 1997.

O'MALLEY, Mark. Ewe. In: APPIAH, Kwame; GATES JR., Henry Louis. *Africana: The Encyclopedia of the African American Experience*. Oxford: Oxford University Press, 1999 721-722.

OBENGA, Théophile. *Les bantu: langues, peuples, civilisations*. Dakar: Ed. Présence Africaine, 1985.

OBENGA, Théophile. *La cuenca congolesa, hombres y estructuras; contribuición a la historia tradicional de Africa Central*. La Habana: Editorial de Ciéncias Sociales, 1988.

OBENGA, Théophile. Histoire du monde bantu. In: OBENGA, Théophile; SOUINDOULA, S. (Dir.). *Racines Bantu*. Libreville: CICIBA, 1991. p. 121-150.

OGOT, Bethell Allan. A região dos Grandes Lagos. In: NIANE, Djibril Tamsir (Ed.). *História Geral da África, IV*: África do século XII ao XVI. Brasília: UNESCO; MEC, UFSCar, 2010. p. 559-590.

OKEKE, Chika. *Fante*. Nova York: The Rosen Publishing Group, 1998.

OLIVEIRA, Carlos Ramos de. *Os tauaras do vale do Zambeze*. Lisboa: Junta de Investigações Cientificas do Ultramar, 1976.

OLIVIER DE SARDAN, Jean-Pierre. Seniorité et citoyenneté en Afrique Pré-Coloniale. *Communications*, Paris, v. 59, p. 119-136, 1994.

OUTHWAITE, William; BOTTOMORE, Tom. *Dicionário do pensamento social do século XX*. Rio de Janeiro: Zahar, 1996.

PAGE, William F. (Ed.). *Encyclopedia of African History and Culture*. New York: Factos on File Inc., 2005. v. II.

PALA, Achola; LY, Madina. *La mujer africana en la sociedad precolonial*. Barcelona: Serbal; UNESCO, 1982.

PANKHURST, Richard. *Let's Visit Ethiopia*. Londres: Burke Publishing, 1984.

PAQUES, Viviana. *Les Bambara*. Paris: Presses Universitaires de France, 1954.

PARREIRA, Adriano. *Dicionário glossográfico e toponímico da documentação sobre Angola, séculos XV-XVII*. Lisboa: Estampa, 1990.

PEDRALS, D. P. *Manuel scientifique de l'Afrique noir*. Paris: Payot, 1949.

PERBI, Akosua Adoma. *A History of Indigenous Slavery in Ghana: From the 15th to the 19th century.* Accra: Sub-Saharan Publishers, 2004.

PERROT, D. V. *Essential Swahili Dictionary.* Londres: McGraw-Hill, 2010.

PERSON, Yves. Os povos da costa: os primeiros contatos com os portugueses – de Casamance às lagunas da Costa do Marfim. In: NIANE, Djibril Tamsir (Ed.). *História Geral da África, IV*: África do século XII ao XVI. Brasília: UNESCO; MEC, UFSCar, 2010. p. 337-359.

PHILLIPSON, David. A África Central ao norte do Zambeze. In: EL FASI, Mohammed (Ed.). *História geral da África, III: África do século VII ao XI.* Brasília: UNESCO; MEC; UFSCar, 2010. p. 753-778.

PHILLIPSON, David W. *The Later Prehistory of Eastern and Southern África.* Londres: Heinemannn, 1977

PIRAUX, Maurice. *Le Togo aujourd'hui.* Paris: Éditions J.A., 1977.

PITT-RIVERS, Augustus. *Antique Works Of Art From Benin.* Nova York: Dover Publications Inc., 1976.

POPOV, Iú. *Fundamentos da economia política: países em desenvolvimento.* Moscou: Edições Progresso, 1984.

PRADINES, Sthéphane. Au coeur de l'Islam Médiéval. Gedi, une cité swahili. *Archéologia*, Dijon, n. 396, p. 19-38, 2003.

RACHEWILTZ, Boris de. *Eros negro: costumbres sexuales en Africa desde la prehistoria hasta nuestros dias.* Barcelona: Sagitário Editora y Distribuidora, 1963.

RANDLES, W.G.L. *L'empire du Monomotapa du XVe au XIXe siècle.* Paris: Mouton, 1975.

RATELBAND, Klaas. *Os holandeses no Brasil e na costa africana: Angola, Kongo e São Tomé (1600-1650).* Lisboa: Veja, 2003.

RENAUT, François. *La traite des noirs au Proche Orient Médiéval.* Paris: Librairie Paul Geuthner, 1989.

ROBERT, Serge. Histoire. In: *Atlas de la Republique Islamique de Mauritanie.* Paris: Ed. Jeune Afrique, 1977. p. 29.

ROBINSON, C. H. *Dictionary of Hausa Language.* Londres: Cambridge University Press, 1925. vol. I, Hausa-English; vol. II, English--Hausa.

RODNEY, Walter. *Como a Europa subdesenvolveu a África.* Lisboa: Seara Nova, 1975.

RODRIGUES, José Honório. *Brasil e África; outros horizontes.* Rio de Janeiro: Civilização Brasileira, 1964. v. I.

RODRIGUES, Maria Conceição. *O antigo dinheiro em África.* Coimbra: Universidade de Coimbra, Departamento de Antropologia, 2002.

ROGOZINSKI, Jan. *The Dictionary Of Pirates.* Grã-Bretanha: Wordsworth Editions, 1997.

RYDER, Allan F. C. *Benin and the Europeans: 1485-1897.* Londres: Longman Group, 1977.

SALOPEK, Paul. Perigo no Sahel. *National Geographic Brasil*, p. 34-59, abr. 2008.

SANNEH, Lamine. Islam na tradition: na interpretation. In: APPIAH, Kwame; GATES JR., Henry Louis. *Africana: The Encyclopedia of The African American Experience.* Oxford: Oxford University Press, 1999. p. 1001-1008.

SARAIVA, F. R. dos Santos. *Novíssimo dicionário latino-português.* Rio de Janeiro: Belo Horizonte: Livraria Garnier, 2000.

SAUVANT, Mgr. *Dictionnaire Bambara-Français et Français-Bambara.* Argel: Maison-Carrée, 1926.

SCHWARTZ, Ester Wengrover. As mulheres judias: as primeiras feministas. In: *Judaísmo, memória e identidade.* LEWIN, Helena (Org.). Rio de Janeiro: UERJ, Departamento de extensão, SR-3, 1997. v. II. p. 107-115.

SEGUROLA, B.; RASSINOUX, J. *Dictionnaire Fon-Français.* Madri: Ediciones Selva y Savana/ Societé des Missions Africaines, 2000.

SETAS, António. *História do reino do Kongo.* Luanda: Mayamba, 2011.

SILVA, Benedicto *et al.* (Coord.). *Dicionário de Ciências Sociais.* Rio de Janeiro, Fundação Getúlio Vargas, 1986.

SILVA, Alberto da Costa e. *A enxada e a lança: a África antes dos portugueses.* 2. ed. Rio de Janeiro: Nova Fronteira, 1996.

SILVA, Alberto da Costa e. *A manilha e o libambo: a África e a escravidão, de 1500 a 1700.* Rio: Nova Fronteira: Fundação Biblioteca Nacional, 2002.

SILVA, Alberto da Costa e. *A África explicada aos meus filhos.* Rio de Janeiro: Agir, 2008.

SILVA, Alberto da Costa e. *Imagens da África.* São Paulo: Penguim, 2012.

SWEETERMAN, David. *Grandes mulheres na História africana.* Lisboa: Nova Nórdica, 1988.

TAFLA, Bairu. La notion de pouvoir dans l'Afrique traditionelle: le cas de l'Éthiopie. In:

Le concept de pouvoir en Afrique. Paris: Presses de l'Unesco, 1981, p. 171-191.

TALIB, Yusof. A diáspora africana na Ásia. In: EL FASI, Mohammed (Ed.). *História geral da África, III: África do século VII ao XI*. Brasília: UNESCO; MEC; UFScar, 2010. p. 825-859.

TAMRAT, Tadesse. O Chifre da África: os salomônidas na Etiópia e os Estados do Chifre da África. In: NIANE, Djibril Tamsir (Ed.). *História Geral da África, IV*: África do século XII ao XVI. Brasília: UNESCO; MEC, UFSCar, 2010. p. 475-509.

TAYLOR, F.W. *Fulani-English Dictionary*. Nova York: Hippocrene Practical Dictionary, 1995.

THORNTON, John. *A África e os africanos na formação do mundo Atlântico*. Rio de Janeiro: Elsevier, 2004.

THORNTON, John. Elite Women In The Kingdom of Kongo: Historical Perspectives On Women's Political Power. *Journal of African History*, v. 47, p. 437-460, 2006.

TINHORÃO, José Ramos. *Os negros em Portugal: uma presença silenciosa*. Lisboa: Editorial Caminho, 1988.

TRIAUD, Jean-Louis. Uma nova Idade Média saeliana a partir das inscrições árabes na Republica do Mali. *Afro-Asia*, Salvador, CEAO, FFCH, UFBA, v. 34, p. 317-323, 2006.

TYMOWSKY, Michal. Le territoire et lês frontières du Songhai à la fin du XVe et au XVI siècle. In: Des frontières en Afrique du XIIe au XXe siècle. Bamako, Mali: UNESCO, 2005. p. 213-238.

VANSINA, Jean. A África equatorial e Angola: as migrações e o surgimento dos primeiros Estados. In: NIANE, Djibril Tamsir (Ed.). *História Geral da África IV*: África do século XII ao XVI. Brasília: UNESCO; MEC; UFSCar, 2010a, p. 623-653.

VANSINA, Jean. O Reino do Congo e seus vizinhos. In: OGOT, Bethwell Allan (Ed.). *História Geral da África, V: África do século XVI ao XVIII*. Brasília: UNESCO; MEC; UFScar, 2010b. p. 647-694.

VARGENS, João Baptista M. *Léxico português de origem árabe: subsídios para os estudos de filologia*. Rio Bonito, RJ: Almádena, 2007.

VÁZQUEZ-FIGUEROA, Alberto. *Tuareg*. Porto Alegre: L&PM Pocket, 1981.

VERGER, Pierre. *Fluxo e refluxo do tráfico de escravos entre o Golfo de Benin e a Bahia de Todos os Santos dos séculos XVII a XIX*. 2. ed. Salvador: Corrupio, 1987.

VERGER, Pierre. *Orixás, deuses iorubás na África e no Novo Mundo*. Salvador: Corrupio, 1997.

VERMEULLEN, Father Jan. *Chinyanja (Chicewa): English dictionary*. Lusaka, Zâmbia: Mission L.C., 1979.

WILLOCK, Colin. *O grande vale da África*. Rio de Janeiro: Cidade Cultural, 1988.

WILLOUGHBY, Willliam Charles. *The Soul of the Bantu: A Sympathetic Study of the Magico-Religious Practices of the Bantu Tribes of Africa*. Nova York: Doubleday, Doran & Co, Inc., 1928.

WINTERS, Clyde. Ancient Afrocentric History and Genetic Model. In: ASANTE, M.K.; MAZAMA, A. (Ed.). *Egypt vs. Greece in American Academy*. Chicago: African American Images, 2002. p. 121-153.

YAHAYA, Mohammed Kuta. The Nupe People of Nigeria. *Stud. Tribes Tribals*, v. 1, n. 2, p. 95-110, 2003. Disponível em: < http://encurtador.com.br/fstyO>. Acesso em: 15 mar. 2017.

YEBOAH, E. A. Historical Background of Sub-Saharan Africa: Opportunity of Constrantes. In: ARYEETY-ATTOH, Samuel (Ed.). *Geography of Sub-Saharan Africa*. New Jersey: Prentice Hall, 1997. p. 61-85.

Sites consultados

Afropedea – African Architecture. Disponível em: <https://sites.google.com/site/africanarchitecture/home/african-architecture>. Acesso em: 15 mar. 2017.

Behind The Name: The Etymology and History of First Names. Disponível em: <www.behindthename.com/names/basir>. Acesso em: 15 mar. 2017.

Encyclopedia Britannica. Disponível em: <https://www.global.britannica.com>. Acesso em: 15 mar. 2017.

www.sankore.org

Este livro foi composto com tipografia Bembo Std e impresso
em papel Off-White 80 g/m² na gráfica O Lutador.